立法過程と議事運営
―― 衆議院事務局の三十五年

赤坂幸一・奈良岡聰智 編著

近藤誠治

オーラル・ヒストリー

立法過程と議事運営

――衆議院事務局の三十五年

信山社

本書の刊行にあたって

赤坂幸一・奈良岡聰智

ながく衆議院事務局で本会議・委員会の運営に携わられ、かつ新設された衆議院調査局の初代局長という重責を担われた近藤誠治氏。同氏との邂逅は、二〇〇八年に立ち上げられた衆議院事務局との共同研究プロジェクト（二〇〇九年～二〇一一年度科学研究費基盤（A）「衆議院事務局の未公開資料群に基づく議会法制・議会先例と議院事務局機能の研究」）の一環として、議会の法規・先例の構築過程における「議会官僚」の役割に関する調査・研究が開始されたことに由来する。

議会の法規・先例に詳しい事務局OBの紹介を衆議院事務局に依頼したところ、事務局関係者が直ちにお名前を挙げられたのが、近藤誠治氏であった。同氏は衆議院事務局の本流ともいえる会議運営職の経験が長く、議会政治をその舞台裏から間近に眺めて来られた方である。それだけに、全一五回（二〇〇九年五月～二〇一〇年四月）に及ぶオーラル・ヒストリーは、議会運営の現実の姿を、まさに皮膚感覚において体験させてくれるものであった。とりわけ、平成六年版『衆議院先例集』の編纂に携わられた経緯や、その過程で接した議事部の先例研究会の記録等に関するお話は、議会制度の運営や法規・先例の形成過程における事務局関係者の衡量過程の存在を顕在化させ、公法学・政治学の研究者に新たな問題領域を提示するものであった。また、衆議院調査局が支える予備的調査制度は、議会の政府統制権・少数派調査権の一環として、議会制度改革の眼目の一つとして導入されたものであり、学界もその運用のあり方に関心を寄せている。

近藤氏のお話は、時として議事運営をめぐる哲学にまで及んだ。近藤氏が「事務屋は、形而上学を遂行しなければいけません」と語り、事務局の職務を「私心をなくして中立的立場で制度を保証していく任務」と喝破された時、我々は、議会政治を支える「議会官僚」の矜持に感じ入ったものである。

これらの示唆を含む聞き取りの成果は、報告書『近藤誠治　オーラル・ヒストリー』（二〇一一年）として刊行されているが、幸いにも、刊行直後から衆参の事務局関係者等を中心に高い評価が寄せられ、また研究者の中でも新たな関心を喚起している模様である。さらに、同報告書には、ひろく議会法・議会政治に関心をもつ方々にも有益な情報が多く含まれている。そこで、出版社からの奨めもあり、衆議院事務局への奉職時代を中心に、重複を省き、注記を充実させ、構成を多少整理した上で、ひろく刊行することとした。本書が、議会政治に関心を有する多くの読者に迎えられることを、心より願っている。

編者は、上述の研究プロジェクトの一環として、この他にも事務局ＯＢへのオーラル・ヒストリーに取り組んできた。その一つは、本書の姉妹編ともいえる今野彧男（著）、赤坂幸一・奈良岡聰智（編著）『国会運営の裏方たち――衆議院事務局の戦後史』（信山社、二〇一一年）として公刊されている。併せてご参照頂ければ幸いである。また、同研究プロジェクトの成果としては、現在までに、衆議院事務局における議事法研究の成果である衆議院事務局（編）『逐条国会法〔全八巻〕』（信山社、二〇一〇年）が、二〇〇九年一二月までの最新の国会法改正を織り込む形で刊行され、戦前期の衆議院事務局における議事法研究の結晶である『議事解説』も、原田一明教授の解題を付して、間もなく刊行される予定である。さらに、赤坂幸一「統治システムの運用の記憶――議会先例の形成」（レヴァイアサン四八号（二〇一一年四月）所収）では、議会先例の形成過程における議院事務局や議会官僚の衡量過程の介在につき、これを実証的に解明することを試みている。こちらも併せて参照を乞う次第である。

オーラル・ヒストリーの実施にあたっては、衆議院事務局の関係各位、とりわけ議事部・記録部の皆様に大変お世話になった。また、出版に際しては、信山社の袖山貴氏、稲葉文子氏、今井守氏から格別のご配慮、ご尽力を頂いた。心より御礼申し上げる。

平成二三年五月

目次

◆立法過程と議事運営――衆議院事務局の三十五年

序　章

百姓の家に生まれて (3)／春風の記憶──小学校生活の思い出 (8)／伊勢湾台風の経験と法曹への志望 (10)／法学への志と大学進学 (12)／静岡大学での学生生活 (14)／司法試験の受験と大学生活──鈴木安蔵のことなど (16)／日韓基本条約と学生運動 (18)／国家公務員試験の受験──父との議論 (21)／事務局職員のリクルート (23)／事務局職員（とくに調査局）の専門性 (27)／採用試験の思い出 (30)　1

第1章　衆議院の風景──委員会運営の舞台裏

35

Ⅰ

安保闘争と沖縄返還協定 (37)／職員研修および勉強会のあり方 (38)／各委員会の慣例と『委員会先例集』 (41)／議会の行政監視機能および「議会留保」論 (44)／海外研修のあり方 (45)／海外派遣の際の職務 (48)／国内出向・人事交流のあり方 (49)／衆議院事務局採用当時の幹部 (50)／議事部と委員部──議事部における憲法解釈 (52)／裁判官訴追委員会事務局との関係 (57)／事務局から見た議会政治──実現可能性の高い政策創出プロセスへの「肩入れ」 (58)／事務局の衡量過程 (60)

Ⅱ

四つの委員会での経験 (63)／質問取りの苦労──委員会出席者の決定 (66)／政府答弁

をめぐる問題（70）／委員部勤務時代の仕事の流れ（73）／キャップ中心の運営体制（77）／政治サイドの要因による議事法の変化（79）／委員会の格付け（82）／安全保障委員会の独立と審議への影響（84）／イギリス型全院委員会の影響（87）／読会制度と常任委員会制度――議会外決定プロセスの介在（89）／常任委員会システムの問題点――議会の創造的機能の不存在と統制機能（91）／与党審査の実効性（95）

Ⅲ

委員会執務の参考基準（97）／先例検討会議の手順（98）／委員会提出資料の取り扱い（100）／委員部の組織構成（102）／委員部人事のあり方（104）／人事の季節（108）／委員会理事会の開催（109）／委員会理事会への事務局職員の関与（110）／理事会と委員会の関係（112）／少数会派のオブザーバー出席（115）／国対と理事会・理事懇談会の関係（117）／委員部の管理職（第九課長）の職務内容（117）／特別委員会のキャップと管理職（119）／連合審査会の事務担当（121）／管理運営部門の比重の増大（122）／人事運営のあり方（124）

第２章　本会議の運営――議事部議事課　129

Ⅰ

議事部議事課の職務――議院運営委員会・同理事会への関与（131）／本会議の議事法の形成・運用――議運族との関係（135）／議運担当の職員――案件会議・議運理事懇

談会（138）／議運理事会の記録作成業務（141）／議会先例・運用の問題点（142）／徹夜国会の思い出、ロッキード事件、総理大臣指名点呼事件（143）／議長の「次第書」の作成（147）／大平首相不信任決議案の取り扱いをめぐって（152）／口頭質問の運用（154）／政府・与党の一元化の試み（156）／衆議院議長に接して——党籍離脱問題（159）／副議長と事務次長の対応関係（163）／専門職としての議事部長（163）

Ⅱ

議事課長の職務内容（165）／議長の横顔（167）／議事部各課の所掌範囲（169）／特別国会の準備と議事課（172）／事務総長・次長・議事部長との関係（175）／昭和天皇の崩御と改元（176）／「案件会議」への関与（180）／議長官房の構想——秘書課長の位置づけ（181）

Ⅲ

リクルート事件と消費税国会（183）／議院証言法の改正（185）／竹下内閣の補正予算——総予算の記名投票採決（189）／議長調停に対する事務局のサポート、マスコミへの対応（193）／海部内閣の誕生——両院協議会の開催（196）／海部内閣以降の国会改革（198）／宮澤内閣期のＰＫＯ法案——牛歩戦術の思い出（202）

Ⅳ

元日付けの人事異動、議事部副部長の職務内容（207）／ＰＫＯ法案の審議——社会党の議員総辞職論（210）／政権交代の影響——与党・野党論と第一党・第二党論（216）／首班指名に備えた事前準備（218）／首班指名投票の集計手続（220）／議事の有効性——シンデレラ制の根拠（223）／細川内閣の成立と事務局運営（228）／二〇〇九年の政権交代と議会の情報公開機能（229）／政権交代と議事法の変化──先例集の編纂のタイミング（230）／越年国会の経験（232）／「政治の黒子としての衆議院事務局」再論──政府与党・議運理事との距離感（236）

第3章　衆議院事務局の幹部職員として──議事運営と法規・先例──　245

Ⅰ

議事部長への就任（247）／部長会議（249）／案件会議（252）／部長会議・案件会議の推移（253）／案件会議の構成・対象（255）／衆議院事務局の人事システム（257）／キャリア制度と人事運用（261）／人事システムと衆議院事務局改革（263）

Ⅱ

政治改革関連法の成立──施行前の法律改正、解散権の実質的制約（266）／連立政権下の議事運営（268）／政権交代と議事運営（270）／議会運営の個人主義化（272）／多党化と政党の融解（273）／本予算成立の大幅遅延（276）／羽田内閣の総辞職をめぐって（279）／村山内閣時代の思い出──村山談話と決議の効力（281）／土井議長時代の思い出──次第書の表現など（286）／土井議長の国会改革──事務局の関与（290）／村山内閣の頃──常任委員長会議の特例開催（294）／地方特別法に係る住民投票（296）

III

先例勉強会（297）／先例勉強会の成果（300）／バイブルとしての『国会運営の理論』（302）／事務局の見解を表明する「場」とは（303）／上田哲の国民投票法案裁判をめぐって――機関承認の問題（305）／『先例集』の作成手法（308）／いわゆる桂メモ（昭和五十三年版先例集の『改訂理由』）（312）／記録・記憶の継承のあり方（317）／平成六年版『先例集』のポイント（319）／趣旨説明聴取要求議案の閉会中審査（322）／その他の変更点――重要議案の扱い（324）／『先例集』の性格――事務局の中立性（325）／政治サイドの関与の有無――政治法としての議会法（329）

IV

事務次長への就任（333）／立法能力・調査能力の拡充（335）／事務次長室の風景（338）／議事手続の合理化方策――趣旨説明、質疑・討論の区別（339）／事務次長の職務内容（343）／事務総長と政治の接点（345）／特命事項の検討（347）／議長・副議長との関係（348）／新井将敬議員の逝去をめぐって（350）

第4章　衆議院調査局の新設 ――初代局長として―― 359

調査局長就任の経緯（361）／調査局の業務内容――調査能力の拡充問題まで（364）／予備的調査制度の運用の方向性と問題点（369）／調査能力の向上に向けて――他部課・他

省庁との交流（375）／専門員と調査室長の関係（381）／調査局設置の経緯について（385）／予備的調査の実際（387）／総合的・所管横断的な調査に向けて（392）／資料提出要求に対する各省の対応（395）／予備的調査プロジェクト・関係室の統括（396）／委員会の議決に基づく予備的調査（401）／事務局サイドと調査局との調整（402）／調査資料のウェブ上での提供（404）／今後の調査局(1)——国民意思の探求（406）／今後の調査局(2)——議院内閣制と調査局（407）／瀬島調査会（408）／退職を迎えて（410）

オーラル・ヒストリーを終えて（416）

◇個人年表（巻末）

◇資　料（巻末）

1　衆議院事務局幹部一覧（昭22〜）

2　衆議院事務局幹部一覧（昭64〜平23）

3　衆議院内全体図（現在）

立法過程と議事運営

―― 衆議院事務局の三十五年

◇序　章◇

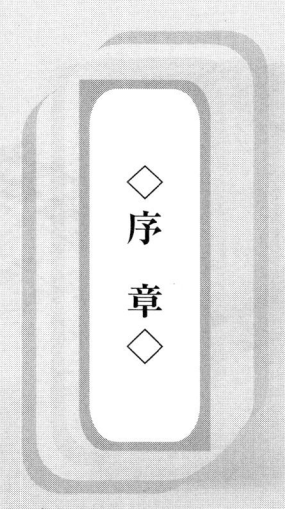

◆ 百姓の家に生まれて

赤坂　では、よろしくお願いします。大体質問票の順序に沿いまして、聞いて参りたいと思います。まずは御出生、お生まれになられてから小学校に入学される頃までの御家庭の雰囲気や構成、あるいは思い出といったことについて、ご自由にお話し下さい。

近藤　私は、生年月日が昭和十九年十一月二十二日、愛知県丹羽郡大口村の生まれでございます。だから、約九カ月間、一応、赤ん坊なりともこの世に出生して戦時中を過ごした、過ごしたというほどのこともございませんが、生を享けていたということになります。

父親は非常に寡黙でした。寡黙で真面目といいますか、社交性もございませんでしたし、黙々と百姓をやっているという感じでした。お袋は、勝ち気というか、女性らしきところはございませんでした。いろいろとおせっかいを焼いたり、子供に口出ししたりというところはございませんでした。

兄弟は六人でございますけれども、一番上の姉は早く夭折しております。四、五歳のようでございますので、私の生まれる十年以上前に亡くなっておりまして、私が生まれてからは五人兄弟、男三人、女二人の兄弟姉妹でございます。

昭和二十年代、いわゆる終戦の頃でございます。うちは農家、百姓でございまして、田んぼが六反強ぐらいでしょうか、畑が四反強、両方合わせて一町歩強、一ヘクタール強を耕作しておりました。

二十年代の思い出といっても、小学校は村立の北小学校へ行きまして、私が中学に入るのが昭和三十一年でございます。二十年代は小学校まででございます。保育園は私どもが一期生でございます。九月に村立の保育園が初めて開設されまして、半年間参りました。保育園といいましても、小学校のグラウンドの横に柵だけ作って頂きまして、そこがいわゆる運動場、集合所みたいになっておりまして、実際の勉学は小学校の空き教室を借りてやっていたというのが実情でございます。保育園一期生というのを誇りにということでもございませんけれども、一番はいいことだという感じでございます。

あと、小学校時代も、別段、勉強もしません。今朝、和辻哲郎さんの『倫理学』という本を読んでいましたら、水田には菜の花とレンゲの花が咲き乱れというところがございました。まさにその本の中に私の小学生時代の田園風景が見事に描写されておりました。私もそういう中を毎日小学校、一・五から二キロぐらいのところでしょうか、二、三十分かかるところを寄り道、道草して一時間ぐらいかけて毎日通っていた覚えがあります。夏になれば川の中で遊び、菜の花が咲けばそこの中にヒバリを探しに行き、レンゲの花が咲けばそこで昼寝をして帰るというのが我々の通学でございまして、勉強をした記憶はさらさらありません。

何せ、百姓でございます。お恥ずかしいというのか、当たり前というか、家に、まず国語辞典のほか数冊の本があったくらいの生活環境といいますか教育環境でした。五人兄弟でございますと、個別の部屋なんてあるはずがございません。個々人の勉強机もあるはずがございません。試験か何かあれば勉強を少しはやりますけれども、そのときはちゃぶ台を広げまして、前の日に一、二時間勉強することが年に数回あったというのが家での学習風景でございます。

あと、覚えていることは、戦争からの帰還兵さんというのですか、戦争からお帰りになる方、そういう方を迎えるためにお袋の背中に負われて行ったこともございます。二十三、四年頃になるんでしょうか、四、五人ですか、どういうわけかいつも夕方から夜の始まりぐらいにお帰りになるんですね。

神社の隣に、昔の消防自動車、今はありませんけれども、昔はガチャカンポンプというんですね。要するに手動で両方側の取っ手を持ってがちゃこん、がちゃこんと水をくみ上げる。当然、今みたいに電気やガソリンじゃございませんから。ガチャカンポンプを保管するところの前に村で唯一の街灯があるんですね。なぜかその街灯の下でお帰りなさった方を迎える、出迎えた方が挨拶されるんですね。それを何度か経験いたしました。

それからもう一つは、B二九が戦隊飛行するのがなぜか印象的に残っています。そのとき思ったかどうかは知りませんけれども、何か米軍に罵られ、笑われるような形でB二九が飛んでいくような感じを、そんなに鮮明な感じじゃないけれども、今から思うからそうなのかもしれませんけれども、何かそんなような感じを受けました。

…いつ頃でしょうか、講和になれば私もそれなりに意識があると思いますから、それに近ければ二十五、六年、朝鮮戦争の頃でしょうか。そのときに日本が敗戦国であった、敗戦がどんなものであったかということをなんとなく知るようになっていたのでしょうが、罵られ、笑うかのようにB二九が上空を飛んでいったというのは、今の思い出なのか、そのときにはそんなのがかすかに残っていたのかという気もします。

うちの近くには小牧飛行場、それから各務原《かかみがはら》飛行場、昔の軍用基地を抱えていましたし、名古屋の三菱重工業、それから各務原は川崎重工業でしょうか。ですから、軍需産業も、日本じゅうどこでもあったんでしょうけれども、かなり大きな軍需産業を抱えていたようでございます。

戦争中は、私も全く知りませんけれども、お袋の話によりますと、荷車を引いて農産物を市場に持っていくとか、何か大きな荷物を運ぶときには、米軍にまた罵り、笑われるように、荷車の前と後ろに米軍から艦砲射撃を受けたという話をよく聞きました。だけれども、彼らも分かっていたのか知りませんけれども、直接爆撃はしなかったというところはあるみたいです、我々、のどかな寒村には。

だから、前と後ろを、今も言うように笑うがごとく爆撃してくるんだと。だけれども、車を引いている連中はもう死んだかと思うようだったと言っておりましたけれども、私はそういう状況にはなかったものですから、ただ平坦に空を飛ぶB二九を見ていた記憶がございます。

赤坂　ご祖父やご祖母の印象についてはいかがでしょうか。

近藤　私が気づいてから祖母は殆ど寝たきりでございましたから、お袋が看病していましたが、いろいろとお袋がぐちを言っていたのを憶えています。それこそ昔でございますから、数十メーター離れたところに同じ部落内に自分の娘が嫁いでいたんです。やはり自分の子供の方が可愛いかったんでしょうね。だから嫁に対しては、不平ということじゃないんでしょうけれども、そこら辺のいわゆる嫁姑の関係みたいなものがあったでしょうか。娘を呼べ、娘を呼べと。それで娘は娘で、そこは悪口になるかもしれませんが、余り顔を出さないわけですよ。親の面倒は嫁がいますから、そこら辺に気を遣っているのでしょうけれども、親としては娘、娘と言うんですね。お袋にとっては面白くないわけです、自分が一生懸命やっているのに。やってもらう方も、三年ぐらい寝ていましたから、寝ダコとか当たると痛いわけですね。痛いと嫁に当たるわけですよ、私のお袋に当たるわけですね。

そういう訳でお袋は、その娘さんのところに、状況報告なのか、愚痴を言いに行くんですね。どういうわけか、私もちょこちょこお袋の後をくっついて行くんです。ちょこんと立って、お袋がぐちぐち言うのをじっと聞いておるんです。私も気が小さいもので、お袋っ子と言われて、お袋から離れたくない、いまだに笑われるんですけれども。お袋が畑仕事に行くと、ちょこんと私もついていくわけです。寒風の中を立っておるわけですね。霜焼けだらけになるんです。兄貴たちには、何でお袋についていって霜焼けつくるんだと。お袋の後ろについて、畑で冬の寒風の中を立っていると、全身霜焼けだらけになるんです。そんな生活を送って参りました。

赤坂　作っていたのは米ですか。

近藤　殆ど米ですね。畑の方では自家用ぐらいしか作っていません、年に一、二度、たまに市場に出していましたけれども。名古屋に市場がありましたが、名古屋まで二十キロあるんです。年に一、二度、できると、市場に持っていこうという話になるんですね。いつもそのときは三時か四時ぐらいに起きて名古屋まで歩くんですよ、リヤカーに乗っけて。自動車はありませんから。それを年に一回か二回やる。現金収入なんてこれぐらい、これも今の金にしても数千円にしかなりません、あの頃は数百円でしょうか、貨幣価値はちょっと分かりませんけれども。三時か四時頃起きて、六時ぐらいの市場に間に合わせるのか、行った覚えはございます。畑作はその程度です。

米の方は、皆さん御存じのように、強制供出ですから、国家管理ですから、米の方はいいんです、ちゃんと農協が集荷をしてくれますから。うちの方は土地が悪いんですよ。ですから、余りいい米ができないんです。御存じのように、米というのは五等級まであるんですね、小学校の評価と同じで表示は逆ですが一等米というのは物すごいんです、今の値段にして、一等米だと二万幾らになりますか。大体、うちだと三等米か四等米なんですね。お米の品質評価と私の学業評価が大体一致しているという話でございます。

そんな品質の悪いお米だったから、余り値段もよくならないんですね。どういうわけか、たまに二等米というのが出るんですけれども、そのときは赤飯炊いてお祝いするというぐらい、本当に一年に一回です。御存じのように、刺子というのがあるんですね。米俵にざあっと刺す、それですっと抜くとここに残るのを見て品質評価をするわけです。だから、どこで間違ってどうなのか。二等米というのはほんの一部なんですね。うちの方は一等米は絶対出ませんから。どうして出るのかなというぐらいですから、農業収入は殆どないわけです。

今六反ぐらいと言いましたけれども、あの頃で一反あたりの収穫は平均五俵から六俵です。東北とかの農家の方は十二、三俵獲るということらしいんですけれども、今は平均十俵獲るという話です。我々の頃は五、六俵。七俵獲ったなんといったら、それこそ村を挙げての大騒動になるぐらいでした。

ですから、六反ぐらいありますと、三十六俵ですね。あの頃幾らだったのか、今の貨幣価値にして、うちのお米だと大体一万五千円行きませんから、一万一〜二千円。三十俵ですから、年間収入五十万までいきません、どうやって生活するんだという話になりますけれども、どうやって生活していたかよく分かりません。

赤坂　お近くには同じぐらいの規模の農家が多かったのでしょうか。

近藤　大体同じくらいです。そんな大農家もありませんし、小農家というのは、それは分家したり何かすればあるんでしょうけれども、平均的にはありません。大農家というのも、一町歩ぐらい持っていた方はいますけれども、三町歩、四町歩という方はいませんでしたね。誰が平均化したのかよく分かりませんけれども、そういう意味では、おっしゃるとおり、所有形態は平均化していましたね。

奈良岡　中小規模の自作農が中心ですか。

近藤　自作農ですね。今改めて言ったら、おっしゃるような低いレベルでの格差でした。だから、部落内でそんな大きな格差というのはおかげ様でなかったです。

奈良岡　終戦前後で農地改革による大きな変化はなかったでしょうか。

近藤　そうですね。うちも若干小作に出していたのはあるみたいだけれども。

奈良岡　自作中心でしたか。

近藤　そんな大地主が農地改革で土地を分散化したというのは、私の近在の部落では余り聞きません。だから余りなかったと思います。確かにあったかもしれませんけれども。だから、大土地所有者は余りいなかった、五町歩も六町歩もあったとかいう話は聞いたことないですね。小作に出していたというのは結構ありますけれども、そんなに大きな小作じゃないですね。うちでもせいぜい、あの頃でも一反ぐらいの小作は出していたのかな。まだ、私の物心がつく前、大晦日になると小作料というのをお持ちになっていたのを覚えています。年に一度、大晦日に小作料をお持ちになる、そういうのは昭和三十年ぐらいまではあったのかな。

それからは、高度経済成長下になりまして、うちの方にも、ある豊田系の大きな紡績会社が入りまして、そこが農地の買収をやりましたので、その頃から農地に対する所有意識が大きく変わったように思います。大げさに言えば三分の一ぐらいはその工場が土地の一番いいところを買い上げたんじゃないかな。ですから、そういう意味で、その頃に、いわゆる封建的と言われた農業、農地所有形態も大きく変わったような気がいたします。

あれが御成婚の前か後ろか、昭和三十三、四、五年ぐらい。安保条約のときはあの工場はあったのかな。私が高校二年生の頃かな、アルバイトに行きました、そのときはありましたから。そのときはもう大分たっていました、五、六年ありましたから。その頃にはもう小作がなくなっていました。

◆春風の記憶――小学校生活の思い出

奈良岡　小学校時代の先生や御友人など、御印象に残っていることをお話しください。

近藤　話すべきことかどうか、現実だったのか私の幻想なのか、あるいは心理学で云うところの記憶の変容なのかもしれませんが、こんなことを記憶しています。…というのは、私が三年生か四年生の頃、教室が六列か七列に分かれていまして、列ごとに班になりまして、一番後ろに班長さんが座っていたんです。その一つ前に副班長さん、後は平なんです。班長さんは一カ月交代。一週間に一度くらい班長会議というのがあるんですよ。

あるとき班長会議が行われたんですが、班数よりも班長の数が一人多いのですよ。私が、今日は一人多いねと言ったんですが、その多牌は、私自身であったんです。それを先生は事前に何も言わなかったから、私の班は二人出たわけです。要するに私が首切り対象になったわけですよ、自分から多牌ですねと言って。

そうしたら、誰かは知っていたんです。「あなたが交代するんですよ」というようなことを言われた記憶があるんです。そのときは私も泣きじゃくりましてね。二時間か三時間、保健室で泣きじゃくった記憶があるんです。そのときは次兄が学校まで迎えに来てくれましてね、「誠治、もういいから帰ろうや」と言ってくれた一言を聞いて、兄と一緒に帰った記憶。たしか私、現実だと思うんですよ。今でも脳裏に浮かびますから。

私、そのときから性格が変わったような気がします。その頃までは、物すごく短気だったんですよ。人に対してはすぐ手を出しましたし、気性が激しい。自分で思うと、そのときからぱたりと性格が変わったような気がするんですよ。人に対して恨むというか憎むという気持が消えてしまったような気がするんです。

あとは、下らぬことなんですけれども、小学校の三年生か四年生の、二月の二十日頃だったか、おまえ職員室に行けと先生に言われて、渡り廊下を渡った。そのとき、春風、春一番の風が吹いていたんです。なぜか六十年たって未だにその春風、春一番の風がどうしても忘れられないんです、なぜなんでしょうね。先生に用事を言われて、職員室にこれを届けろとか持ってきてくれとか言われて、授業中にただ一人森閑とした渡り廊下をとことこと渡っていたら、そこに春一番がすっと吹いてきたんですね。それが本当に生暖かい春一番だったんです。六十年経ってもその風の暖かさと香りが忘れられないわけですよ。何なのかなと思ってね。

だから、今からいえば私の郷愁がそこにあるのかなと。大口村というところで吹いていた風、そういったものが郷愁になるのかなと思っています。そういう、極めて本質的でない思い出が残っているのですよ。

学校は余り勉強していませんから、小学校の頃ですが、夏の朝五時か五時半頃に学校に行って、大体学校が始まる三時間前ぐらいから野球をやる。ボールもまともじゃないですからね。誰かがどこかで拾ってきたゴムボールとか、誰かが親に作ってもらった布でくるんだものだとか、バットも買えませんから、誰かが竹やぶで切ってきた竹とか、山の中で拾ってきた棒とか、そんなもので、ボールとかバットを持っている子がいるというのもありました。

そのときは感触が違いました。

◆伊勢湾台風の経験と法曹への志望

奈良岡　勉強の記憶が御自分の中で出てくるのは、中学校ぐらいからですか。

近藤　自慢でもないし、それが今を形成した因果かとは思っていますけれども、何せ中学三年生の夏休みまで、うちで本を開いた記憶がないです。

皆さんも同じでしょうけれども、三年生になるとクラブを退部、進学しなければいかぬということで、勉強を始めたんです。始めた途端に目がおかしくなりまして、それまで何ともなかった目が、一カ月もたたない間にすぐ近視状態になっちゃったんです。二、三カ月間、十キロぐらいある遠い病院までビタミン注射を打ってもらいに通ったんですけれども、ついに治らないで、今の近眼になってしまったんです。だから、娘が、お父さんは受験勉強しなければ目が悪くならなかったよねと言うんですが、やらなかったらよかったなと思う。

なぜかといいますと、その年〔昭和三十四年〕の九月二十七日、伊勢湾台風が来たんですね。うちの学校の校舎も二棟ぐらい倒れたのかな、十月一杯ぐらい、ほとんど授業をやっていないんです。入試のお達しが来まして、三年生の一学期までを試験範囲とするということになったんですが、私から見ても試験問題が簡単なんですよ。簡単というのは困るわけです、みんなができるわけですものね。

愛知一中と言われた愛知の旭丘高校、風の便りですから正確には知りませんが、あそこは合格最低線が九十九点だと言われたんです。一問でも間違うと合格できない。八割から九割ぐらいが全部満点だったということになります。そのときに、我が一宮高校は合格最低線が八十九・五だと言われたんですよ。旭丘とは十点違ったんです、そのぐらいの学力の差にあるんですが。

伊勢湾台風で家が壊れたのも衝撃でしたけれども、入試のそういう状況も衝撃で、入試に関してはそういうのがありました。

赤坂　得意科目とか不得意科目というのはありましたか。

近藤　私、五教科はいいんですけれども、あとの四教科はからっきしだめなんですよ。絵を描かせてもだめ、音楽をやらせてもだめですから、そこら辺は辛かったです。運動も、球技なんかはそれほどではなかったんですけれども、器械体操とかいうと、からっきしだめでした。

奈良岡　理系と文系では、どちらの方がお得意でしたか。

近藤　私、理科がだめなんだ。物理がだめなんです。電気がだめなんですよ。物理も、力の辺りまではまだいいんですけれども、電気になると、授業内容じゃなくて電気のびりっとくるのが、そういう感覚的な問題の方が先に来ちゃうんですよ。百姓の息子ですから、生き物に対する関心はありますから生物はそれほどでもないですけれども、物理と化学がだめなんですね。数学は結構好きでした。でも、成績は余りよくなかった。

それに、何か昔から法律をやりたいなと、できなかったんですけれども、裁判官か弁護士になってみたいなという気はありました。

赤坂　その気持ちは、中学校ぐらいのときに既にあったのでしょうか。

近藤　はい、ありました。結果、司法試験を何回受けても落ちましたけれども。

中学三年生のときに、広津和郎の『松川裁判[1]』、あれを読んだんです。読んだといったって、最初五十ページまで行けたか百ページまで行けたか、分厚いんですね。それを読んでいましたら、私のいとこにその頃大学に行っていたのがいまして、おまえ何を読んでいるんだと、驚きともあきれともわからない感情で言われた記憶がありま す。自慢たらしく聞こえるかもしれませんが、何にも理解していませんからね、諏訪メモとバールとナット、そのぐらいしか単語が残っていないんですよ。だから諏訪メモの中身が何であるかも全然記憶もないし、理解もしていなかったみたいです。バールとナットというのは、ある程度、松川のあそこら辺の線路のボルトを誰かが外したというような記述のところをうろ覚えに覚えているだけでございまして、なぜあの本を読んでいたのかよく分かりませんけれども。

赤坂　法曹を志望されたきっかけというのは何かございましたか。

近藤　私の性格として、あまり感情の対立の中にいたくない。そういうことならば、対立を起こさない、事前の秩序というものが自分にとって物すごく必要なのだということになりまして、今だから言葉で言えますけれども、倫理的秩序とか、そういうようなものにかなり、自分なりに興味を持っていたのかなという気がするんです。裁判官はまたそういうものじゃないんですけれどもね。でも、そんな気持ちがあったのかな。

◆ 法学への志と大学進学

赤坂　中学のとき、漠然と法曹を目指されたということですけれども、今度高校生活になってくると、特に大学進学というのも一つ選択肢に入ってきます。その中で、もともとの希望というのはどういうふうに変化していかれたのでしょうか。

近藤　変わっていきません。だから、ほとんど法学部を受けました。名古屋大学法学部を二回落ちまして、それからどうして静岡大学へ行ったんですかと言われると、一期校に落ちたから行っただけの話でございまして、何の深い理想も希望もございません。

奈良岡　一期校で名古屋大学を受けて、二期校で静岡大学を受けられたんですか。

近藤　そうです。二期校で法律というのは少ないんですよ。法学部は旧帝大旧商大ぐらいでしょうか、二期校には当然ありません。今はそうじゃないですね。旧帝大旧商大以外にも法学部はあります。私の頃は、帝大以外は法学部はありませんから。静岡も、文理学部ですけれども、学科として法経学科なんです。法学科にはなっていませんけれども、一応学科の端くれのところにありました。

他でもあればいいんでしょうけれども、今から思えば、静岡へ出てしまえば、どこへ出ても同じだった。でも、やはり気の小さい男で、特に名古屋人は土着性が強いもので、外へ出るというのは非常に億劫なんですね。だけれども、あそこら辺で探して、法律をやっているのは静岡しかないんですよ。滋賀が経済、三重は農学、岐阜にもないですし、三重にもないです。金沢は一期ですから。大阪の市大だとか、あそこら辺まで行けばよかったのかもしれませんけれども。東京は経済的にも眼中にありませんでしたので。

奈良岡　就職とかいう御選択は最初からなくて、高校を通じて、大学進学をずっと目指されてきたんですか。

近藤　はい。営業に向いていないのは自覚していましたし、なるところは公務員しかないということでございますから、民間は一回も受けておりません。公務員は愛知県庁と名古屋市役所を一応受けていますけれども、これと国と受けています。民間は、営業なんか勤まるはずはないし、経済をやっていれば経理畑もあったかもしれぬけれども、そこら辺も全然眼中になかったです。

奈良岡　銀行とか。

近藤　銀行も眼中になかった。なぜか知らぬけれども、公務員が一番向いていると思ったんでしょう。一応公務員志望でした。

奈良岡　大学への進学率というのは、どれぐらいでしたか。

近藤　大学への進学者は、私の頃の部落の、四〇％〔＝中学校卒業者二百人のうちの高校進学者、約八十人〕のうち、一〇％です。だから、部落でいけば、トータルでは五％ぐらい。一部落でも一人もいないところもありました。余りよく知りませんけれども、要するに、その頃、卒業生の中で大学へ行ったのは一年に四人か五人ぐらいじゃないかな、殆ど聞いたことがないですから。私が高校に行くころは、一学年で二百人いて、一桁ですね、二桁まではいなかった記憶です。それからは様変わりして、三十五年以降は幾何級数的にぐうっと上がっていきます。よく知りませんけれども、今は私の部落でも大学進学率は六、七〇％じゃないかな。

奈良岡　一宮高校では何％ぐらいでしたか。

近藤　一宮高校でも八割以上は進学していたかな。結果的に、私もそうだけれども、落っこちて、その後どうなったかは分かりませんけれども、八割以上は大学進学していたと思います。

◆静岡大学での学生生活

近藤　こうして静岡大学に入りましたけれども、まず授業に余り出てないんですね。なぜかといいますと、理由になるのかどうか、学生寮におりまして、私どものキャンパスは旧制静岡高校のキャンパスを使っていたものでございますから、寮もそのまま、旧制静岡高校の仰秀寮という寮なんですけれども、一般的に、吉行淳之介さんと中曽根康弘さん、二人が仰秀寮においてある程度著名かなと。やはり中曽根さんは今みたいな形の哲人的な振る舞いがありましたし(2)、吉行さんは、うわさによると、毎日静岡の某所に入り浸って学校には行ってなかったというようなお話もありますし(3)、そういう方々がお住まいになった寮に住んでおりました。

私は、中曽根さんが寮の押し入れの中に書いた落書きというのを見に行ってきたかな。そういうものがあるということで、多分私の寮じゃなかったんです。五つ寮がございまして、別の建物なんですけれども、押し入れの中を見に行った記憶があるんです。

皆様の出身の京大はもう三高と大学が直結していますが、うちの場合は、静岡、東大というのは、多分、どのぐらいいらっしゃったか。皆さんのところに行かれた、砂川判決を書かれた伊達秋雄さん(4)は京大ですね。静岡高校の出身のはずです。有名な方はいっぱいいらっしゃいますけれども、東大への通過地点で、それも全部旧制の話です。私も一九六九（昭和四十四）年で、旧制から二十年後です。だけれども、寮歌だとか、ああいうものは全部残していって頂いているわけです。

寮の生活だと、皆さんも学生時代はそうだったかもしれませんけれども、昼夜逆転いたしまして、大体、学校で先生の授業を聞くよりも、四年生までおりますから、その仲間での議論ということで、御多分に漏れず、そのころはマルクス主義じゃなければ人間にあらずというようなのが学生寮の風でございますので、マルクス主義なのか、共産主義とは余り言っておりませんけれども、そんな議論をしていたという状況でした。

今、具体的に何をやったかというのは余り覚えていませんし、書籍でいえば『共産党宣言』『賃労働と資本』、そのくらいは読んだかな。未だに何が書いてあったか覚えてないところを見ると、本当に読んだかなと。『資本論』

を読んでないところは間違いございません。『資本論』は四、五年前に読んだことがございますから、その頃に『資本論』を読んだ記憶はございません。それよりも、エンゲルスの著作なども二、三冊ぐらい読んだかなということでございます。

あとは、司法試験をやっていましたから、法律関係の本は、我妻栄の『民法講義』とか読んでおりました。それから、私、その頃一番影響を受けたのは、高橋和巳さんがお書きになった『邪宗門』ですね。あとは、皆さんがお読みになったような、ドストエフスキーだとか、フランスのビクトル・ユーゴーだとかスタンダールとかはそれなりに読んだ記憶はあります、何を読んだか定かではありませんが。ドストエフスキーは好きでしたから、それ相当に読んだつもりでおります。

奈良岡　文理学部ということですと、そんなに法律学の授業も多くは揃ってなかったのでしょうか。

近藤　基本的科目は揃っていましたが、憲法、行政、民法は、今は知りませんけれども、私のときはその先生一人、刑法も一人、訴訟法はそこまでいっていません。だから、基本法律科目でお一人ぐらい、あとは集中講義でお呼びするとか、法曹実務家を非常勤講師でやってもらうとかいうのはございましたけれども。専任ですと基本的に各教科一人ずつで、憲法、行政、民法、刑法、労働まで、訴訟法は弁護士さんが集中講義的におやりになりまして、私の後に民事訴訟法もお見えになったか、刑事訴訟法は依然として実務家さんぐらいの体制でございました。ですから、十全とは言えません。

奈良岡　司法試験を目指している学生とか、あるいは公務員試験なども含めて、周りの志望というのはどんな感じでしたか。

近藤　結構、私のときは、大分遅れてですけれども、現役では受かっていませんけれども、私の上も一人受かっていますし、私の同級生も一人受かっていまして、私の次の年は一人か二人かな、その次ぐらいになると二、三人受かりました。今は知りませんけれども、私のときまでは法経学科大体八十人から九十人、法律、経済半々ぐらいでせいぜい四十人から五十人ぐらいですから、そこそこには受かっています。

受かっているのがいればそこそこに落ちているやつもいますから、そういうある程度の合格者数はいたかなと思いまして、私も落ちた口ですので落ちたやつの方がよく知っています、また覚えています。私の周りでも三、四人、一緒にやっていた連中で受かったのも一人ぐらいはいるかな。むしろ落っこちたやつが多いですね。

公務員試験も、地方にはかなり、特にあそこは静岡、愛知が主力ですから、あとは三重、岐阜、長野、ここら辺が主力です。だから、特に静岡、愛知の地方公務員になる方は多いです。国家公務員は司法試験と同じぐらいで、年間一ないし二名です。幾らあっても一けたの前半部分ですから、二けた、三けたという数が出る学校じゃございません。

◆司法試験の受験と大学生活——鈴木安蔵のことなど

近藤　それで学生寮生活を三年やりまして、四年目からは下宿しました。一応司法試験を受けたかったものですから、寮にいてはちょっと司法試験の勉強はできないなと思いまして、下宿いたしまして、どういうわけか五年までおったんです。結果的には何の物にもなりませんでしたけれども。

そういうことで、学生生活は寮生活が中心でございました。私は民法ゼミというのをやっておりまして、指導教官が、平野義太郎という、共産党のオーガナイザーというか、理論的支柱になられた方、あの方の息子さん〔平野克明〕(5)が我々のゼミの先生でございますので、要するに先生よりもそのお父さんの方が有名であったということでございます。

民法ゼミは、その方は私の入学の二、三年前に着任したばかりですから、できたばかりなんですね。ですから、若いと言ってしまえば若いんです。その点で余り、要するに先生の理論的な問題をどこか総括するという意識は余りなくて、かなり仲間内で親しくやれていたなという気はします。だから、今もゼミの連中は、先輩より後輩の方が多く、私のときはあまり先輩がいませんでしたし、更に私は五年までいましたので、おかげさまで四年生、三年生というのが何か私を牢名主的に扱ってくれまして、そんなことを言ったらうぬぼれですが、塾頭みたいな形で、ゼミに置いてくれていたような気がしております。そういう点では楽しいというか思い出にはなっております。

あと、著名な先生がいらっしゃったからどうということはないんですけれども、憲法は鈴木安蔵(6)という、うちはどういうわけかその左翼系といわれる系統の方が多いようでございまして、鈴木安蔵先生の授業の方には何回か出ております。どこが違うのかなと、まだよく分かりませんけれども。

赤坂　鈴木先生について、何か御印象などはおありでしょうか。

近藤　印象ということになりますと、はっきり言って、鈴木先生には申しわけないですけれども、インパクトというのは、逆の意味でしかインパクトがない。やはり憲法で体制を扱わないと、インパクトというものがない。権力の問題、体制の問題、それを正面的に、肯定的にやればオーソドックス、アカデミック憲法学になるんでしょうし、否定的になれば革命的、革新的憲法学になる。その中間形態というものが一つあり得るかどうかということなんですね。

ただ、鈴木安蔵先生も、それは外に出て、完全に権力、体制の否定ということになりますか、語弊があったらまたお教え頂きたいんですけれども、そういうものを否定した憲法解釈学をやられるというものは、そんなにインパクトを感じ切れないんですね。やはり中途半端なものになっちゃう。

それは人権の問題だとか主権の問題ということになって、意味合い、トーンがどちらかにぶれるかということは、コントラストが若干右に振れるか左に振れるかという感じになるんですね。そういう感じを受けまして、それは鈴木先生の悪口ととって頂きたくはないんですけれども。そういう意味では、若かったせいもありますし、知識がないせいもありますけれども、憲法解釈学的には中途半端な感じをもっておりました。

だけれども、今の憲法学も、アカデミック憲法学ということになると、十八世紀前半ないしは十七世紀後半以降の要するに基本的原則というもの、いまだ基本原理といわれているものを否定し切れるかどうかということにならないと、清宮〔四郎〕、宮沢〔俊義〕ラインの矩を越えられないというような感じを私は受けるんですね。だから、いわゆる十七世紀後半、モンテスキューが出てくるのかルソーが出てくるのか、カントあたりまで入ってくるのか。

その前のイギリス経験論の問題、ロックだとかヒュームだとか、あそこら辺の問題でしょうけれども、そこの概念の中にとどまっているということになると、一七〇〇年から一九〇〇年、二百五十年ぐらいがまだ同じ概念の中に、やはりそこから抜け切れないでいる……。

だから鈴木先生も、そういう逆の意味で申し上げれば憲法学が何であるかということ、政治学になればまたいいんでしょうけれども。政治学も、それは解釈政治学とか現象系政治学ということになればやはり基盤は同じで、それはヘーゲルじゃございませんから、否定から疎外に持ち込む、否定から疎外に持ち込んでアウフヘーベンできるということになるんでしょうけれども、これは否定し切れないところでやっていらっしゃると、どうしても我々凡人に対してインパクトが出てこない。どこが違うんでしょうかというようなことになっちゃう可能性はあるんです。

◆日韓基本条約と学生運動

近藤　学生寮といえば、東京のお堀の横の日本学生会館が寮になっていました。私の大学の頃学生運動に引っ張ってゆかれました。前半が日韓条約、後半がエンタープライズ寄港阻止。そのデモの時その学生寮に宿泊いたしました。静岡以外では私も二、三度しか行っていませんけれども、国会にデモに来たことがありますし、横須賀基地にデモに行ったこともあります。

奈良岡　学生運動については、何か思い出などございますか。

近藤　大学の中ではセクトが分かれておりまして、うちはセクトが三つ、民青同と中核と、もう一つは社学同、その三つのセクトがありました。それで、どういうわけか非常に不合理な話で、ある寮はどこのセクト、ある寮はどこのセクトということになっていまして、寮生総会というのをやるんですけれども、寮生総会が始まるのが午後十時なんです。一番長いのは、午前四時までやりました。そうすると、セクト間の斗争でございまして、そんな中でノンポリ許されずという時代ですけれども、しかし、だんだんとそのような風潮は維持できなくなりました。

日韓基本条約は三十八か三十九年に国会承認。国会承認よりも、あれは関連法案が問題で、法的処遇の問題、あれが一番問題になっていますから、要するに国内法の問題で、基本条約承認の後に手間取っています。国内関連法で与野党がぶつかっていますから、多分一年では通し切れてないと思います。ですから、大体四十年。三十九年に池田勇人内閣が辞めていますね。あれは最終的には佐藤栄作内閣ですね、経過はいろいろあるでしょうけれども。佐藤内閣は、三十九年のオリンピック後、十月からですね。ですから、それ以降には基本条約の国内関連法案も通過しているはずですから、多分四十年か四十一年頃。

少なくとも私の記憶では、一年生か二年生の頃ここへ日韓条約反対デモに来たことがあるという、極めて感覚的な話だけでございます。

赤坂　一、二年生の頃は寮でいろいろ日々議論を先輩方とされてこられて、その中でちょっと国会にも行こうかという話になったんですか。

近藤　やはり、オルグをかけますから。だから、ここへ来るのでも全国動員があります。全国動員の中で、どこの派閥が勢力を握るかというのはやはり数によりますから、代々木公園を埋めたときに分かります。私も静岡ですから、夜行列車で来て、どこから歩いたか分かりませんけれども、大体、あの頃、代々木公園に集まるか、新橋の土橋に集まるか。土橋に集まってここに入ってくるか、代々木公園から下がるか、多分この二つのコースだったと思います。集結地点は大体同じ地点で、分派闘争はあの頃はそんなに、セクトは違っていましたけれども、一応行動自体はかなり統一がとれていたと思うんです。

その後は、火炎瓶だとか、ああいうことになると完全にゲリラに入りましたから、分派闘争になりまして、大学闘争になりますと、完全に個別ですね。

我々の頃は、一応まだ全学連の名残がありまして、そこを誰が跡目を継いだかという一つの問題はあるわけです。それはいわゆる社学同系統が社学同を継いだ、我々が全学連の本家を継いだという言い方を主張していたかな。共産党系の方は、それは絶対、新左翼だから認められないということでありますし、中核だとか革マル、その連中はやはり社学同に対するアンチとして派生してきているところがございますから、そこでも主導権争いというのはいろいろございます。そのようなことではありましたけれども、民青、いわゆる共産党系と新左翼と言っていいのか、いわゆる社学同、社青同、それから中核、革マル、我々の頃はもっとあったかもしれません。感じとしては、それほど分派でやるということはないと思います。

歴史的に言えば、そのすぐ後に革マルがかなり過激行動に入る、要するにゲリラ闘争に入る。そこら辺からもう同一ではできないということになり、中核も革マルに刺激されまして、かなり過激になってくる。それで民青同、共産党系が勢力を物すごく強くしてくる。そうなると、数とか理論の対立じゃなくして、肉体的対立に入ってくるというのは、やはり日韓条約の後だと思います。

大学闘争になるとどこが主導権を握られたかは知りませんけれども、全体的でやるという感じはもうないような感じでした。私はもうサラリーマンになっていましたから、殆ど音痴ですけれども。革マルあたりは完全に公安当局からにらまれましたし、大っぴらに動けないようなセクトになっていましたから、そんな大衆集合をかけても人も集まりませんし、よほどの覚悟がないと。

ですから、理論的なことは余り言わず、要するに民青同の米帝植民地主義に対抗する形での日帝植民地主義というスローガン、日韓条約がそれだというような感じのスローガンでした。本当にそうかなあという気もありましたけれども。この条約を突破口にして、韓国支配というのか、朝鮮植民地支配に入れるのかどうかということはありましたけれども、スローガン的にはそういうことかなと。

今教えて頂きましたけれども、法的地位の問題ということになれば、日本における朝鮮人の抑圧の問題、向こうもそうかもしれないけれども、特に在日朝鮮人の方々の抑圧の問題ということになるんでしょうから、そこら辺のところが一つのスローガンになっていたかなという気持ちはします。

赤坂　まだ、過去にどういう交渉が行われたかというのは資料がなかったので、こういうものはずっと研究がされてこなかったんですけれども、平成十七年に韓国側の資料が全面公開されて、だから日本側もやれといって裁判が起こったところ、一昨年の段階でまだ開示するともしないとも行政庁たる外務大臣が言わなかったので、不作為の違法が確認されるという判決が出ています(7)。ようやく歴史に入りつつある、そういう段階ですね。ちょっと余談でしたけれども。

近藤　やはり椎名メモのあたりですか。

赤坂　そうですね、そういうものを含む一連の資料を全部出せということで、外務省の中で対象ファイルを特定したら六万九千ページとかいう物すごい膨大な量で、だから三十日とかでは開示不開示等の決定はとてもできません。

近藤　ある意味では、そのくらい資料が残せるくらいのエネルギーが必要なんですね。

私が読んだのは、法律時報の関連法案の説明だけでございます。三十九年頃に出たのかな、読んだだけでございますけれども、あの読んだときも何も分からなかった。法律時報が特集で全編ぶち抜きで日韓条約をやっているんですけれども、あれを読んだだけでございまして、あとは理論的なことは何も知りません。そういう感覚的なことでやっていた記憶があるだけでございます。

◆国家公務員試験の受験——父との議論

赤坂　在学中から司法試験の勉強もされつつ、また、そのちょっと前の段階では学生運動もされつつ、後には国家公務員の試験に備えた準備も進めておられたわけですね。

国家公務員といっても衆議院事務局だけを念頭に置かれていたのでしょうか。また、どのあたりから公務員を志望されたのでしょうか。

近藤　一応、四年のときに、五年までもう一年留年するということで、親父とそのとき、大げんかでもないんですが、田舎でございますから、要するにはっきり言って落第するわけですよ。親父は、世間体が悪いというわけです。世間体の悪いことはできないと言うんです。一般的に言えば、落第するということは頭が悪いか素行が悪いかということです。親父にはそういう感覚があったと思うんです。うちの親父も寡黙でございまして、そんな、人生訓だとか道徳だとかということについて議論したことはさらさらございませんし、世間話は、それは親子の少々の会話はありますけれども、何時間にもわたって突っ込んで口角何とかでしゃべるということはなかったんですけれども、そのときだけはちゃんと。

だから、人生で親父とやったというのは、そのときと、それからあとはしゃべらなかったんですけれども、親父が何を思ったか、木曽御嶽に二人で行こうと言うんですね。御嶽山に登りに行きました。行きは電車で行って、何合目かの山小屋に泊まりまして山頂に行って、そこまでは、そんな時間もありませんし、登りできついというのもありまして、いいんですけれども、帰りが、たらたら坂を十時間ぐらい歩きました。その間、親父とただ二人、殆ど何もしゃべらないで、とぼとぼと二人。親父が、なぜ行こうと思ったのか。あれは高校二、三年の頃です。

そんな親父でして、ですから、そのときに親父が、世間体が悪いと言いまして。世間体はどうでもいいけれども、親父、一年間金出してくれるのか、経済援助してくれるのかということになりまして、そのとき親父は返事しなかったんですけれども、一応は、そんなわけで五年まで行くことになりました。

それで、つなぐのにどうしたらいいかなと思いまして、五年いたって五年目で通る自信もありませんでしたから、どうつなぐかななんということで、大学院も受けてみまして、名古屋大学を受けまして、物の見事にこれまた落ちました。五年目になっても、大学院に行ければつなげたいんですけれども、二年か、五年か、名古屋だったら家から一応通える、家で居候するかと。その方が経済的に、小遣いだけ我慢すれば、飯は食いそびれないからということでやったんだけれども、駄目でして、もうこれは就職するしかない、自分には公務員しか道はなかろうということで。

司法試験をやっていましたから、法律科目については、司法試験に比べれば、かなり簡単ですから。あとは、公務員試験というのは一般教養が大変なんですね。五択の問題が全体で六十問かそれ以上出るのかな。ですから、要するに知恵比べの問題なんです。それをやらなきゃいかぬわけです。毎日布団の中に入って問題集を三カ月か半年間ぐらいやっていたかな。問題集でやるしか方法がないものですから。

そういう経過をたどりまして、おかげさまで公務員試験は、受けたところは一応全部受かりまして、こういうことで皆さんとお会いすることになったという顛末でございます。

◆事務局職員のリクルート

赤坂　公務員試験はどちらを受験されましたか。

近藤　一応、愛知県庁と名古屋市役所と、中央と、受けました。

赤坂　中央というのは、衆議院事務局だけの独自の試験ですか。

近藤　いや、国家公務員上級職試験です。

赤坂　国家公務員上級試験の中で、要するに他の省庁と全く同じ試験を受けているわけですか。

近藤　一応、人事院は行政官庁に関する機関ですけれども、国会は特別機関で人事院の管轄ではありませんので、一応、推薦ということで、推薦はして頂けますし、私もちょっとシステムは分かりませんけれども、こちらからオファーするのかな、人事院にオファーして。でも、私は動機がありました。

参議院に十年ぐらい先輩の方がいらっしゃいまして、その方の友達が判事さんだったんです。判事さんで、司法試験の勉強しているときに、たまたま静岡にいらっしゃったんですね。そしたらちょっと面倒見てやるよということで、一年ぐらい添削して頂いた方がいるんです。その方のお友達が参議院にいらっしゃったんです。その方から、国会というのは面白いところだよと言われまして、受かった後、一度お会いしましたかね。そんな縁でございました。

それよりももっと本質的なところが、この間申し上げましたけれども、はっきり言ってうちの大学では中央官庁に入るのは難しいです。いわゆる本省のエリートとしては、成績の関係もあるかもしれませんが、過去の実績から見ましても採用されることは非常に難しいです。外局でしたら可能でしょう。外局なら、今、財務局ですね。外局なら可能性はありますが、本省のキャリアは、成績が悪いからそうなんでしょうけれども、成績がよくても、過去の実績から見てもかなり難しいです。

奈良岡　御三家とか何とかとありますね。

近藤　ランキングとキャリアで、ほぼ決まっていますから、ペンディングになっているというのはほんの僅かしかないと思います。衆議院の場合は、お陰様で、最近はかなりのところから来て頂けるんですけれども、当時はそんなに採用されておりませんでした。前、司法試験でお辞めになった方が二、三人いらっしゃる。あの方は上級で受かっているのかな。ですから、ずっと最後までいらっしゃったのは、谷〔福丸〕総長(8)。私の直近ですから、年齢にして五歳違いますけれども。

ですから、その前、要するに制度が変わったすぐ後、昭和二十四、五年ですか、あの頃にはかなりお入りになっているんです。それで、要するにその方たちがトップに行く前は、殆ど採用してないわけです。私のときが二人。お入りになったのが、大西〔勉〕(9)さんがおりますけれども、大西さんと二人。

その年、次がなくて、その次が、〔聞取り当時〕事務総長の駒崎〔義弘〕さんの同期が三人入っておるんです。その後は、昭和五十年に一人入っています。それから以降、かなり来て頂いているんです。これは高度成長後の経済状況の影響もあるかもしれませんけれども。それ以降は、国会自体も見直して頂きましたし、国家政策にそれなりに関与できる分野が議会にもあるということを認識して頂いたところがありまして、今はかなり来て頂けるんですけれども。

そんな感じでございますので。私も希望いたしましたし、人事院から推薦があったのか、こちらからオファーがあったのか。これは、希望があれば一応人事院も推薦することにはなっているんです。要するに、自分のところのテリトリーじゃございませんので、テリトリー外を推薦するということです。

赤坂　一般省庁では、最初のリクルート段階だけではなくて、その後の昇進、人事等も含めて、出身大学と、どのコースの試験を受かって来ているのかということが、規定要因として相当働くと一般に認識されていると思いますけれども、衆議院の事務局では、そのあたりはもう少し柔軟なんでしょうか。

近藤　事務総長経験者は、一応、国家公務員試験合格者が全部やっているはずです。今言ったように、二十四、五年ぐらい、要するに、国家の大制度改革、学制改革から公務員制度改革がずっとあった頃に入られた方ですから。前、知野〔虎雄〕[10]さんまでは戦前高等官ですから。知野さんの後が藤野〔重信〕[11]さんですか。藤野さん、大久保〔孟〕[12]さん、荒尾〔正浩〕[13]さん、弥富〔啓之助〕[14]さん、ずっと公務員試験合格者でございます。緒方〔信一郎〕[15]さんは自治省の方ですから、自治官僚でございますので、そのものずばりの公務員試験合格者でございます。あと谷さん、今の駒崎さんですから。

そういう意味では、この中からトップが出ているということでございまして、私も、ある意味では、この資格でもってここまで上げて頂いたということは否定できないとは思います。資格ゆえにと言われるかもしれませんけれども。

赤坂　今までは、戦後すぐを除いて、上級職試験・I種試験の合格者であり、かつ旧帝国大学出身者が総長になってきた。ただ、総長にまで行かない段階だと、もう少し柔軟に運用が行われている、というイメージでしょうか。

近藤　旧帝大以外は、藤野さんと今の駒崎さん。駒崎さんは東京教育大学。藤野さんは東京文理大。要するにどちらも東京教育大、今の筑波大学の御出身です。あとは、鈴木〔隆夫〕[16]さんが東北です。山﨑〔高〕[17]さんは東大で、その次、久保田〔義麿〕[18]さんは東大。あとは、藤野さんが東京文理大で、知野さんが九州で、大久保さん以下はずっと緒方さんまで東大で、谷さんが九州。

そういうことで、歴史から見れば、東京文理大も準帝大と考えれば、旧帝大の方がなっております。柔軟と言われたら、どういうことかということですけれども、例外はちょっとございますけれども、行政官庁並みに、ほとんどが中央官庁でいえば局長クラスにはなっておりますので。そういう面では、なられる方は全部、多分公務員試験合格者だと思います。

霞が関、どのぐらいいらっしゃるか知りませんけれども、上級試験に受かっていらっしゃらないでトップになられた方というのは、数えても数えられるぐらいしかいらっしゃらないと思います。

赤坂　他省庁で言うと、議会事務局の部長が他省庁の局長相当だと認識していいですか。

近藤　はい。給与、待遇では。

赤坂　そうすると、事務局に部長クラスのノン・キャリアの方は相当数いらっしゃいますから、その意味では、衆議院事務局は大分柔軟なのかなという印象ですね。

近藤　柔軟ですけれども、それだけ、ある意味ではキャリアだけで全ての幹部職ポストを充足できるだけ採っておりませんので。組織論ということで、こういう体制であるならば、定期的に何名かはきちっとあてがっていかないと人事の空白ができるということを申したことはあります。だけれども、ある意味では、ここは行政官庁みたいにトップが一年で辞めていくわけではございません。だから、私も調査局長を六年もやりまして皆さんから顰蹙をかっているかもしれませんが、この程度の例はいっぱいございます。

行政官庁の場合、原則一年で辞めていきますから、そういうふうに体制を組んでいますからいいんですけれども、ここは、部長職自体が終身雇用体制で、ちょっと言葉は悪い、言い過ぎですけれども、そういうようになっていますので。それは人間をあてがった方がよかったのか、あてがわなかった方がいいのかということにもなります。

だけれども、これだけの組織でそれだけのエリートが来てくれるか来てくれないかというのもありますし、充足できたかどうかということもございますし、もっと言えば、今問題になっておる天下りですね。待遇をどうするかということ。それだけ採りましたら、霞が関みたいにかなり早期に辞めさせていかなきゃいけない。それは御批判があるのは分かります。私も公務員ですから、それは天下りがいいとは言いませんけれども、では、我々から言えば、どうしてくれるんですかと。

今はいいんですけれども、五十五、早ければ銀行も五十一ぐらいなんです。銀行全体がそうであるらしいですが、いまだに霞が関は五十一がターニングポイントになっていますね。五十一でどちらへ振られるかということで、二、三年後に局長になられて、あと二、三年たって次官になられる、ターニングポイントが五十一。

銀行も、本店の役員として残られるか、それとも傘下の企業の役員、トップに移られるかという選別が五十一がターニングポイント。銀行はいつか知りませんけれども、ターニングポイントは五十一だというふうに伺っていますし、今でも、その数字は、あまり大きく動いてないですね。

赤坂　今のお話ですけれども、他省庁とは違って事務総長が長いことやりますから、それに連動して次長も部長クラスも任期が長くなる傾向があるわけですね。だから余りたくさんの人を採らないいんだというお話がありましたけれども、そうはいっても、全員が事務総長になるわけではありませんので、やはりどこかでいろいろなポストに出ていく必要がありますね。

それにはいろいろなものが恐らくあるんだろうと思います。例えば常任委員会の調査室なりそういうところに行ったりというのがあるのは伺っていますけれども、そのほかだと一体どういうポストが用意されているのか。もしよろしければ教えて頂けませんでしょうか。

近藤　隠すことではないと思いますけれども、一応、行政の、本省はだめですから、外郭団体で顧問だとか、調査関係の「国会の動き」だとかそういうものが必要になられるような方で、調査局あたりだと何年かそれを専門にやりますから、そこら辺のところを必要とされている方のところで数年間勤めるということはございます。

◆ 事務局職員（とくに調査局）の専門性

赤坂　ちなみに、最後、衆議院の調査局長を務められましたけれども、調査局の人員というのはどこからリクルートされてくるんですか。

近藤　あれは、衆議院の採用試験で、要するに事務局総体として採用いたしますから、その中で、来て頂いた方の中から選別して、議事手続部門、調査部門、もう少し分ければ、庶務、管理部門、そういうふうに分けます。

赤坂　最初、ある部門に入ったら、大体そのまま上がっていくという形になるんですか(19)。

近藤　いや、そういうことじゃございません。かなり動かします。

赤坂　例えば調査局にいて、また事務局に帰ってゆくということもあるんですか。

近藤　あります。そこら辺のところも、私がやっていまして問題として感じていますが、どこでもそうで、調査部門になりますと、霞が関の一省庁、たとえば農林水産省二万、三万と言われる、そこを、調査員十人ちょっとぐらいのところで担当しているわけです。頭脳的能力の問題は別にいたしまして、ただ人的対応関係だけでも、片方は現業から企画からいろいろございますから十把一からげで話してはいけませんけれども、そういうところ、人間でございますから、片方が二万、三万でやっていらっしゃることを十人でやる。情報化だけだって大変なわけです。二万、三万の情報を十人で情報を処理するというのは困難でございます。でも、それなら国会が農林水産省と同じ人員を持ってやるなどということは、それはあり得る話ではございませんけれども。

そうなると、かなり専門性を積まなきゃいかぬということになるんです。私も提案ぐらいしただけで実施にいきませんけれども、これから、特に調査局あたりは採用時点から個別採用で、財政経済専門にやられた方は財政経済で受けて頂く、農林あるいは環境だとかテクノロジーだとかということでやられればそれで、というようにしてやっていかないと。

だけれども、そういう知識だとか能力の創造性だけがポイントじゃないんです。ある意味では、ここは、そういう偏在している情報をどうフレームアップしていくかということなんです。我々が発想したことを議員さんとコネクトして強引に推し進めていくということがもし可能であったとしたら、それはまた大変なことで、ある意味では今の官僚政治と言われているのと同じことなんですね。

だから、ある意味では楽ですけれども、ある意味では苦しいんです。要するに、自分からあるものを創造しなくてもいい。自分が創造したものを強引に押しつけて、要するに国家政策にしていくなんということになったらそれはまた大変でございますから。そういう意味ではなくして、偏在している情報をある程度相対化してやって国会審議のために活用する、ということです。

今、現実的に政府主導でございます。これはいろいろ御非難あるんでしょうけれども、変えられるかどうかということでしょうし。議員さんは少ないですからね。それが、プロパーだけで国家政策を作り上げていくということはできる話じゃない。そうするとやはり官僚政治でしょうけれども、官僚サイドから上がってきたものをいかに弾劾〔批判〕していくかということにも主力を置かないといけません。自分たちができないから、あとはもうどうでもいいからあなたたちで勝手にやりなさい、というわけにもいきませんから。

ということになれば、そういう意味で、相対的な情報を集めるということだろうと思いますから、いわゆる調査、偏在している情報なり知識なりをいかに多角的に集積して、それをある程度概念化してフレームアップしていくかということ、それがやはり議会、調査局に求められている仕事だろうと思います。

その中で、自分がオリジナルなものを作って頂くのはいいんですけれども、そういう方ばかり集めるわけにもまたいかないわけです。そういう方は人の意見を聞きませんから。人の意見を聞かないような方、あの意見は嫌いだから俺はやらぬと言われたら困ってしまうわけです。議員から依頼があって、何をやってくれと言われて、私はその問題は嫌いですから嫌だというのは、これは非常に困るわけです。

皆さんもそうなんですけれども、多分、大学に十八、十九でお入りになって、厳密には何学科か知りませんけれども、大きな範疇では憲法学・政治学でしょう。それを、はっきり言って、少なくとも五十年、六十年おやりになるわけですね。だけれども、公務員としてそれだけのものを、では、おまえ、二十二で入って退職まで三十八年間ここだぞということがいいのかどうか。それを覚悟で入ってくれればいいんですけれども。

だけれども、私もやっていまして、やると、ここに当てはめていくわけです。こちらもいろいろ見て、あれはここに興味がありそうだし、この点についてはかなり実績を持っている、などということを評価しながらポスティングしていくんですけれども。それでも、みんなとは言いませんけれども、かなりの者から、二、三年たつと、ポストがえしてくれという希望がぼんぼん出てくるわけです。だから、石の上にも三年。三年、五年やってもらわないと物にならない。幾ら優秀だって、一年、二年では。

自分の好奇心のあるところだけだったらいいんですけれども、ある程度、国家政策でございますから、一省庁、かなり広範囲にわたっているわけですから。それを、二、三年たったらもうかえてくれと言われると困ってしまうんです。でも、では、ここに十年おれというのもいいのかどうなのか、この狭いところで。だけれども、そういう仕事をずっとしていらっしゃる方もいるんだし、そこら辺のところでは、これから本当にもっと、霞が関を相手にしないということになったら、そのくらいの組織に入らざるを得ないかもしれませんね。

◆採用試験の思い出

赤坂　大変面白い話を有難うございます。一つだけ、採用試験の面接のときの思い出など、もしございましたら、補足をお願いします。一人一問なんですか。

近藤　いや、ずっとやられました。私が記憶しているのは、法律問題で一問だけ聞かれて、それに答えたんですけれども、何を聞かれたのかな。人事担当部長に一問だけ質問を受けまして、あとは生い立ちだとかそういうもの。そんなに長い間聞かれた記憶はございません、十分か十五分ぐらいだと思います。済みません、もう忘れてしまいました。

奈良岡　では、面接に関してはそんなに大きいインパクトというのは感じられなかったんですね。

近藤　面接で、あとは雑談みたいな形式で話していて、ぽちっと法律問題が口頭試問的に出てきました。

奈良岡　先ほどのお話ですと、上級職で採用された同期の方は大西さんとお二人だけで、その次の年は0人、その後は三人しかいなくて、上級職というのは非常に少ないということですか。

近藤　その頃はね。五十年以降は毎年二人、三人。五十五年、もうちょっと後、六十年ぐらいかな。昭和六十年でも、もう二十何年になりますね。平成になってからは二人、三人、複数で採用されていますね。

赤坂　さっき聞き漏らしたのかもしれないですけれども、その前、昭和四十年代前半あるいは昭和三十年代後半というのはどれ位だったんでしょうか、全然いなかったんですか。

近藤　そんなことはありません。うちでも、お採りになるときにはダブル以上でお採りになるんです。今言った、私の一年、二年前、司法試験でお辞めになった方もそうです。その前がお二人ぐらい辞められた。谷さん、あの方は何年に入っているのか、四十年ですね。司法試験に受かっておやめになったのが二人、三人か。多分あの方たちは全部上級職だと思うんです。ですから、谷さんが四十年から、私は四十四年ですから、四年の間に三人か四人ぐらい、多分上級職でお入りになっていると思います。それ以前は、よく分かりません。

ですから、単純平均しますと数年で一名というような感じです。最近は、単年度で複数人を採用していると思います。

赤坂　事務局内ではキャリアという言い方はするんでしょうか。

近藤　表立ってはしませんけれども、やはり、給与もスピードアップしていますし、どういうキャリアで入ってきたかというのは、みんな承知はしております。

奈良岡　いわゆるノンキャリというのもいろいろなポジションがあると思うんです。中級職といいますか、準キャリア的な感じの方というのもいらっしゃると思うんですけれども、そういう方はかなり人数が多いわけですか。

近藤　私の同期で入ったのは、衛視さんと記録は別にしまして、女性を含めて二十五名ちょっとぐらいかな。何か女性の方が多いんですね。ここはやはりアテンダント的な仕事もありますから、女性の方も結構多いんです。我々の半数とは言いませんけれども、女性、男性、七、三か六、四、そのぐらいですね。女性の方はほとんど結婚して辞められていますし、男性も二割方ぐらいは辞めています。だから、六十、定年で辞めたのが十人いたかな、七、八、最終的にそのぐらいですね。女性の方で定年まで勤めて辞められた者は三人ぐらいか。そうすると、やはり女性、男性で半数ぐらい、一応、ここでやってお辞めになっています。

奈良岡　その方たちも含めて、同期というか、横のつながりというか、そういうのはあるんでしょうか、一緒に研修を受けたり。

近藤　はい、受けていますし、横のつながりというのか、ここ十年ぐらいになりますか、年に一、二度、飲み会というんですか、交歓会といいますか、そんなものをずっとやっていまして、特に私がやめてから五年で、毎年何人か、入り方もいろいろありますし、誕生日もいろいろありますので、毎年何人かずつ退職で、もう五年間、今年で女性の短大の方が退職されたから、一応、私のいわゆる同期、私から五年間、少なくとも、退職の慰労会をやってもらったし、その前も何年か、同期だけでやっていましたし、みんなから、おまえのところの同期はかなり結束が固いなと言われます。

最初の頃はどこも作るんですけれども、そこからうちも同じで開店休業してしまいまして、それから十年、二十年ぐらいたってから、そろそろ先が見え始めると、昔懐かしい感じで、同期だけで年に一、二回集まって、旅行したり、飲み会をやったりするのはございます。

(1)　広津和郎『松川裁判〔第一巻〜第三巻〕』（筑摩書房、一九五五〜五六年、中公文庫版は一九七六年）。

(2)　中曽根康弘は、一九三五〜一九三八年に静岡高校に在学し、寮生活を謳歌した。静岡高校の同窓生は、後に「仰秀会」という後援組織を作っている（中曽根康弘『政治と人生　中曽根康弘回顧録』講談社、一九九二年）二四〜三四頁。

(3)　吉行淳之介の静岡高校時代については、佐藤嘉尚『人を惚れさせる男――吉行淳之介伝』（新潮社、二〇〇九年）を参照。

(4)　伊達秋雄（一九〇九〜一九九四年）。砂川事件第一審の裁判長で、自衛隊を違憲とした伊達判決で有名。

(5)　一九三三年生。著書に『欠陥商品訴訟と製造物責任』（成文堂、一九九三年）がある。

(6)　一九〇四〜一九八三年。明治文化研究会に参加し、戦前は在野でマルクス主義的立場から日本憲政史の研究を行った。戦後は静岡大学教授、愛知大学教授などを歴任した。

(7)　公文書不開示決定処分取消等請求事件（東京地判平一九・一二・二六判時一九九〇号一〇頁）。

(8)　一九三九年二月生まれ。一九六五年衆議院事務局に採用され、一九八一年委員部総務課長、一九八三年秘書課長、一九八七年議事部副部長を経て、一九八九年七月庶務部長。その後、一九九一年一月事務次長を経て、一九九四年六月事務総長（二〇〇三年一一月退職）。

(9)　一九四七年生まれ。一九六九年に衆議院事務局に採用され、一九八八年委員部第五課長、一九八九年庶務部会計課長を経て、一九九四年に警務部長、一九九六年に委員部長。一九九七年に常任委員会専門員に転じ、二〇〇四年一月から調査局長を務めた（二〇〇七年七月退職）。著作に「予備的調査の実態と最近の調査局改革――国会改革の動き」（北大法学論集五八巻二号、二〇〇七年）などがある。

⑽　一九一九年三月生まれ。一九四六年一一月に衆議院事務局に採用され、庶務部長、委員部長などを歴任。一九六四年一一月事務次長、一九六七年七月事務総長（一九七三年九月退職）。知野氏の経歴については、赤坂幸一「〔解題〕事務局の衡量過程のÉpiphanie」（『逐条国会法〔第一巻〕』（信山社、二〇一〇年）所収）も参照。

⑾　一九二五年九月生まれ。一九四九年一〇月衆議院法制局参事に採用される（第二部第二課長）。一九五八年四月法制局第四部長を経て、一九五八年六月衆議院参事に任じられ、管理部長に就任。その後、庶務部長、記録部長、委員部長を経て、一九六七年七月事務次長、一九七三年九月事務総長。一九七六年七月四日、北アルプス岳沢で滑落して遭難死。

⑿　一九二二年三月生まれ。一九四五年一一月に衆議院事務局に採用され、管理部長、庶務部長、委員部長などを歴任。一九七三年九月事務次長、一九七六年九月事務総長（一九八〇年七月退職）。

⒀　一九二五年九月生まれ。一九四九年三月、衆議院事務局に採用される。警務部長、管理部長、庶務部長、委員部長などを経て、一九七六年九月事務次長、一九八〇年七月事務総長（一九八二年八月退職）。一九八二～一九八六年、国会図書館長。

⒁　一九二六年八月生まれ。一九四九年九月、衆議院事務局に採用される。記録部長、警務部長、管理部長、庶務部長、委員部長などを経て、一九八〇年七月事務次長、一九八二年事務総長（一九八九年六月退職）。一九九〇～一九九七年、人事院総裁。

⒂　一九三三年九月生まれ、自治省出身。一九八二年四月に衆議院事務局に採用され、委員部第二課長。一九八三年一月委員部副部長、一九八五年九月庶務部長。一九八七年三月事務次長、一九八九年六月事務総長（一九九四年六月退職）。一九九四～一九九八年、国会図書館長。

⒃　一九〇五年二月生まれ。一九三一年四月、内務省に入省し、警視庁に配属。同年一二月、衆議院守衛副長に就任し、一九三七年衆議院書記官に任じられる。その後、秘書課長、委員部長などを経て、一九五三年三月事務次長。一九五五年一一月事務総長（一九六〇年七月退職）。一九六一～一九六五年、国会図書館長。鈴木氏については、今野彧男「昭和の議会を支えた蔭の功労者」議会政治研究第八六号（二〇〇八年、のち同『国会運営の法理――衆議院事務局の視点から』信山社、二〇一〇年所収）も参照。

⒄　一九〇八年一〇月生まれ。一九四五年一一月衆議院書記官、庶務部長を経て一九五三年三月委員部長に就任。一九五五年一一月事務次長、一九六〇年七月事務総長（一九六四年八月退職）。

(18)　一九一二年一月生まれ。一九四六年四月衆議院書記官に任じられ、速記課長に就任。一九四七年の秘書課長を皮切りに、庶務部長・記録部長・委員部長を歴任し、一九六〇年七月事務次長。一九六四年、事務総長職務代行を経て、事務総長に就任（一九六七年七月退職）。一九七〇〜一九七二年、国会図書館長。久保田総長については、職務代行の問題を含めて、今野彧男（著）、赤坂幸一・奈良岡聰智（編著）『国会運営の裏方たち――衆議院事務局の戦後史』（信山社、二〇一一年）を参照。

(19)　従来の固定的な人事運用からの変化については、谷福丸氏オーラル・ヒストリー（未公刊）第四回記録を参照。

◇第1章◇ 衆議院の風景——委員会運営の舞台裏

◆ 安保闘争と沖縄返還協定

奈良岡 採用当時の時代状況についてですが、近藤さんが衆議院事務局に採用されたのが昭和四十四年、当時は七〇年安保改定の騒動などいろいろなことがあったと思うんですけれども、さきほど学生運動の話もありました。そのような時代状況については、何か印象に残っておられますか。

近藤 安保は自動延長ですから、国会的には、殆ど記憶にないと言っては申しわけないんですけれども、私が入ったのは六十一回国会、要するに大管法〔大学管理法〕のときですね、大管法、健保〔健保特例法〕。あの頃はもめにもめた、真夏の八月五日までやっていました。六月ぐらいから相次ぐ強行採決ですね。健保、国鉄、大管法、そんなものでしょうか、まだありますが。それに関連して、やらなくていい法案まで強行採決します。要するに、「枕」と言われるものですね。重要法案の前に置くんです。むしろ、野党サイドから。それで枕にして粘り切って、要するに本題に入らせないというわけで、衆議院で枕をとるためには、枕法案も強行採決に入らなきゃいけないわけです。また参議院になって枕になりますから痛しかゆしなんですけれども。

あの頃は今みたいに逆転しておりませんから、衆議院がやれば参議院もやってくれるということで、そのときは重宗〔雄三〕議長ですね。二日間か四日間で重要法案を全部強行採決してしまった。八月に入って二、三、四ぐらいですべての法案を強行採決していったのではないでしょうか。

ですから、佐藤内閣のねらいは安保条約ではなくして沖縄返還協定にあったというのが後日談、本当のことかどうか知りませんけれども。それまでの安保闘争以来、大学の拠点を潰すんだと。大学の拠点を潰すのは、要するに沖縄返還協定への反対をなくすんだということで、大管法が本命であるというようなことは、そのとき私は入ったばかりで、そんなことは知る由もないんですけれども。そんな政治的配慮もあったようですね。

私は商工委員会でございまして、強行採決といったものは何もない、淡々とした委員会でございますから、全然苦労も何もございません。ああ、今日もある、今日もあると。向こうの分館、職場からは議長応接室が見えるわけです。たび重なる強行採決が行われるわけです。会期延長は当然でございますけれども、紛糾議案を上程するには強行採決が必要ですから、あそこから見ていると、フラッシュがぱかぱかたかれるわけです。こちらは何の問題も抱えていませんから、その間は委員会は開店休業でございまして、要するに、影響を相互に少なくするということで、こういう委員会は開店休業状況になっているわけです。夕方五時、六時になると、連日とは言いませんけれども、フラッシュがぱかぱかたかれるわけです。そういう国会であったというのを覚えています。

アメリカのアポロが月面に着いたのは七月二十日ではなかったですか。そういう中、委員会は本館でやっていたんですね。どういうわけか、議員食堂へ何か用事で入る。たまたまちょうどそのときに、アポロの写真がばあっとテレビに出ていたのを、録画だったか生だったかは知りませんけれども、覚えています。

だから、そういう暑い中で、強行に次ぐ強行採決で、その間にアポロが月に着陸したという、議会運営とは極めて離れたところで記憶は残っています。

◆ 職員研修および勉強会のあり方

赤坂　四月に採用されて、夏の時点ではもう委員会の仕事をやっていたわけですか。

近藤　四月一日からもう委員会の仕事を。四月一日から商工委員会に配属されていましたので。

赤坂　採用後、何か研修とか勉強会とかは経験されないのでしょうか。

近藤　それは三月にやりました。三月の二十日ぐらいが私の採用になっていますね。だから、三月三十一日までがいわゆる研修期間なんです。済みません、正式採用なのか仮採用なのか、要するに、その間が研修期間になっております。

赤坂　研修ではどういうことをするんですか。

近藤　一般的なのは、要するに法規解釈です。記憶していますのは、特に秩序、身分に関する法規解釈が主でした。

あとは仕事の概括的な説明は当然でしょうけれども。

赤坂　では、実際の業務内容というのはオン・ザ・ジョブ・トレーニングで……

近藤　そうですね。今言ったように、二十人でございますけれども、全然職場が違いますから。一応、事務系統だけですから、記録と警務さんはいなかったと思いますけれども、それ以外でもそれぞれ職務が違いますから。

我々は委員会でございましたけれども、大体が庶務系統か管理系統で採用されるわけですね。最初は現業的な部署につくのが多いです。最近では最初から事務部門に配置するようになっています。

赤坂　委員部は委員部だけでの勉強会というのを定期的に開いていたということを伺ったことがあるのですけれども、議事部なら議事部でそういう取り組みがあるのか、委員部がちょっと特殊なのか。委員部というのは、いろいろ切った張ったの議論とか政治家等の対応とか大変でしょうから、それで勉強会が委員部だけあったということなんでしょうか。

近藤　ほかのところも一般的にはやっていますけれども、委員部の場合は、あの頃は常任、特別入れて二十数個の委員会があったわけです。その委員会を運営していきますので、つまり、それらの原則的な運営形態、それから派生的な運営形態、そこら辺をきちっとしなきゃいけないわけです。

やはり、先例もやるかもしれませんけれども、同一規則、同一先例の上でやっているんだったら、基本的、原則的には同じなので、我らだけ勝手というわけにはいきませんし、だから、そういう面では、一体性を持たせなきゃいけません。その一体性の中身が何であるかということですね。ということで、委員部はそういうことにはかなり積極的だという可能性はありますね。

議事部の方は、日頃も一体的に動いていますから、上層部の指令なりあるいは議会、機関の決定がそのまま一体的に、一つのものとして通用性をもって行くわけです。委員部の場合は、ある一つのところがやったということになると、それを他のところが類推適用していいのかということをかなり議論しなきゃいけないことになりますので、これは事後的になるかもしれませんけれども、事後的にもやって、次の事態に対処していく必要があって、そういう面では、委員部の方が研修会などの機会が多くなるというのはある程度必然だと思います。

あと、管理運営部門は一般的な法規の問題でしょうけれども、それは相当におやりなっているので、そんなにドラスチックでもないですし、制度改革になるとそれは別の問題でございますから、勉強の話ではありません。だから、そういう意味では、最近はドラスチックな制度改革が求められておりますから、そんな一般的な研修というのか勉強を飛び越えて、実践的な面でやっていかなきゃいけない。実践的な面が我々にとっての訓練になっていきつつあるというのは、どこもそうでしょうけれども、時代が要請していることだろうと思いますから、そういう意味では、学究的な研修などは余りやっている暇がないですね。あるものにターゲットを絞って、それに対する改革案なり変革案なりというものを常に用意しておかないと身が持たないということになります。

例えば、今日新聞紙等で議員の乗車パスの問題が出ていました。熱海まで議員パスで行かれた方がいたわけですが[1]、ある意味では、これも要するにアバウトで、どんぶり勘定。国鉄時代には何も払っていませんから、日本国有鉄道ですから、国のものですから、国のものが国の議員さんの面倒を見るのは当たり前だよというような形、法規にも、日本国有鉄道を利用することができると堂々と書いてある。それがＪＲさんが民間になりましたので、ＪＲさんどうしてくれますか、五億だという話ですけれども、五億で余ろうが足りなかろうがやってくれと。正式に計算されたら足りないかもしれませんね。

使用目的は分からないわけですから、議員さんが毎日行かれたって、目的絞れませんからね。ある人に会うのはパスを使ってもいいけれども、ある人に会う場合にはパスを使ってはいけないというのは無理ですし、多分、問題になっているのは、官房副長官だから、これは国会議員なのか、これは官邸が出せばいいんじゃないかと。一般的に言えば、官邸が出す話でしょう。官邸の公務としてこれを、官邸とは言いませんけれども、行政官庁の方が国会パスで乗るのは何ですかという話は出てくるかもしれませんね。だから、政府役職についた方はパス召し上げということを、問題になるのかどうか知りませんけれども、政府役職についたときにはパスを返上して頂くと言えるかどうかということになりますと、これは兼職が許されている限りどうかという話にもなっていきます。

例えば、そんなことが分かれれば、事前にもう用意しておかなきゃいかぬ、勉強してこなきゃいかぬ。そんな話でも、どうかなといって、諸外国がどうなっているとか、アメリカの上院議員は、通信交通費ですが、殆どフリーパスでやっているのかどうか。大統領選挙のときに、ノミネーションに出てくるのは殆どが今上院議員ですから、議会の通信交通費は大統領の予備選挙の方に使っているかどうか。そのようなことも、勉強をやっていかねばならないです。

◆ 各委員会の慣例と『委員会先例集』

赤坂　先ほどの話ですけれども、委員会がいろいろあって、その中で統一を考えるべき部分もあるとおっしゃいましたけれども、『委員会先例集』というものがありますね。あれに加えて、どれぐらいが統一的なルール、慣習としてあるのでしょうか。例えば、『執務提要』というマニュアル本が委員部にございますけれども、あれですべてなのか、もう少し何か幅広い合意とか内部文書というのがあるのか。そのあたり、どうでしょうか。

近藤　そこまでの自信はございませんけれども、ああいうのは委員会の慣例というのか、言ってみれば各委員会の伝統とか慣例とか、やはり、理事になられる方というのは相当にかなり長いことやられるし、その委員会、その委員会で独特の雰囲気というのが作られていくんですね。それがまた、この間も言いましたけれども、族議員ということになるのか、そういうこととも関連してくるのかということもあります。

それは、国家政策の中で縦割りでやっていくわけですから、すべてのものを統一的に政策実行、政策立案するわけにもいかないでしょうから、縦割りということになったらば、ある特定の政策を扱う場合には、やはり特定な雰囲気がでてきます。これで手続が大きく変わるということじゃないんですけれども、やはり、保革ばっちり、資本と労働がぶつかるようなところはそれなりの軋轢があるし、ぶつからないようなところは、国営企業の経営形態のようなところは、そこも資本と労働はぶつかりますけれども、経営形態のところではぶつからないで、そこのところはある程度仲よしで、国営企業の役員会みたいな形で持っていけるというのもあるんですね。そこら辺のところを我々職員としてどういうふうに斟酌していくか、これはかなり強く言われるわけですね。

だから、それぞれの原則とマッチしているかどうか、原則からどこら辺まで外していけるかというようなこと、かなり具体的には、その日その日が醸し出す委員会の雰囲気というもの、これらをどう調整してゆくかということですね。


たとえば、これは余談になりますが、検察官が国会に出てくることはないわけですね、当然のことながら。片一方は、検察官を呼べという話だし、他方は検察官を呼ぶなという話。

参考人の招致にしたって、警察もそうですね、現場の警察を呼べという話になる、県警本部長を呼べと。例えば、どこかの特別捜査をやっている警察を呼べという話になるわけですね。そうすると、片一方はだめだと言うんでしょうけれども、となると、そういうものを抱えているところの参考人招致というのは常にシビアになるわけです。だけれども、それを平等の原則で、意見を述べたい方はすべて来てくださいよというわけにもいきませんし、では、どこら辺までどうするのか。

例えば、ちょっといい例が見つかりませんけれども、『執務提要』に、そういうところというのは非常に委員会としてシビアにならざるを得ないし、そうすると、ほかのところは、あそこは誰だって呼んで好き勝手にしゃべっているじゃないかという話になるわけで、何でここだけという話にもなるわけですね。それは、我々の諸先輩が作ってくれた何年間かの理屈もございますし、それは一般的な感情論として通用しないところもあるんです。何であそこだけあれで、みんな来てしゃべっているのに、うちのは誰に手を挙げさせても全部出席を認めないかという話になります。

ちょっと例は余りよろしくないんですけれども、そういう雰囲気を持っていますから、それをどういうふうな形で一元適用できるのか、では、個別的に許すのかというのは、ある委員会ではかなり自由な決定が行われますし、またある委員会ではかなり厳格な決定が行われるという事態も生じます。委員会の雰囲気として。そこら辺のところは、委員会の持っている雰囲気というのはあるんですね。特に常任委員会の場合、少なくとも戦後六十年間ずっと、先例とはまた別のそれなりの伝統の中でやっておりますから、それならば、各委員会の先例集が必要かどうかという話にもなってくる。

赤坂　『先例集』や『執務提要』には、原則として、すべての委員会に普遍的に妥当し得るであろう事柄が書かれていると。本当は、さらに外にあるものまで実務の人はのみ込んでおかないといかぬということでしょうか。

近藤　そうなんですね。だから、全部が全部、原則適用できるわけじゃないし、では、言いなりで、原則適用しなくてもいいのか。

申しわけないけれども、ちょっと間接的に申し上げます。この間、参考人だけれども、あるところが呼ぶなと言われたら呼ばない、それでいいのかどうなのか。要するに、審議形態をある特殊な方でリードしていくのがいいのかどうか、それがミスリードにならないのかどうかということになります。

赤坂　例えば、『先例集』にこれこれを例とすると書いてあるのに、各委員会の慣習で、その例に倣わないというようなことはあるんですか。書いてない部分の運用がいろいろ各委員会違うというのみならず、書いてあることにも……

近藤　余り理論的にがっちりしたことは言えませんけれども、参考人招致でいえば、それほど詳しくは書いてないと思うんです。例えば、現場の検察官・警察官を呼ぶなとか、要するに、訴訟係属している事件の関係者を呼ぶなとも書いてない。一般的に、訴訟係属中の事件の関係者は呼ばない、国会審議の対象にしない、司法権の関与になるような者は呼ばない、それから、プライバシーを強烈に持っているような方は呼ばないというのはございますけれども、多分、『先例集』には書き切れていないと思う。その概念化ができないわけですから、そこまで書き切れないんですね。そうすると、では、どこの現場まではだめか、どこまでの訴訟係属はだめか、どこまでのプライバシーはだめか、そういうことで、その場その場でやっていかなきゃいけません。

委員会の中には具体的な問題を持つところと持たないところもございますから、抽象的なもので、それが全部抽象的に持つかどうかですね、委員会の場合は個別的な問題を持ちますから。そうすると、個別的な問題のところは抽象的な文言に物すごいシビアになられる。これを持たないところはそんなにシビアーにならなくてもでいいわけですから、そこら辺のところは書き切れない、書き切れないいんじゃなくて、書いていいのかどうか、ということです。

◆議会の行政監視機能および「議会留保」論

奈良岡　事務局に入られてみて、周りの職員や上司の方々の法律なり仕事に対する感覚とか、持っている知識とかに関しては何か印象はございましたか。

近藤　法律の中身よりも行政実態の方がやはりよく御存じかなという気がしますし、議会自体がそうなっていますね。くどいんですけれども、議会が今、規範を創造していかないこと、議会が規範を創造していかなければ、一番重要なのは何かといえば行政監視になります。委員会がターゲットとするのも他から提出されたものなんですね。自分たちが作り上げたものが最終意思決定のターゲットになるのではない。だから、他から提出されたものを最終意思決定のターゲットにする、その過程で何が必要かということなんです。

そうすると、規範の文言ではなくして、その規範を弾劾なり批判する資料は何かということになれば、日々、規範の裏にある行政実態でしょうし、言葉の持っている実態でしょうから、その言葉をもって積み上げていくということでは、議会の本来のことではなくなっているんですね。職務的にはやはりそういうものが中心になってくるのではないかなと思うんですね。

だから、言葉の解釈だとか、新たに言葉をどう作り上げていくかということではなくして、言葉の持っている実態、言葉の背後にある現実、そういうようなものの方が、必然的に、おのずと知らざるを得なくなってくるということだと思います。

赤坂　近年の議会留保理論等とかみ合わせると、非常に含蓄深いことだと思います。かつて、君主の包括的な執政権が前提にあって、そこから議会が立法権を次第に奪い取って、議会のできる範囲はどこまでか、それがポイントになったけれども、現在では、議会がやろうと思ったら本来いろいろなことができるはずだけれども、立法の問題も、どんどん委任立法という形で、議会が権限放棄をしてしまう。規律すべきことを規律せず、決定するべきことを決定しないというのがいろいろな国で問題となっている。

だから、今は、議会の責務というんですか、議会が判断し、規律しなければならないのはどこまでかという、何かちょっと情けない議論ではあるんですけれども、しかし、いわゆる先進諸国では、それが主要な憲法学の関心事になっているところです。議会の規範創造機能の減退という点では、通底する議論かもしれません。

近藤 そうですね。議会機能をもう少し縮小化すればいいんでしょうけれども、縮小化して弱体化してはいけませんし、議会は基本的な規範だけ作ればいいんですね、細かい規範まではね。

だから、どこかで言ったことがあるんですけれども、何々法人の住所を千代田区から中央区へ移すというような法案で出てくる。このようなものはどこでもいいじゃないかと思います。これが堂々と一つの法案として出てくるわけですね。要するに、このようなものが国家規範を制定する議会が関与することかという話です。

赤坂 議会が主体的にやろうと思ってそういう法律ができるのは、別にそれほど問題じゃないと思うんですけれども、重要なことを実際には議会が決めない場合がある。そちらの方が、決めるべきことを決めないでそんなことばかり決めているとすれば、やはりそこは問題だと思いますね。

◆ 海外研修のあり方

奈良岡 さきほど、衆議院に採用された当時の研修のお話がありました。昭和四十四年の御採用でいらっしゃいますけれども、他省庁との人事交流とか、あるいは留学——最近ですと入って数年で各国の大使館に派遣されるというようなケースも多いようですが——について、当時の状況を教えて頂ければと思います。

近藤 他省庁の関係でございますと、英国の日本大使館に書記官として一名、私の入っていた頃は初代で桑形〔昭正〕さん(2)が行かれていたはずです。その後、二代目に前総長の谷〔福丸〕さんが行っておられます。

私が入った当時、他省庁へは、その頃は調査室ですけれども、行政実務というか、行政知識習得という形で行っておられました。向こうからも調査室に来ておられましたからね、バーターという意味があったかどうか、多分その頃からもう調査室の方は行っていたと思います。事務局の方は、まだ一般的ではなかったですね。それから、谷さんの後に大西〔勉〕さんが英国の日本大使館に行っております。昭和五十年ぐらいまでは、レギュラーとしてのものはそれぐらいでしょうか。

その後、かなり各省庁との交流も増えて参りましたし、今は大々的にやっています。御指摘のとおり大学院へも行っております。在外公館も、パリ、ロンドン、ワシントンに行っております。五十年代後半になりまして、人事交流、研修交流というんですか、そういうのもかなり様変わりしました。

奈良岡　すると、まだ四十年代までというのは、そんなに活発に海外に行くというのはなかったのですね。

近藤　そうですね、それほど活発ではなかったですね。

奈良岡　五十年代になると国際化していったといいますか。

近藤　国際化もありますし、国内化もあります。欧州評議会の、ルクセンブルクでしたか、ルクセンブルクに一人行っております。そういう意味でも国際化もありますし、国内化も、特に調査局の方はかなり大々的に、各部屋一人ぐらい。そんなにも行かないかな。

だけれども、ある意味では出向貧乏。そう言っては悪いかもしれませんけれども、やはり出すときに優秀な人を出しますから、あとはそんなに人材を持っているわけじゃございませんから、はっきり言って出向貧乏になるという感じです。

赤坂　本体が手薄になる。

近藤　そう、本体が手薄になっていく。

赤坂　各国に派遣されるときは、大使館、それから欧州議会の例が先ほどありましたけれども、各国議会の事務局に実務を学びに行くということはないのですか。

近藤 現在はちょっと私も知りませんが、私が在職中、短期でも長期でも、籍、身分を置いた形のものはないですね。国会図書館はアメリカ・ワシントンの図書館とやっていらっしゃるはずでございます。そういう意味では、衆議院事務局はないと思います。いわゆる短期滞在型のものでしたらあります。私も、一、二回イギリスの下院事務局に行った程度で、それも数日しか行っておりません。

大使館で外務省に、また言葉が悪いんですけれども、一応おんぶにだっこという形になりますものですから、単独で派遣ということになりますと、その費用と人員の面で、今申し上げたように出向貧乏になります。今はこういう御時世でございますから、そんなに豊富な人材予算を持っているわけじゃございませんので、バーターでなくて見返りなしでということになると……。

韓国あたりと本格的にやろうかという話はあったんです。韓国の方は二人、三人、半年、一年というタームでお見えになって、私も実際にお会いした方もございます。そのときに、相互交流という話も出るんですけれども、それはリップサービスで出ているのかどうか、要するに、歓迎会だとか送別会でありますと必ずそういう話が出ます。そういうことで、私も、韓国あたりでやれればという希望を持っていました。しかし、すぐ例の歴史認識の問題が出てまいりますので、非常にやりにくい。むしろ、我々のレベルでやれば、政治レベルじゃないですから、実務レベルでやればやりやすいんじゃないか。向こうには来て頂いていましたけれども、ちょっと我々の能力がなかったのか。やはりどうしても語学の壁があるものですから。

赤坂 近藤さん御自身は、海外に勤務をしたいという御希望をお持ちではなかったのですか。

近藤 私も、英語の障壁がございますから、自分から手を挙げてというほどの自信は、正直持ってなかったです。それもありましたし、私も、同期二人でどちらかが行くのだろうという感じはありましたが、結局私には海外勤務の経験がありません。

◆海外派遣の際の職務

赤坂　事務局の方が大使館に行って向こうで研修される内容は、例えば議会に行ってそこで実務を実地に取り入れるというのならば分かりやすいんですけれども、外務省との関係もあって、その助けを借りながら大使館で働くという場合に、その研修内容というのはどうなりますか。

近藤　私も行っていませんので、いわゆる主観的な要素もかなり入っていると思いますが、どこの出向者も、多分自分のプロパーのことをおやりになるんだろうと思います。外務省は全般、ゼネラルのことというのですか、いわゆる外交をおやりになる。例えば厚労省から行かれれば医療の問題だとかアシュアランスの問題だとか、そういうことをやられるんでしょうし、財務省から行かれればファイナンスの問題だとかバンキングの問題とかやられるんでしょう。ではうちは何をやるかというので、議会対応がございます。

私も仄聞するところによりますと、大体一般政経班というところに入られまして、当然ながら議会の動向なりをやりますし、こちらからのサービス提供なんかもお願いいします。そういう場合、やはりこちらの実情を分かってくれていますからね。

外国の制度はどうなっているかという話が、五十年代以降になって、オイルショックが引き金になったとは思いませんけれども、すぐ外国事例、外国事例と言われるわけですね。やはり我々は、一番弱いところが外国事例で、全く分からないわけです。図書館に頼るんですけれども、図書館も万能じゃございませんし、向こうに聞いてもらうのが一番いいんですけれどもね。

もう一つには、議員アテンダントの問題がございます。出向しておりますから、議員がどういう方かということ、どういう気質であるかということもある程度分かりますので、議員アテンダントの仕事というのは担当しなければならない職務になるかと思います。

向こうの一般的な国内情勢、政治情勢は当然でございますが、しかし、外交一般について外交交渉をやるという任務を——サブだとか補助でやるというのはあるかもしれませんけれども——主体になってやるということはまずないだろうと思います。一般的な向こうの政治情勢なり議会の動向なり、それから議員アテンダントの問題なり、そういうような問題が主になると思います。私、仄聞するところ、そんなような感じでございますかね。

奈良岡 俗な言い方ですけれども、派遣する国によって、優秀な人はある国に行って、帰ってきたらまた出世するということがあると思います。イギリスの話が出ましたけれども、外務省あたりだとイギリスはかなり格が高くて出世コースみたいなイメージがあると思うんですけれども、事務局としてはどのような感覚でいらっしゃいますか。

近藤 英国大使館の場合は、例外はあると思いますけれども、殆どいわゆるキャリアが行っておりますので、一応出世コースと言えると思います。英国大使館に行ったからそうなったのか、そうなるから英国大使館に行ったのか、これは卵と鶏の関係でございまして、一応現在まで、桑形さんが行かれたのは昭和四十四年から四十八年かな、ですから、それから大体四十年弱の因果律としてそうなっているということは言えます。

それから、うちのキャリアは、先にも言いましたけれども、年度のダブルあるいはトリプルスタッフ制ということでやっておりませんでしたから、キャリアとして出せる人数上の限界もございます。ちょっと前までは原則的には一応キャリアがワシントン、パリ、ロンドンは行っておりました。中に例外はあるかもしれませんが。

◆ 国内出向・人事交流のあり方

奈良岡 あと、国内化というお話が出ましたけれども、近藤さんの履歴を拝見しますと、国内の出向の御経験はございませんね。一般に、国内の出向というのは、どの程度行われるものなのでしょうか。それとも人によってばらばらなのでしょうか。

近藤 国内出向の目的としては、今はほとんど行政実務というのか行政知識というのか、そういうものでございます。行政情報の処理だとか、やはりうちの仕事の場合、議員と対応するからには、ある程度行政知識というのは知っておかなきゃいけませんから。

官僚政治かどうか知りませんけれども、それでも現実的にはそうであって、すべての情報は行政が握っているわけですから、やはり基礎的、事実的な情報というのか知識というのか、それは行政からとらざるを得ないわけです。それは行ったからといって直ちにとれるわけじゃないんですけれども、雰囲気的にそうじゃないでしょうか。コンピューターでいえば、どこをクリックすれば何が出てくるかというようなことぐらいは、そういう点もあるかと思いますけれども、ただ単に、その職場で慣れてこいという話も、それは当然でしょうけれども、ある。

事務局の方も、事務局、調査局という垣根が別にあるわけじゃないものですから、行ってもらうと、帰りには、ちょっとお礼奉公的に、調査局に来たならプロパーの部屋に来てくれないかということもやります。

奈良岡　それは例えば、財務省に行くと、その関係の…。

近藤　財務金融のところに、せっかく一年、二年、向こうの知識を習得したんだから、若干これを活用してくれないかというふうなこともやります。うちの場合は別に調査局と事務局に垣根があるわけじゃございませんから、先にも申し上げましたように、垣根を作るべきかどうかということはありますけれども、今のところ、垣根なしでやっておりますから。

一つの面として、ほかのところで飯を食ってこなきゃ、やはりそれだけの度量はつかないということでございましょうから、それは人事の一般原則のようでございます。その点もありますし、それから、知識なり情報なりというものをどういう形で、習得とは言いませんけれども、認識してもらうかというふうなこともあると思います。そんなところかなと思います。

◆衆議院事務局採用当時の幹部

奈良岡　それと、昭和四十四年の採用のときの事務局の幹部についてお伺いします。総長が知野虎雄さん、この間お亡くなりになられました〔二〇〇九年六月二日逝去〕。次長が藤野重信さん、委員部長が大久保孟さんですけれども、お入りになった頃、この方たちの印象とか直接お話しになった経験はありますでしょうか。

近藤　余り総長に会うことはないですから。特に委員部、我々は二階筋と言っていますけれども、議長室のあるフロアでございますね、やはり事務総長も人でございますから、トイレに行かれたり食事に行かれたりで廊下を歩かれますから、歩いて、気さくな方なら、おいと声をかけていただける方はありますけれども、それでなければ、我々はいわゆる二階サイドと言っておるんですけれども、二階サイドへ行くことはないわけでございますので。

赤坂　二階サイドというのは、幹部の部屋がある辺りでしょうか。

近藤　事務総長、事務次長、議事部長がおります。それで、その頃は三階に委員部長、一階に庶務部長、記録部長、警務部長がおりましたか。

ですから、知野総長は、そのころかなり雲の上的な存在でございまして、神々しいとまでは言いませんけれども、現場の我々入りたてにとりましては、何かそういう印象でございました。藤野次長は寡黙な方だったと思います、ずっと。我々に対しては、廊下でそんなに気さくに「おい」と声をおかけになるような性格の方じゃないんですね。むしろ印象的に見れば寡黙な方ですから。大久保委員部長の場合は、時たまお会いします関係で、かなりフランクに喋って頂きました。ほかの部長さんは顔を合わせることはないです、用がないわけですから。

ですから、その当時は、四十七年に議事部に行きまして、そこは二階筋ですから、二階筋には議運がありますと全部集まりますから、お話ししなくても顔だけは殆ど毎日見なきゃいけませんし、顔を見ていれば、動作、仕草で、どんな方かなというのはインスピレーション的にそれなりに理解する、そんな印象でございます。知野総長も四十八年までですから、私が二階に行ってから一年ちょっとぐらいです。お会いしてからは、かなり気さくな方で、廊下で声をかけて頂いたこともあります。

もっとも、次第書きを書き始めると、誰でも声を掛けられます。次第書きという、議長が本会議でお読みになるのを書き始めると、私の頃はもうサインペンになっていたかな、筆ペンかな、それまでは毛筆でございますが、「お前の字は読めないな」とか、半年ぐらいたつと、「少しは読めるようになったかな」とか、廊下で相当嫌みっぽく言われるんです（笑）。それは入ってから十年以上たってからの話ですから、大分後なんですけれども、それを書き始めると誰でも言われるんです、本会議に関しては。

それは、総長が議長に見せて、「本日の議題はこうでございまして、議事次第はこうなりますので」ということを、一応読みながら説明します。総長も必ずその段階で見るわけでございますから、誰が書いているかというのは、一応総長はその点だけは知っているわけです。

◆議事部と委員部――議事部における憲法解釈

奈良岡　これは先にもちょっとお聞きしたかと思うんですけれども、採用されてからお辞めになるまでの期間の中で、衆議院の参事の時期というのが非常に長いですね。参事という職務の任務とか機能、あるいは職場内での位置づけというのはどういうものなんでしょうか。

近藤　我々、官職は参事でございます。我々、官名が参事なんです。職名が具体的な職務名なんでございます。

行政の場合は事務官でございますね。例えば外務事務官、通産事務官。事務官でございますね。検察官の場合は官名は検察官、裁判官は判事ですね。

奈良岡　確認ですけれども、近藤さんの場合は、次長を経て調査局長までずっと参事なんですか。

近藤　参事ですが、調査局長は官名も職名も調査局長です。

奈良岡　なるほど、そういうことなんですね[3]。

近藤　はい、ずっと参事でございます。調査局長を除いては、官職名が参事でございます。事務総長以外、あと速記者とか衛視さんは違うのかな、あれは官職名が速記、衛視かもしれませんね[4]。いわゆる技術畑でございます。あと一般事務を扱うのは、一般事務といったら、我々もそうですけれども、参事。調査局は調査員でございますからね。

奈良岡　ああ、そうですか。

近藤　たしか調査員でございます[5]。室長は官職名が専門員でございますから、専門員が調査室長を兼ねることになっておりますから、専門員の下に調査員がいるはずでございます。

奈良岡　それでは官名というのが参事で、職名が課長なり部長なりということですね。

近藤　職名が部長なり、何々係長。一般事務で参事でないのは事務総長だけじゃないですか。事務総長は国会役員でございますから。ただし、調査局長も法規上例外になっているようでございます。

奈良岡　それでは、衆議院参事としての御自身のキャリアを幾つかに大きく区分するとしましたら、どういうふうに分けられますか。やはり、委員部にいたときと議事部にいたときですか。

近藤　私の場合、井の中の蛙何とかを知らずでございまして、殆ど議事部でございますので、三十四年間おりまして、そのうち二十五年ぐらい議事部ですか。昭和四十七年から五十七年ぐらいまで十年間いまして、それから昭和六十三年ぐらいに戻りまして、それからずっと平成の十年ぐらいまででございますので、十二、三年。だから、約二十五年近く、三十年のうち七割ぐらい議事部で、あと委員部、調査局六年でございます。

奈良岡　どこかで大きく変わったというよりは、議事部に一番長くいらっしゃって、たまに他の所でも仕事をされるというような意識ですか。

近藤　そうですね。一応、うちの場合は最初は委員部に入るんですが、私のときもそうでございました。何をもって私が議事部に呼ばれたのか知りませんけれども、十何年やっておりますので、こう言ってはいけませんけれども、周りも議事部の人間だという見方をするわけです。この男が多分、それは言いはしませんけれども、議事課長、議事部長ぐらいはやるんだろうというような外部的な目もあったかと思います。私も、そうなると、ある面では、居心地がいいとは言いませんけれども安心感がありますからね、自分が経験を積んでいれば。そんな、気の小さいことでは駄目ですけれども、周りもそう見ていますし、自分もその方がやりやすいかなという気がしますし、結果的にそういうことになってしまったんですけれどもね。

赤坂　その当時、近藤さんの時代は、そういうキャリアを積まれる方が多かったんでしょうか。ずっと議事部畑でいらっしゃる方とか、委員部の方にずっと長くいらっしゃるとか。

近藤　多かったですね。部の間ではかなり壁は厚かったです。

その頃でございますと、ある議事部長で議事部経験が非常に長い方がおられます。その後事務次長を経験されておられますが委員部におられたのは二、三年ぐらいではないでしょうか(6)。

赤坂　議事部長をやっている時期も非常に長いんですね。

近藤　部長をやっている時期も長い。次長は二年ぐらいしか、そんなものですよね。ですから、委員部を二、三年やっていらっしゃるのかな。その程度でしょう。

あの頃ですから、やはり三十五、六年はお勤めになっていたはずなんですけれども、八割以上多分議事部だと思いますし、委員部でもずっと、確定的な数字は知りませんけれども、それもまた八割ぐらい委員部という方も多かったですし、議事部にずっとという方も多いですし、そういう点で壁は厚かったですね。

一応、議事部、委員部、これが事務局の中枢だということですから、それだけの、またそう言っては語弊がありますが、一応、人材養成ということ、委員部での人材養成、議事部的な人材養成、この二本柱的なものということになります。それが固定化に結びつくのはどうかと思いますけれども、それでもやはり固定化に結びついていきますね。それだけ養成して、それだけキャリアを積んで知識を積んで安心感が得られれば、やはりそういうことになります。特に議員応対が重要でございますからね。

手前味噌になりますが、本会議の場合は、ある意味の手続の完璧化ですね。委員部の場合は、手続の完璧化は必要ですけれども、特に議員対応の問題がありますから、今日来てすぐというわけにはいかないんですよ。その議員がどういうキャリアで来ているか、どういう政治信条を持っているかというようなことを把握しながらやっていかなきゃいけません。

やはりそういうことで、そこが非常に固定化されてくるということになると、うちみたいな、そんなに大きくない、相対的にかなり固定化してしまいますと、議事部と委員部を固定すれば、警務部は当然固定、記録部は固定ですから、あとは庶務部と管理部、国際部、この三つでございます。国際部も、やはり横文字ということをある程度要件にしなきゃいけませんから、そうすると、あそこもかなりの壁ができてしまいます。あと、庶務と管理が一応フランクで残るかなということで、二つがフランクで残ってみても、相対的な機構の中においては、結局、この二つが合併して一つの壁になるだけの話でございますので、そういうような傾向にはありました。

赤坂　少し俗っぽい聞き方になりますけれども、それだけ各部の間の壁が高いということになると、むしろ、それぞれの部のプライドとかあるいはステータスといったものを気にされる方はされるのかもしれません。

例えば成績のよかった者が管理部門に行くとか、あるいは議事運営部門に行くとか、そういう一般的な傾向というものは何か存在するのでしょうか。

近藤　明確なものはございません。それは人事考査において、ないとは否定しません。何をもってと言われても、私も一応人事の端くれをやった男でございますけれども、その基準線は明確には申しませんけれども、やはりそれは否定できません。

赤坂　さきほど委員部・議事部が「事務局の中枢」だというお話がありましたけれども、委員部そして議事部には相応の方に来て頂かないと困る、ということがありますでしょうか。

近藤　否定はしません。肯定していいのかどうか分かりませんけれども、否定はできません。

奈良岡　何となく、今の話を聞きますと、成績の上下というよりは、人のキャラクターの違いが大事で、委員部だと、やはり議員さん個人とのつき合いということが重要になりそうですね。

近藤　そうですね。どちらもキャラクターかもしれませんね。

奈良岡　議事部だと、きっちりと本会議の手順を踏んで仕切るというふうなことですか。

近藤　議事部の場合、当然、議運の少数の方は接触しますけれども、事務総長が陣頭でやりますから、それの完全なスタッフメンバーですから、議員と直接にということはそんなにはありません。

委員部の場合は、御存じのようにいわゆるキャップ〔各委員会の運営事務を取り仕切る課長補佐(7)〕が最前線にあって直接交渉しますから、それなりの個別人員が必要ですけれども、本会議の場合、総長だけとは言いませんけれども、総長が一応陣頭指揮に立ちますので、議員もそうですけれども、最終決断を求める場合は総長に最終決断を求めますから。これは法的に可能か否かというような問題とか、それは先例的にどうかというような問題は、最終的に総長に確認というか、総長と打ち合わせの上、対処方針が決められます。特に強行採決などは、どこまでだったら合法か妥当か、どこを超えれば違法かというような問題も、やはり突っ込んでいかなきゃいけませんからね。

議事部だけがそういうものが必要だとは言いませんけれども、特に委員部の場合、憲法解釈が問題になるということはまずございません。でも、本会議の場合、議運サイドですと憲法解釈が、当然出てくることになります(8)。いろいろな問題で憲法解釈もある程度しなきゃいけませんし、最終的には皆さんのお書きになった著書だとか、法制局だとか、そこら辺に頼るんですけれども、口火を切るのは、やはり我々が一番最初に口火を切らなきゃいけません――我々が言ったことに納得して頂けるかどうかというのはまた別でございますが。納得されればその憲法解釈が通るわけでございます。

憲法解釈といっても、我々のオリジナルのものを出すわけでもないんです。既存の憲法解釈を実際の事例にどう適用していくかという問題でございますから。事務局にそれだけの始原的な憲法解釈、権限を認めてくれませんものですから、法制局に聞けとか有力憲法学者の著作を持ってこいとか、納得できない場合はすぐそういうお話になる。我々は大丈夫ですよと言うんですけれども。ひどい人は、おまえは信用できぬということを言われるわけです。

赤坂　そうすると、最前線で憲法解釈の判断をしなくちゃいけない、厳しいところでやるのが議事部だということですね。

近藤　そうですね。議運で問題になった場合に、その下資料、知識だとか学説だとか、散在しているというと失礼かもしれませんけれども、憲法解釈だとか、そういうものを収集するわけです。オリジナルなものを我々は出してもいけないと思いますし、持っているとも思いませんけれども、事務局がそういうことをするのがどうかという感じは持っています。

我々はそうじゃなくして、そういうふうに現在しているものをどう選択肢にのせるかというのが事務局だと思いますし、総長ぐらいになれば、国会役員でございますから別でございますけれども、それ以下の問題についてはそうだと思います。総長が判断するか、議員、議長が判断する資料を作成するかというようなことだと思います。だから、始原的な憲法解釈をということではない、そうしなきゃいけないと私は思っています。

調査局におりましてもそうです、どこのポリシーでもいいんですけれども、環境にしろ、財政にしろ、外交にしろ、自分のものを持っていっちゃだめよと私は言い続けてきました。議員に対する選択肢を出すんですから、必ず選択肢として二つ以上のものを我々としては提示すべきじゃないか。

その中に、一つ自分のオリジナルのものがあってもいいんですけれども、要するに、オリジナルといったって、この世に現在していないものが出せるかどうかというのは、それはまた別です。特に、この世にもし現在していないようなものを我々が持っていって、議員がこれでいいと言ってくれれば、これは議員のオリジナルなものになりますからまた別でしょうけれども、たとえ議員が納得するにしても、そういうものを我々から提供するのはどうか。必ず選択肢として二つ、三つ示して、議員が選んだものからオリジナルなものにしていく、やはり我々はそういうことをやるべきじゃないか。

◆裁判官訴追委員会事務局との関係

赤坂　さきほど、事実上の階層制の有無というお話がありましたけれども、一点だけ補足してお聞きしたいのは、裁判官訴追委員会の事務局も衆議院の事務局で担当しておられますね。その事務局長というのは事実上の階層制において、どういった位置づけを与えられているんでしょうか(9)。

近藤　訴追委員会事務局長は御存じのとおり、先代より前は全部判事が占めておられました。最高裁の系列下の判事さんが占めておられた席でございますので、その下は別ですけれども、トップは我々にとってある意味では、アンタッチャブルと言ってはいけませんけれども、一応最高裁と御協議の上でやってきたことでございます。先代からになりまして、今度多分二代目ですので、今の話じゃないけれども、序列化というのをどうしていくかというのは、間違いがなければ議事部長の序列化と同じような経緯をたどっていくということになる。まだ今のところ未定だと思います。

これは最高裁との協議ということになってくるかもしれません。あのポストを衆議院事務局がきちっとやっていくんだということになれば、裁判官の弾劾でございますけれども、問題が起これば大変でございますから、誰でもいいというわけにはいきません。そういうことになりますと、最高裁の方でポストをどういうふうに考えていらっしゃるのか。そうなると、うちの方もそれなりの司法行政なり司法の知識に通じた人を置いておかなきゃいけない。それぐらいの知識をうちで担保できる者を置いておかなきゃいかぬとなると、はっきり申し上げまして、やはりある程度ステータスもそういう意味での固め方をしていかなきゃいけません。

赤坂　裁判官訴追委員会の事務局長は単身で、一人で行かれるのか、ある程度衆議院事務局の中から、職員を引き連れて行くのか、その辺りはどのように運営されているのでしょうか。

近藤　課長さんは一人は必ず衆議院事務局から出ています。職員は、身分はその時点では離れるかもしれませんが、一応うちの方です。裁判所の方もいらっしゃるのかな。いらっしゃってもレアだと思います。基本的にはうちの職員だと思います。課長さんは、二人いらっしゃれば一人は裁判所の方かもしれません。前も課長職は事務局プロパーが務めていました。

赤坂　トップの事務局長には、判事の方が来られていたのですね。

近藤　ええ、判事の方が、大体地裁の支所長くらいの方ですか。地裁の所長もいらっしゃったかな。所長と支所長の間ぐらいの方です。所長ぐらいの方もお見えになっていたかもしれません。そのくらいのクラスの方に来て頂いていました。

◆事務局から見た議会政治――実現可能性の高い政策創出プロセスへの「肩入れ」

近藤　議員に対する選択肢の提示という点に話を戻しますと、いわゆる日本の議会政治なり官僚政治なりと言われて、脱官僚だと某党は言っている、それは脱官僚でいいんでしょう。

今、喫茶店でちょっとウエーティングでコーヒーを飲んでいましたら、某新聞記者が、霞が関の人事は全部止まっているというんですね。財務省は次官の発令がございましたけれども、全部とは言いません、またこれは大きなことを言うんですけれども、要するに三カ月以内に行われる総選挙の結果を見なければ、発令してもそこで全部ひっくり返されるから、何もならぬから、それまで静かにウエーティングするかというようなことが今の霞が関の大勢だという趣旨のことを言っていました[10]。当たり前かもしれませんけれども、私もああそうかと。私だったらやってしまうかもしれないと思って聞いていました。

今の脱官僚制度にしても、脱官僚というのは本当に現実的な話なのかどうか。四百八十の人間で、今何省庁あるものをこの国政を縦割りにしたって、与野党でフィフティーで二百四十、二百四十で、十省庁あったら二十四人ですよ。均等的な割り当ては二十四人にしかならぬわけですね。その方達だけでこれだけ大きな国政を、二十四人で誰が動かしてゆくというのか、それも半分は選挙区へ行って、次の選挙まで厳しい選挙運動をしなければならない方が現実的にやってゆけるだろうかという話、全部やるわけじゃございません、方針だけは出せばいいんですけれども、だから、そうなるとまた官僚政治がどうかという話が出てきそうな感じがいたします。

やはり政府・与党の政策が実現可能な国家政策になっていくわけですね。可能な国家政策になっていく創出過程というのは、結果として可と出るものにミステークがあっては非常に困るわけですよ、意思決定過程において。だから、いわゆる選挙結果、代表民主制の多数決原理のもとで結果的に否と出る必然性を持っているものについては少々寛容があっても、可と出るものについては、かなり慎重にやっていかなきゃいけませんし、相当慎重になるということならば、ある程度の肩入れをしていかなきゃいけないんです。

少々、我田引水でございますけれども、今、臓器法案四つでどう採決するかという問題があります。これは手前味噌になりますが、最初のとき〔平成九年〕、私は議事課長、副部長をやっていました[11]。どういう採決をするかということになりまして、誰も決められないぞということで、誰かが考えてきた中間報告、今回も同じ中間報告を本会議でやろうということですが、あのときは二案でございまして、中間報告をやることになったんです。

それで、では、どちらから採決しようかということになったんですね。しかし、委員会の議題順と本会議の議題順がどこかで逆になっているんです。委員会の場合は別に採決じゃないから、結果が出ているわけじゃない。結果が出ている場合にはどういうことをするか。先に出た結果をやはり本会議も先にかけるか。

今回の場合は、あれが一番になったから本会議では四番が通るんじゃないか。一番、二番、三番、三番はみんなが嫌がって、最後になって議会として何もしなかったということになると嫌だから、四番目にはボーティングするかというようなのが議員心理であろうというふうにマスコミは言っていましたね⑫。

平成九年のときもそうなんです。そのときの議運の理事がトイレに入られるのを追いかけて、「先生、委員会と採決順序が逆ですけれども」と言ったら、その方は、「お前、トイレの中までくっついてくるのか」と言われたのを覚えています。皆様から見れば大きな話ではないと思いますが、私としては、委員会と同じ順序で行うのでしたら、委員会と同じ順序でやっていますということでよいのですが、これは逆転しているわけですよ、委員会と審議順が逆になっているわけです。

だけれども、議運での話はそうなっていますから、我々としては、議運はそうなっていますよということで済む話なんですけれども、なぜこれが逆転したのか。私も知りませんけれども、あれは意識的に逆転したのか。結局、あのときもたしかやはり第一議案が成立しています。今回も第一議案が成立しているんですよ。多分第二議案じゃなかったと思うんです。このように、何が最終的に可とされるのかということを、常に意識しておく必要があります。

◆ 事務局の衡量過程

赤坂　今のお話の出発点というのは、事務局に始原的な憲法解釈があるのか、それとも議会の方から、政治の側から決定してもらうための選択肢の提供にとどまるのか、そういう関心が出どころにあって今のお話になったと思うんですけれども、それは議事運営にかかわる憲法解釈の話だけでなくて、恐らく議事法全体、どのように議事を運営していくかについても同じことが言えるのかもしれませんね。

近藤　それは、憲法の会議規範も当然含んだ話ですね。

赤坂　その点で以前お伺いした[13]、『先例集』などを作成したり、会議の実践の場で生かしていくというときに、事務局なりの例えば価値判断とか、衡量過程というのはそこに何ら介在しないのか、それとも、事務局としてはこういうふうにあるべきだという一つの何か理念がある場合もあるのかどうか。それとも、そういうのは全くなくて、政治の側に選択肢だけ必要であれば提供するという話なのか。その辺りについてはいかがでしょうか。

近藤　その場合、申し上げることもそれはあります。少なくとも事務総長は国会役員でございますから、構成員といいますか、準構成員といいますか、そこら辺は微妙でございますが、少なくとも、私は、事務総長はそういう権限を持っているんじゃないかと思いますね。

ですから、事務総長レベルで言えるのか、我々プロパーが、一つは、主張しないことはないんですけれども、やはり議会制度としてこれが筋じゃないんでしょうかということを申し上げる場合に、それ一つだけで押し切る、これしかありませんよということはやはり言い切れないんですね。だけれども、二つ、三つ並べて、これがベターだということは、そういう意味では申し上げることはございます。要するに、一つやっても、可能的限界としてこうだからというようなことを補足的に申し上げていくということになるかもしれません。

そういう意味では、かなり弱い点はございますし、『先例集』もある程度は踏まえると言いましたけれども、では一〇〇％踏まえていいかということになりますと問題でございます。議会は流れておりますし、その議会の中でどういう精神で行われてきているかということも我々なりに判断して、それが我々の主観的判断だ、客観的基準はないと言われるかもしれませんけれども、それは我々なりに見ていまして、どういうことでやっていらっしゃるかということになれば、やはりそれなりの基準を持っているのかなという気がします。

とくに私が働いていた頃は、今のように、内閣総理大臣候補として総選挙のトップに立つという意識は、非常に希薄だったと思う。少なくとも四十年代までは、要するに、自民党の総裁が次の総裁なり総理になるということは必然の話だったかもしれませんけれども、少なくとも私が関知する限りありません。ですから、そのことは『先例集』のどこにも書いてございません。我々の基準としてはそうなんですね。内閣総理大臣の指名というのが、大統領制あるいは公選制への形でのものはないという価値判断に立ちます。私どもだけでは、大統領選挙と同じに見るんだ、与党のトップリーダーが総理大臣として国民の指名を受けるんだというような発想では、書いていけないということはございますよね。

赤坂　事務局なりの価値判断ないし衡量過程というのが一方でありながらも、しかし、最終的に議会をどのように運営していくかというのは議員であり、政治の側である。だから、そこに意見を述べることはあるけれども、自分たちの、事務局の意見が必ず押し通せるという話ではないということですね。

近藤　制度的にはそんなことになりませんけれども、要するに最終的な意思になることもないですしね。それは、官僚政治が問われている問題点かもしれません。

もし我々の意思が最終意思になるならば、身分的には私どもと同じ霞が関の方が最終意思を確定できる権限を持っているんだということなんでしょうね。だけれども、彼らに言わせれば、そんなことはないと絶対に言うんです。我々もそんなことはないし、やはりやってはいけないと、しゃべっている間でかなり矛盾があるかもしれませんけれども、そういう感じはあるんですよ。

霞が関も、言えばみんなそう否定すると思いますよ。我々の意思が最終意思になるはずはない、我々は政治の方向を具現化しているだけだというふうに絶対に彼らは言いますよね。また、実際そうであろうけれども、上からの政治判断がない場合には、一方的に下からの意思が確定的意思として通っていかざるを得ないという面がむしろあるかもしれませんけれどもね。

◆四つの委員会での経験

赤坂　さきほど、近藤さんは最初委員部に所属されたという話がありましたけれども、いつ頃どのような委員会を担当されたのでしょうか。

近藤　アバウトなら分かります。商工委員会が昭和四十四年から四十六年ぐらい。地方行政委員会が一年。四十六年から四十七年は地方行政委員会。四十七年から五十八年ぐらいまでが議事課です。五十八年から六十年ぐらいが科学技術委員会です。六十年から六十一年まで法務委員会。六十一年七月から管理職、委員部の第九課長になりました。

奈良岡　それぞれ何かカラーというか特色というのはありますか。特にどの委員会が大変だったとか。

近藤　おかげさまで四つの委員会でそんなに大変な委員会はなかったです。商工委員会もそれほど与野党対立するところでもないですし、そのときもそう思いました。

通商産業省というのは日本の産業基本政策をもう少しやるのか、いわゆる大企業にも突っ込んでいくのかなという気はあったんですけれども、実際やりましたら、殆どが中小企業対策なんですね。中小企業対策、それから貿易のいわゆる補償的な問題、特許の手続の問題。公取を含んでいましたから、公取だといろいろ個々の議案がございますから、個々の議案で、今は非常に公取は静かでございますけれども、その当時はかなり公取も活発でした。

しかし、もう少し日本の大企業を含めた産業の基幹を、やらないことはないですけれども、法案としては殆ど出てこないんですね。だから、産炭地の振興の問題とか、石炭政策そのものというのも出ないわけじゃないんですけれども、鉄鋼政策にしろ何にしろ、そういう国家のいわゆるこれがというのは出ない。だったら、今でも中小企業庁はあるんですけれども、通産省をやめて中小企業省とか、その名前の方がぴったりかなという感じは受けていました。

商工委員会では、特許法というのがかかっていまして、委員会直接じゃないんですけれども、特許庁の組合と通産当局、その軋轢がかなりかいま見られたということが記憶にあります。それで、そのとき、特許法の参考人を呼ぼうとしたときに、発明王の柳家金語楼さん(14)、あの方をということでお願いしましたが断られたという記憶がございます。私が直接担当したのではないですがこれも全く関係ないんだけれども、商工委員会のとき、相沢〔英之〕議員が経企庁の官房長のとき司葉子さんと婚約されて、委員会に奥様を呼ぼうかという冗談を言っておられた方があったのを憶えています。

地方行政委員会になりますと、千葉県までモーテルの視察に行きました。モーテルというんでしたか、都心のではなく、郊外にそのころかなり建ったんですね。そういうものが規制に入るということで視察に行きました。また、地方税、地方交付税、それから財政の問題がございますし、だから、ある面でファンダメンタルの問題というのですか、ルーチンの問題というのがずっとありました。

奈良岡　毎年あるわけですね。

近藤　毎年あります。あの頃、宅地並み課税の問題、市街地農地の問題もありましたし、田中角栄内閣のちょっと前に重量税の問題がございましたし、重量譲与税の問題がありました。ある面では、高度経済成長がその速度を弱め始めた後遺症なのか、それとも、そのまま走っていた残影なのかちょっとよく分かりません。

科学技術委員会でも、法案は殆どありませんでした。つくば万博が行われた年でございましたか、科学技術委員会もそんなに大きな法案はございませんでしたし、法務委員会も一年間しかおりませんけれども、外国人登録法の在日朝鮮人の方の指紋押捺問題がちょっとございました。詳しいことは忘れましたけれども、多分あのときは二回目、三回目も指紋押捺を求めていたはずなんです、初回の場合は仕方がないかもしれませんけれども、二回目からの更新のときに、日本に長期滞在して、それだけの社会的基盤、秩序を守りながらやっている人にそこまでという思いが委員長自体もありまして、何とかそこら辺のところをということで、委員長から法律を変えられないかという話が出てきました。

私も心情的にはその方がいいと思いました。一生懸命、法務省の方をお呼びして、「何とかならぬか」、「いや、何ともなりません」ということで、そういうようなことをお話しした記憶はございますけれども、委員会でそれほど大きくぶつかるという問題もございませんでした。

奈良岡　一応、ケーススタディーとして、商工委員会のときに出てきた法律案というのをざっと調べてみたんですけれども、毎年のように否決される法案が継続して出てきたりとか、例えば、兵器の輸出の禁止に関する法律案というのが毎年出てきては否決されているんですね。これは何か野党の側で熱心な方がいて、毎年のように出されるということなんですけれども、こういうのは委員会としては大変な仕事なんでしょうか。

近藤　いや、武器輸出三原則の問題は委員会段階ではそれほどでもないと思いますね。やはり政府もかなり厳格にやっていたと私は思います。だから、輸出にしろ、かなり認証基準も高めてやっていたと思いますから、問題にはなっておりましたけれども、それほど、紛糾するほどの問題には委員会ではなっていなかったと思います。むしろあれば一つ、二つ予算委員会の方で取り上げられているのがあるかもしれませんけれども。私も、商工委員会も常会を二回やっていますけれども、そんなに大きな問題になった記憶がありません。

それよりも繊維の問題の方が大変でございました。アメリカの繊維の輸出規制の問題、アメリカサイドからいえば輸入規制の問題、こういうものの方が武器輸出三原則よりも実際的には大変でございました。

奈良岡　二回出されていますね。昭和四十四年の通常国会と四十五年の通常国会に、特定繊維工業構造改善臨時措置法。

近藤　いわゆる不況業種の構造改善の問題でございますから、毎年手当てしていかなきゃいけませんので、政府サイドも最初はかなり優遇措置をとるということになっていたと思いますけれども、ちょっと記憶がありません。ニクソン政権の強硬対日姿勢がかなり鮮明になって、最初はそれほどでもないだろうということだったんですけれども、だんだんと規制措置が厳しくなってきて、やはり国内の構造問題もありますから、補償していかなきゃいけないというところがございました。

奈良岡　こういうときは、いわゆる族議員のような方たちの活動というか、あるときは圧力みたいなものを感じることはございましたか。

近藤　それはなかったです。それより、法務委員会の撚糸工連の問題、ああいう汚職事件の問題、撚糸工連事件で理事の一人の方が逮捕されました。撚糸工連事件ですから、法務委員会の所管では特別ないんですけれども、贈収賄事件になっておりますから法務委員会も取り上げたと思います。その場合も、族議員とは言いませんけれども、特定議員さんの名前が挙がっていました。

奈良岡　やはりそれぞれの委員会で力を持っている議員さんとか、影響力がある議員さんとか、ランクみたいなものがあるわけですね。

近藤　はっきり言ってございますね。

奈良岡　質問も、よくしてくる人から全然出てこないような人まで様々ですか。

近藤　そうですね。与党サイドは殆ど質問しません。野党サイド、特に科学技術委員会の場合は原子力を抱えていますから、原子力の立地を抱えていらっしゃる選挙区の方は厳しいですね。青森の方ですとか、六ケ所とか東海の方とか、岡山のウランの方とか、今だったらもっと、泊だとかあそこら辺の問題にもなるんでしょうが、私の頃はまだそこまでいってませんでした。

◆質問取りの苦労——委員会出席者の決定

奈良岡　委員部の若い職員の日常的な業務についてお伺いしたいんですけれども、委員部に御勤務の時期、一日あるいは一年間の仕事の流れというのはどうなっているのか、ごく平均的な勤務のあり方というのを教えて頂ければと思います。

近藤　一番下っ端だから全部やるわけじゃないけれども、基本的には、委員に対する委員会開会通知です。出席要請的なものをずっとやります。その前に衆議院公報というものがありまして、そこに開会についての必要事項を記載いたします。委員会終了後に当該委員会に関する経過を記載いたします。その原稿作りの仕事があります。それから、質疑者に対してどのような質問をされるか伺います。殆ど対政府ですから、対政府の具体的要求者〔答弁すべき政府側担当者〕を指示して頂いて、政府側に連絡するわけです。そんなに大きな折衝はしませんけれども、向こうが都合が悪いとかなんとかいうことになれば、その間のある程度の調整はしなきゃいけません。あとは、会議録の本文を速記者がやりますから、いわゆる出席された方とか、どんな議題を付したかということ、それからどんな結果を出したかというのも会議録の頭に載りますので、そういう会議録情報を作成していく。入った頃はそういうことが主かな、そんなところでございます。

定例日が二日ないし三日ありますから、毎日ということはないんですけれども、委員会開会の前日には委員への出席案内を必ずやります。ほかの委員会の開会中には、御存じのとおり出席が非常に悪いわけです。だから常に出席要請しなきゃいけません、定足数割れになったら大変でございますから。それに、採決のときは最大限参加してもらわなきゃいけませんので、採決となったら議員に更らなる連絡をします。そういうような仕事でございます。

奈良岡　そこで委員部に所属している若い職員の方が、議員会館などに直接行って、出席をお願いするということになりましょうか。

近藤　電話でやることもございますし、書面が必要な場合は書面でもって議員会館へ配りに行きますし、必要資料の配付ということになれば配付にも参ります。

奈良岡　書面なり資料というのは、委員長からの指示でそういうのをお配りするのですか。

近藤　そうです。特に、行政サイドから出したようなものを事前に配付しろということになればやりますし、それから、いろいろな資料、民間から頂いた資料もございますし、それも事前に配付する必要があるならば配付します。

それで、出席要請の場合は一人一人歩くわけにもいきませんから電話でやりますけれども、質問取りなんかは電話では埒が明かないこともありますから、実際に部屋へお聞きしに行くこともあります。時には政府と帯同して行った方が早いということもございます。先生だって、所管が分からぬことがございますからね。政府に来てもらって、これはどこの所管になるということでやってもらった方が早いわけです。こちらからやって何回も齟齬を起こしておると、また向こうの先生も怒るわけですよ。「おれの質問が分からぬのか」ということになりますから、トータルにやってもらった方がいいということになれば、そういうこともやります。

いろいろおっしゃる先生には、直接行ってメモをとった方が早いです。電話だと、一時間も二時間もやったら大変でございますからね。そういうことはあります。

奈良岡　質問取りが大変で膨大な時間をとられるという話は、よく聞きますね。

近藤　我々はいわゆる頭出し程度しか聞かないんですよ。いわゆる大項目を聞きます。それで所管が決まっていれば、所管委員会なら、大臣、政務次官〔現在は副大臣、大臣政務官〕は別にしまして、大体担当局長が決まっておりますから、法案ですと担当局長は殆ど出てきますので、別にあえて出席要求しなくてもいいんです。

他省庁とか参考人なんかは、参考人になると我々が判断するわけではなく、理事会に決めてもらわなければなりませんし、証人になったらもっと大変でございますけれども、そういうのは別な、大げさに言えば政治項目になります。行政官庁の出席者に関しましては、我々事務サイドで先生方と打ち合わせでやればいい話です。他省庁との調整もございますので、そこら辺はやります。ほとんど、大項目を示して頂いて、どういう方に御答弁頂けばいいですかということ、これは所管はここでございますし、他省庁はここら辺が噛んでおりますというようなこと、特別なものはございますか、とかいうようなことでやっていきます。

この細部については、今おっしゃったように霞が関がやられるわけですね。質問事項をなかなか出してこられない先生もございますし、最近は少なくなりましたが、昔は爆弾発言というのをお持ちの方もいましたから、その場でなくては言わないという方も、私は余り遭遇しませんで、予算委員会あたりのお話でしょうけれども、ほかの委員会でもないことはないです。

爆弾発言でなくても、中にはその場でしか言わないという方もいらっしゃるんですよ。「日常業務をやっていればこのぐらいのことは答えられるんだろう、誰が出てこいとは言わないし何を聞くとも言わないんだ、議題の範囲内で絶対やるんだから」ということをおっしゃるんですけれども、行政にしてみれば、そういうわけにいきません。議題の範囲内でと言われたって、彼らとしたらそれは困るわけです。極端ですけれどもね。一般的には具体的な項目までずっとお取りになりますけれども、特にそういう方については、議題の範囲内と言われたって、上に上げられないわけですよ。「議題の範囲内です」と言ったって、上からは猛烈なお叱りを受けるでしょうから。そこら辺のところ、一般的な話ではございませんけれども、そういうような細目は政府に更に尋ねて頂かなければなりません。だから、我々も大変申しわけないと思うんです。

開会中だと、今は知りませんけれども、我々だと大体六時、七時ぐらいにまでには質問の大項目を頂くわけです。それから霞が関の方へ連絡するわけです。そうすると、彼らはその前から動いてはいらっしゃるんですけれども、建前上は、一応、私どもが連絡すると、議員から正式な要請があったということで動かれる。ということになると、そこから動かなきゃいけないわけです。

我々も七時には帰れませんけれども、霞が関へ連絡いたしまして、残務をやりますと、我々の方は帰っちゃうんです。それで明くる日の朝になりますと、今日の委員会出席者をお届け願いたいということで、事務的に我々はやります。霞が関の方は、それから質問をとって答弁書を作って、出席者の調整をして答弁の調整も当然やって、大臣答弁を作って、聞くところによると、午前四時か五時に大臣の家のポストに入れるんだというお話も聞きます。そうすると、朝、秘書官と大臣が車の中でそれをずっと読み合わせて役所まで来られて、それを持って国会にお見えになるんだというお話も聞きます。だから、よく国会が悪いんだというお話になるんですけれども、私も重々そうだなと思うんです。

奈良岡　質問取りは、要するに衆議院事務局の職員、委員部の方でやられている部分と霞が関がやっている部分と、二段階になっていたんですね。

◆政府答弁をめぐる問題

近藤　我々は、どちらかといえば委員会出席者の確認というか確定を主にして、そのために、どういう御質問ですかということの方がむしろ主要でございます。

我々は、先生方に何を話せとか何を話してはいかぬとかは言えません。議題内であればいいわけでございますから。これをやらなきゃいかぬとか、これをやっちゃいかぬとか、そこまで指図できませんから。我々は委員会を構成しなきゃいけませんので、要するに、委員の出席、それから、カウンターパートとして政府の方の御出席で、政府対議会との応対ということに基本的になっていますので、そういう基本的なものを作り上げなきゃいけませんから。一応、こういうことで基本的な構成を作り上げていくというのが主な仕事でございます。

だから、質問取りといいましても、それに関連して、誰々出てこいというわけにいかない。何々の件で誰々出てこいと、やはり言わざるを得ないわけです。特に他省庁の場合は絶対蹴ってきますから。他省庁の課長さん、昔は説明員と言っていたんですけれども、説明員さんぐらいでしたら出て頂けますけれども、局長を出すのは大変でございます。ましてや大臣を出すなどというのは、これは政治問題ですから我々の関与するところじゃございませんけれども、局長を出すのも政治問題化することがございますから。ある問題に関してほかの省庁の局長を出すということは大変でございますし、同じ省内でも大変でございます。同じ省内だったら調整をつけてくれるからいいんですけれども、ほかの省庁では、必要ならば調整をつけてくれるけれども、嫌だったら調整をつけてくれませんからね。そうすると、こちらでやらなきゃいけません。

奈良岡　議員側としては、やはり局長あるいは大臣を出すということを重視するんですか。

近藤　それは重視します。発言の最終権限を持っている人が出てこいということになりますから、これは大臣ということになりますけれども、大臣はほかのところに出ていますからね。

奈良岡　では、その交渉は個々の委員部の職員の方がある程度はやらないといけなくなるわけですね。

近藤　ある程度までは。

奈良岡　議員がこの局長に出てほしいと言っていますとか、あるいは、こういう質問をするからできれば大臣に出てくれと言っているということを、霞が関の方に伝える役割を負っているわけですね。

近藤　そこら辺までは、伝えるぐらいはします。それから、実現されるのは、局長だったら半々ぐらいでございます。大臣になりますと、理事会でちゃんと決めてやって頂かなければ、向こうから、はいはい、出ます出ますという方ならいいんですけれども、そうは出しません、やはり何かの確約をしに行かなきゃいけませんから。

ただ一般的な問題について発言するんだったらいいんでしょうけれども、ある程度の行政実現を目指すことでございますから、それにノーと言ってもらっては困るんだから、イエスと言いに行くということでございますから。ですから、そう簡単には、向こうだって、何でもいいからはいはいというわけにはいきません。では、ノーと言いにわざわざ出ていくかというと、それだけの軋轢をつくるために必要ないだろうということになると思いますから。

奈良岡　大臣の代わりに政務次官がもっと積極的な役割を果たすべきだという意見もあって、最近、副大臣制に格上げされて、もっと積極的に活用しようという話になっていますけれども[15]、質問する議員の側からすると、副大臣とか政務次官というのは非常に軽くて、余り出てきてもしようがないというような意識なんでしょうか。

近藤　実際、そうですね。やはりそれだけの発言が期待できないだろうと思います。それに、大臣の場合は別ですけれども、これも私の主観ですが、政務次官になると、議員さんサイドの同僚意識が働くと思うんです。それだから、役人の場合はかなり徹底的に食い下がれますけれども、政務次官になると、そこまで徹底的に食い下がれるかどうか。

政策的な問題だったらやってもいいんですけれども、政策的な問題であっても、政務次官を出すということは、いわゆる政治判断的な発言でいいよと、要するに黒白相半ばするぐらいの、そんな確定的判断でなくてもいいですよという場合です。今の副大臣は知りませんけれども、やはりきちっとした答えを出すんだったら、実際は行政サイドも政務次官は出してきません。回答が双方にはっきりしている場合は別ですが。

奈良岡　他方で、やはり政務次官とか副大臣というのも、将来大臣になるために、比較的当選回数がまだ少ない議員の方が、練習台と言ったら言葉が悪いですけれども、知識なり答弁の経験を積むためにあるポストだというような見方もありますけれども。

近藤　そうかもしれません。イギリス・スタイルになれば、政府委員は殆ど答えませんから、要するに政務次官が殆ど法案提出者になっているわけですから、政務次官が質疑応答に当たるわけですから、それだけの内容を彼らも熟知しなければならない。イギリスの場合は、法案作成の段階からかなり食い込んでいるということで、議会対応はまず彼らがやるわけです。ですから、ジョブトレといっても、日本の場合とは大分違うような気がします。本来的には、もう少し、今言ったように、法案作成段階からどこら辺まで日本は食い込んでいけるか、それだけの知識と体力をこれからつけていかなきゃいけないということになるんでしょう。

だけれども、自分の好みだけでやってもらうと国民は困ることになります。厚生だって、保険しか知らない、年金なんて知らないという人がなったら、国民としては困ることになるわけでございます。ですから、全般的にオールラウンドでできる方じゃないと、オタク的、趣味的な方で、おれはここは猛烈に強いんだと言われても、トップになる方はそれではすまないと思います。ですから、少なくとも一省庁をオールラウンドにやっていけるだけの知識、むしろ私は体力だと思うんですが。

言ってしまえば、イギリス型みたいに、要するに選挙区の心配をしなくてもいいような、下部がちゃんと票もお金も整えてくれて、やはり期待に沿える方が出てくるということにならないといけない。日本の場合、議員自身が自分で選挙運動もしてそれをやりながら政策をやれと言われたって、知識が必要なのは当然ですが、体力もかなり必要とされます。では、誰かにその分だけ身代わりしてもらわなきゃいかぬという話がどうしても出てきてしまいます。それは誰がやるか。霞が関が嫌だというんでしたら、では、政策秘書さんがやるかロビイストがやるかということになるかもしれません。

だから、実際的にそれだけのものを誰がやっていけるかということになれば、憲法四十一条の立法権の範囲が何であるかということを明確にする必要がある。要するに、法と法規範が違うのかどうか、キャビネットとガバメントがどう違うのか、そこら辺の基本的なところを認識することも必要でしょうが、いわゆる法規範云々、最小限度の法規範、最小的な権利義務の確保の問題、それから、実現に向けての国家強制力の最小限度のものを立法の範囲にすれば、今の先生方だって、そんな無理はないと思うんです。

今は、九割以上が行政マニュアルだと思うんです。立法権の範囲というものを検証する必要があるように思います。そこで作っていかなきゃいかぬわけです。行政マニュアルというのは、やはりかなり日常的な国民の生活実態から、情報から、先行き動向、そういうものを知っておかなきゃいかぬわけでしょうから、そうなると大変でしょうし。だから、立法権の範囲をもう少し限定しない限り、議員が一週間の七日間、本当に自分の事務室なり行政庁の一部でずっと研究開発できる体制におられるか、どちらかにしないと無理だなという感じがいたします。

赤坂　今のお話は、恐らく四十一条の立法権規定に直接着目した、法律の専属的な所管事項のお話で、どこまで必ず立法で対処すべき事項かという問題ですね。昔は立法が「可能な」事項、という意味だったんですけれども。それともう一つ、競合的な所管事項というのが、やはり同じ四十一条で国会は国権の最高機関だと言われていますから、競合的に他の国家機関が規律してもいいけれども、国会も規律して構わないという意味の立法内容もあるかもしれませんね。

◆委員部勤務時代の仕事の流れ

赤坂　少し話を戻したいんですけれども、会議録の作成や開会通知や質問取りといったお話は、いわば開会中の委員会運営に着目したスケジュール、日程のお話です。それと合わせて、もう少し視野を広くとって、一年間全体を通して見たときの事務局員の仕事の繁閑とか、こういう時期にはおよそこういう仕事をして、またこの時期は委員会の『先例集』なんかを作る、あるいはその基礎作業をするんだ、そういう一年間を通じた仕事の流れというんですか、何かパターンのようなものがあれば教えて頂きたいと思います。

近藤　私が入った頃は、十二月の下旬に召集されますから、常会百五十日でございまして、大体五カ月ですから五月の中頃ぐらいで終わることになります。

臨時国会というのは、秋の補正予算絡み、補正予算じゃなくてもありますけれども、緊急政策課題なんかがあった場合に召集される。いわゆる人事院勧告の実施が主でございますけれども、あと、個別の景気対策とかそんなものが出てくる、それが大体十一月、十二月ぐらいでございまして、国会は大体そのくらい。あとは、選挙ですとか、政権与党の総裁が変わるということになれば首班指名だとかいう話になります。大体そういうパターンで動いています。

常会になりましても、今は一月ですけれども、まだ十二月召集で、最初の二日、三日は緊急課題をやりまして、お正月休みで、予算編成に入って、大体一月の二十日からもうちょっと後に本格的な審議に入って、予算委員会で年度内成立に向けてやりますので、予算委員会、衆参やりますと、大体二月、三月は予算委員会で、三月ぐらいから予算関連法案の年度内成立を目指してやるわけでございますので、大体予算委員会が主で、本当に重要な期限つきの予算関連法案を持っている委員会が動くということです。そのほかのところは、要するに提出法律案のそれなりの勉強をずっとやっておりますし、先例等々の勉強も開会のない委員会担当者のところではやります。

四月、五月になりますと全委員会が一斉に動き出しますので、その間は委員会に集中いたします。六月になりますと、あれば会期延長でございます。会期延長になれば、延長が必要であった委員会でございますから、延長が必要ではない委員会はそんなに多忙ではございませんので、その頃から、いわゆる常会の残務整理、色々な請願等々も整理しておかなきゃいけませんし、自分の事例のあったところも整理しておかなきゃいけませんし、問題点等々もやっておかなきゃいけませんし、宿題を出されていれば、次の国会で何とかしようということになれば、それ相当の事務的に必要なものをやっておかなきゃいかぬということになります。

そういうことになりますから、大体、延長が六月ぐらいまであるというようなことになると、七、八、九月ぐらいは昔は殆ど国会が開かれておりませんので、その間に、先例の検討なり研修会等々をやるというのが大体の年間スケジュールです。

奈良岡　秋から十二月下旬に至るまでの時期というのは、主にどんなことをしておられるのでしょうか。

近藤　補正と補正関連でございますし、それから、常会積み残し法案等々ございますので、その審議が行われますから、それに対応しなきゃいけませんので、全くないところはいいんですけれども、常会と同じぐらいの忙しさということにはなります。

常会は、常任委員会だと殆どの常任委員会が法案を持ちますけれども、臨時国会だと、そんなに全部が全部持つことはないんです。それでも大方出してきます。そんなことでございますけれども、今現在は通用しない日程になっています。

奈良岡　昔は、七月から九月ぐらいの、ある程度忙しくない時期にゆったりと勉強する時間があったという感じなんでしょうか。

近藤　そうですね。まず時間がとれましたね。

奈良岡　昔は、この間に、自分の好きなことを研究といいますか、深く自分のテーマを持って追究するというような方もいらっしゃいましたか。

近藤　問題になった事案に対する事務局としての出張視察みたいなものもいたしますし、それのレポートなんかもやることもございますし、何か特別な著作なんかを作るということになれば(16)、それ相当のことをやっていかなきゃいけませんけれども、そういうのがない場合、個人的にやっている方はいるかもしれませんけれども、組織としてやるということは余りないです。個人的に、本を読んでとか勉強してという話はあるかもしれませんけれども、組織的にオブリゲーションをかけてレポートを提出というようなことをやることはそんなにはないです。何かまとまった著作物でも出そうということになれば別ですけれども、まあ運営畑ではそんなにしょっちゅうありませんから。

調査局の場合は、そういうことで、今かなりやってもらっているんですけれども。調査局の場合になりますと、開会中は議案で手いっぱいでございますから。むしろ議案は、既成のもので出されていればいいんですけれども、今問題になっているもので出てこないものが議員サイドから要求がありますから、それは勉強しておかないと。

行政から出すといったって、行政も自分たちで固まらぬものは出してきませんから。幾ら、どんな資料だって、自分たちが固めないうちは知らぬ存ぜぬで通せますから、手持ち資料を全部開示するということは余程じゃないとありません。それは予備的調査とか委員会の命令とかいうものになれば別でしょうけれども、我々が手持ち資料を全部開示してくれと言ったって、冗談じゃないよという話になるだけでございます。だけれども、そういうものこそ今必要になってきます。既定法案が出た後、その法案を後ざらいしているようなことでは、今は済まなくなっていますね。

奈良岡　近藤さんがおられたときは、まだ通年国会化はしていない頃ですか。

近藤　昭和四十年代は通年国会化をして、田中角栄総理が通年国会構想を打ち出しまして、一年目は二百七十日でしたか、常会を九月三十日ぐらいまでやられました。さすがに二年目はそこまではいけなくて、そんなにはやっておられませんね。昭和四十八年が延長を含めて二百七十日ぐらいですか。

次の四十九年にはもう金脈事件に入っていますから、通年国会と言うほどの影響力がありませんから、そんなには延びていません。通年国会構想を出されてということになりましたけれども、田中角栄総理もそういう政治的状況もございましたし、やはり、二年目になると議員の方も、大変さを感じてこられたと思います。それだけ九月いっぱいやられますと、行政サイドは何にもやれる余地がないわけです。概算要求を出して、終わった途端に彼らも予算編成でしょう。ちょっと体力的にもたないということもあるかな、という気はします。それにしても、むしろ文藝春秋の方が大変でございましたから、そこら辺で、二年目で頓挫した。二年目、三年目とやられれば通年国会制も定着したかもしれません。

それからは、連立政権だとか、ある程度保守が混迷に入っていますから、そういう面の通年国会制だったかもしれませんけれども、首班指名も少し多くなって来ます。要するに与党の力が弱くなったから、常会で、ある程度片がつけられないものが五十年代の頭からは秋に回されてます。福田、大平内閣あたりは大きな問題は殆ど秋に持ち越されてしまっている。ある意味では、実際的な通年国会制に、大体六月七月ぐらいまで常会をやってもう九月には臨時会が召集されるということになると、極端に言えば盆休みぐらいしかないという状況になってきます。

◆キャップ中心の運営体制

奈良岡　後半は保守混迷の時代になってきたとおっしゃいましたけれども、その最初の三年三カ月委員会を担当されたときと、それから間が少し挟まってまた委員会担当に戻ってこられたときとで、委員会運営のあり方について何か変化はございましたでしょうか。

近藤　基本的にはなかったですね。一委員会三人ないし四人体制なんです。三年三カ月は、私も三番手、四番手、要するに末席でございました。でも、二回目に行きましたときはいわゆるキャップ〔各委員会の主任となる課長補佐〕と管理職でございますので、立場が全然違います。どう違ったかということははっきりとは言えませんし、いわゆるキャップが殆ど全権を握っていらっしゃると、管理職の方は調整作業ぐらいだろうと思います。実際的な現場での全権というのはキャップが握っていらっしゃいました。

最初の頃は、我々もキャップの言うことを聞いていればよかったんですけれども、二回目に行ったときはキャップそれから管理職でございますから、立場上の違いがあります。そうすると、やはりキャップの動きというものにある程度口を出さなきゃいけないということになります、委員会運営よりも実際の職務上の具体的な日々の方で。だから、客体的にはまだ最初とそんなに違いはないんですけれども。委員部に戻ってきたのが中曽根内閣の売上税のときでしたか、実際的に消費税へと確定する時期でした。委員会運営自体はそれほど変化はないと思っておりますけれども、ただ、自分の立場が違っていたということです。

赤坂　一委員会三、四人で、一番上のキャップというのが課長補佐、二番目の方というのは係長ですか。

近藤　係長と課長補佐いずれかです。

赤坂　二人課長補佐がいるというケースもあるわけですか。

近藤　あります。

赤坂　そうですか。係長か課長補佐。

近藤　昔の給料表でいきますと、一、二が副部長、課長、三、四が課長補佐なんですね。五、六が係長、七、八が係員というものですから、三等級の課長補佐さんと四等級の課長補佐さんがおられますので、同格で並ぶことはないです。同格で並ぶことはないんですけれども、課長補佐の給料表でいけば一等級上、違う方がおられますから、そういう方がダブることはございます。

赤坂　係長もそうですけれども、五と四の場合も一部係長がいますけれども、極端に言えば、四、五、六ぐらいまで係長になりますから、ここでダブることがございます。

近藤　では、三番手の方が係長というケースもありますか。

赤坂　あります。

近藤　係長もしくは平というか。

赤坂　はい、そうです。

近藤　三人か四人かというのは、その委員会の大きさによるわけですか。

赤坂　そうです。スケールの問題とか、小さくても忙しいところがございますから、委員会的に忙しいのと、業務だけが忙しいというか、やりにくいというんですか、要するに問題が発生しやすい委員会ですね。今でも、昔もそうですけれども、安全保障なんというのはやはりやりにくいですから。

近藤　予算委員会の場合はどうですか。

赤坂　予算委員会は時節的なものですから、応援を要請するんです。だから、レギュラーでは、固定的な人は個別の委員会と同じぐらい、三人ないし四人ですけれども、衆議院は基本的に一カ月でございますから、そこへ人員を集中してくるのでございます。合計で六、七人ぐらいでやります。もっと緊迫しますと、いわゆる応援態勢でやります。

どちらかというと、今は衆議院は四十日、五十日やりますけれども、基本的に一カ月ですから、年度内成立というと三月の頭までに通さなきゃいけませんので、予算委員会が一月の末か二月の頭に始まってもせいぜい三十から四十日の間でございますから、年間それだけの固定的な人間を張りつけておくわけにはちょっと参りません。予算委員会も、予算が終わればまず開きませんから。

奈良岡　その時期はすごく大変だけれども、終わるとかえって楽になるというわけですね。

近藤　自分のプロパーの委員会をやるわけです。

奈良岡　予算委員会専属の人たちというのは全然仕事がなくなっちゃう。

近藤　全然ということはないですが。

奈良岡　大分楽になる。

近藤　大分楽になります。その場合に、野党からは開けという要請がございますけれども、与党は開かないと言いますから、そこら辺の調整もやはり間に立って事務局がやらなきゃいけません。直接的に交渉してもらうのもいいんですけれども、やはりそこら辺、仲取り上、事務局というのがやらなきゃいけません。理事会でがちゃんと決めてしまえばいいよということにもなりませんから。

◆政治サイドの要因による議事法の変化

奈良岡　先ほど質問取りの話がありましたが、これは主に野党議員ですか。

近藤　与党は殆ど質問しません。特定の、与党の利害関係があるような問題が出てくれば別ですけれども、一般的な問題ですと、法案の場合は大体先頭切って一人、要するに与党の意向が示される。質問というよりも、むしろ与党サイドの態度を示されるような質問で、国政調査にしても、与党サイドとしては最初に口火を切られる、やはり先制攻撃をかけていかなければいけませんから。ですから、各党一人ならやはりイーブンになっちゃいますけれども、複数になれば与党はまず複数質問するということはないです。全会一致法案でしたら、与党もやることはないですね。

奈良岡　基本的にはキャップのもとで、各委員会の中だけで話がつくのが殆どですか。それとも、委員部長のレベルまで上がってきて……。

近藤　いや、それはないです。そういう問題についてはないですね。まあ、経過報告はずっとしていますけれども。その中でも、いわゆる特殊な方をお呼びするとか、特殊な問題を取り上げる場合、そういう場合はどういう方法をとるかというようなことですね。質問者が多い少ないとか、ある党に割り振ってある党に割り振らないというようなことは口出しできません。

特別な採決方法をとるような場合はありますけれども、それだって、委員会の場合、可否同数になった場合反対もとるかという話だけで、普通は賛成しかとりません。可否同数になったら反対もとって、比較対照して、本当にイーブンであることを確認します。それもそうやらなきゃいかぬときはやるだけのことでございますので、委員部長だって、やるなとは言えません。でも、そういう場合にどうするかという確認だけは一応しなきゃいけません。

証人なんかだと、どういう呼び方をするか、その人が該当しているかということになりますと、そういう打ち合わせもしなきゃいけません。特に刑事に関わっているようだと与野党ぶつかりますから、こちらとしては、どの程度の刑事が進捗していたらお断りできるとかできないとかいうのは、ある程度お知らせしなきゃいけません。

赤坂　ちょっとその点にも関連して、先ほど、委員会の運営は主としてキャップが全権を持って現場で決めることが多いとのことでした。ということは、その委員会ごとの特性というのが随分出てくることになろうかと思います。その場合、人が、キャップがいつか代わるわけですね。そうすると、その委員会の雰囲気が大きく変わるようなことがあるのか、それとも、今まで下にいた人が必ずついて、何かしら体質というものが保存されていくということになるのか、その辺りはどうでしょうか。

近藤　キャップが全部決めるというんですけれども、事務的にはそうだということだけで、これはいわゆる理事会が決めますので。それにどういうふうにアプローチするかというのがキャップということでございます。キャップが代わったからといって、むしろ、理事会の方が族議員さんだとかキャリアの長い方がいらっしゃると、向こうの方がそれ以上のことを知っておりまして、要するに手続、形式的な面よりももっと実際的な面を知っておられます。

要するに、事務局サイドとして、管理職なり上の委員部長なりという統括責任者のところで決定するんじゃなくして、キャップ段階でそういう委員会の固有の権限の問題、調整の問題は決められるということだけでございます。委員長によっては、キャップが言う通りにいってくれる方もいますけれども、それは委員長のキャラクターの問題でございます。

そういうことを除いても、委員部の場合、大体キャリアの長いのを置いておりますから、隣の委員会がどうかというのは、彼らなりにやはり認識していると言ってはなんですけれども、キャップはキャップなりに、ほかの委員会の運営の仕方というのは気には留めておりますから、そこへ人事異動になった場合にも、即自分のカラーだけでというわけにには参りません。それは前の委員会のカラーだとか、キャップがどういうような対応をしていたかとかいうものは認識しながらやりますので、途端に変わるということはないんです。むしろ委員長、理事、全部がらっとかわってしまった方が対応には困るんですね。

赤坂　むしろ、委員会の独特の議事法、運営というものがあるとすれば、それは政治サイドの要因が大きいであろう、そういう認識でよろしいですか。

近藤　そうですね。それを覆すことはできませんので。三蔵法師じゃございませんけれども、手の平の中で動くことはできますけれども、手の平を飛び出して三蔵法師をどうしろこうしろというところは、やはりそこまではちょっとできません。

赤坂　隣の委員会のあうんの運営というんですか、あうんの呼吸で行われる運営のあり方というのも、まあ経験があれば何となく分かるということですけれども、そういうのが少し文書化されるというか合理化されて、目に見える形で残されることはないのですか。

近藤　文書とか文字ではまずないと思います。日々の業務日誌みたいなものをつけておりますので、それを読んで頂ければ、これは固有名詞も出てきますから、あるときにどういう先生がどういう言動をしたかというのは分かりますし、総体がどういうふうに動いたかというのも分かります。けれども、これはこうだからといって五カ条に書いて申し送りするということはありません。それはキャップが何時間かどこかで酒でも飲みながら話すとか、飯でも食いながら話すというのがないとも思えませんけれども、私はそういうのは余り記憶はないですね。

総入れ替えということは余りしませんから、キャップが代われば二番手が残るとか、二番手が代わればキャップが残るとか、要するに四人とも総替えということはそんなにないです、たまにはないこともないですけれども。一、二、三番手ぐらいまで誰か残してもらえれば、今の場合も過去の実績は引き継いでいくという人がかなりいますから、ある程度その委員会の雰囲気というのは事務局としても引き継いでいきますね。それに、言ったように、キャップがそういう雰囲気だったらその雰囲気というのを感知しなきゃいけませんので、それは大体どの委員会でも、内容は違うかもしれませんけれども、雰囲気、総体としての感受性は同じですから、事務局側の人事異動によって委員会運営が大きく変わることはありません。

◆委員会の格付け

奈良岡　委員部では商工委員会、地方行政委員会、科学技術委員会、法務委員会というふうに多種多様なお仕事をされていたわけですけれども、近藤さん御自身はそんなに重要な委員会を担当されたことがない、という認識をお持ちのような印象を受けます。委員会ごとの重要度、あるいは各委員会に配置される事務局員の方々の傾向の違いというようなものがあればお教え頂きたいのですが、いかがでしょうか。

近藤　何をもって重要、非重要とするかというのはちょっと語弊があるかもしれませんが、何とはなしに序列みたいなものもあるような気がいたします。

やはり一番は予算委員会だと思います。予算委員会が何ゆえにということになれば、すべて何でもできるということになっておりまして、これは歴史的に見れば、帝国議会の全院委員会、イギリス型全院委員会から来ているものではないかと思いますが[17]、通例の常任委員会とはもともと生まれ落ちた制度が違うんだろうと思います。それを新国会も引き継いだ。それでもって全てのことを扱えるということになり、もう一つは、予算は全てのことに関連があるからやれるんだということになります。そうなると、予算委員会はすべてが政局絡みで動くという性格を持っていると思います。

では、何をもって重要度かということになると、極めて単純に言えば、議案、法案がかかる件数が多いところは重要だと見ざるを得ないわけです。それから、あとはイデオロギー対立というのか、意見対立といいますか、そういうものが厳しいところはその調整とか審議形態をどうしていくかということになって、やはりある意味で非常に難しさが出てきます。そういうことになりますと、予算委員会、あとイデオロギー対立はどこかというと、社会労働委員会。これは労働を持っておりますから、福祉も財源的になれば、資本それから労働の問題が正面に出てくる。労働の方はもろに資本と労働のところが出てくるということになれば、意見対立、イデオロギー対立と言っていいかもしれませんけれども、その対立が激しくなってくる。

あと、防衛の問題だろうと思うんですけれども、内閣委員会にあった頃は、防衛問題というところで非常に難しさがございました。それが防衛の常任委員会になりまして、私はかなり性格を変えたのではないかと思います。そこになってからは、イデオロギー対立はあるんですけれども、委員会運営としての厳しさというのはそんなになくなっている。内閣委員会というのは、内閣その他すべての案件ということで、未整理のものが全部集まってくるところで、そこの中に防衛というものが一つありますと、この防衛をどうやっていくかというのは審議過程の中で非常に難しさが出てくるわけです。だから、そこの中で扱われる防衛と、それから防衛だけ扱われる場合と、委員会運営の面から見るとかなり性格を異にしていますので、非重要とは言いませんけれども、内閣委員会に防衛庁の所管があった頃と、今、常任委員会として防衛省があるというのは、国会の審議形態についてはかなり性格を異にしているという感じはします。

それから、例えば、法案の多さということだけで言ってはいけないかもしれませんけれども、やはり今の財務委員会、昔の大蔵委員会、これは歳入ですから、かなり多量な議案もありますし、歳入という性格論もございます。それとリンクしますのが地方行政委員会。財務委員会の何分の一かは地方行政委員会が負わざるを得ない。これは今問題になっているのが委員会運営にも出ておりますから、財務委員会の重要度と地方行政委員会の重要度というのはかなりタイアップしているところもあるというところでございます。

そこら辺のところが重要性を勘案されているのかなと思います。そこら辺の委員会に新任で着任することはまずないですね。どこかを一つか二つ経験した後です。

決算委員会というのも、ある意味では行政監視機能、イコールではございませんけれども、いわゆるスキャンダル監視ということになります。ですから、それをどう扱っていくかということになりますと、日頃から大きいというわけではございませんけれども、問題化したときに大きくなる。

予算委員会はやはり最古参の課長補佐が務めます。議院運営委員会は性格を異にしますので、ちょっと同列には論じられないと思いますけれども、そんなようなランクづけというのですか、秩序づけみたいなものはあるかなと思います。

◆安全保障委員会の独立と審議への影響

奈良岡　防衛委員会が内閣委員会から離れたというのはいつになりますか。

近藤　平成二、三年じゃないでしょうか。もうちょっと後かな(18)。これはずっと主張されていまして、特別委員会を作ったんです。これは野党の主張でございますが、特別委員会を作りまして、特別委員会当時は法案審議はしないという設置の附帯項目になっていたと思うんです。だから、法案については内閣委員会が行う。それから、いわゆる一般調査というんですか、逆に言えば官庁の行政監視になるんですか、そういう論点については特別委員会がやる。

与党サイドとしては、先ほど言ったように内閣委員会が非常に混雑しますので、常任委員会化して法案をということと、もう一つは防衛省設置、格上げの問題。それは国会ともリンクしていまして、国会で常任委員会化するならばいいだろうという話にもなってきますので、国会が特別委員会の間は非常にプレッシャーがかかる。力関係というのはどちらも同じですから、与党サイドが、常任委員会化できるならば霞が関の防衛省昇格論も、バラ色とは言いませんけれども、同じようなエネルギーでできるということもあります。

だから、防衛省の行政機構というんですか、国家構造の中での位置づけの問題、それから国会でいえば、極めて目先の問題として法案審議の迅速化、スムーズ化ということです。防衛庁、防衛省に関する国政調査だけを特別委員会で扱うということになれば、内閣委員会の様々な議案の中で、順番が、ウエーティングの時間が長過ぎますし、野党としても、もっとストレスをかけてウエーティングをかけてくるということがございますので、常任委員会化の話が出てきます。

赤坂　今の点で、内閣委員会の中で時間待ちの問題があったということを除けば、その他に、具体的に審査のあり方、あるいは進め方、運営というものにどういった点で違いが生じてきたのでしょうか。

近藤　ウエーティングの問題もありますし、防衛の問題は、法律案としてそれほど本数が多いことはないわけです。防衛の場合は、防衛に対する法規範がどこら辺まで必要かどうかという話ですね。

防衛というのは、相手がある問題です。内政の場合、例えば福祉の場合は自己完結的だから、自分たちで法を作って執行すれば効果は直ちに出てくる。防衛で、例えば北朝鮮に核開発を中止すべきであるという法案を日本で作ったって、日本では何の効果もないですよね。そういうことで、防衛に対して国内法を作ってみて、日本の国際的な地位における防衛の問題が、対外的に拘束力を持つかどうかといったら、もたないわけです。ということになれば、むしろ防衛の問題においては、現実的な動きなり具体的な装備を含めた防衛力の問題というんですか、法規範が実行されたというのか、法規範の外で動いているというのか、国際関係の中でそういうふうに動かされているのか、そういう問題の方が多いわけです。だから、法案審議はあまりないですね。

ですから、それはウエーティングの問題と同じかもしれませんけれども、法案審議がそんなにもないかわりに、防衛の問題というのは物すごく大きいわけです。要するに、審議機関としてやるのならば、これは一体何を審議しているんでしょうかという話になるわけです。例えばお話で出てくるのは、防衛省設置法で防衛省職員の方の給料を幾ら上げましょうかとか、自衛隊の数になりますとそんなに軽い話ではないかもしれませんけれども、例えば、どこかの基地の何を削除して人員を三人ぐらい減らしましょうかというのが、法案になって出てくるわけですね。そういう類のものは毎年出てくるわけです。ですが、法案として審議するのはそれ程でもないわけです。

だけれども、防衛としてやるのは、具体的に物すごくあるわけです。例えば、北朝鮮に対する場合、日本海にどのくらいの装備をしていくかというのは、法の問題じゃないわけです。法の範囲内でやればいいわけですから。どこの駐屯地がどのくらいの装備で、どのくらいの人間が要るかということ、これは法の中でやっていればいいわけです。だけれども、現実的にどうなのかという話は、法の話として出てくるわけですから、これでいいのかどうか、例えばある面でやり過ぎだというのもあるし、ある面では足りないという主張が出てくる。

法案以外のところで出てくるということになると、防衛問題の審議の仕方というのは、外交も同じかもしれませんけれどもね。外交は条約が多数出てきますから、条約をいっぱいやっていると終わってしまいます。防衛の場合は、国内法規で縛るというのはそんなにない。むしろ、そんなにはできないんですね。法律でぽんぽんやっていいという話にはならないわけです。やる方も怖いし、やられる方も困るし。そんな急激に、十万人いた自衛隊を、今年は五万にしましょう、来年は十五万にしましょうというわけにいきませんんですから。法規範の場合は、大体今は二十万前後のところで毎年一、二名のプラマイでやっているのが実態だと思います。

だから、そこら辺でやられると、ウエーティングの問題にもなりますけれども、ぐっと防衛の問題が大きくなりまして、他の所を押しのけて、ほかのところの法案審議が全く入らないということになってしまいますし、ほかのところに野党の気に食わないのがあったら、この問題がぐっと膨らまされますからね。ずっと膨らませて、こちらに圧縮がかかっていくわけです。内閣委員会は、それでなくても、物すごい省庁の所管事項を持っています。その他の、どこどこの所管に属さない事項を全部抱えているわけです。

奈良岡　あと、与党と野党で関心を持っている委員会が違うというようなニュアンスでお聞きしたように思うんですけれども、各党で、重視している委員会とか、深くコミットしたり余りコミットしなかったり、委員会とのかかわり方で党によって違いというのはあるんでしょうか。

近藤　具体的にはよく分かりませんが、昔の社会党さんは、防衛問題にかなりコミットされておりました。今の社民党さんがどれだけコミットされているか。伝統的には平和の問題ですから。公明党さんも福祉あたりにコミットされるというのはありますけれどもね。

私は古い人間でございます。要するに五五年体制ですから、資本、労働のコミットということになると、それは自民、社会の、要するに労組を抱えたところのコミットが高くなるわけですので、そういう意味で、社会党が資本、労働の第一線にコミットしてきたということですね。その後、民社党が出てくる。だから、民社党と社会党の労組の分裂、対立と言っていいんですか、それは皆さんの御研究に任せますけれども。そうなると、労働サイドの二本化の問題が出てきます。二本化の問題になりますと、同じ労働でもコミットの仕方が違ってきますからね。ということは言えますけれども、具体的にどの党が必ずこれと、ちょっと私申し上げるのは難しいです。

◈イギリス型全院委員会の影響

赤坂　さきほど予算委員会が、帝国議会の当初からイギリスの全院委員会制度に倣って、それを母体としているので、そこで色々なことを扱えるという運営がなされてきた、というお話がありましたけれども、それは運営として見習ったということなのか、それとも全院委員会的なものを予算委員会という形で作るという意図で予算委員会が井上毅らによって作られたのか、この辺りについてはいかがでしょうか。

近藤　それは多分、常任委員会化だと思います。これはアメリカの制度ですから。アメリカの全院委員会はそういう性格を持っておらないかな。だから、新国会のときにどういう性格でやるのか。アメリカの歳入歳出委員会構想でやられたのか、イギリスの全院委員会の予算案審議構想でやられたのかというのは、どちらかといえばアメリカ型だと思います。ですから、イギリス型全院委員会というのは、日本の国会にはそんなに強い意識で導入されたとは……。

赤坂　もともと帝国議会期には全院委員会というのが我が国にもありましたね。ただ、それは当初は使われたけれども、すぐに使われなくなりました。しかし、その全院委員会の運営のあり方というのが一部、帝国議会に予算委員会で参考にされたという趣旨であったのかどうかです。

近藤　予算委員会と全院委員会の意識があったのかどうか、私はちょっと確証できませんけれども、新国会の中においては議員の中に顕在的にはないと思うんです、やはり常任委員会化されて予算委員会も一常任委員会だという、要するに同輩中の首席とは言いませんけれども、そんな感じでしょうか。だけれども、潜在的に帝国議会が行ってきた全院委員会、そういう場を新国会の中でも、やはり議員はかなり連続していますから、そこら辺の認識があったのかどうか。

赤坂　戦前の議院法は常任委員会をちょっとしか設けていませんでしたけれども、どうも、あとは自由に作ってくれという趣旨だったようです。そのときに予算委員会というのは少なくとも常任委員会としてあり、それとは別に全院委員会というのがあったんです。その全院委員会は直接、間違いなくイギリスから取り入れられたものですけれども、そこでうまくいかなかった趣旨が帝国議会期の予算委員会に一部反映していたと見る余地がある、それがそのまま常任委員会制度を採用した戦後にもその慣行が影響を与えたと考える余地がある、こういう理解でよろしいでしょうか。

近藤　そう思います。潜在的にずっと流れていたんじゃないか。顕在化できたかどうかというのは、これは常任委員会制度のとらえ方の問題になりますから、ちょっと私も実証的に申し上げられません。日本の常任委員会制度がどういう形で新国会の中で導入をされてきたのか、ちょっと実証的に自信ありませんし、私の感ずるところ、常任委員会制度は完全にアメリカ型の導入は、ある意味では成功していないと思います。だから、イギリス型の読会の方がむしろ強く、読会の一ステージぐらいにしか考えてないでしょうから。

◆読会制度と常任委員会制度――議会外決定プロセスの介在

赤坂　今のところをもう少しゆっくり聞きたいのですけれども、読会制度の場合は、第一読会、第二読会、第三読会と、三読会制ということですけれども、この中のどこで実質的に物事が決まるかということですね。

近藤　委員会もどこで降ろすかという話になります。

赤坂　先に、我が国の場合、現在もそうですし、戦前の特別委員会がたくさんできていた頃もそうだったんですけれども、まず委員会で物事を決めて、それが読会、本会議に上がってくる。戦前の読会制であれば第一読会の途中に委員会で、そこで物事が実質的に決まっていく。第一読会の途中で、しかしすぐに委員会に行きます。この第一読会が始まってすぐに行った委員会で物事が大体決まって、その後、第一読会の続というのがありまして、そこでまた本会議に形式的な面で戻ってくるということですね。

そうしますと、委員会でまず物事を決めて、そこを議会の本会議の縮図として作って、比例制で作って、そこで物事を決めたものを本会議に上げていくという点では、読会制をとるかどうかは別にして、その点は同じだと言えるのではないでしょうか。そこで、先ほどの近藤さんのおっしゃった趣旨についてですが、委員会を読会の一ステージとしてしか見ていないと。

近藤　いや、委員会で物事を作って上げてくるということ、その時点は完全に欠落とは言いませんけれども、非常にニュアンスが薄いわけです。今の委員会制度は、作って上げてくるんじゃなくて、一つの流れの中にぽんと入っているだけの話というふうに認識せざるを得ないわけです。

昔の読会の中でもそこまでやったかどうか。委員会の独自性が弱い気がいたします。それは、本会議中心ステージの中での一つの流れということで委員会があって、流れの中の一部分だということになる。要するに、常任委員会制度、アメリカ型になれば、委員会が決めてということになるんです。決めたものを本会議がのむかどうかということですけれども、要するに、決めて本会議というニュアンスととれるかどうかということ。

赤坂　現在の場合は、どこで実質的に決まっているという前提としてのお話なのでしょうか。例えば議会の外で決まっているのが……。

近藤　これは私の主観ですから、事務局職員が言ってはいけないかもしれませんけれども、正直に言えば提出権の範囲で決まっている。だから、提出権で決まっていますから、要するに議員提出権と内閣提出権はそんなに差はないですよ、単なる提出権でしょうとおっしゃるそこの度合いが、物すごく違ってくるということなんです。

本来的に委員会で決めるわけですから、最初のプロポーザルは何であっても構わない。それは単なるプロポーザルであるわけですから、プロポーザルを受けて、ここでどうディシジョンして上に行くかということになるんですけれども、プロポーザルがそのまま最後まで行ってしまうということになるわけです。ですから、どこで物事が決まるんでしょうかといったら、やはり提出権で決まる。提出権はどこか、霞が関だというこの「霞が関論理」というのは、事務局職員が言ってはいけないかもしれませんけれども、やはり否定できない面があったと思います。

赤坂　今の立法過程論の諸外国の本を読んでいますと、我が国の、あるいは諸外国の議会を分析するときの一つの指針として、内閣側が議会の法案審議スケジュールにどこまで口を出せるのかというのが一つのポイントで、我が国の場合は出せないシステムになっているので、だから事前にすり合わせておくんだ、そうしないと内閣としても不安だ、責任持てない、そういう話がございますけれども、内部から実際に運営に携わられて、こういった考え方については当たっているとお感じになるでしょうか。

近藤　形式的には。だから、実質は与党がやるわけです。議院内閣制ですから、与党が迂回で入ってくると思った方がいいんじゃないでしょうか。やはり、実質的には議会の創造的決定権は希薄だというふうに私も思います。

だから、最近は違いますけれども、昔は行政サイドから会期延長の話が出たら一週間は止まると思った方がよかったんです。今は総理がぶら下がりの記者会見で、会期はあと一週間は必要ですねと平然と仰る。昔は、それがいいのか悪いのかは知りませんけれども、それをどこかで誰かが、今国会の会期はあと一週間ぐらいという程度で言っても、一週間ぐらいは止まる。撤回しない限り、本当に続く可能性はありますが、本心ですから簡単に撤回してもいいかという話です。その場合は、「行政府の申すことではございませんで、それは僭越でございました」と、要するに、一応取り消しいたしますというような謝罪がぽんと入るわけです。ということで、会期延長の問題がすべてではございませんけれども、形式的には、私のやっていた頃はそういうことです。だけれども、最近はそういうことは全くありません。内閣サイドであろうと与党サイドでもどこでもいいんですけれども、会期延長の話はどこから出てもタブーではありません。要するに、本来、議会の自主決定権を、会期は内閣が決めるべきものじゃないということ。一事が万事それで押し通すつもりはございませんけれども、例えばそういうことがある。だけれども、それはあくまでも形式的でございますから、与党サイドから迂回で入ってくれれば、それは結局同じことです。

イギリスは、政府スポークスマンが議会に必ず入っていますから議会スポークスマンが言えばいいんですけれども、日本の場合は、一応、議会の中には内閣のスポークスマンはいないことになっていますから、議会の中で内閣を代弁する人はだれもいない。そのかわり与党がやるから同じことなんですけれども。そこら辺のところは、どこがいいのかちょっと私も分かりません。

◆常任委員会システムの問題点——議会の創造的機能の不存在と統制機能

赤坂　関連して、アメリカ型の常任委員会シムテムというのは必ずしも我が国で成功しているとばかりは言えないというお話がありました。それは、具体的にはどこに問題点をお感じになっておられるでしょうか。

近藤　後からも言いますけれども、本会議採決事項ですね。本会議採決事項が、実際の問題でも、まず修正が非常に少ない。これは皆さん言われている。それから、私、これは個人的な観点ですけれども、議長は「委員長報告のとおり決するに御異議ございませんか。」「可決するに賛成の諸君」と仰る。必ず委員長報告が入っておるんです。私もまた実証していないからいい加減なことになりますけれども、この委員長報告というのはもう少し幅の広いものであってもいいのじゃないかと思います。

私は、法規範だけでしたら委員長報告は要らないと思うんです。今、附帯決議というのがあるんですけれども、法案が成立した場合には、施行の際にはこうしなさいとか、また、何年か後には見直しをするように法案を出すようにとか、それは附帯決議だから効力がないということになっています。だけれども、委員長報告の中に一応入ってきます。それを議決事項にするかどうかという話。本来なら委員長報告を議決事項にしてもいいと私は思うんです。だから、どこら辺まで捉えるかという話になる。

今の法規、もっと言及すれば法規範の問題。法規範の問題だったら、これは提出権と一致する問題なんです。委員長報告というのは、もう少し、委員会で決定したように創造的なものを加えてもいいんじゃないか。それは議院の意思になっていますから、要するに、法規範あるいは法としての効力の問題に、行政に対する効力の問題というのが入ってきて、それが院の議決として出てくるんだというふうに考えてはどうかということです。

今は、法規範、法以外のものはすべて効力がないということではじかれて、なおかつ委員長報告ということになっていますので、委員会が何を創造できるか、創造したものをどういうふうに議会が扱って、それを内閣に持っていけるかというところ、それを完全に、多分今効果的には捨象しながら、要するに、提出権の範疇でしか外へ出してこないということになっていると思うんです。そのほかのことは別の手続で、決議するとか、自分たちで法案を出してやれば片のつく話です。修正すれば別ですよ、要するに入り口と出口が全く同じもので、入って出ていく。この間には創造作用というものは期待もされていないのではないでしょうか。

だから、そこの創造作用というのは、一生懸命やっても全然効果として外へ出ていかないようなシステムになってしまっている、実質的効力はありますけれども。必ずそうかと言われたら自信はありませんが、私も三十数年やって、そういうことをひしひしと感ずるわけです。それは、創造されていないという前提に立てば別です、与党も余計なものを創造させたくないわけですから。与党は、入ったものをそのまま、いわゆる無傷のままで外へ出すのが与党の仕事ですから、それなら、こんなところで変なものをくっつけられたら大変だというのがありますから。しかし、創造したにもかかわらず、その創造効果を議会の意思として認めるようなシステムになっていないということになると、問題があるのではないでしょうか。

赤坂　いわゆる変換型議会と言われるアメリカとのむしろ大きな違いですね。

近藤　アメリカもそこまでいっているのかどうか。だから、アメリカの場合、セレクション委員会、常任委員会はセレクションだと言われるわけです。数十本、数百本ある中を最終的に数本のものの中に集結させていって、あとは全部切っていくか、いいところだけぼんぼん入れていく。だから、どれだけでも提案できる。提案できたって採用されるものはほんの数本にしかすぎないと言われていますね。

だけれども、そこまで過程を踏んできているわけですけれども、日本の場合は、出しても、歯牙にもかけないでそこに置いてあるだけで終わってという話になるわけです。そこら辺のところがある。アメリカも本当はそんなに合理的に、理想的に進んでいるかどうかは、見たこととも聞いたこともございません。自信はございませんけれども。

赤坂　議会が先方の提出権の範囲を超えてどこまで付加していけるかという観点からは、単にセレクトするだけではなくて、いろいろ継ぎはぎして、何か独自のものがアウトプットされてくるというイメージがアメリカにはありますけれども、我が国の場合は、議会でつけ加えるのではなくて、むしろ出されてきたものを審査するというニュアンスが強いということでしょうか。

近藤　はい。だから、創造作用じゃなくて認証作用的なものが非常に強くなっておりますね。

赤坂　もともとイギリスで、行政に対する統制権から議会の権限がいろいろ発達してきた。法律を作るのも行政統制の一環であったという観点からすると、行政が出してくるものを審査するということにも一つ整合性があるのかなと思います。

アメリカの方は、議会が作り出して、それを行政が執行する、執行部が執行するという考え方なので、やはりそこに大きな違いがある。それがアメリカ型の作り出すシステムになっていないということが、では、我が国において、議院内閣制下において、問題なのかどうかとなりますと、いかがでしょうか。

近藤　いつも同じことを言っていますが、官僚主義、官僚主義といわれていますけれども、法規範にしろ法にしろ、誰が作成できるかと言ったら、国会議員にすべてを期待することができるか。国民の全生活分野にわたって整合性のある、国民に権利義務を与え、なおかつ強制力を行使できるような法なり法規範なりを作成するということになると、これはもう今の官僚組織と有機的な関係のもとにやらざるを得ないような気がいたします。

だから、行政府に立法府が絡んでいけばいいんじゃないかということになりますね。一省で多分二、三十人行けばかなりコントロールできますし。一人では、この間もテレビの各党討論会で言っていましたけれども、大臣クラスで一人行政官庁に行ったって、明日には全部のみ込まれてしまって、その面影も何もないよというのを、彼ら自身が仰るわけですし、我々もそう思っている。大臣として、行政組織としては独任ということになっているわけです。事務次官、政務次官も、例えば事務次官以降は全部我々と同じ事務局組織になっているわけです。大臣というのは独任官になっているわけです。だけれども、実際は独任官になり得ているか疑問です。

例えば財務省、何人いらっしゃるか知りません、三万人いらっしゃるかな。その中に民主党さんもこれから数十人を送り込んで、要するにプロポーザル段階、作成段階で勝負するんだというようなことを仰っています。だけれども、実際的というか、そうせざるを得ないのかなという気がします。立法府の中に、調査機能を含めて、どれほどの立法機能を持つ人間を置いて作っていけるかどうかというのがないし、立法府の中に、下部組織、補助機能組織として、調査立法機能を持った大きなシンクタンクというものを作り上げていくか、霞が関の行政執行の中における矛盾点を法として上げてくるのか、どちらが合理的なのか事務局に身を置く者として考えさせられます。

やはり、日頃の国民生活の中に入り込んでいる、実際にやっていて、それで不平等なり不均等なり矛盾なりが出てくる、それをいかになべて、要するに平等な権利義務関係に押し込んでいけるかどうかというのは、官僚機構が有している知識・情報をどう取り込んでゆくかというところに大きな比重があるように思います。

赤坂　今のお話からしますと、結局、議会自身の独自の創造作用を云々するよりは、行政の側に、適切なものを行政経験に照らして提出してもらって、それを審査するというあり方こそが、実は効率的なシステムであるという結論になるような気もしますけれども、まず、そういう理解でよろしいですか。

近藤　どちらが妥当か、一方的には結論が出せませんが、一つには、審査過程での行政に対するコントロール機能をもっと強めていった方がいいということです。委任立法方式も一つの方法かもしれません。

ですから、政令なんかも、法律が出てから政令を作るんじゃなくして、政令をくっつけたものを出させるんです。今の政令というのは法律が出てから出されますから、全く法を骨抜きにしたようなところがある。法にわざと空隙をつくっておいて、その間隙の中に政令を持ち込むというのがなきにしもあらずという感じがするわけです。

本当にもし下位規範が必要だったら下位規範まで全部つけて出してこいという方が合理的だし、その方が実際的な気がするんです。

赤坂　一緒に出さなくとも、実際に政令なり下位の命令が効力を発する前に議会に提出させるというシステム、特に委任命令についてはそういう議会統制のシステムを導入しようという話は、憲法学でも最近言われるようになってきていますけれども、我が国では、そういうシステムは個別的に、一件か二件しかありませんね。

近藤　だから、議会はそれだけ抱えて、不十分なコントロールのままで、行政にすれば国会の承認を得ましたということになりますから、自己の責任はありませんということになりますね。議会が承認したんですから、これについてはちゃんと正統性を持っていますということになりますけれども、むしろ、委任立法形式をとるならば、彼らが自分の正統性を問われることになると思います。

赤坂　しかし、責任はとれないという立場に置かれていますから、おかしいということですね。中立性を装いながら、実質的には、物事を決めて、その責任はとらないわけなので。

◆ 与党審査の実効性

奈良岡　審査という言葉が出ましたが、実態がどうなっているのかよく分かりませんけれども、与党は、内閣が法案を提出する前に、事前審査権を行使しているというふうにも言われています。そこがきちんと機能しているのであれば、議会の外ということにはなりますけれども、実質的には、与党、つまり議会がコントロールしているということにもなるのかもしれないんですけれども、与党がどの程度力を行使しているのかというのは、どのようにお感じになりますか。

近藤　形式的にはおっしゃるとおりだと思います。だけれども、実質的にそれが機能を果たしているかどうかということだと思うんです。

だから、先ほど言いましたけれども、民主党さんが二、三十人入れてやるということを、今は政調会、それから総務会、あとどこになるかちょっと私も詳らかにしませんけれども、国対がどういう審議をされるのか。一応、国対もそれは国会運営の観点から審査されますし、政調の場合は中身的なものをかなり詰められるでしょうし、総務会は、やはり党の最高意思決定機関として、それを党の適正なものかどうかということで検討されるわけですから、形式的には、それをきちっとやられていれば、霞が関へ議員さんが乗り込んでいって一から作ったものと変わりがあるかないかという話ですね。

党の機関の中でやっておられることに、そこまで言ってはいけないかもしれませんけれども、政調会になれば、いわゆる族議員の意向が強くなる。では族議員がコントロールしているからいいじゃないかという話になるわけです。族議員はかなり早い段階からその作成に携わっていると思われます。むしろその方達が提案して内閣に作成させているということがあるかもしれませんから、ではそこでやっているからいいんじゃないかという話になるんですね。その方達が作成されたものを、その後の審議過程で原案を守り通していく、国会での成立までをやるということになるんですね。

だから、一般的に言われている族議員の問題、これがいいのか、要するに少数の方たちだけの意向の入ったもの、これが民主主義かということに疑問が呈されているということになれば、ここに肯定できないような過程、内容があるのではないかということになる。その過程、内容というものをどこでどういうふうにパブリックにしていかなきゃいけないのか、本当にパブリックにしていかなければこの過程は通らないのかどうかということだろうと思います。

形式的に言えば、今おっしゃったように、議員が法案作成にかんで、それは誰がかんでもいいし、今、衆議院で四百八十人全員がかめるわけではないですし、担当を分配して、十に割るのか二十に割るか、十に割れば五十人ぐらい、二十に割れば二十何人の者が一つの省なり一つの問題をやればいいんじゃないかという話になる。結局そういうふうに分担してやっていかざるを得なくなる。四百八十人が全員行ってやるんだったら、議会は要らないわけです。そういうことになるんでしょうし、そこら辺の数字の問題なのかということで、そこら辺の合理性が担保できないというのは、それほど合理性、正当性を担保できるだけの過程ではないというのが暗黙にあるような気もします。

私が認める、認めないのお話じゃなくして、世間的にこれだけの批判があるというのは、透明性の問題なのか、合理性の問題なのか、正当性の問題なのか、そこら辺にやはり疑問が出てきている点があるということじゃないでしょうかね。

Ⅲ

◆委員会執務の参考基準

赤坂　ところで、委員会で執務を行う際に、特に何か参照されていた基準というものはありますでしょうか。より具体的に言いますと、『執務提要』というような冊子があって、それを参照しながらお仕事をされているということを伺ったことがあるんです。どのようにそういうものを御活用されていたのでしょうか。

近藤　その参考資料、私も一通りは読んだかもしれませんけれども、四六時中それを見ているということはございません。『先例集』は読みます。また、日々の業務日誌は概略的にとっていますので、やはりそういう方を読みますね。

議案なり議題でもいいんですけれども、どういう雰囲気で委員会の総体的な審議が行われていたかというのは、理屈を述べても仕方がありません。今の話だけれども、提出権がおかしいと、一生懸命、憲法概論書だとか国会関係の概論書、読んでいても無駄とは言いませんけれども、どういうふうに委員会が流れるかというのは、その委員会委員会が独自に持っているものですから、むしろそういう業務日誌や『先例集』というようなものを見る方が多いですね。

赤坂　大分前に、『逐条国会法』を辞書的な形で、議事部の皆さんが使われているという話を伺いましたね。

近藤　そうですね、問題が起きると必ず見ますし、議員からある理論的なものを求められた場合、やはり活字になったものを提出せざるを得ないわけです。何度も言っていますけれども、我々の口から言っても信用してもらえない都合がありますから、それは皆さん学者の方が書いて頂いたような原則論だとか、我々なりに活字にできる委員会の中での御発言だとか、そういうものをここで拾ってきていますから、多分、やはり議員の審議行為に対する一つの説得資料というものは、我々にとって非常に重要でございます。それで納得して頂く必要があります、一本化しなければいけませんので。一本化する作業というのは、我々の意思を通すのではなくして、要するに委員会としての審議形態を一本化してもらわなければ、前へ進まないものですから。

赤坂　それでは、『先例集』、『逐条国会法』、業務日誌、執務参考資料もある程度見るということですね。

近藤　そうですね。それ以上に、日々になりますと新聞です。新聞に書かれることは非常に大きいです。雑誌まではちょっと目を通せませんが、やはり新聞というのは、ある面では非常に怖いですね。

例えば、議案の審議の前に、スキャンダルとは言いませんけれども、そういう問題のあるものを出されますと、我々事務局員の問題じゃないんですけれども、これをどう処理していくかということを考えなきゃいけませんしね。

◆　**先例検討会議の手順**

赤坂　業務日誌関係で一つ。以前、オーラルの前に、先例会議のことをお伺いしたことがあります。議事部でも先例会議は開かれるんでしょうけれども、委員部でも同じようにされますね。そのときに、まずは、先例として検討すべき事項、会議にかけるべき事項を誰かが拾ってきて列記しないといけないわけですけれども、例えば何課もあって、それらの課はある程度相対的な独立性をお互い保っていて、どのような事例がそこで起こっているのかというのは、必ずしも皆さんがすべてのことを分かっているわけではない。となると、まず、各課で先ほどの業務日誌をもとにして誰かが先例として検討すべき事項というのを挙げてくる、というところからスタートすることになるんでしょうか。

近藤　そうですね。まず、先例検討会議というか事例検討会議というかということですけれども、必ずしも先例に限りません、運営上問題になった事項という方が正確かもしれません。正確かもしれませんけれども、特に本会議関係になりますとずっと系列化してきますから、整理するのに、一つの先例を柱にして、そこに包含できるかどうかという事例を書いていくということになると、これは先例でやっているのか事例でやっているのかという話で、結局、先例的なものとの比較対照をしなきゃいかぬということになります。

その上で、ではこれをどうしようかという話。これは先例検討、そして消化したら先例項目かなという話にもなりますし、これは先例項目じゃないよという話にもなるかもしれませんから、ある意味では、先例検討会議というのは先例を検討しているというふうに限定して頂くと、不正確かもしれません。

赤坂　そのプロセスなんですけれども、仮に検討すべき事例を検討するという場合に、例えば第四課で問題となった事例というのは、誰かが責任者となって挙げてきて、課内でまず検討会議が開かれて、その後、他の課も合わせた事例検討会議というのが開かれるという手順になるのでしょうか。

近藤　そうですね。ラインを持っていますから、ラインは、小さい特別委員会なら二つ持つこともございますけれども、原則として一つの委員会、ラインで三、四名でやりますから、そこの中で事例項目を挙げます。この中で取捨選択して、全体的というのか、課か、それ以上のものも含めてやることもありますが、項目を出しまして、調査課へ提出いたします。調査課は、相対的に見て同一性格のものは同一性格として並べます。各委員会だって、独立性があるからといったって全然別個の性格のものじゃございません、一つの審議形態ですから。だから、同一性格のものは同一性格としてまとめていきます。

調査課も、これは全体で話すことじゃなかろうということなら落とします。時間の問題もありますから、項目としてどのくらいのものかを設定して、重要度、頻度とかいうものを勘案します。調査課で一応そういうものを作りまして、上層部と全体的な会議の構想を練ってかけるということになります。

◆委員会提出資料の取り扱い

奈良岡　資料関係でもう一点お伺いします。委員会の審議の際に委員長の指示でいろいろな資料が委員会で配付されたりするというお話が前にありましたけれども、そういうものに関しては、例えば議員から要求があれば再度見せたりとか、ある程度ストックして整理しておいて、例えば五年後とか十年後に似たような事例があればまた引き出して見るとか、そういうことはなされているんでしょうか。

近藤　それほど今おっしゃられたような頻度を感じたことはございません。だけれども、原則的にはやります。原則的にはやりますけれども、法案も事件も、それがある程度の解決を見るというのか経過的に終了すると、それに関してはそれほどの需要はないような気がします。

現象的には同じかもしれませんけれども、同一事象が二度同時的に起きるということは余りございません。やはり行政資料が主体になりますし、行政資料で一番問題になってくるのは、よきにつけあしきにつけ、行政活動に何らかのものがあった場合です。ということになると、やはり同一現象で起こったというふうには行政サイドも言ってきませんし、そのときの基盤でもってそういう事象が発生してきたんだということで、前と同じで起こりましたとは彼らも言いません。ということで、原則としては仰るとおりですけれども、頻度としては、私は、そんなにあったとは思いません。

奈良岡　委員会の議事録とかテレビでの委員会審議を見ていると、そういう資料が配付されているのはよくわからなかったんですけれども、結構頻繁に資料は配付されているわけですか。

近藤　予算委員会なんかはありますでしょう。最近の場合は、会議の途中で委員長に配付をお願いしますということで、委員長がのんだり却下したりもございます。

普通の委員会では、先にも触れましたけれども、事前に勉強材料として議員会館にお配りする。例えば参考人の方が御説明されるための資料だとか、そういうものはその場でお配りします。爆弾的でもございますから。こういう文書があるというのを、配付してくれというお話も出ますし。そうなると、重いものになるとすぐ休憩して理事会協議になりますから、すぐその場で「はい」と言って配るわけにもいきません。真偽の怪しいようなものは、どこから出たか分かりませんし、すぐ休憩して理事会協議ということになることもあります。

仰るとおり、委員会で配るというのはそんなにはないです。事前に分かっているからまとめて配るか、会議が終わってから後刻の参考資料としてお配りしておけとかいう話になりますから、会議の途中で配るというのはそんなにないです。附帯決議だとか決議案文だとか、審議に必要なものは私もその場で配った記憶はありますが、そのほかの資料はそんなに頻繁ではありません。

奈良岡　テレビ中継されていると、議員がアピールするためだと思うんですけれども、いろいろなフリップとかを作りますね。ああいうのは議事録を見ると載っていないんです。だから、議事録を見てもわけが分からないということがあります。

近藤　だけれども、そこら辺も最近の現象で、あれが発言かどうかという話になりますし、今みたいな会議録形式だと載せようがないんです。写真で載っけておくかという話になります。写真だと部分部分になってしまいますから。ずうっと継続的に載っけるわけにいきませんので、では、誰がある部分を限定するんだという話になります。撮る方も嫌ですから、そんな責任を負わされて。おまえ、なぜあのところを撮ったんだ、この場面が重要だろうと言われたって、誰がその判断をできるかという話になります。

文章の場合は、正当に発言できる方が喋っている間は文字に起こす義務がございますからやっていきますけれども、ああいうのになると不特定で、委員がやっているか委員以外がやっているか分かりません。ですから、あれは本当に最近の現象です。少なくとも私が現場に出ているときにはなかったです。フリップを見せるとか委員席でプラカードを見せるとかいうのは、私には記憶にない。

浜田幸一先生が初めてやったんじゃないかな、予算委員で。あの方は見せたんです、税の使い方か何かをお示しになったんです。裏が書いてあったのが面白かったんです、今じゃ何ともないかもしれませんが。表は何てことないんです、誰でも知っていることが書いてあるのに、ぱっと裏を向けたら裏にかなり特徴的なことが書いてあった。予算委員会で、そんな記憶があります。

奈良岡　それは昭和何年ぐらいですか。

近藤　何年ごろかな。浜田先生がフリップを作ってきたというのはかなり早い話だったんです。昭和五十年代の中頃ぐらいかな。あの方はラスベガス事件で代議士を辞めちゃって、その後予算委員長を辞めてからは、予算委員会に出られることはあまりなかった。予算委員長を辞められたのは、竹下内閣の頃かな[19]。

◆委員部の組織構成

奈良岡　では、次に委員部の組織的なお話を伺います。『委員部構成員名簿』を見ますと、近藤さんがお入りになった頃は、総務課があり、そして第一課から第九課、そして調査課というのが別にあるということですけれども、総務課というのが委員部のロジ的な部分とか統括をしている。そして一課から九課に関しては、いろいろな委員会の担当というのはそれぞれの課に振り分けられている。調査課というのは、先ほどの事例検討会議なんかで出てきたとおり、記録を残したり『先例集』を作ったりするところですね。

近藤　それが主でございますけれども、調査課は、常任委員会は担当しませんけれども特別委員会は担当いたします。ある意味では、特別委員会が非常に多くなっていますので常任委員会と兼務というわけにはいきませんので。所管事項にも入っていると思います。実際的には、調査課は常任委員会は担当しません、特別委員会を担当いたします。

奈良岡　一課から九課というのは、委員会の性格とか内容ごとにある程度グルーピングして振り分けているんでしょうか。

近藤　余り性格的なものはありません。一応建制順。予算、決算は一課がやっていますけれども、これは、ある程度の重要度を念頭においています。

二課以降は、大体建制順というのか、関連性があるところがくっつくことはありますけれども、原則、建制順です。内閣、地方行政、法務、外務、それから次が大蔵、文教、社労、農林、商工、運輸、逓信、建設、それから科学技術、環境という特別委員会が常任委員会になって入ってきています。

赤坂　重複になりますけれども、課ごとにも、重要な課とか中心的な課というのがある程度はあるんでしょうか。第一課長というのは……

近藤　総務課を除けば、第一課長というのは、ナンバー課長の中で筆頭課長。総務課と調査課は別の体系になりますが、ナンバー課では第一課が一応筆頭課長というふうにはなっています。

副部長が多く出ましたときは、どこかへ当てはめています。これなんかも、多分この頃なんですけれども、副部長は荻生、曽根原、芦田の三氏です。三人副部長におられた。

一課長というのは、課長の中では筆頭になります。だけれども、副部長まで偉くなると、一課長は担当しないんです。一課長というのは、わずか三十日か四十日ですけれども、その間は物すごい業務量なんです。ほとんど夜寝ないんです。そのかわり、一年を三十日、四十日で暮らすいい男、と表現されています。そういう意味では季節労働者になります。だけれども逆に言えば、その一カ月間は彼らに聞くと寝るのが二時か三時ごろで、朝の七時、八時にはウエーティングで待っていないといけないということは言っていました。

会議録も、予算委員会は一、二番。担当者に対して、みんな揶揄するわけですよ。おまえのところは一カ月しか働かないでと。そうすると予算の担当者は会議録の厚さで勝負しろと言うんですよ。確かに、予算委員会の会議録のことを言われると、ほかの委員会はちょっと追随できないんです。追随できるのは、大蔵、社労、社労も会議録的にはそれほどいきませんね。大蔵がついてくるぐらい、大蔵も抜けるか抜けないかです。というように仲間内では言っていましたね。

奈良岡　副部長というのは…。

近藤　〔『人事表』を示しながら〕ここに副部長が書いてある。この人が副部長です。

赤坂　これは途中からできたんですね。一番最初はないですね。

近藤　三十年代のことは、ちょっと機構的に分かりません。課の数も昔はそんなにないでしょう。

赤坂　そうですね。どんどん増えていっていますね。

近藤　昔はそうです。キャップは専属だったらしいんですけれども、二番手以降は空いている人間を配置するということでございまして、予算委員会なんかは今言ったように一カ月しかやらないわけですから、そうすると、あと十一カ月そんなに多忙ではないので、どこかへ行って下っ端のサポート的な仕事をさせられるということはあります。二十年代は大体そのような体制だったらしいんです。キャップ一人で、あとは要するに遊撃隊みたいで、忙しいところに人間を張りつけて、暇なところは少数でやっている。

奈良岡　非常に合理的ですね。

近藤　三十年代ぐらいからある程度システマチックになりまして、ラインをつくって定型的に何人ぐらいはめるというようなことになってきたように思います。

◆委員部人事のあり方

赤坂　人事の希望、例えば第何課を扱いたいというような細かい希望まで聞かれるものなんでしょうか。あるいは配慮するものなんでしょうか。

近藤　やりませんね。だけれども、意向調査というのはそれ相当でやります。

赤坂　そもそも委員部に次もいるかどうかが分からないですしね。

近藤　意向調査は全くやらないとは言いませんけれどもね。番外で、夜の飲み会だとか昼飯どきだとか。最近はオフィシャルでやっていますけれども、私が委員部の管理職の頃にはまだやっていません。意向調査すると収拾がつかなくなりますからね。聞けばやはり実効性がどれだけあるか、なぜ実行しなかったかという話が裏返しにありますからね。

委員部なんかどこの委員会を担当してもそんなに職務に違いはないし、そうしたら暇な委員会がいいよと。例えば、運通建はそんなに業務的には煩雑ではないと言われていました。確かに運通建というのは、今でも公共事業なり公営企業をやっていまして、ある程度対立があるように見えながら、どうも基盤は同じみたいだから、そんなに大きな対立にならないです。官公労とかそういうものを抱えますからある程度対立があると思うんですけれども、それでもそんなにないみたいで、意見の対立もありません。国家の基盤整備ということになるとそんなに齟齬もありませんし、どこに道を引こうかとか、どこの郵便局をどうしようかということになりますと、相身互いで、それほど大きなコンフリクトは起きないんです。但し、運賃や料金改定が絡むと話は別になりますが。

ということで、運通建は委員会もそんなに困難を来さないということで、希望者があるというわけじゃないんですけれども、そういうふうには言われていました。

赤坂　例えば委員部の場合だと、どのクラスの人であればどこで人事が決まるというのを、イメージで教えて頂ければ幸いです。委員部の各課のどこに入るかというのは、誰が決めるのでしょうか。

近藤　形式的に言えば、部長が総体的な人事権を持っているということです。

赤坂　部長限りでそれは決められる、ということでしょうか。

近藤　実際にはそういうふうにやりませんし、合議制をとりますから、具体的には、三人の副部長のところで具体案を作ることになると思います。三副部長が、総務課、これを三ブロックぐらいに分けまして、いわゆる業務上の統括ではございませんけれども、実質的なブロック化をして、たしかやっていたと思います。

だから、そこは暗黙のうちに副部長の職掌だとかということになれば、副部長が課長と合議してそのブロックの意向を確認して、それでまた三人の中で調整して調整案を部長に示して、部長がその調整案をどうするかということです。それより上は行かないです。事務総長の決裁をもらいに行った記憶はないです。

赤坂　委員部の中のことは委員部で、ということですね。
近藤　管理職になりますと、そういうわけにいきませんけれどもね。
赤坂　管理職というのは課長以上ですか。
近藤　管理職になりますと、総長が目を通す。課長補佐以下は通例的には部長・課長段階で行われます。
赤坂　委員部から他の部に移る場合もあるわけですね。当然、その場合には委員部限りでは決められないわけですけれども、誰を今度外に出すか、受け入れるかというのは、どこで決まるのでしょうか。
近藤　具体的な事務は人事課長がやります。各部の意向を含めてたたき台を作ります。たたき台をつくって、あとは次長、総長の段階。部長も集まって固有名詞でドラフトをやるということはないですね。
　給与体系についてはやります。等級、例えば十一、十二に誰をするか、九に誰をするか、等級はトータルの定員がありますから、各部でどのぐらいの定員をどういう基準で割り当てていくかということを合議しますけれども、生身の体を、誰をどうしてというのを会議でやったことは……。部長会議、総長以下のところでやりますけれども、最終的な認証行為みたいなもの、これでいいなということはやりますけれども、具体的に異動を協議している時に、合同の会議でやるということは記憶にないです。
赤坂　管理職の場合、どこの部長をどこに移すかというもっと上のレベルになりますと、これは誰が決定することになるのでしょうか。
近藤　総長専権です。
赤坂　総長。それは何か政治サイドとの話、調整などあるんでしょうか。
近藤　私もやったことがございませんけれども、ないと願っております。
赤坂　それでは、政治サイドは措いて、事務局の中で何か次長と総長が会議するとか、そういう形態にはないんですね。要するに総長が幹部人事を決めると。
近藤　部長人事は、それは総長だって、おいどうだ、これでいけるかなとか、この方がいいかなという持ち出し方はしないことはないんですけれども、普通は、これだといってメモで示されることが多いですね。示されたときに、言ってはいかぬことはないんですけれども。通例的には、そんな格好いい、仁義を切るような形ではないけれども、総長から小さいメモが示され、「これで」という感じです。

赤坂　〔この聞き取りをしている平成二一年七月一六日の直前に〕総長が変わって、中も少しずつ動くと思いますけれども、恐らく八月一日の発令になると思います。その内示というのはいつ頃くるのでしょうか。

近藤　うちは、外部への異動がありませんので、かなり近いんですよ。

赤坂　突然、直前に来るんですか。

近藤　大体、総長のもとでの会議が発令の二日か三日前、極端な場合は前日ということもあります。いわゆる内示行為、事前の通知があるのですが、事前の通知が今は二、三日前、極端な場合前日というのがございました。小さい異動ですと前日ですね。大きな人事でも。

だけれども、うちは外部がありませんので。普通のところだと一週間か十日、引っ越ししなければいけませんからね。鹿児島県総務部長を命ずる、あしたから着任してくれよと前の日に言われたら困りますよね。

赤坂　例えば、調査局とか法制局にという話ですと、ちょっとそれなりに大がかりに物を持って運ばないといけないわけですけれども。

近藤　でも、国会の中ですから。

赤坂　特段の配慮はないわけですね。

近藤　だけれども、最近はもうちょっと余裕があってもいいんじゃないかという雰囲気はあると思いますから、二、三日前ぐらいにはあるかな。ちょっと前は前日、前々日ぐらいだった。それではちょっとという雰囲気になって、今は二、三日ぐらい前じゃないかな。一週間も前にはやりません。

◆ 人事の季節

奈良岡　近藤さんの履歴を見ますと、七月に異動しているのが二回、委員部の第九課長と調査局長とあるんですけれども、七月というのは人事の季節に当たるのでしょうか。

近藤　原則は七月一日です。先にも言いましたように、国会が、早いときは五月下旬、大体六月上中旬です。ですから、会期中に変えたくないというのはお分かり頂けると思います。

給与体系からいえば、四月が一番いいんです。四月に採用して、四月から給与体系が上がりますし、今は簡単にはいきませんけれども、一年更新ということでなっていますからね。だから、七月になりますと、三カ月間で給与体系といわゆる地位の関係というのがちょっと時間的にギャップするんですけれども、それでも四月一日というのは最多忙時ですから、庶務関係はまだいいかもしれませんけれども、国会の運営部門の連中を四月一日だから変えますというわけにはいきません。

奈良岡　総長の場合、やめるのは自分で判断されるわけですね。

近藤　任命は本会議の議決事項ですし、辞職も形式的には本会議の議決ですが、辞めるのは自分の判断です、任期がございませんから。

奈良岡　それもなかなか難しいですね。

近藤　議員の場合は任期がありますから任期が切れれば身分を失いますが、総長の場合は任期がありません、定年もありません、国会役員では特別職になっていますから。

赤坂　〔同じく国会役員の地位に就いている〕議員よりも随分特異な地位に置かれていますね。議員さんは選挙があればどんどん変わるわけですけれども。

近藤　でも、私も研究したことはございませんけれども、ある意味の継続性を持たせるために総長が置かれている。そうじゃないと機関の継続性を担保する者は誰もいないということになりますから。解散中は誰もいませんでしょう、完全に空白ですよね。これまたオタク的な話ですけれども、特別国会の召集日の最初には役員が誰もいません。

だから、そこら辺の機関の継続性を担保しなきゃいけません。それを議員の任期で切ってしまったら、機関の継続を担保する人が誰もいなくなってしまいます。

参議院の場合は必ず半数いますから継続しています。議員で継続していますから別に事務総長が継続する必要はないんです。議長も任期が来なければ議長のままですから。だから、議長、副議長でちゃんと継続機関として整合性をとっていれば、機関の継続性は保たれます。議員の任期満了後に選挙が行われ、その際に正副議長共に任期満了という場合には該当しますがそんなに多いケースではないと思います。

衆議院の場合、特別国会で変わるというのも一つの考えかもしれませんね。言ってみると、二君にまみえずということで、議長交代時には変わると。それは一年、半年の議長さんは困るけれども。例えば参議院なんかはきっちりと三年ですが、衆議院の場合は解散がありますから、その期間が全く未定ですのでそのようにも言えません。

◆委員会理事会の開催

奈良岡　ところで、委員会の運営に当たって理事会が重要な役割を果たしているということでした。この理事会というのは、どういう頻度で開かれて、どういう形で運営されて、議事としてはどういうことが話されているのかというようなことを、タイムスケジュール的にもう一度お話し頂ければと思います。

近藤　原則的には委員会当日の開会前に行われます。重要議案等々、難しい委員会が開かれるような場合には、前日ないし前々日あたりに前もって理事会で議事進行的な、委員会運営の形式的な面について議論がなされます。それから、もし委員会で何か紛糾したような場合においては、通例は、委員会を休憩して理事会に切りかえて、理事会の中で打ち合わせがなされまして、調整の後、委員会を再開するというようなことになろうかと思います。ですから、委員会開会の前、原則的に殆ど開かれますので、頻度でいけば、一応、委員会の一・何倍かの数字にはなると思います。

奈良岡　理事会の開催場所はどこになるのでしょうか。

近藤　場所は、分館は理事会室という委員会室とは別に小さな個室を設けております。本館の方は、帝国議会当時は理事会制度はございませんで〔したがって理事会室というものがないので〕、委員室の片隅にいすを並べまして、そこで協議いたしまして、終わるとそこを片づけて、通例、そこは政府委員の席になっておるんですけれども、そこを政府委員の席に戻すということでやっております。それから、今、本館の一番正面の三階のところに委員長室と委員長控室というのがあるんです。本来的には両院協議会が一番主かな。何のために設けられたかというのは、よく分かりません。一番正面で皇居が見られるところでございます。両院の中間にございますので、両院協議会を開く場所ということ。それ以外に、特別なセレモニーが行われたというのは、私も長いことやっていても知りません。我々の頃は、委員長室、それからその隣にもう一部屋ございますが、そこが委員長控室、そこは理事会室、特に予算委員会の場合は常にそこでやっております。場所的には、そんなところでございます。

それから、今建替えておりますけれども、議員会館のところに常任委員長室というのを作りました。そこでやるんですけれども、多分これも、院内警察権の問題がございまして、要するに、院内警察権イコール、院内、構内かという話がございますので、ここでは多分理事会はやらないと思います。理事懇談会ということでやるんだと思います――実質的には理事会ですけれども。特に警察権ある、なしということで議論になったこともあります。

実質的には理事会なんですけれども、名称的には理事懇談会になり、今、もっとひどいのは理事懇懇談会とか、階層が非常に多くなりまして、一番下は、何となく集まったところから、懇懇から懇、理事会、委員会という、非常に階層が多くなっています。例えば理事懇懇なら応ずるけれども懇なら応じないとか、正式な理事会は応じないけれども懇なら応ずるとかいうような話もございます。

◆委員会理事会への事務局職員の関与

赤坂　その理事会において、事務局職員はどのように関与されるのでしょうか。

近藤　委員長の命に従いまして、その日の協議事項を作成いたします。委員長が主宰するわけでございますけれども、その補助的な役割を果たすものとして作ります。それに伴う、必要な附属資料的なものも、委員長から命があればこちらでやっております。

それで、内容的なものもある程度コメントしろと言われればコメントします。前例的なもの、法規的なものを説明しろと言われれば、事務局が説明はいたします。それよりも前に、会議を整える準備段階、出席要請だとかそういうこともございます。

赤坂　委員会になると、フォーマルな場ですので、『先例集』があったり、あるいは委員会ごとの運営の違いがあるのかないのかという検討が行われたりします。理事会になると、インフォーマルな場になるわけですね。そうすると、より本音の議論が行われる余地が大きくなるのではないかと思うんですけれども、まず、そういう理解でよろしいですか。

近藤　それはそうですね。まず、公式な議事録がないということですから、それで無責任とは申しませんけれども、やはり人間ですから、自分の発言がパーフェクトな形で残されるというのは、言う場合にはかなり真剣に言うと思いますし、ラフならある程度ラフに言います。そういうところはあると思いますから、それは否定しがたいことだと思います。

赤坂　そのような、より実質的な意見交換が行われるということになりますと、その運営の仕方というのも、ともすればフォーマルな委員会よりも難しい面が出てくるのかもしれませんが、例えば理事会ごとに違いがあったりするのか、そのあたりの御印象についてはいかがでしょうか。

近藤　それは過程の問題ですから、決定は、挙手採決いたしませんから、一応委員長が取りまとめていくということになるわけです。だから、直ちに採決をする、意思決定で最終的なものをそこで確定するということに入っていきませんので、それほど問題となることはないわけです。委員長もそこで切るわけにもいきませんし。ですから、相手方も主張がかなり継続的に行えるわけです。

委員会の場合だと、もうそこで意思決定行為に入るわけですから、意思決定行為に入られましたらその先はないございます。

ということになりますから、やはりここら辺で猛烈な軋轢がかかってくるわけですけれども、理事会の場合はそういうことはございません。それは委員長が最終的に委員長見解ということで出しますけれども、委員長見解を出しましても、委員会みたいに決定したものではなく、ただ一事不再議にひっかかるかひっかからないか、という話でございます。

ですから、ある意味では委員会ほどは厳しくない。最終的な意思決定がそこで行われませんので、ある意味では決定が先送りされていくという可能性を持っていますから、それほど緊迫してはいないと思います。委員会も怒号で終わるとか、委員長が強引に決めるとかいうこともなきにしもあらずですけれども、テレビ等々で映される委員会のようなことは、理事会の場合は余り経験しません。それに数も少ないですから、ほとんどが相対でしゃべっています。

赤坂　決定行為に関わらないインフォーマルな場であるがゆえに、ルールをかちっと決める必要がより少なくなるということですね。

近藤　いわゆる議事進行的なルールは必要ないわけです。ルールが必要なのは、その決定事項の内容が全体的な国会関連法規、先例に適合しているかどうかという決定の中身の問題ですから、理事会の場合、その決定に至るところで先例が働くということは、多分ないはずです。ですから、決定事項は先例に従うとか法規に従うとか、ある程度の合理性ないし妥当性を持たなきゃいかぬという内容はございますけれども、その過程について先例、法規が働くことは、ないとは言いませんが、殆どないはずでございます。

そこら辺において、ほかの委員会の理事会と平仄を合わせるとか、議会の運営全体との整合性をとるとかいうようなことは、理事会に関しては生じないと思っております。

◆　理事会と委員会の関係

奈良岡　先ほど、理事会は開催の当日あるいは前の日ぐらいに開くのが原則で、それ以外に、紛糾した際にはまた別途理事会を開くというふうに伺いましたけれども、その理事会を開くということ自体が委員会でもめることはありますよね。

近藤　あります。

奈良岡　そこら辺はどういうふうに捌いていくものなんでしょうか。理事会と委員会との関係というか。

近藤　一応、委員長が議事整理権というか議事進行権を持っておりますから、ある意味では、委員長の専権事項あるいは職権事項として処理されております。

大体、方向性としては、野党サイドが委員会の進行を求める、与党サイドは理事会に持ち込む、それで冷却期間を置いて、なるべく正常な状態にさせていくということ。大体、政府サイドの答弁に満足できない、あるいは、ある人を委員会に出席させたい場合の出席要請、そこら辺が非常に大きな問題になってくるわけです。そうなると、与党側、多数側は理事会で話をつけたい、野党側はそのまま委員会で、要するに公開の場で突っ込んでいきたいというのであれば、野党は理事会開会に応じない、与党は理事会開会で収拾を図るという場合もございます。それの逆もございます。例えば、野党サイドとしては、委員会の進行を止めるということで理事会開会を求める、与党側は進行を進捗させるということで、このまま強引に委員会を続行させるというようなことでございます。

両方とは言いませんけれども、通例、野党が委員会で要求したことを与党が理事会に持ち込むということの方が割合的には多いかな、と思います。進行させたいといったって、野党が質疑しているときに野党が黙ってしまう、今は沈黙のテレビ中継というのも何回もご覧になったことがあると思いますけれども、ああいうことを誰が考えたか、沈黙のテレビ中継というのは私の若い頃はありませんでしたから。

だけれども、今はむしろあれで時間経過だけ稼ぐ。だから、あってもなくても委員会の開会はやろうというようなことで、例えば五十時間キープしたから採決に入るというようなことでやっている。休憩で理事会に入っちゃいますと、その間は委員会開会のカウントができませんから、必要委員会開会時間がないということになりますので。委員会運営の駆け引きの中では、そういう戦術的なこともございます。

赤坂　その委員会開会中に開かれる理事会には、事務局の方も同席されるんですか。

近藤　それはケアの問題でございますから。我々は、常に会議はケアしておりますので。誰かいないときは走って呼びに行かなきゃいけませんし、何かを整えろと言われればそれを準備しなきゃいけませんし、飲み物を整えろと言われれば整えます。

赤坂　事務局の方が同席されない理事会というのはないわけですね。

近藤　可能性はあります。理事会開催場所から出ろと言われるかもしれない。殆どないんですけれども、出ろと言われることがたまにはあります。

赤坂　秘密会的な。

近藤　秘密会的なね。私もそんなにはないけど、それでも、出ろと言われたことが一、二度はあったかな。

赤坂　議論が緊迫してきて、サシで話したいというようなことですか。

近藤　そうですね。サシで、極めて少人数ということで。その方たちがどこか別に移ってくれればいいんですけれども。我々が出ていくか、その方たちが出ていくかという話です。

奈良岡　先ほど、理事会があって懇談会があって懇懇があってというふうに、だんだん奥の院に潜っていくというようなお話がありましたけれども、あれは要するに、野党、少数党が理事会のメンバーになっているときに、そういう人たちがいるとやりにくいから、それを外して議論をしようというようなのが目的でしょうか。

近藤　外すというのが目的じゃございませんけれども、ある党を外そうという意向は実際にはございます。ある党を外そうというか、ある党の所属議員はそれほど多くない場合には、常時理事を出しているわけじゃございません。要するに正式の理事じゃない場合、いわゆるオブザーバーと申していますけれども、非理事ですね、オブザーバー出席を求めます。その場合は、理事会でございますから、正式に言えば委員長と理事から構成されるのが理事会で、非理事は正規の構成員じゃございませんので、それなら排除する可能性もございます。ですから、ある党を排除しようということで、厳格な意味で理事会にするということも考えられます。

だけれども、逆に言えば、理事懇談会になると外しにくいかもしれませんし、外しやすいかもしれません。皆さんも他のところでお聞きになったことがあるかもしれませんけれども、ある党を排するから理事懇ということじゃないですね。極めてインフォーマルな場に持ち込もうということで、特に野党サイドが進行に関して正式な回答をしたくないというような場合ですね。理事会ですとやはりある意味の確定力を持ちますので、理事会で約束したことは確定力がありますから、委員会進行にそのまま直結的な効果を持ってもいいと思いますけれども、理事懇談会、あるいは理事懇懇談会ということになれば、そこで決定されたものはもう一度理事会を通してから直接的効果を与えてくれというふうな主張もできるわけでございます。ここにワンクッション置けるものですから、ここではある程度のことが言える。

ですから、時間を稼ぎたいとか、直接的に委員会進行に効果を及ぼすような発言を留保したいというような場合には、やはりそういうインフォーマルな懇談会なり懇懇談会に持ち込まれるだろうと思います。だから、ある党を外そうということになりましても、それは懇談会だから外せるという話でもないですし、理事じゃないということで外すということは私も何回か経験がございます。

赤坂　所属党派というよりは、むしろ議論の性質の内容によるわけですね。

近藤　私はそう理解しています。特定政党のためにといったって、余り直接的にそういう密行性に持ち込めるとはちょっと考えにくいです。

◆ 少数会派のオブザーバー出席

奈良岡　今おっしゃっていた、理事を出していない党派をオブザーバーとして招くということはよくあることですか。

近藤　もう恒常的になっています。

奈良岡　むしろ小さい政党にとってはそれが一つの権利というか。

近藤　権利というか、今で言えば、先例に書いてあるのかどうかは知りませんけれども[20]、書いていなくともほとんど先例事項だと思っていますし、オブザーバー出席を認めると書いてあると思うんです。

多分、委員会のオブザーバー出席というのはあるんですね、委員会に割り当てのない会派は委員会のオブザーバーを認める、それでオブザーバー発言を認めると。政党政治でございますから、少数会派でも委員会の議論に意見をなるべく反映させようということでございます。直接的には委員会オブザーバーということになっているんですけれども、それの延長線上に理事会オブザーバーというものがもう確定していると私は思います。政治の問題ですから、外したいということはあるとは思いますけれども。

奈良岡　近藤さんがおられた間でも懇談会、懇懇談会と、インフォーマルな会合が増えていっている感じがございましたか。

近藤　そうですね、増えていっている感じですね。私の頃は、懇談会というのはそれこそお茶飲み話をしようかというようなステージの場合にはありましたけれども、根本的に、委員会運営、進行なり内容をめぐってというのはなかったんです。ある時からだんだん出てきたもので、懇懇談会などというのは私が委員部にいる頃にはなかった。懇談会まではありましたけれども、懇懇談会というのはもっと、私が議事課へ行った後ぐらいです。

奈良岡　懇談会・懇懇談会が増えた理由は何でしょうか。

近藤　ある意味では、最終意思を正式な場で述べたくないということだろうと思います。委員会運営上有利に持ち込みたいか、あるいは進捗を少しでも遅めて、そこで有利な状況を勝ち取りたいということになりますか。

奈良岡　議会での戦略、やり方が複雑になっていったということでしょうか。

近藤　複雑というよりも、ある意味では委員会での発言が少なくなるわけです。だから、そういう公式の場におけるディベートの機会が失われていく可能性がございます。そういう意味では複雑だとは思いません。委員会ですから、国民サイドでいけば、もっと単刀直入に、公の場でしゃべりたいことをしゃべればいいんじゃないかということだと思います。それを、委員会でしゃべるのをなるべくその下の方で規制してしまうという効果を持つわけですね。批判されました国対政治というものも、そこら辺から生まれてきます。

◆ 国対と理事会・理事懇談会の関係

奈良岡　国対で決めることと理事会あるいは理事懇談会で決めることというのは、どういうふうに関係しているのでしょうか。

近藤　国対政治、まあ国対間でやられるわけですけれども、国対委員長なりそれよりアッパーのところで協議がされてある程度の結論が出されるわけです。だから、この結論自体は委員会におろされてくるわけです。だけれども、その結論に至る過程までを余りお決めになるわけじゃないので、その結論へ至る過程というのをまた委員会の方で協議されるということだろうと思います。

そのアッパーのところで決まった結論を反故にするわけにはいかぬでしょうけれども、丸々そこで呑まなければだめだということでもないですし、ある程度のモディファイは可能かもしれません。その結論に至る過程をどうするかということになれば、結論はそうでもいいんですけれども、結論の周辺にある附帯事項的なものをどうするかということもあります。期間があるならば、その期間に従うか従わないかということもありますし、特に会期末でやれば、期間切れでアウトということも、結論が出ないということもありますから、そこら辺のところも決め切れるか。例えば七日しかないから七日間のうちに結論をと言われて、七日で結論を出さなければパアですから、結論が出ていても、期間でアウトになることもございます。

◆ 委員部の管理職（第九課長）の職務内容

奈良岡　後に管理職として、委員部の第九課長をされていますけれども、そのときの職務内容、あるいは印象に残っているお仕事などについてはいかがでしょうか。

近藤　委員部第九課長というのは、委員会でいえば建設委員会と科学技術委員会が所管事項でございます。実際的な委員会運営、責任がどこにあるか、事務サイドの責任を誰がとるかということになれば、最終責任は課長だろうと思います。だけれども、実質的な責任というよりも権限は殆どキャップが持っていますから、課長としては総合調整的なものが主となります。法規調整等の全体的な調整、それから、委員会運営でございますから、横との平仄性、整合性というものもありますから、そこら辺の連絡調整的なことは、またこれは上とやりますけれども、委員部長あたりが総合的に全委員会の調整を行いますが、そこら辺などの調整をやりますし、管理職でございますから、人事権とまでは言いませんけれども、職員の待遇・処遇、形式的に言えば、どういう配置にするか、どういう構成にするか、職務遂行のあり方をどうするかということはあるかと思います。

担当は建設委員会、科学技術委員会でございまして、それほど政策的に対立する委員会ではなかったという印象を持っています。最近は、建設委員会は道路問題がございますし、公共事業の問題もございますが、その当時から一般的には論じられておりましたし、国土総合計画の中でトランクラインをどのくらい延ばしてどこに延ばすかということでございまして、あとは国庫負担の問題も当然その頃から議論されてはいました。補助率の問題ですとか、直轄事業というのをなぜ地方に持たせるんだ、何％持たせるんだというような議論はされていましたけれども、一般的な議論でして、今ほどシビアなことはありません。

印象的に言えば、何全総の中での整備計画の中で、要するに全国的な均霑性を求められるわけで、どこからどこまで、三千三百キロのどこにどう入っているか、むしろ与野党もそこら辺のところが主要な課題でしたから、それを否定するということじゃなくして、国土開発の中で均霑性なり地方と国とのバランスの問題、そのような問題がありまして、余りネガティブな問題はないように思いました。

高速道路の無料化というのも一般的な話では出ていました。世界各国も償却期間が過ぎれば国道というのは無料になるのが当たり前だろう、それから以降もお金を取ってもうけるのはどうか、という話は私の頃からもございましたし、今度民主党のマニフェストに載ったそうですが、それが政策的対立というふうに持っていかれることはないし、その中にはいわゆるどこにでもある是正措置の部分、要するに大きな容認の上にどれだけの内容的な変更なり改善を加えるかというようなことだろうと思います。

科学技術の方も振興、伸ばさなきゃいかぬというのは当たり前でして、今は商業原子炉の問題が経済産業省に移管されましたけれども、あの当時は商業原子炉の方も科学技術庁が所管しておりましたので、今よりは若干シビアだったかもしれません。それでも商業原子炉の問題でございます。言ってみれば平和利用の問題でございますから、軍の核政策の問題ではございません。核政策も全く関係がないというわけじゃございませんけれども、基底にはありますけれども、今の状況で具体化するとは誰も思っていません。だから、国の方針として原子力政策、特に安全性の問題ですから、全体的な肯定の上に立って安全性をどこがやっていくかという問題でございますから、それほど政策的な対立があると思いません。

六十一年になりましたけれども、私は一年半ぐらいしかやっていないんです。売上税は六十二年ですよね。次の常会は多分売上税国会だと思います。国会というのは、最重要法案を通したいという場合は、ある程度ほかの委員会の紛糾案件をストップさせる傾向がございますので、議論的にはそれほど……。

奈良岡　六十二年の一月に売上税粉砕闘争協議会というのが社公民で結成されて、売上税法案が二月に国会に出されています。

近藤　それで五月に廃案に追い込まれていますね。それで各党協議会が作られておりますね。ですから、売上税が出るということですから、ほかの委員会は多分トーンダウンしているわけです。

◆特別委員会のキャップと管理職

近藤　常任委員会の方は以上のようですが、私は一年半しかやっておりませんけれども、六十二年の暮れが、バブルなんです。土地問題の特別委員会というのが作られまして、そういう特別委員会は管理職〔＝担当課長〕が委員会の〔事実上の〕キャップをやることになっているんです。そのときは三日か四日の委員会でございましたけれども、キャップをやることになりまして、私も委員部の原体験があまりございませんでしたから、かなり困難を覚えたことを記憶しております。今の政治じゃございませんけれども、言葉は悪いかもしれませんけれども、社会焦眉的な問題についてのアドホックの特別委員会というのは、極めてシアター的にやらなきゃいけない。テレビカメラが入ることは間違いないということでございますので、そこら辺の中でどういう運営をしていくのかが難しかったです。

そのとき、政府サイドは具体的な法案は現在のところではまだ出し切れないというような情報が入っていましたから、では国会は何をやるんだと。法案があれば、その法案に対する質疑、採決はどうなるか、強行採決を覚悟しなきゃいけないかもしれませんけれども、法案がないということなら一般調査案件ということになるわけです。そうなると、焦点なき委員会をやらなきゃいけませんから、ある面では委員会運営は非常にやりにくいんです。そこら辺のところで難しさを覚えたことがございます。多分十一月の中頃か終わりぐらいじゃなかったか。私は十二月に議事課へ異動を命ぜられまして、その特別委員会を三日か四日しかやっていないので。今の汐留に、国際貿易ビルの上から国鉄跡地を見に行った記憶もございます。

経験的に話させていただければそういうことでございまして、一年半しかやっておりませんので、そんな次第でございます。

奈良岡　特別委員会では管理職がキャップをやることが通例になっているということですか。

近藤　ルーチン的な、スタンディング的な特別委員会はスタンディングと同じにやりますけれども、極めてアドホックなものにつきましては臨時的な組織になりますから、そのときには一応担当課長が〔事実上の〕キャップをやるということに、今も多分なっていると思います(21)。

奈良岡　そういうルールはなぜできてきたのでしょうか。

近藤　ある程度、難しいということもありますし、そういう場合は殆ど所管が重なってくるわけです。スタンディングなものだとある程度所管を考慮して決めてきますので、衆議院の委員会の場合、省庁別、霞が関縦割り方式でいっておりますので、スタンディングなスペシャルコミッティーということになれば、そこの枠内の中に押し込んでいくんですけれども、アドホックの場合はそういうわけにはいきませんので、スタッフを集合させる。集合させて、常任委員会は常任委員会を持っていますからやれませんから、集合させた場合には、一番大きなところの管理職がやる。所管の問題もありますし、そういう場合はほとんど短期間でやりますから、人材的な意味からも管理職が対応するということになります。そうじゃないとどこかのキャップが二足のわらじを履かなきゃいけませんから。管理職の場合、毎日日常的に現場を持っているわけじゃございませんので、そういう場合には人的配置として管理職がやるということになりますし、所管がダブってきますから、一番大きい所管を抱えているところの管理職にやらせようということだと思います。

◆連合審査会の事務担当

赤坂　他の委員会との連合審査会を開く場合の事務方の配置、担当というのはどのようにして決まるのでしょうか。

近藤　連合審査会では原則的に親委員会というのがございます。申し込む委員会と申し込まれる委員会というのがございます。申し込まれた方の委員会が親委員会になります。

赤坂　申し込まれた方ですか。

近藤　申し込まれた方ですね。議案、それと調査事項でございますから、持っていない方が持っている方に申し込んできますので、持っている方が主管になります。だけれども、今の連合審査会というのは殆どが総合形態でやれというものですから相互申し込みが多くなっておりますので、比較的大きい方がやるというようなことだろうと思います。

赤坂　混ざってやるというのではなくて、どこかの担当のスタッフがそのまま連合審査についても担当するということですか。

近藤　親委員会がね。親委員会がやって、子委員会はそれをサポートするということです。子委員会は恒常的に委員会運営には当たりません。

◆管理運営部門の比重の増大

奈良岡　委員部の課長に戻られる前に議事部に十年以上おられたわけですけれども、特に委員部の課長に戻られたというのは、近藤さんの御意向があったんでしょうか。

近藤　それはありません。上からの命令です。

奈良岡　このように議事部と委員部を行ったり来たりするというのは珍しい現象ではないのですか。

近藤　珍しい現象ではありません。私は、委員部へとは言いませんでしたけれども、こういう流れの中ですから、庶務系統、人事課、会計課、そういうところへ出してくれと言ったことはあるんです。それじゃないと、組織全体のことが分からないんです。

これは私だけの意見かもしれませんけれども、今の議会というものが、どちらかといえば、議会運営よりも、議員の、倫理も含め、財政、身分的ケア、そちらの方が事務局サイドとしても、ウエートが大きいとは言いませんが、昔は、事務局というのは運営畑でしっかりしていれば大丈夫だというような感じでしたけれども、今はそういうことじゃなくて、むしろいわゆる議会のマネジメントという方がかなりウエートが高くなっているわけです。例えば、議員年金をどうする、歳費のあり方をどうする、議員に必要な経費というものはどういうふうに持っていくか、それから、今もやっていますけれども、議員の事務所だとか宿舎の対応環境をどうしていくかというようなことの方が、事務局にかけられる比重も大きくなっているわけです。

ですから、そこら辺のところも、事務局の職員としても、ある程度、諸外国の例だとか本来的な議員のそういう部門のあり方というものも日頃から勉強しておかないといけません。議員からやれと言われてやるのもどうかということで、ある程度基本的な面、やはり国との財政の問題もありますし、年金でいえば、議員互助年金と国民年金、厚生年金、そういうものとの関連性、特別でいいのかどうなのかという話もありますし、手続の整合性、これから廃止された場合の一本化の問題もありますから、互助年金をやめて、では議員年金なしでいいですかというわけにもいかなければ、厚生年金なり、我々みたいな共済年金なんか作って、それでまた厚遇すれば、結果は同じことになっちゃうんです。では、例えばの話、なしでいいんですかという話になりましたら、ほかの年金でやってもらわなければなりませんし、そこら辺の検討も必要になってきます。

赤坂　今のは大変興味深いお話で、長い間、戦前からかもしれませんが、議事運営をいかに行うか、議事運営部門というのが事務局の中で重要な位置を占めてきたと思います。近藤さんが人事課、会計課へ希望を出された頃から既に、議事運営一本やりではだめで、むしろ庶務といいますか管理部門にある程度ウエートが移ってきたということを意識しておられたということですね。

それは、例えば我々外部にいる者が見ていてよく分からないところなんですけれども、人事配置などで、かつてであれば筆頭の優秀と目される方は議事運営部門に優先的に貼り付けるということがあったのかもしれませんが、そういうあり方に変化が生じてきたというようなことがあったのかどうか。あるいは、事務総長には委員部長などを経験しないとなれないという話がもう通じなくなってきたということと関係があるのか、そのあたりの御印象はいかがでしょうか。

近藤　運営部門は運営部門で、やはり議会でございますから、議会の意思、また同じことを言っていますけれども、規範制定力に対するきちっとしたものは整えなきゃいけないわけですから。それと、どちらが従でどちらが主だという問題があります。私の感じでございますけれども、本当に昔は従でよくて、法規で決められたお金を出していればよかった。法規で決められたケアをやっていればよかった。それに対して、議員サイドからそれほどのこともございませんでした。ということでございますけれども、今では、先ほどから言っているようなことが物すごく大きな比重になっておりますから、むしろそういうものに対して、事務局サイドも言われてやるというようなことだけでは済まなくなっているわけですね。

だから、今は問題になっていませんけれども、通信交通費なんかはどういうふうにするかと。こういう交通機関になってどういうふうにするかという話もありますし、立法事務費の問題もありますし、お金のやり方というのもある程度常に頭に置いておかなきゃいけないんでしょうし。ただ財政の切り捨て、負担減ということでならばいいんでしょうけれども、やはりある程度議会運営に沿った有機的な制度設計をやらなきゃいけませんし。

個人的でございますけれども、今、議員を少なくしろ、議員歳費が高過ぎるとかいうお話もございますけれども、それは税金を払っている方からすれば、安くて税金負担が少なくてということになればいいんでしょう。ですけれども、議会の成り立ちから見て、スポンサーつきでなければ議員になれないということじゃだめだということで、要するにスポンサーフリーということでやるならば、国が議員に対するある程度の財政的な手当てをしなくてはならないということでやってきているわけですし、今もある程度の兼職も制限しているわけで、そうなると、そういう議員の財政的なあり方というものもどうしてやるか。今みたいに本当になしでいいということになれば、金のない人はなれないのかなという気はします。

年金にしたって、我々のときなんか、議員年金などというのは殆ど知らないですからね。我々の年金は大蔵省の共済課がやってくれるわけですし、議員の互助年金というのはもうばちっと決まったものですからいいんでしょうけれども、それがこうなりますと、ほかの年金との整合性もありますし、ほかの年金の仕組みは殆ど分からないわけです。それに対して、そういう制度なり運用なりについて分かる人がいてくれなきゃいけませんし、それなりの訓練も必要です。だから、そういう面の事務局の組織、いい方向か悪い方向か知りませんけれども、ないがしろにするわけにはいかないんです。

◆人事運営のあり方

赤坂　先ほどのお話で、課長になりますと、職員の人事権についてもある程度持つようになるということでございましたけれども、課長として実質的に決められる範囲というのはどの程度なのでしょうか。課長補佐も含めて課員については全員ある程度配置できるのか、それとも、例えば課長補佐については部長などとのある程度の事前の打ち合わせが必要なのか。その辺りについてはいかがでしょうか。

近藤　部長あたりとは、ここをこうしたいということを相談はいたします。課長の専権ではちょっと動かないでしょうね。

人事権を誰が持っているかということになると、うちの場合、総長が一元的に持っている。総長がどこまで分権化するかは別問題でございますけれども、それは一元的に総長が持っているということですから、形式的に言えば、すべての人事権は総長の方で行くということになると思います。ですから、そういう意味では事前の相談です。

赤坂 となると、課長、委員部にもたくさんおられますけれども、課長と委員部長とがどこか集まるような場があって、彼はこっちの課にくれよというような話が持たれるんでしょうか。

近藤 人事会議はやります。でも、個別の身分異動を全体会議で議論するということはないです。部長と課長、時によっては複数課長になることもありますが、相対でやることはやります。

給与とか職階の問題、係長、課長補佐、そのぐらいの方のランキングの問題、それは全体会議でやりますけれども、個別な身分異動については、最終的な認証行為はやりますけれども、それ以前の具体的なコンバートの問題についていて全体会議でやった記憶はございません。私が部長だったときも、担当課長に個別に意見を聞きます。調整するような場合には二人いてもらって、どう調整するんだというようなことはやることはありますけれども、全体会議でそうすると示しがつきませんからね。申しわけないけれども、ある人はどこの課も引き受け手がない、ある人はすべての課がよこせということになると、全体会議ではでき切れませんから。

赤坂 委員部というと、大分大所帯ですよね。

近藤 そうですね。今は知りませんけれども、私のころは百二、三十人でしょうか、そのくらいいたと思います。

赤坂 そのリストというのは、ある程度部長が原案をつくって示されるのか、それとも、各課長の方から大体こういう陣容でいきたいと言って上げていって、その上の方で調整が行われるということなのか、いずれでしょうか。

近藤 大体、課長から希望を述べます。その前に部長あたりが腹案で持っているかどうかというのは別です。重要ポストはやはり腹案を持っていますからね。キーマンについてはそれなりにお考えで、一応聞いて、ずっとフォーメーションをつくっていくわけです。

キーマンを誰にするかということです。特に委員会の担当者は、はっきり言いまして、予算委員会と議院運営委員会のキャップというのはある意味でキーマンでございますからね。そこはかなり上層部が、下の希望というわけにはいかないところも委員部の場合にはあります。議事部の場合、そう言っては語弊があるかもしれませんけれども、例えば議事課長ポストはある程度部長なりその上あたりがキーマンとして選定権を持っています。

全体の選定権を持っているかと言えば、それはまた個人の性格の問題もありますから、全部に口を出したいという方は持っているでしょうし、そういう人事についての対応が淡泊な方もいらっしゃいますから、そこら辺の個人的な、何というか、性格の違いというものはあると思います。

赤坂　まとめると、要するに各課のフォーメーションは、キーパーソンについて部長が腹案を持っているかどうかを確認しつつ、全体のフォーメーションを課長から部長に希望を述べてゆくという形ですね。

近藤　はい。

---

(1)　鴻池祥肇官房副長官（当時）が熱海へ無料パスを使って旅行し、この件が二〇〇九年五月一三日発売の『週刊新潮』で報じられることが分かったために、同氏がオーラル実施日の二日前（同年五月一二日）に辞任の意向を固め、同一三日に麻生太郎首相に辞表を提出したことが念頭に置かれている。なお、国会議員のＪＲパスについて批判的に考察した本として、阿部力也『呆れる議員特権』（河出書房新社、二〇〇六年）がある。

(2)　一九三一年一一月生まれ。一九六〇年に衆議院事務局に採用され、一九七三年に議事部議案課長、一九七八年に委員部総務課長等を経て、一九八五年に渉外部長（一九九二年退職）。一九九二〜二〇〇〇年、群馬工業高等専門学校校長。訳書に、英国中央情報局レファレンス部『英国議会』（一九七一年）がある。

(3)　議院事務局法第一条一項を参照。同項によれば、常任委員会専門員及び常任委員会調査員も「参事」ではない。国会職員法第一条も参照。

(4)　衛視は、「参事」の中から事務総長が任命することになっている（議院事務局法第一〇条）。

(5)　国会職員法一条によれば、調査局長および調査員は官名であり、参事とは別建てである。

(6) 泉清氏のこと。一九二四年一〇月生まれ。一九四九年一〇月に衆議院事務局に採用され、一九六七年七月から一九八二年八月という長期にわたって議事部長を務めた。その後、一九八三年八月まで一年間事務次長(一九八三年八月五日退職)。

(7) 赤坂幸一「〔解題〕事務局の衡量過程の Épiphanie」(『逐条国会法〔第一巻〕』(信山社、二〇一〇年)所収)一七頁(注三二)を参照。

(8) この点につき、平野貞夫『虚像に囚われた政治家 小沢一郎の真実』(講談社+α文庫、二〇〇七年)三七頁および一二四頁以下も参照。

(9) 裁判官訴追委員会事務局と衆議院事務局の関わりについては、今野彧男(著)、赤坂幸一・奈良岡聰智(編著)『国会運営の裏方たち――衆議院事務局の戦後史』(信山社、二〇一一年)第1章Ⅳも参照。

(10) オーラルを実施した当時(二〇〇九年六月二五日)、麻生内閣による衆議院解散がいつ行なわれるかが注視されていた。

(11) 臓器移植法案は、一九九六年一二月に一三九回国会に議員立法として提出され、翌年六月に成立した。この間、衆議院で無修正の上可決された法案が参議院で大幅修正され、衆議院で再度同意が与えられて成立するという異例の展開をたどった。この法律案に対しては、共産党を除く全政党が党議拘束を外した。

(12) たとえば二〇〇九年六月一六日付の産経新聞は、「衆院議院運営委員会は一六日の理事会で、四案ある臓器移植法改正案について、一八日の衆院本会議で採決することを正式に決めた。四案を国会への提出順にA～D案まで採決する。採決順を生かし、最後に採決されるD案が、A案の支持者を取り込んで過半数を獲得できるかが焦点となる」、「A案が否決された場合、子供の臓器移植に道を開きたいA案支持者が、次善の策としてD案の賛成に回る可能性がある」と報じていた。なお、六月一九日の衆議院本会議では提出順にA案からD案の採決が行われることとなったが、結果的に、A案(「脳死は一般に人の死」と位置づけ、本人が生前に拒否しなければ、家族の同意で臓器提供を可能にすること、および、一五歳未満の臓器提供を禁じる現行法の年齢制限を撤廃し、子供の臓器移植に道を開くこと、を主たる内容とするもの)が過半数で可決されたため、残余の案の採決は行われなかった。

(13) 二〇〇八年一二月二五日に行われた、赤坂・奈良岡による近藤氏への聞き取り調査のこと。

(14) 一九〇一～一九七二年。喜劇俳優、落語家だが、発明家としても著名。

(15) この点については、奈良岡聰智「政務次官設置の政治過程――加藤高明とイギリスモデルの官制改革構想(1)～

(6)」議会政治研究六五～七一号（二〇〇三～二〇〇四年）を参照。なお、近年の政務三役会議などの試みについては、林芳正・津村啓介『国会議員の仕事――職業としての政治』（中公新書、二〇一一年）二二二頁以下を参照。

(16) 二〇一〇年三月に刊行された『逐条国会法』、とくに第八巻『補巻』の作成を、議事部議事課が中心になって行ったことが、念頭に置かれている。

(17) ただし、帝国議会時代には、予算委員会とは別に全院委員会が組織されていた。

(18) 第九一回～第一二一回国会（一九八〇～九一年）においては（内閣委員会から独立して）安全保障特別委員会が設置されたが、一九九一年の第一二二回国会より、常任委員会としての安全保障委員会が設置されている。

(19) 浜田幸一（一九二八年～）は元自民党代議士。一九七三年にラスベガスで約四億六千万円の損をしたことが一九八〇年に判明したが、その金を用立てたのがロッキード事件との関わりが疑われた小佐野賢治だという噂が流れ、外国為替法違反なども報じられたため、同年に代議士を辞職した。その後再び代議士に復帰し、一九八七年に衆議院予算委員長に就任したが、「宮本顕治人殺し発言」が問題視され、翌年に同委員長を辞任した（浜田幸一『不肖ハマコーがゆく』（ネスコ、一九八九年）一一七～一三二頁、同『永田町、あのときの話』（講談社、一九九四年）二〇四～二一九頁、二五二～二五六頁）。

(20) 衆議院委員会先例集二七を参照。少数会派のオブザーバー出席については、昭和二六年の議運委員会において既に議論されているが、多党化傾向が顕著になった昭和五三年版委員会先例集に初めて記載された。この『先例集』が、現在までの議事法の骨格を形成している。なお、理事会におけるオブザーバー出席の問題については、昭和五五年七月二四日の自社公民四党の申し合わせも参照。

(21) 衆議院事務局に確認したところ、少なくとも現在では、キャップを務めるのは課長補佐であり、常任委員会のキャップとの兼務もありうる、とのことであった。

◇第2章◇　本会議の運営
――議事部議事課

◆議事部議事課の職務——議院運営委員会・同理事会への関与

奈良岡　それでは、より長くお勤めであった議事部についてのお話を伺っていきたいと思います。

時系列的には一部戻ることになるんですけれども、昭和四十七年から五十八年頃、議事部でさまざまなお仕事をされておられます。まず、議事課勤務時代の日常的な業務について、一日あるいは一年間の大体の仕事の流れといいますか、イメージをお話し頂ければと思います。

近藤　一番最初は議院運営委員会の関係事務をしていました。議事課が議院運営委員会を所管しているわけではないのですが、委員部の総務課、今は議院運営課かな、私の頃は総務課が所管をしていたんですけれども、要するに議院運営委員会の所掌業務が四つか五つありまして、具体的には忘れましたけれども、基本的には本会議運営の協議事項ということになります。本会議の運営をどうしていくかということは議事課の所掌になるわけでございますから、内容的には議事課が議院運営委員会の議事にある程度関与するということになっているようです。

では何を作るかということでして、これを案件と呼んでいます。要するに、議院運営委員会、特に理事会において協議する事項を整理するわけでございます。大体前日に、議院運営委員会で協議すべき項目を各課に求めるわけです。それでもって協議事項なるものを作る。それでまず素案をつくりまして、議事部長まで見て、これでいいかどうかということ、それで、基本的にまずプレゼンテーションとして事務総長が説明いたしますので、その案件には、事務総長が説明する説明資料を全部添付するわけです。

前日、事によっては開会直前までそれを作っていることもありますけれども、これをまず関係部署に配付します。事務局から政党から全部、関係部署に配付しまして、まず理事会にそれを協議項目として上げる。一応その協議案件について理事会で協議して頂く。議員から発議のあるものもありますし、その他のものもありますから、それは全体ではないですけれども、それで協議して頂いて、協議の調ったもの、それから議院運営委員会で決定して頂く必要のあるものを、議院運営委員会の説明資料を作って、委員会の意思決定を仰ぐというような仕事です。

あとは、理事会での協議の記録を常に取っておく。要するに、決定事項が何であって、その決定事項に至る過程で個々に論議された主要項目は何であるかというものを、記録として取っておく。

奈良岡　議会の開会中は恒常的に忙しいという感じでしょうか。

近藤　今申し上げましたように、議院運営委員会自体もそうですが、理事会も、これは原則的に本会議が開会される日には必ず開会される。必ずと言っていいと思います。

委員会なしで直接というのは、いわゆるアブノーマル本会議、要するに理事会、委員会が開会できない状況、野党サイドが全然出てこないというようなこと、そして議長職権で本会議を動かしていかなきゃならぬというとき。それでも開くときはありますけれども、そういう場合は開いても仕方がないということなので。要するに、与野党協議が可能な限りはずっと原則的に開くということです。

それから、先ほどの委員会と同じでございますけれども、紛糾なりあるいは重要案件がかかわるような場合には、前日なり前々日から理事会、あるいは必要ならば委員会を開いていくということですけれども、最近はそれでなくても、議院の中で何かがあれば協議していますので、本会議じゃなくしても、警察事項だとか懲罰事項だとか日々生ずる問題があります。今のように、議員会館を建てていますと、それに関連する問題もあるだろうと思います。

本会議運営事項以外でも、議院運営ですから、議院運営が建物運営なのか機能運営なのか、そこら辺はいろいろと問題があると思いますが、どちらにしたって建物運営も議院運営でございますし、機能運営も議院運営でございますので、そこら辺のところを協議する場ということになりますから、はっきり言って、議院運営委員会は、土日は除いて月曜日から金曜日までは殆ど開いています。休みのあるのは珍しいくらいですね。国会が開会される一週間ぐらい前からは、その国会でどうするかということで開かれますから、開会前一週間ぐらいからは毎日、少なくとも隔日ぐらいには理事会を開いています。

ですから、土日に開くことは最近は殆どございませんけれども、月曜日から金曜日は殆ど開いているんじゃないでしょうか。週五日のうち四日間ぐらい平均で開いているんじゃないでしょうか。理事会か委員会か、何かをね。

奈良岡　議院運営委員会関係のお仕事をされたのは、そのうち何年ぐらいでしょうか。

近藤　四十七年から何年までかな、次第書を書くのは五十四年か五十五年ぐらいまでです。

奈良岡　かなり長い間御担当されていたんですね。

近藤　そうですね、七、八年やっていたんですね。

奈良岡　担当される職員の方は何名ぐらいですか。

近藤　二人です。印刷物ですので、多いときは一議員に対して二、三十ページ作るんです。少ないときでも五、六ページはあります。

オイルショックのときは、トイレットペーパーがなくなりましたが、いわゆる西洋紙、わら半紙というんですか、あれの質が猛烈に落ちたんですよ。輪転機で回してもインクからはがれてくれないんですよね。だから、にじんでしまうか、読めないような状態であるわけです。百枚刷ると半分以上が反故になっちゃうんです。あのときは頭にきました。これが仕事かと思いましてね。物すごいんです、一日に二千枚から三千枚刷ったんですよ。

それを連日やりますから。また、オイルショック対策ですから、国会も開いているわけです。あのときは涙が出ました。一日じゅう輪転機を回して、私はここに何しに入ったんだと。

赤坂　議事課長の指揮のもとで、二名の職員の方が議運に張りついているという状態ですね。

近藤　そうです。

赤坂　一方、近藤さんは、委員部に四年お勤めになって、その経験があったということが議運担当になったことに関係しているという側面はあるんでしょうか。二名というのは、委員部を経験している人に割り当てられるというものではないのですか。

近藤　私と一緒に長くやった人は、委員部経験がありません。管理課の経験からお見えになったのかな。

委員会の関係事務ですが、委員会運営それ自体をやるわけではありません。特に本会議運営に関して議運で協議決定して頂くべき事項の、整理ではないんですけれども、今どきでいえばプレゼンテーションをやっているわけでございます。それをどう決めていくかということは委員部の議院運営委員会担当がおります。

奈良岡　委員会担当の仕事とはかなり性質が違うということですね。

近藤　性質は違います。理事会室に入れば口を出せませんし、委員長の指揮も受けません。委員部の議院運営委員会の担当者が委員長の指揮を受けるわけでございます。

赤坂　国会対策委員会というのが議会の外にありますね。あそこに事務局の方が実際上、事実上、何らかの形で関与するということはあるのでしょうか。

近藤　原則的にはないです。私も会合の中に呼ばれたということはございません。事前、事後に呼ばれることはありますけれども、会合そのものに呼ばれたという経験は私はございません。最近はわかりませんが。

赤坂　そうであれば、国対の事務的な運営については、各政党の職員がやっているんですね。

近藤　はい、国会対策の方がおられます。各委員会に担当として最低一人はおられます。委員の定数確保なんかもやって頂かないと、我々では、それこそ職務上、やはり与党ばかり出席をかけて野党はいいというわけにいきませんし、そこら辺になると、全委員を集めるということでは中立性ですけれども、ある会派だけということになると。現実的に、与党の定数確保というようなことをすぐ野党はおっしゃるわけです、与党が定数をこぼした場合野党が総退席するぞと。そうなれば定足数不足で会議が流会ですよということを、しばしばじゃございませんけれども、おっしゃることがあるわけです。そうなると、やはり会議継続のために我々も与党の委員の出席要請を行うんですけれども、余り露骨にやり過ぎると、野党から、おまえたちはどこのためにやっているんだということを言われるわけです。だから、ある面で会議を進捗させるのは我々の職務だとは思うんですけれども、それとこれとはまた、中立性の問題ということになればどうかという問題が生じてくるわけです。それよりも政党の方にやってもらうのがいいから、我々も政党の方にお願いするわけです。そうすると政党の方がやる。政党の方は自分のところの委員にどういうふうに関与されようともいいんですから。

そういうことで、担当として事務の方が各委員会、一委員会一名ということではないんですけれども、自民党というのは国対に職員の方が十人ぐらいいらっしゃるんじゃないかな。小さい会派だとそれだけの職員数がないから、だんだんと比例的に少なくなっていくんです。

奈良岡　国会対策委員会はどこで開催されるのでしょうか。

近藤　議事堂の中の議員控室に、国会対策委員会の部屋というのがございます。委員長の部屋と国対の会議をやる部屋と、それから事務の方とか先生方の個別で打ち合わせるような部屋とか持っていらっしゃいます。

国対関係だけで自民党の場合政党職員の方が十名ぐらいおられます。自民党は、本部も入れたら多くの職員の方がいらっしゃいますよ。経理の方から広報の方から、いろいろあるんでしょうけれども、そういう方を入れたらかなりの方がいらっしゃいます。選挙になったら、選挙運動の主体になられますから、選挙の舞台裏の作戦指導はあの方たちがやられているようです。

◆本会議の議事法の形成・運用──議運族との関係

赤坂　本会議の運営にかかわる部分について議事部議事課の方が担当するということでしたけれども、特にそれは本会議の議事法とその形成にかかわってくると思います。

これまでお教え頂いたところによりますと、議事法や先例が形成されるに当たっては、事務局の方の考え方だけではなくて、政治の側の決定あるいは考え方というものが当然色濃く反映される、あるいはそのダイナミズムの中で作り上げられてくるということでした。近藤さんの経験された中で、議事法の形成・運用に大きな影響を与えた理事の方というのは、例えばどういう方になるでしょうか。

近藤　平野〔貞夫〕元参議院議員なんかが関わられましたけれども[(1)]、象徴的というのか、印象に残っているといえば、やはりロッキード事件です。ロッキードの場合、これは先ほど言いましたロッキード特別委員会、そのあと航空機等輸入特別委員会になりますか、そういうようなものが綿々と連なりできていくわけです。私は、特別委員会を担当しているわけではないので、議運の中でどう運営していくかということです。

法規的になっておりませんけれども、まず国会決議問題をやりまして、ロッキード問題に関して国会決議をどうするかという話です。国会決議をどういう内容にするかということとともに、その宛先が非常に問題になりました。内閣総理大臣あてなのか、アメリカ大統領宛か、アメリカ議会か、どういうものがカウンターパートとして考えられるかという話です。まず国会決議で、要するにこの問題に対する日本の議会の意思をどうするかということ、この意思の宛先をどうするか、この意思を貫徹する対象が誰かということ、まずそこが非常に問題になったわけです。

与党サイドは、言葉は悪いですけれども、理屈でいくとそうじゃないですけれども、内閣でワンクッション置こうとしました。要するに外交権の内閣専権性でもって、これは外交案件であるから、宛先は当然内閣総理大臣なんだということです。内閣総理大臣ということになれば、議会は内閣総理大臣としか話ができないということになるわけです。内閣総理大臣も、文面はそのままかもしれませんけれども、これを遂行するに当たっては、この文面どおりにやるという保証はないわけです。

あの当時は、アメリカの手持ち資料を開示しろということなんです。その開示も、内閣の外交専権であるならば、当然内閣に返ってくるということになりますと、内閣はそのままスルーで議会に出せるかどうか、セレクションするんじゃないかということになる。セレクションしてしまわれたら議会としては何にもならない、スルーでやれということになるわけです。ですから、大統領から直接議会に送ってくれ、それから、あれは上院か下院か忘れましたけれども、上院の何とか委員会が収集した資料を議会に直接渡してくれというようなことがまず問題になりました。

それから、灰色高官の問題、刑事訴追の問題等々がございますけれども、法規化されているのは、平野元参議院議員が御功績のありました、いわゆる倫理規定ですね。行為規範の問題から始まった倫理規定の問題。そのほかは、ある既存法規が具体化されたという面はあるかもしれません。例えば外国人の証人喚問の問題、その免責特権の問題、それから補佐人の問題だとか陪席の問題、証人の対決の問題ですとか、ある程度そういう既存法制の具体化の問題はずっと行われてきています。新たにこの間出てきたのは、やはり倫理規定が主でしょうし、証人喚問制度のあり方がかなり大きくクローズアップされてきておるんです。そういう面においては、ロッキード問題はかなり象徴的な感じがいたします。

奈良岡　いわゆる議運畑みたいな議員の方というのはいらっしゃるんでしょうか。

近藤　それはございます。私がおりました頃は、議運になりますとかなり長くやられていました。数年やられる。田澤吉郎先生だとか海部俊樹先生というのは、議運の委員長を二回から三回ぐらいおやりになっているんじゃないでしょうか(2)。いわゆる議運族と言われる方もいます。海部先生もそうだし、森喜朗先生ですとか、竹下〔登〕先生あたりも。

あの頃は総理大臣になるためにはある程度議運族というものを経験しなければという感じもあったんですけれども、最近は、小泉純一郎先生以来殆ど、要するに国会対策的なネゴシエーターではだめだ、やはり政策的な方だというのが議員サイドの感覚でございましょうし、世間的に見てもやはりそういう感覚になっていますから、今議運でずっとという方はおられません。議員の方たちも、そういう国会対策的なネゴシエーターで権力の中枢に上がれるという意識はだんだんなくなりました。

奈良岡　いわゆる議運族みたいな方は何年間も所属しているわけですか。

近藤　そうですね。野党でも長い方はいらっしゃいました。

奈良岡　野党ですとどんな方がおられましたでしょうか。

近藤　具体的に挙げれば、群馬県から出ておられた山口鶴男先生、静岡県選出の勝澤芳雄先生だとか、長野県から出られました清水勇先生ですとか、あの方たちは長かったと記憶しています。

奈良岡　そういう方が二、三年なり、あるいは一度やめてもまた戻ってくるなりして、与党の場合だといずれ委員長になるという形ですか。

近藤　そうですね。与党の場合委員長になられますけれども、議運委員長は与党でもある程度のポスト、準大臣級ポストということになっていますから、はっきりとは言えませんけれども、次期大臣になられるか、それとも大臣を一度経験されたような方が多かったです。

赤坂　大臣経験者でもやっていますか。

近藤　大臣経験者もおられます。前委員長の小坂憲次先生も文科大臣をやっておられます。

奈良岡　先ほどの委員会の話ともちょっと重なりますけれども、国対委員長とこの議運委員長というのはどういう関係にあるんでしょうか。

近藤　一応、みんなとは言いませんけれども、階層があるとするならば、ランク的には国対委員長がやはり一段上でしょうか。与野党理事は国対委員になっておられますが、委員長も一応国対には出られるんじゃないでしょうか、議長は無党籍ですけれども、議運委員長は無党籍ではありません。多分、正式メンバーにはなられませんけれども、国対には陪席されていると思いますから、国対の意向というものは自分の腹の中におさめておみえになると思います。それにつき従うということはございませんけれども。

でも、筆頭理事と言っておりますけれども、筆頭理事は国対の中でもかなりランキングが上、筆頭か陪席の副委員長ぐらいを務めていらっしゃいます。与党の意向は当然ながら与党の理事から出されるわけですから、委員長としては多分その御意向は御存じだと思います。与党の筆頭理事が発言し、全部イニシアチブをとっていきますから。

奈良岡　委員長はそんなに発言はしないということですね。

近藤　委員長はそんなに発言しません。当然ながら、取りまとめというか意思集約に入るのは委員長ですけれども、イニシアチブをとって進行していくのは与党の筆頭です。そのカウンターパートが野党第一党の筆頭ということになります。

◆議運担当の職員――案件会議・議運理事懇談会

赤坂　それだけ大事な議院運営委員会ということですと、事務局の方でも議運に配置する職員というのはやはり重視しているということになりますか。

近藤　それは否定できないと思います。

奈良岡　議運に配置されたときは緊張感のようなものはありましたか。先ほどの印刷のときには、違う苦労もありましたけれども。

近藤　私が入った時には二番手でございまして、委員会をただ傍聴しているだけですから、それほど苦労はありません。でも、議運理事会というのはうちの幹部が全部出ます。要するに各部の部長が全部出てまいりますので、若造ですとそういう雰囲気だけでも圧倒されるというのはございます。何か問題が起こった場合は、所管事項につきましては部長が説明することになっております。ですから、民間会社でいけば取締役会に新入社員がちょこんと座らせられるという感じです。別に仕事を仰せつけられているわけじゃないですけれども。

奈良岡　部長クラスだけなんですか。

近藤　総長、次長です。

奈良岡　総長、次長、部長、議事課長も出ますか。所管の課長。

近藤　はい。議事部は議事部長、副部長、議事課長が出ます。委員部は、複数副部長の場合は担当副部長というのが多分指名されていると思いますので、その方と議運の担当の課長が出ます。

奈良岡　議事部の課長というのは議事課長だけですか。

近藤　議事課長だけです。あとは必要があれば出ます。その所管でかなりその日の議題が重いという場合には出ることもありますけれども、議案課長なんか出なきゃいかぬときもあります。

奈良岡　要は、国会の開会中というのは、幹部の方たちは殆ど毎日、議運の場でお会いになっているわけですね。

近藤　そうですね、十一時から始まるんですけれども、十二時から委員会というのが大体のスケジュールなんです。殆ど一時間近くやっていますから、部長あたりとは毎日一時間ぐらいは。委員会は瞬く間に、五分、十分で終わっちゃいますからいいんですけれども、そういう意味では顔は合わせています。

赤坂　翌日の議院運営委員会に合わせて前日の夜に例えば案件会議が開かれるんですか。

近藤　案件会議は朝開きます。

赤坂　それを踏まえた上で議院運営委員会に出席される…。

近藤　理事会に。ですから、大体十一時が理事会、十二時が委員会で一時が本会議という一時間、一時間、一時間のタイムスケジュールになっていますので、案件会議は早いときは九時あるいは九時半ぐらいからやります。それで大体、理事会に臨む態勢というのはそこで総長にとってもらうわけです。

赤坂　案件会議は一時間ぐらいなのですね。

近藤　それは物によります。早いときは十分で終わることもあります。何もなければ短時間で終わりますし、やれば一時間以上やらなきゃいかぬこともあります。またその場で詰めなきゃいかぬことがありまして、その場で追加的なものがあればやらなきゃいけません。これじゃだめだということになれば、もう少し資料とか理屈を整えないと乗り切れないというのもあります。

奈良岡　先ほどの委員会運営のときに、理事会、懇談会、懇懇談会という話がありましたけれども、こちらの議運の理事会に関しては、懇談会とか懇懇談会というのは開かれますか。

近藤　懇談会は結構あります。懇懇談会は議運では、最近は知りませんけれども、私のときは余りありませんでした。一応懇談会でとめています。

奈良岡　懇談会を開くとすれば、このタイムスケジュールのどこに挟まってくるんでしょうか。

近藤　理事会を開く前に懇談会にするとか。だから、もし懇談会で決定した事項を理事会に持ち込むんだったら理事会は短くていいわけです、決定事項を確認すればいいわけですから。ですから、そういうふうに切りかえるか、前の日にやるような場合には懇談会ということになる。前の日に懇談会である程度意思のすり合わせをしておいて、明くる日はその線に沿って理事会で決めるというようなこともございます。そうなると、夜中ということもありますし、本会議が終わった後にやって次のものに備えるという場合もあります。

赤坂　前の日に懇談会が開かれる、そこで重要な実質的な議論が行われるのであれば、事務局の方はそれに備えてその前に先ほどの案件会議に相当するようなものを、その場合はしないといけないということですか。

近藤　新規案件でしたら。だけれども、直ちにやるという場合は多分継続案件でしょうから、継続案件だったら、要するにその日の理事会なり理事懇談会で結論が出なかったものが継続的にやられているというなら、あとは各政党間の意見のすり合わせなりの問題でしたら、事務局の対応は基本的な前回レベルでいいわけです。

新規問題ということになったら、どたばたします。これは仕方がないんです。例えば本会議で起こってしまったこととか、それから、その日に本会議をやって、次の本会議なり次の案件が重要であるという場合はそこから新規で始まりますから、そういう場合。予想されるときは予想しておくんですけれども。

◆議運理事会の記録作成業務

赤坂　議運の理事会の記録はかなり正確に残す、というお話でしたけれども、記録をとられるのは議運担当の二名の方が日常的にメモをとる、という形なのでしょうか。

近藤　正式なものではございませんけれども、正式には議院運営委員会の方が、自分たちの委員会運営の忘備録というんですか、メモを取っております。議事課の方は昔私がいたときは自前で取っておりましたけれども、同一対象について両方からやる必要はないであろうという職員サイドの話もいろいろございますし、理屈の問題もございまして、今は委員部の委員会担当の方が取られるメモを議事課の方でも参照させて頂くということになっていると思います(3)。

赤坂　近藤さんのときはもう既に委員部の方でだけ作っていたということですか。

近藤　私のときは、真ん中ぐらいまでは私もとりましたか。後半部分は委員部のも参照させてもらっていたかな。

奈良岡　これの作成が回ってくると、かなり負担になる仕事ではありますね。

近藤　メモを取るのは大変です、狭いところで立って書いているわけですから。それで委員会みたいに指名に基づいてやっているわけじゃないですから、思いついた人がぱぱぱっとしゃべり始めるわけですから。人間というのは座ると書けないんですね。座るとほかのことを考える余裕ができちゃうんです。そうすると、対象に対する集中力が希薄になってくるんです。立って書いていると体力的というのですか、機能が議論へ集中するしかないので、立って書いていた方がそのメモをとるには物すごく集中できるんです。

あるときから、余りにもかわいそうだから座って書けと言われて、座ったら何にも書けなくなるんです。判断するんです。我々は完全筆記じゃございませんから、重要だ、重要でない、と判断しながら一応書いていけばいいわけですし、重要事項をメモっておけばいいわけですから、相手方のてにをはまでメモっておく必要はないわけです。ということになりますので、立っているときはそういう判断ができませんから、全部書いておいて後から何とかしようという気にならざるを得ないわけです。座っちゃうと生意気に判断できる。そうすると、判断すると面倒くさいから頭に残らなくて、後から見ると何にも残っていないんです。だから、人間の心理的な問題ですけれども、面白くはないですけれども、こんなものかなと思いました。

奈良岡　ところで、議院運営委員会が開かれる部屋は、本会議場を出て、廊下を隔ててすぐの小さい部屋ですか。

近藤　はい。昔は今の委員長室なんですけれども、あそこでは余りにも手狭だということで、あれは昔は事務次長の部屋かな、次長の部屋と議事課の部屋を改造して、広めのものを作ったんです。以前は、今の議院運営委員長室でずっとやっていたんです。新しく作った方がいわゆる理事会室。だから、昔のものは議院運営委員長の個室的なものになっているわけです。執務室的なものになっている[4]。

理事懇をやるのは向こうでやられるのかな、どちらなのかな。私は、理事会室に入ったことがないから知らないです。

◆議会先例・運用の問題点

赤坂　議運の担当で、一つの所管内容として、先例や議事法についても担当しておられたと思います。そのとき感じられた、議会の先例ないし議事法にある問題点。どういうところに問題があると感じられたでしょうか。これは、後に、近藤さんが勉強会をされたときの記録などについてお話し頂くときにでもいいんですけれども。

近藤　これも大した話じゃございませんけれども、請願の取り扱いなんかは非常に今でも不満を持っています。要するに、国民の意見を一件一件採択、不採択を決めて、採択したものを内閣に送付する、議会の意思がどこにもないじゃないか。何と思って受け取ったか、その受け取ったものをどうしようかという意思は全くない気がします。

それから、一つは多数決原理というようなもの、この間も京都大学の憲法史研究会でしゃべらせてもらいましたけれども[5]、委員会の割り当て、委員数の問題、要するに多数決の問題。日本はなぜ多数決というのが機能しないのか。機能させてしまうと、少数の方は多数のやることを何でも唯々諾々と聞けということになってしまうし、抵抗するのは悪だということになってくるので、そこら辺は私も矛盾を感じる面もあります。でも、日本の場合、なぜ多数決というものが合理的に機能しないのか。それが象徴的に表れているのが、委員会の委員割り当て数だと思います。なぜあれだけシビアに数的処理をしなければいけないのか、もう少し議会的数的処理というのがあってもいいんだろう、そうなったら過半数というようなものはその根底にあるんだろうという気はしていました。

だから、委員会の逆転になったということ、ある方は非常に深刻になり、ある方は物すごく勝ち誇ったように思うんだけれども、結局、本会議の最終意思決定は、そのことは全く無にするように処理していくわけですからね。ぬか喜びにしか過ぎないわけですよね。そのようなものをなぜやるのかなということは感じておりました。

先にも言いましたように、もう少し委員会制度が活発化すればいいと言えますし、最近のことでございますけれども、規範制定力の範囲の問題とか国会機能の範囲の問題を検討する必要があるのではないかと感じております。

〔二〇〇九年〕七月なんて解散だけで、あまり国政に関する議論がなされていないですよね。

◆ 徹夜国会の思い出、ロッキード事件、総理大臣指名点呼事件

赤坂　先ほど、オイルショック、ロッキード、このあたりが議事部時代に非常に印象に残っているというお話でし

たけれども、それ以外に、何か印象に残った事件というのは思い浮かばれますか。

近藤　これは肉体的な感傷でしかないのですが、徹夜国会をさせられたとか、真夜中にやらされたというようなことは、内容は別にして、自分の肉体的な感傷度でなってくるわけですよね。

それから、今から振り返れば、公債発行特例法、あのときは大平蔵相ですか、総理は三木武夫総理ですね。あれを多分徹夜国会でやったんです。何でこんなものを徹夜国会でやるのかなと。あのときの公債発行額が五千億かな、三千億かな。多分、昭和五十何年ぐらいですよね。三千億から五千億の赤字国債を出すというのに、何で我々が一晩も徹夜させられるんだ——仕事ですから職務を行うのはあたりまえですが、そういう思いがあったわけです。それから三十年、国債発行額、国だけで六百兆ですか、地方を入れると一千兆近いですよね。だから、今から回顧的に見れば感慨があります。

そう言えば、野党の反対の意識は大分強かったですが、国民意識はそれほどなかったと思うんですよ。私もここの職員ですから、公務員として議会で働くものとして、国民意識というのは自分なりに認識していなきゃいかぬなという思いはあるんです。それだからといって、国民の意思はこうじゃないですよと抵抗するわけにはいきませんけれども、そう思っておるのです。そのとき、公債発行が国民にそんなに大きな抵抗があるとは感じませんでしたけれども、それが三十年たった今、千倍、二千倍、ここまでなってくるのかなと。ですから、あそこで抑え込んで何とかなれば、こんな財政構造にはならなかったということですしね。

赤坂　昭和五十年だとしますと、ちょうど議運の担当をされていたときですね。

近藤　そうですね。三木内閣だと五十年ぐらいじゃないでしょうか。三木総理、大平蔵相じゃなかったかなと思うんです。

奈良岡　先ほど名前が出ました平野さんは、とにかくロッキードの影響がこの時期大きかったということを強調して本を書かれています。そこら辺の御印象というのはどうですか。非常に混乱した時期だということを平野さんは強調されていますね。

近藤　確かにそれは混乱していますよね。多分〔二〇〇九年〕八月三十日で政権交代するであろうということですけれども、もし交代が現実化すれば、そのプロセスはここから始まっているのではないかと私は思っています。だけれども、そのために三十年かかったのかなという思いはあります。

一度ありましたけれどもね。あのとき、皆さん御存じかな、我々の事務局のミスということになっていますけれども、細川護煕内閣の内閣総理大臣指名のときに点呼ミスをやりまして、内閣総理大臣の指名を二度やった。自民党が野に下ったときです。そのときの本会議場の雰囲気というのは異様でした、自民党が野に下るというのはね。結局、私どものミスということになりまして、内閣総理大臣がその日に決まらないかもしれないという事態になりました。

そのときはそのまま乗り切りたかったんですけれどもね。点呼というのは、先例集には書いてあるかもしれませんけれども、法規事項ではございません。要するに投票の整理をしているだけ、交通整理をしているだけの話でございますから、その手続に何の影響力もないというのが我々の主張だけれども、自分たち事務局が数名を飛ばして読んでしまったというのは確かでございまして、それがたまたま自民党の真ん中あたりを飛ばしてしまった。今度与党になる方を飛ばせば問題は少なかったかもしれませんが、今度野党に下る方を、これは運命の皮肉なのか。今度与党になる方で行ってくれれば、そんなに異議は出なかったかもしれません。今度野に下る、その瞬間に野に下るわけです。内閣総理大臣が相手方に持っていかれることによって、あの五五年体制が、それまで四十年やられた保守政権が野に下る、その瞬間でございますからね。それは納得できませんよね。

結局やり直すことになってしまったわけですが。事態の経過を、自民党の国対へ行って説明してくるように言われました。自民党はもう、ときの声みたいなものですよ。これを無効にして首班指名をやらせないということになりますからね。参議院は散ってしまっているわけです。それで、この結果によって両院協議会が開けないわけです。首班指名がいつになるか分からないわけです。それで、あれをやったのも十時ぐらいなんです。その日にやるならぎりぎりの時間なんです。一たん十二時の時計をまたいだら、それこそまた明くる日の本会議開会ができるかどうか分からないわけです。召集日の本会議終了後までは議院運営委員会は機能しないですね。各派協議会というのが開かれているわけです。各派協議会というのは法規上特に決定事項も何もないわけですから、協議に応じられないと言われたらもうどうしようもないわけです。

そのとき、国対委員長のたまたま隣にいた人から、「絶対やらせないからな、おまえら覚悟しておけよ」と言われたんです。私も本当に胃が痛くて。国対委員長に、「今日中にやれば何とか間に合います、参議院はやりましたから、指名が異なった場合は両院協議会です」と。国対委員長は、「おおそうか、今日までできるのか。」と言ってくれたんです。本当にそのときは、結局、結果はそのとおりになってくれまして、一応その日のうちにやりまして、衆参指名の議決が一致しましたからいいんですけれども。

奈良岡　九四年の時は自民党にも異様な熱気みたいなものがあって、またリバイバルの可能性があるように見えましたね。

近藤　熱気というよりも、やはり一種異様な雰囲気はありました。今回の万歳もかなり盛大な万歳でしたけれども、非常に皮肉に聞けば、私から言えば、何か悲鳴に聞こえるような万歳でございました。皆さんはそんなことないでしょうけれども、私の単なる主観で聞いているだけですけれども、そんなふうに思いました。

そのときに一人顔見知りの議員がおりまして、私の座っている前で、「おまえ抜けたぞよ」と言ってくれたんです。そのとき慌てて初めて、気がついたんです。私は見ていませんから、抜けているかどうか分からないんです。ある議員が前を通って、「おまえ抜けたぞよ」と言われたんです。あっと思ったんです。だから、直後だったら止められたんです。復唱すればよかったんです。もうそれは大分通過した後ですから、結局復唱しても同じなんです。

奈良岡　そのときは近藤さんは議事部長でいらしたのでしょうか。

近藤　いや、私は副部長だと思います。議事部長になったのはその次のお正月のはずですから、副部長です。そのとき議事部長は次長が兼務しておりましたから、具体的な人間で私より上にはいませんでしたけれども。

奈良岡　相当青ざめたわけですね。

近藤　やはり首班指名ができないということは。

赤坂　事務局として何か責任を追及されたりということはあったのでしょうか。

近藤　具体的に名指しでどうしたこうしたということはございませんでした。でも、処分のようなものはあったようです。中身は知りません。私も処分の対象かと思ったけれども、部長までです。要するにそれに関わらなきゃいけない部長さんが処分対象になっていて、私は副部長だったもので処分対象にはなっておりませんでして、おかげさまで三十五年間履歴書に一応賞罰の項なしという形です。

◆議長の「次第書」の作成

奈良岡　議事部時代には、議院運営委員会でのお仕事のほかに、議長の、議事順序の次第書きを作成されていたということですけれども、どの時代にどの議長の作成を担当されたのか、また、その職務内容に関してはどのようなものであったのか、お話し頂ければと存じます。

近藤　谷〔福丸〕元事務総長が灘尾弘吉議長の秘書に就かれた後だと思います。灘尾議長は五十四年二月一日に議長に就任されておりますので、その直後から私が引き受けたと思います。

奈良岡　灘尾議長が昭和五十四年二月から五十五年五月までですね。その秘書に谷福丸氏が就任し、谷氏がそれまで担当していた仕事を近藤さんが引き継がれたわけですね。

近藤　灘尾、福田一[(6)]、二代の議長を担当しました。その後の福永健司議長のとき、五十八年はもう多分私は委員部に移っていると思います。

奈良岡　次第書きの作成事務を担当する仕事というのは、大体どういう方がされるものなんでしょうか。

近藤　議事課の仕事の一つのセクションです。議事課の中で、議院運営委員会のいわゆる案件作成業務、協議事項作成業務、あとは、議場の整理担当といいますか、本会議が実際に動く準備をする仕事がございます。それと、各会派の構成に関することとか各会派との連絡事項を行うところもございます。それから、一般的に議事の先例事項を調査するセクションがございます。大体そのくらいのところがございまして、その一つが議長の次第書作成事務のセクションで、通例一人で担当しています。

奈良岡　相当な事務量になるのではありませんか。

近藤　これは本会議に係る議題ですので、はっきり言いまして、殆ど定型化、画一化していますので、通例的には、本会議にかける上程議案が多い場合には物理的に量がふえてくる。それから、発言者等々が多い場合には発言者がふえますから、それは議員お一人お一人の名前を書くだけの話でございますけれども、そういうことを言いましてもいろいろとございます。討論ですと順序がございますし、各党からの質疑者と討論者がなかなか決定しないというウエーティングの問題もございますので、一応、その事務を完成させるにはそれ相当の時間も要します。ですから、通常通りに動いているときはいいのですが、アブノーマルとは言いませんけれども、日常性というか定型性をちょっと離れたような議事でやらなきゃいけないところが大変でございます。

一番困るのが与野党がぶつかった場合。その場合は、まず、議題として何が出されてくるか分からないということです。これからは知りませんけれども、今までの私の経験でいえば、不信任、解任の連発ということでございます。不信任、解任をどのくらいで出してくるか、それを受けた与党がどのくらいでどう処理していくかというようなことでございますから、それに対応したものをやっていかなきゃいけないということがございます。

紛糾議案あるいは重要議案ともなりますと、ある程度定型性を欠いた議事に入られる可能性がございます。その場合に、そうすんなり決まってくれません。前日あたりにぴたっと確定的に決まってくれればいいんですけれども、本会議の直前まで流動化していますから、準備する方は、想定、想定、可能、可能で追っていかなきゃいけません。実際に使われる次第書きというのはそんなに多くないんですけれども、それに至る可能性の問題、想定の問題になりますと、極端な場合、膨大なものを作っていかなきゃいけない。

例えば、すぐ言われるのは全大臣の不信任決議案。今は十何大臣ですか、あの頃は二十大臣くらいいますから。それを、どれをやってくるのか、討論をかけてくるのか、質疑をかけてくるのか、記名投票に入ってくるのか、記名投票をどういう形でやってくるのかということになりますと、一議題でも物すごく想定をかけなきゃいけません。

それから、事務的な量の問題じゃございませんけれども、心理的なプレッシャーの問題として、突然起こる事件、自然災害等々の問題。これは緊急質問だとか決議だとかそういうもので起こります。自然災害的なものはまだいいんですけれども、政治的スキャンダルですとかそういうものがばんと朝刊に一面で出されたような場合には、その日の本会議ですぐどう処理するかということもございます。大体、大臣でいけば不信任、それから内閣不信任まで来るか、個別大臣の不信任にとどまるか。

ですから、次第書を作っている場合でも、はっきり言いまして、本会議の開会公報が出ているときの朝の新聞を読むのが非常に怖い。その日の議事順序立てがどうされるかというのは、その日の直前にやられるわけですので。これは極めて個人的な心理的な話で、公的な職務遂行の話ではないですけれども。

赤坂　次第書きは手書きなのでしょうか。

近藤　今はワープロでございます。私のころは手書きでサインペン、その前は筆ペン、その前は純粋な毛筆で書いておりました。

赤坂　毛筆で書いていたのはいつ頃まででしょうか。

近藤　私の前ですから、昭和四十年代の中頃くらいまでは毛筆で書いておりました。それから、いわゆるサインペンだとか今の筆記用具。それまではそういうものがなかったわけですから。サインペンだって、工作、図画用な感じでしたでしょう。筆記的なものは余りなかったし、細いものはだめですから、太いものでやらなきゃいけませんので。だから、いわゆる筆ペンというもの、それ以降はサインペン、今はワープロソフトが十分ございますから、ほとんどワープロソフトでやっていらっしゃるけれども、私のころはワープロソフトなんて全然ございませんでしたから。

赤坂　最終的な次第書きのバージョンに至るまでに、場合によっては随分膨大な量を予め準備しておく必要がある、とおっしゃいましたけれども、それも手書きで準備していかれるわけですね。

近藤　定型部分は印刷していますから、その部分は印刷が使えるんです。議題宣告の項や採決の項は殆ど定型化していて、そういうところはある意味では定型化しておく必要がある。要するに、今でも四百八十人、私の頃は五百何人でございますけれども、それに、言葉は悪いんですけれども、オウム返し的にやってもらわなきゃならない。本当に反射的にやって頂かなきゃならない。そこに齟齬が起こったら大変なことになります。

議会の意思を最大限明確にするためには、議長が発した言葉と相手方の意思とが常に一致するようにしておかなきゃいけない、議長が一議題一議題の問い方に変化をかけた場合には、相手方がこれに対応できなくなります。そうなると、一種の意思の一致というのがなくなりますので、議長が何を問うていて議場は何をレスポンスしているかというのを常に一致させておかなきゃいけません。そうすると、ある程度そこの部分は定型化しておかなきゃいけないということになります。そういう部分はかなり印刷物ということでやっております。

そういうのも議会としていいのか悪いのかということでございますけれども、それだけの多人数の者が恒常的に、一日に多いときは数十回意思表示することもあるわけですから、それを全く齟齬がないように、議長の発したものと議場が発したものとが一致していなきゃいけないわけですので、そこら辺にはかなり定型的なものを置いておく必要があります。そういう面もありますし、議題宣告というのは極めて定型的に申し上げますので、そういうところはかなり印刷しておりますのでそんなに書きませんけれども、固有名詞は必ず書かなきゃいけませんし、結果は必ず書かなきゃいけませんので、そこら辺のところです。多いと言えば多いです。

印刷部分にまで変化をかけられる場合もございますので、そうなると大変です。恒常的に日常的な印刷定型で議事を進められて、我々も進むと思っていますし、過去もそういうことで進んできたものが、ある議事のところにそこまで変化をかけられたような場合には、すぐに対応していかなきゃいけません。そうなった場合は印刷が間に合いませんし、今日、明日じゃない、直前の話ですから。そういう場合は手書きで対応していかざるを得ない部分がございます。

ですから、紛糾し出すと、いわゆる審議進捗手段あるいは審議抵抗手段として何が持ち込まれてくるかということでございますので、そこら辺のところは、ある意味では、頭痛の種と言ってはいけませんけれども、こちらも、準備としては、いつも印刷が使えると思っているわけにもいきません。

赤坂　直前に変わったりするということは、それは例えば一続きの紙ではなくて、どんどん差し込んでかえていけるものですか。

近藤　差し込みになっています。

奈良岡　筆耕係のような、清書するような人は別にいないわけですか。

近藤　忙しいときは頼みますけれども、その人一人のところでやらないと、やはりだめなんですよね、切れ端切れ端だけでは。膨大に必要なものは頼みますけれども、やはり総体でございますから、部分だけやってもらうわけにはいきません。

奈良岡　それで一人置いて、集中的にやっているわけですね。

近藤　常時、基本形、定型から変化形まで、一人とは言いませんけれども、一応基本的に一人でやって、あるものは、下書きなりドラフトなりを書いて頼むというのはできるんですけれども、そういうものだと、そこら辺までの変化をかけていかなきゃいけませんので、人に頼んでおいてというわけにはいきません。

奈良岡　次第書きの件で議長と直接接することはありますか。

近藤　ないですね。議長への説明は事務総長が行います。本会議の直前に事務総長が、議運の決定を経て、次第書きというのか本会議運営のトータルで、議長と協議されますので、そのときに次第書きについても説明されます。その事務総長には議事部長が御説明いたします。我々はいわゆるドラフト段階です。

奈良岡　そうすると、議事課長のもとでドラフトを作る、それを課長、部長に伺って、総長にという形ですね。

近藤　はい。

奈良岡　なるほど。私はやや誤解していたんですけれども、議長とは直接的にはかかわりがない仕事なわけですね。

近藤　議長に対してもそうですし、基本的に事務総長とも、よほどじゃないと直接的なやり取りはございません。また副議長に対しては事務次長が対応することになっています。

◆大平首相不信任決議案の取り扱いをめぐって

奈良岡　約三年ほどこの仕事をされているわけです。先ほど、アブノーマルなことが起こったときには大変だというお話がありましたけれども、一九八〇年五月に大平首相の不信任決議案が可決されています。これについては、どのようなご印象をお持ちでしょうか。

近藤　我々の議事の順序としては、不信任のときはそんなに準備自体はありません。内閣不信任一本の問題ですし、野党側が提出している問題ですし。その対応は与党内の問題ですからね。それを想定するわけにはいきませんので。むしろ、これは院の構成の問題ですけれども、いつ行われるか、どう行われるか分からないというのが厄介でございまして、次第書き的にはむしろ四十日抗争の前の段階の方が難しかったですね。

あの不信任の時は、どう動くかということで、例えば、あの時点で議長が休憩をかけられたかどうかという話でございますけれども、議長が休憩をかけられても、これは議事順序作成者のところで対応できる問題じゃないんです。「この際、暫時休憩いたします。」という紙が一枚、印刷物としてあるわけですよ。事務総長は持っておられたかどうか知りませんけれども。

例えば、ずっと与党が欠けているということになりまして、これ以上議事を進めないということが与党から来れば休憩できるかどうか、休憩した場合どういうことになるのか。結局、休憩はなかったんですけれども、散会するわけにはいきません、ということになれば、あの場合は、「暫時休憩いたします」、この一言だけですね。あるとすれば。この一言で、ある意味では内閣不信任ができないという状況になると思います。内閣不信任が多分二度とかけられないということになれば、内閣総辞職、あるいは解散というどちらの選択肢が動かざるを得ないことになると思います。あの時はそのまま内閣不信任案可決ということになりました。

ですけれども、そういう一面で、可決か否決かということですから、投票数がどうなるかという話です。極端な場合、定足数割れということもありますから、それは一応次第書き的には準備をいたします。つまり、与党の欠席者が多く出た場合は定足数割れになるかどうかという話、定足数割れになったら議事をどう進めるかという話にもなるわけです〔だから議事順序の準備はする〕。

奈良岡　その前の四十日間抗争のときに、院の構成がどうなるか予測しがたい部分があって、むしろそちらの方で御苦労されたということでしたけれども。

近藤　はい、予測しがたい。あのときは自民党が過半数を持っていましたからいいんでしょうけれども、いつ何が行われるかというのが分からないわけです。首班指名がどういう形で行われるかというのも分かりません。

首班指名において野党の抵抗手段はないはずですから、そういう面での議事の作成というのは、事務量としてはそれほどでもない。野党と与党との対抗関係がありますと、双方がいろいろな戦術を出してきますので、それを議事順序の中に入れていかなきゃいけないというのはありますけれども、首班指名なんかは、内閣不信任もそうですけれども、一本ですから、野党はそれに対して抵抗はできません。

野党が自分の出した内閣不信任を途中でとめるとか、それに対して議事妨害をかけるとか、議事妨害と言ってはいけませんけれども、発言連発だとか、PKOのときには牛歩をされましたけれども、本来的には内閣不信任でそういうものはあるべきではないはずなんです。PKOのときはかけられましたけれども。内閣不信任で牛歩が行われたのは多分あれだけだと思います。

奈良岡　そうしますと、その当時、政治の動きを間近に感じられるお仕事だったというふうに理解してよろしいんでしょうか。

近藤　そうですね。政治というのは、本会議場にある程度反映されますし、経済社会の動きというものも反映されます。大きな社会事件ですとか、経済、自然災害等々、当然ですけれども、これは本会議場に反映されますから、そういうものをどういう形で反映していかなきゃいかぬかというのはございますからね。

例えば、これはオタク的な話になりますけれども、緊急質問でやるのか、政府側の説明でやるのか、法律をもって直ちに規範化するのか、決議でもって一応代替的なことを決めていくか、そういういろいろな手段が、起こった場合にございます。法律化というのはその日というわけにはいきませんけれどもね。今お聞き頂いている議事順序的に言えば、それをどういう形でやっていかれるのかということです。

◆口頭質問の運用

赤坂　ちょっと脱線なんですけれども、今お話に出た緊急質問について、我が国では、口頭質問が緊急質問に限って行われるようになって、それ以外はほとんど書面質問でやるようになった、ということが指摘されます。

この書面質問と口頭質問の扱いも随分、だれが回答主体になってやるのかも違うようですし、どうしてこのように口頭でやる質問というのが消えて緊急質問だけに限定されるようになったのか。また、緊急質問をどのような場合にするのかが問題となるとおっしゃいましたけれども、我が国の場合は天変地異のような場合に限って行われるという運用です。どうしてそのような運用になったのか、もし御存じのことがあれば教えていただけますでしょうか。

近藤　質問でいえば、法的にも、文書質問を原則にして、緊急の要ある場合に口頭質問を行うことになっています。文書質問ですと、本会議の中で内閣サイドから口頭で答えて、それに対する質疑を行うという口頭パターンが一つございます。二項として、緊急の要がある場合と書いてありましたか、口頭で質問することができるというふうに書いてございます。こう読めば、文書質問原則、口頭質問例外となるということです。

それで、緊急質問が出された場合でも、多くの場合政府発言に変わっています。それは一つは、多分、イニシアチブのとり方なんです。緊急質問の場合は、質問者がイニシアチブをとります。政府発言は、政府がその事態に対する対処の仕方を発言していきますから、一応切り込みとしては政府側がイニシアチブをとっていくわけです。要するに、政府側がアクティブになっていく。これに対して緊急質問の場合は、議会サイドがアクティブになっていくわけです。

ですから、一応、私もやっておりましたけれども、緊急質問で出されましても大体政府発言ということでやりまして、まず政府がきちっとその事態について説明をする、それに対して質問をするというパターンになっておりますので、口頭質問が現実化するというのは非常に少ないです。だけれども、最初の発端として緊急質問の要求が出されるというのは結構あるんです。

赤坂 なぜ緊急質問があった場合に一たん政府発言という方式に変わるのか、その理由は何でしょうか。

近藤 それは、言ったように、どちらがイニシアチブをとるかということだと思います。

政府発言だと、政府がその状況を説明し、その対応を説明し、申しわけありませんと言いわけがあるならそこの時点でやってしまいます。最初に発言行動をとります。これはこういう事態でどうなったんだという政府サイドの見解を述べていきます。それじゃないと、議会サイドだと議会が政府に対して非難を浴びせてゆくことになります。どちらに得失があるというわけではないけれども、やはり発言でございますから、最初に言って正当性を持たせた方が強い、やはり受け身の方は弱くなりますからね。

赤坂 そうなりたくないということで、政府発言になるわけですね。

近藤 そうなりたくないということで、政府が最初からイニシアチブをとっていく。要するに、少なくとも行政権の執行については政府がきちっと御説明いたします、どういう理由でどういう結果が起こり、その過程はどうであって、これらに対するこれからの施策はどうするかということを、総合パッケージで最初に言ってくるわけです。大体問題になるのはそういうことでございます。

例えば行政権の執行じゃない場合にどうするかということでございますけれども、これは行政権の範囲、行政権に含まれないのはどこにあるかということになると非常に難しい問題でございまして、議員の個人的スキャンダルの問題、これは多分行政権の範囲ではないのでしょうけれども、政治資金になりますと、これはどちらだろう、という話になってしまいます。要するに、行政権の内なのか外なのかという話になってしまうのですけれども、行政権の外に出ますと、政府発言も非常にききにくいということです。実際に議会で議論されているわけではございませんけれども、控除説になりますと、殆ど控除するものはないということになれば、議事としてはほとんどの事例が政府発言で行えるという体制になります。

それに、行政権にかからないと、今度はプライバシーの問題になりますから、議員にとっても、議員個人の問題をあげつらうかという話になりますと、行政権から外れるとプライバシーの問題になってしまって、そこら辺、議会がそういう範疇じゃなくして追及できるというのは非常に狭くなっていくという感じはします。

赤坂　もう一つ、そもそも緊急質問は天変地異のような場合にしか原則として認められないというのは、どういう背景があるのでしょうか。もともと例外的なものだからということですか。

近藤　ちょっと確証はないのですけれども、日本のよって立つ議院内閣制における議会支配の問題が、ある面ではあると思います。

赤坂　ある面とおっしゃいますのは…。

近藤　要するに、政府サイドが議事運営においてもある程度の主導権を握るということです。議院内閣制ならばそれは可能なわけです。与党サイドもそうするわけですからね。与党が議会的立場に立てばそういうことにはなりにくいんでしょうけれども、与党サイドが政府にイニシアチブをとってもらうということになればそういうことになりますし、その方が日本的議会運営であろうということになれば、やはりそういうことになるのかなという気がいたします。私もちょっと確証はございませんけれども。

どこでもこれらのことについて公式に言われたことはございませんけれども、私も長い間ここにおりまして、そういう議会運営なんだと理解しています。要するに、基本的に法案提出権から含めての総合的な議会運営の主導権というかイニシアチブの問題というのは、ここにもそういう形で出てきているんだろうと推測します。

◆ 政府・与党の一元化の試み

赤坂　どこまで脱線していいのかよく分からないんですけれども、今の関連で、最近の菅〔直人〕さんなんかがおっしゃっている政府・与党の一元化という試みについては、どういう御印象をお持ちですか(7)。

近藤　今の観点からいくと、議会はもっと活動しなくなるかもしれませんね。議会が政府の中に入ってしまうわけですから。議会が議会としてやるわけではございませんし。

議会というのは、一つには法律、あるいは法規範を制定して内閣に行わせればいいことであって、これを今度内閣でまた作るということになりますね、内閣にお入りになるというわけですから。半分、百何人とかおっしゃっています。そんなふうに言っておられますね。

だから、今度どれだけ議席をおとりになるか知りません。二百六、七十おとりになるかもしれません。二百六十のうちの百何といったら、半分の方が政府に入られるわけです。そうすると、すべてが政府で作られていきますから、今まで以上に法案なんか、より完成されたものが議会に持ち込まれるということになったら、その完成されたものから何かを創造するといったって難しいのではないか、という話だと思います。

赤坂　イギリスでは野党側の公的な地位も高く、さまざまな権能も整備されていますから、恐らくそれとのセットで考えないと、政府・与党の一元化だけではいけないということになるのでしょうか。つまり、ネクストキャビネットとか影の内閣について、イギリスの場合は、もともとそこに入っていたメンバーが、政権をとったらそのまま殆ど正式な内閣を構成しますけれども、我が国の場合は、今までは政権交代の現実性がなかったので、「明日の内閣」とかそんなことを言ってメンバーを抱えて、その内閣のメンバーが実際に政権をとったら正式の閣僚メンバーになるのかというと、全くそれは想定されていないらしいのです。

そういうこともいろいろ考え合わせると、我が国では野党の存在が実に権能も弱く……

近藤　そう、権能も弱いわけです。それからもう一つ、イギリスはどうか知りませんけれども、フロントとバックのベンチャー数がどのくらいかというのがね。後からお聞きになれば、議長はベテランバックベンチャーと言い切れるかなということも話すかもしれません。

それで、イギリスの場合どのくらいか知りませんけれども、フロントとバックの比率が、フロントの方が少ないと私は思うんです。だから、今もおっしゃっているように、バックベンチャーも議会の作用としてある程度きいているんじゃないかなと思う。日本の場合は、民主党は多分全部フロントの感覚なだと思います。これは三十日過ぎてから〔＝政権交代が行われてから〕、間違ったら直してもらえばいいわけですけれども。民主党フロント、野党バックということになったら、これは今の与野党と同じことになります。だから、民主党内にどれだけフロントとバックがいるかということ。バックとしてどこら辺まで議会にバックを民主党さんが残しておいてくれるかということですね、数的にも機能的にも。

今の関連で、また同じことを言って恐縮なんですけれども、みんなが施政者という意識、国会に出ていらっしゃる方は、国会議員として出てくるんじゃなくて施政者として出ていらっしゃるというのを私は物すごく感ずるわけです。だから、施政者として発言されているから、立法機関の一構成員として発言されていないのではないか。だから、横に連帯して、いかに過半数化して法律化して行政に対してそれを強制していくかという作用じゃなくして、自分一つの意見を、施政権をお持ちの方と対等に渡り合って主張していらっしゃるという、結局それが現実化しないという話になる。そうすると国民は、何だ、ただ自分の持論を施政者として話しているだけじゃないかということになる。横になずらう、連帯というんですか、議会意思形成にどれだけ寄与しているのかというようなことを、ある意味では私は問いたいんです。

ある立候補者のポスターを見たら、私は内閣総理大臣に最も話のできる男であるというふうにお書きになっていた方がいらっしゃるわけです。それはそれでいいんですけれども、では、あなたは議会へ何しに行くんですかと。内閣総理大臣に、陳情能力を持って議会にお臨みになるんですかと。議会はそうじゃないでしょう。国民の意思を受けて、ある程度の施策を、法律でも何でも大きな意味での法体系化したものに集約していくことがあなたの仕事じゃないんですかと。国会議員として、あなたが個人的に総理大臣に一番会える人物である必要があるんですかという話なんです。だけれども、皆さんがそういう意識じゃないかと思います。私は内閣総理大臣と話ができる、さして政策論争ができるというようなことなんです。そこら辺がどうなんだろうなと。

それはひとえに、国会議員全部が、大臣というのか総理大臣も含めて施政者になれるという可能性があるから否定できないんです。アメリカの場合、施政者になる可能性はないわけです。国会議員のバッジを外して、新たな目標として自分が設定していかない限り施政者にはならないわけですけれども、日本の場合は、バッジをつけた途端に施政者としての可能性がぐんと増えて来るわけです。だから、そう言われてもそれを否定することにはならないんです。では、そこがいいのか悪いのかという話になりますけれども。

ですから、我々も議事手続を説明する場合にいつも申し上げることなんです。緊急質問が出た場合には必ず、政府発言というものがございますよ、というようなことは御説明しないでもないんです、このときはこういう経過でこうですよという経過を御説明しないでもないんです。

◆衆議院議長に接して——党籍離脱問題

奈良岡　この後、議事部の副部長、部長、事務次長をされるあたりでお聞きした方がいい話なのかもしれないんですけれども、議長ということが出てきましたので。この当時の議会の全体の雰囲気とか議長のお話についてお伺いします。先ほど、ベテランのバックベンチャーが日本の場合議長になりうるかいうようなお話がちょっと出ましたけれども、衆議院議長というお仕事に関してはどのような御印象を当時持たれておりましたか。現在の御印象でも結構です。

近藤　本来的に、自民党のいわゆる一か二分の一政党時代の議長さんが、私の場合は印象に残っているわけです。やはりそこら辺のところになりますと、当然のことながら与党が議事を推進しますので、どこらあたりまで野党の意向を組み込んでいけるかということですね。議会に三十数年もおりまして、どういう印象かと言われましても、やはり与野党の意見を聞いてスムーズな議会運営というふうにいつも言われるわけですから、そういうことじゃないかなと思います。

日本の場合、議長さんが前面で仕切られるというのはそんなにないです。一応、自分の御意見を言われる前に与野党協議を勧告され、与野党間でどういう運営に持っていくかということを大体お聞きになってやられていますから、そこでどうしてもというのが議長裁定で出される。議長裁定を出されましても、根本は、ある程度の与野党間での話し合いに基づいて裁定を出されますから、全く何もしないで議長がぽんと天の声として出されることはまずありません。

だけれども、はっきり言って、施政者でございませんから、一つのものをそのとおり完遂していくということではありません。最終的なポイントは本会議場で多寡を認定されることでございますから。だから、自分が多であっても寡であっても、それを遂行するわけにいきません。施政者の場合は、多であろうとも寡であろうとも、自分の政策だと思えば遂行されるわけですけれども、議長の場合はそういうものはありませんから、本会議場において多か寡かを認定していかざるを得ません。その多寡の認定の順序立てをいかに民主的に合理的におやりになっていくかということです。

奈良岡　次第書きを近藤さんが作られていたちょっと前の時期に、前尾繁三郎さんが衆議院議長をされていて、議長は一つの党派に偏ってはいけないので党籍を離脱しなければいけないということになりました。当時、国会運営が荒れていたということもあってそれが実現して、その後慣行として続いてきました。

その際、イギリスの議長をモデルにした、中立的な立場で公平に議事を裁くというのがイギリスの議長の役割で、前尾氏はそれを日本にも入れようとしたというふうに言われています。その前後で何か変化が生じたのか、あるいは、その後の議長の仕事を見ていて、そういう意識というのが何か残っていると感じられるようなことはございましたか。

近藤　今おっしゃったように、やはり六十一回国会、昭和四十四年頃、それから沖縄返還にかけての、与党の強引と言っていいのかもしれませんけれども、多数党でございますから、政策進捗にかけたかなりの厳しい状況のもとでおやりになっていますから、ある意味でその反省がございますし、多党化時代に入り、逆の意味でそれが通用しなくなったということですね。この頃から、自由民主党は絶対的な勢力地図を描けなくなっていますね、沖縄返還、経済的にはオイルショックの時代からいわゆるロッキード事件を境にして。それが原因なのか結果なのかは私もよく分かりませんけれども、時代趨勢としては多党化現象が生じ、与党、いわゆる自民党の絶対勢力地図が描けなくなっています。

これが反映しているのかどうか、そういう桎梏を打開していく必要が前尾議長に感じられたのかどうか。それとも、やはり今おっしゃったように、その前もありましたけれども、日韓から沖縄返還にかけて、特にそこら辺の、ある意味では日米安保体制作りの中に見られたかなり強引な行動に対する反省というのがあったかもしれません。そのたびに議長が人身御供にされているというのはありましたし、強行採決を議長にやってもらって、その責任を議長がとるということが、しばしばとは言いませんけれども、何回かはありました。それの反省に立っているかもしれませんし、どちらかなという気はいたします。私も確証があるわけではありません。

イギリスでは、今はないみたいですけれども、小選挙区ですから、議長の選挙区には対立候補を立てないという慣行があった。だから、野党サイドもそこまで徹底してくるのか。

この後、議長・与党、副議長・野党と言っていいのかどうか、議長・第一党、副議長・第二党というのか。これは〔政権交代後の〕九月の頭でまた論争になると思います。与党野党論と第一党第二党論は、どういう数字になってくるのか。一致すれば何てことないんですけれども、第一党第二党論と与党野党論が一致しない可能性も数によっては出てきますから、その場合、議長、副議長がどうなるか。前尾議長以降は現象的にいえば与党野党論ですね。保利〔茂〕議長の副議長が三宅〔正一〕さんですものね。だから、これからは、党籍離脱以上に、副議長が中和作用として……。保利議長なんかはその間ずっと党籍離脱されています。保利議長の場合、条件とは言いませんけれども、議長を引き受けるような条件的なものまでかなり強く言われていますから。

奈良岡 御本人が、ということでしょうか。

近藤 御本人がかなりの意向を示していらっしゃるはずです。私もそんな記憶があるんです。正確にどういうことかは申し上げられませんけれども、かなり党籍離脱の問題というのを意識しておられました。だから、この場合、特に三宅副議長でございますから、今度、与野党分離したからいいんじゃないかという意見もあったかもしれません。私の邪推だけですけれども。

そこで、正副ともに与党ということになると、党籍離脱してもらわないと中立性が担保できないということですけれども、与野党正副議長分離ということになると、副議長が中和作用を起こせる。しばしばありましたけれども、副議長の辞任論というのはすぐ出てくるわけです。だけれども、保利議長の場合は、正副議長とも党籍離脱するのが当然だということでやられたのか、自分の党籍離脱が当然であるというふうにお考えになったのか、そこら辺は分かりません。たしか保利議長はかなり強い調子で党籍離脱を言われておったように記憶しています。

奈良岡　これからまたいろいろ議長の地位をめぐっては問題になるのかもしれませんけれども、何かあっても形だけは党籍離脱する、八〇年代後半、九〇年代になると、ルーチンワークのように党籍離脱が行われていった印象がありますけれども、前尾さんとか保利さんのあたりというのはまだそれに対していろんな議論があったということでしょうか。

近藤　保利議長もあのような政党政治家でいらっしゃいますから、また前尾議長とは違ったニュアンスの、保利議長の政党政治に対する考え方と前尾議長の政党政治に対する考え方というのは、ある程度違っていたのではないかなと思います。ですから、議長の党籍離脱にいたしましても、前尾議長の線での党籍離脱と保利議長の党籍離脱のお考えというのは、直接聞いておりませんけれども、お考えの相違はあったと思う。だから、同じルーチンワークで、党籍離脱書を我々の事務局にお届けしましたという現象だけから見れば同じかもしれませんけれども、ただそこら辺のところはちょっと違っているように思います。

何回も言いますけれども、正副議長の与野党分離の影響もございますし、多党化という政治情勢もございますから、そこら辺のところは、そういうものを加味した形で、前尾議長はある意味ではエポックというのですか、自民党絶対政権時代と、多党化でかなり今日の状況が兆し始めたような状況の谷間におられたのが、前尾議長ですね。三年間ぐらいですね。

◆副議長と事務次長の対応関係

奈良岡　事務総長が議長とのコミュニケーションを密にしていて、事務次長が副議長とのコミュニケーションを密にするというお話がありました。これは正副の議長が与野党分離するようになってからの慣行でしょうか、それとも以前からでしょうか。

近藤　私、四十七年に議事部の方へ行きましたけれども、その当時からそうだったんです。昔からだと思いますけれどもね。

奈良岡　期せずして多党化して、正副議長が与野党で分かれるようになって、事務方も、従来から正副議長を担当するのが総長と次長で分かれていたんだけれども、それが与党と野党を担当する意味合いも加わったというような感じでしょうか。

近藤　そこまでのコミュニケーションをとりませんからね。いわゆる議会運営、もっと広く言って政治全般にわたるコミュニケーションということまでは、事務屋ですからやりません。そこまでと言われますと、議長さんと副議長さんではやはり情報源が異なってまいりますから、どういう情報がということになりましょうけれども、それを我々が補完するというのはちょっと無理でございます。今、我々もかなり事務的な御説明だけです。

これから現実化するかもしれません。昔ちょっとありましたけれども、議長席に副議長がついた場合には事務次長が番台につくということもあったんです。それと、番台についた者と意思統一しておかないというのもあるんです。最近は、議長がつかれても副議長がつかれても事務総長がずっと番台についておられますからなんの支障も生じませんが、事務総長席に事務次長が何度か座るということになると、副議長とのコミュニケーション、議長席においきになっている方同士がコミュニケーションをとっておいてもらわぬとと、いうのはあるんです。

◆専門職としての議事部長

奈良岡　この話は事務次長をされていた頃に即して、また別な形でお伺いするかと思います。

近藤さんが議事部におられたとき、泉〔清〕さんが議事部長をされていて、十五年の長きにわたって在任していらっしゃるのですけれども、歴代の議事部長の方を見てみますと、当初は事務次長との兼任で議事部長をされている方、西沢〔哲四郎〕さんとか鈴木隆夫さんとかがいらっしゃるのですが、その後は内藤秀男さんが昭和三十三年から四十年まで約七年間、その後、知野〔虎雄〕さんが二年間事務取扱をされています。その後、泉さんが十五年ほどされているということで、議事部の部長という職がほかの部長とは大分違うキャリアパスの中にあるような印象を受けたんですけれども、この点はどのように理解したらよろしいんでしょうか。

近藤　やはり法規解釈、先例でございますから、そこら辺の継続性と言うのはおかしいんでしょうか、ある程度そこら辺を経験的にずっと継続していかないと、議員に対する信用もなくなりますしね。議事部長というのは専門職的な性格を有しているかもしれません。

ですから、そこら辺のところで、一場面一場面の現象に対する対応能力ということになれば替わってもいいんでしょうけれども、特に本会議の場合には、一過現象ではなくて、かなり長期的な秩序、そういう意味の継続性というものは多分必要だろうと思います。そのためには、十五年がある意味限界かもしれませんけれども、ある程度知識を持った方がという意味合いはあると思います。本会議の場合は殆ど同じことを同じようにやっていますから。

委員会はそうかというと、委員会の場合は、ある現象が起こっても、別の委員会でも起こってくるわけですね。かなり一過性と見られるんですけれども、本会議の場合はそういう意味での秩序の継続性ということで長くなっているかもしれません。

赤坂　泉さんは議事部長をされている間に、ロッキードの話など、随分議会も大変だったと思います。にもかかわらず、十五年もやられています。

例えば記録部長等々、議員との接触が直接ないようなポスト〔その意味での負担が少ないポスト〕がほかにもあるにもかかわらず、それでも十五年というのは、これはもう議事部一本やりのキャリア・パスで行くのだと、そういう理解でよろしいんでしょうか。

近藤　多分。そう言われますと確定的なことは言えませんけれども。

Ⅱ

◆議事課長の職務内容

奈良岡　昭和六十二年に議事部の議事課長に御就任されています。まず議事課長というお仕事の職務内容、一年間の仕事の流れについて教えてください。

近藤　前に言いましたように、十二月召集ですから、十二月の二十五、六、七ぐらいに常会が召集されますので、その一週間ぐらい前から議運が開かれますし、我々もその国会に何が行われるかということで、ある程度議事の準備、それから会派構成に対する対応の仕方、それから本会議場の運営に必要な準備。議席数が変わることはございませんけれども、議席数が変わったような場合には椅子から取りかえなきゃいけませんし、本会議場で使う小道具的なものも準備しておかなきゃいけません。

今は一月召集ですからストレートになっていますけれども、そのころは大体召集日でおしまいです。それからいわゆる自然休会に入りまして、一月の二十日過ぎぐらいに予算が提出されますので、そこで施政方針演説から入っていくわけです。一月十日過ぎぐらいになると内閣の方から提出予定法律案が示されますので、我々は我々なりに、どういう常会の議事の流れになっていくのか、どういう運営的なものになっていくのかということを頭に入れまして、具体的には議運がその頃から動きますから、実際的な運営もありますけれども、一種の常会に向けてのジョブトレというようなものも考えていくわけです。

一月二十日過ぎになれば、施政方針演説、代表質問、それから予算委員会へと続いていきます。百五十日ですから、大体五月下旬ぐらいになりますか。今は一月ですから、六月の中下旬ぐらいです。通例は延長が何日間かあります。十二月召集の場合には必然的に自然休会中だけ足りませんから、二十日か三十日ぐらいはどうしても延長は必然で、そのために一月召集に変えてきたわけです。ということになれば、六月中頃、下旬ぐらいまでが常会でございます。その間に参議院の通常選挙が三年に一度はそこら辺に入ってきます、衆議院の場合は解散でございますけれども。参議院の通常選挙が入ってきますと、それで臨時会を開かなきゃいけません。これは三年に一度の話でございます。

それで、早ければまた九月から、常会の積み残し法案なり、緊急政策課題のようなものがあれば秋の国会にやられますので、九月、十月ぐらいから臨時国会が召集されます。昔は、大体、十一月ぐらいで給与改定、それから災害のための補正予算が大体十一月に来るぐらいでございましたから、七、八、九、十、少なくとも四カ月ぐらいは完全に夏休み、プラス延長ということでしたけれども、最近は通年国会化していますので、九月ぐらいには何らかの国会が召集されてくるということで、それが二カ月になるのか、三カ月になるのか。その後二カ月になれば十月、十一月ぐらいまで、三カ月になれば十一月、極端な場合は常会まで突っ込んでしまう。今はもう臨時会が一月二十九日まで行われるということになりましたし、国会としてはそんな動きになるわけでございます。

奈良岡　だんだん忙しくなってきているわけですけれども、常会あるいは臨時会が開いている最中は、議事課長というお仕事はほぼずっと繁忙を極めるという感じでしょうか。

近藤　そうでございますね、国会が動いている限り。最近は本会議の開会日数も非常に多いですし、本会議が十分でも二時間でも、我々事務屋というのは、作業量としては大体同じですから。

奈良岡　議事課長のお仕事というのは、本会議がメインですね。本会議の議事を運営される。ただ委員会の審議とか特に議運とか、そういう動向を常に見ないといけない。

近藤　そうですね。一体化していますので、本会議の運営がどうされるかというのは議運の決定にかかっているわけですから、議運の決定内容と本会議の進捗内容というのは、全くとは言いませんけれども、殆どが対応関係にありますから、ただ見ているというわけにはいかないんです。運営は委員部さんの所管でございますけれども、内容的にはかなり私たちも眺める以上のことをしていかないと。だから、本会議がどう動くかということはひとえにそちらにかかってきますから、議運と本会議とは少なくとも我々の役所の組織体制では別かもしれませんけれども、仕事の実質的な面においては同じぐらいに見ておかないといけないようなことを決められると困っちゃいますから。

だから、この間の臓器法案[8]というのは、予備セレクションをやろうということになると、本会議場でどうやって予備セレクションをやるんですかという話になっちゃうんです。まあ、なかったんですけれども。提案権を封ずることになりますし、あのセレクションをやったら、野党提案は全部セレクションで否決できるんです。本案、対案だったら、これはどちらからやってもまあいいんですけれども、どちらをかけましょうかとセレクションをかけたら、多数決原理でいけば野党提案は全部落とされていく可能性があるわけです。

◆議長の横顔

奈良岡　議事課長になられた頃は、ちょうど政治的にも激動の時期で、元号も変わるわけですけれども、議事課長ともなると、管理職として接する国会議員の方も増えるし、また、ポジションも上の方との接触が増えてくると思うんです。当時接した衆議院の議長ですと、原〔健三郎〕議長、田村〔元〕議長、櫻内〔義雄〕議長という方が議事課長時代の議長です[9]。特に印象に残っている方などがいらっしゃれば、お話し頂ければと思います。

近藤　先ほども言いましたように議長と直接日々会うわけじゃございませんので、印象と言われましても、難しいところがあります。

原議長は売上税のときですね、ずっとやられました。田村議長は宇野宗祐内閣のときです。竹下内閣総辞職を受けて、国会もリシャッフルされたということになりますね[10]。それで、その後、田村議長は半年間ですから、本来なら再選かというお話もあったような気がするんですけれども、ああいう方ですから、やられないで、櫻内議長がやられていますね。櫻内議長は、ＰＫＯと政治改革で結局最後は内閣不信任案を可決せざるを得ないということになるわけでございますけれども。私も直接日々接しているわけじゃございませんし、せいぜいレセプション。議事課長だって議長と直接話すことはまだないですから、レセプションなんかでも、挨拶程度です。

キャリアと言ってはいけませんけれども、原健三郎先生はいわゆる渡り鳥シリーズをお書きになったということですね[11]。櫻内先生は、御趣味以上のものが宝塚だというお話ですね[12]。田村議長は、天下の御意見番みたいな。だから、それを国政というのか議長職に直接結びつけてはいけないいけれども、そんな感じがするんです。原先生というのはやはり、誰にも拘束されたくない、自由奔放な感じがする方だし。田村先生は、先ほど言ったような御意見番みたいで、政治家だから当たり前といえば当たり前だけれども、やはりある程度どなたにでもずけずけとおっしゃいますし。櫻内先生は、そういう御趣味か御趣味以上だから、感覚としてかなり繊細ですね。運営的にも、ある面では繊細。剛腕でどうのこうのということじゃございませんし。趣味とかそういうもので政治活動を推測してはいけないけれども、やはりそういう感じはいたします。

だから、原議長も、これも逸話でございますけれども、竹下内閣総辞職のとき、同時に正副議長も入れかわっているんですね。そこら辺のところでも、新聞記事にあるかどうかは知りませんけれども、内閣の人事刷新と議会の人事刷新が同時に行われているわけですね。そこら辺に対して、同時になぜと、原議長はかなり一家言おありであったと記憶しています。そういえば、これは昔の自民党が使ってきた手法です。予算成立の遅延の責任をなぜ衆議院議長がとらされるのか、という話です。昔の自民党は、遅延を防ぐために強硬手段で、その責任を議長にとってくれという手法がたびたびあったということですね。

原議長の場合、逆の意味で、それも一つ現象化して、予算遅延の責任を衆議院議長がとる必要があるのかどうかというようなことを問題とされていたように思います。結果的に、現象的には、内閣もその責任をとり、議会のトップも責任をとったような同じ形になっていますけれども。そういうことになれば、原議長のような性格の方が、要するに日本民族の部落共同責任論みたいなことにあの方がくみすることができたかどうか。渡り鳥は自由にどこへでも飛んでいく、誰にも縛られたくないという思いはあったのかなという気がします。

◆議事部各課の所掌範囲

赤坂　議事部の議事課というのは、本会議の運営だけじゃなくて、もう少し衆議院の全体についていろいろ関係を持っているんだという話でしたね。

近藤　『先例集』を作りますから。それだからということじゃないんだけれども、そういうことなら、先例事項との関係性はどうかということを問わなきゃいけません。一応議事課が作成したことになっていますので、そこはどこかの責任ですよというわけにはいきませんし、総体としてある一冊を部分部分に分けて、ここは知りません、ここは知りませんというわけにはいきません。やはりトータルとして議事課が最終的な責任を持っています。

赤坂　実際は、割り振りはいろいろな部署に、例えば秘書課等にも割り振っているのでしょうね。

近藤　はい、割り振ってやりますし、最終稿というのはそのままでなく一応協議にかけます。ほかのところとの整合性もありますし。例えば量の整合性、一つだけ多くされたら困っちゃうわけです。

日々の運営についてもそれをまた議運にかけなきゃいけませんし、議運にかけるときに、担当部長がおりますからいいんですけれども、資料の差しかえだとか資料の添付の仕方だとか、そういうものを一々また言われても困るわけですから、本会議はそういうことは余りないんですけれども、議運にかけるパターンというようなものもある程度指示させてもらわなきゃいけません。だから、そこら辺で何がかかるんですかというようなこともありますし、余り議題があるときにはそこをちょっと日延べしてくれということも言いますし、また、この議題は今のタイミングじゃないだろうというのもあります。

あと、ある程度、議運にかかってくる、本会議にかかってくるのはもっとですけれども、本会議に回るのはどういう議題なのか、どういう内容なのか、それを誰が説明するのかというようなことも含めてやっていかなきゃいけません。本会議にかかるのは殆どパターン化していますし、議運にはかなりアトランダムでかかってきますから、そういう点ではある程度委員部も見ていてくれていますけれども、案件に載っけなきゃいけませんので、その協議事項内容の中に突っ込んでいかなきゃいけませんので。そこら辺のところでは、我々はただ形式だけやっておりますけれども、形式だけでなく中身が何であるかということ、ある意味内容が形式を決定してきますから。ですから、余り、庶務的なことだからといったって、実際の話、議員さんの関係のものを一番末席で職員より後にするというわけにもいきません。

赤坂　議院運営委員会は議院のまさに運営に係る事柄全般を、おっしゃるように、アトランダムに扱っている印象を受けますが、それを事務局として支えないといけない議事部議事課としては、おのずから所掌範囲が広くなるということでしょうか。

近藤　だから、狭義の事務所掌の問題じゃないんですけれども、協議してもらうとか決定に至る過程をどういうふうにしていくかということになると、今言ったように、内容から形式から、時期とか方法とか、やはり一つのものを成就させるにはそれだけのものがすべて必要になってきますから、そこら辺のところを協議するというのは、ある意味ではほかのものとの平仄性を合わせたような形でやっていってもらわなきゃいかぬわけです。

赤坂　そうしますと、議事部の中でいろいろな課がありますけれども、特に議事課というのは、少し大所高所から総合考慮するような面でやや特殊な地位にあるということでしょうか。

近藤　そうですね、多分筆頭課だと思います。議案にしても請願にしても、委員会もそうですけれども、本会議に必ず直結することですから、そこら辺のところの上下関係とは言いませんけれども、横の連絡関係というのはいつもやっておいてもらわなきゃいけません。

議案のような場合、趣旨説明というと、いつやられるか分かりません。本会議は趣旨説明を聞く方を議事課がやりますけれども、それのための資料だとかそういうものについては議案課がやるわけですから、そこら辺の平仄をとってもらわなきゃいけません。

請願の場合は、今はもう会期末に一括でいいんですけれども、きちんと随時にやれという意見はいつもあります。随時にやれというと、これまた大変でございます、例えば一カ月に一回ぐらいと私は思っていますけれども。一カ月に一回じゃなくて、委員会がきちんと受けて、その請願内容がどうであるか、それを受けて議会はどう対応するのかというのをきちっと何かの形にして、それを決定事項としてやるべきではないかと私は思っています。そうなると、時宜時宜にやっていかなきゃいかぬことになります。今のところはそういうふうになっていませんから、会期末一括処理で請願なんかはやっています。そうなると殆ど議案課と同じような形になってきますから、そういうことではある程度リンクさせていかなきゃいけません。議案課ほど頻度は高くありませんが。

奈良岡　議案課の仕事というのは、議決の対象となる案件の資料を取り扱うということでしょうか。

近藤　議案の受け付けから印刷、配付、それから議決後の参議院への送付、内閣への通知等々の事務をやっています。それから、修正した場合には、修正事項、形式ですけれども、文書の話ですけれども、議案を修正するということもやっていかなきゃいけません。

奈良岡　議事課の方がダイナミックな仕事が多い。議案課は個別の議案、それに伴う書類の送付などがある。

近藤　議案課は文書的なところが多いですから、やはりそういう意味で行動のダイナミズムは余りございません。一つの文書をどうしていくか、どこへどう動かすかということ、それから内容、文面をどういうふうに完成していくかということです。この法案に瑕疵があるとかどうのということ、手続に瑕疵があるとかというのは余りやりたくないんですけれども、あればやらなきゃいけません。

赤坂　資料課というのは、もう終わったものを扱うという理解でよろしいでしょうか。

近藤　そうですね、一応、会議録の保存。製作は記録部の方でやります。

赤坂　記録部は専ら記録をつくる方に集中しているんですか。

近藤　そうですね、発言を中心とします。だから形式は議事部の方で整えます。委員会の場合は委員部で整えます。議員の発言内容からの部分が記録部さんの仕事ですから、会議録の前の方の部分だとか、出席者ですとか、会議に付した案件だとか、そういうような諸々の部分については、記録部さんは第一義的な責任は負われません。それは本会議でやれば議事部の方でやりますし、委員会だったら委員部の方でやります。

赤坂　課長さんたちは、常時集まって会議などをされるのでしょうか。つまり、議事部課長会議みたいなものはあるんでしょうか。

近藤　常時ということではありませんけれども、かなり集まってすることはございます。一つは、議運でどういうことが決められたかということ。事務局関係について議論されることもありますし、個別の問題なんかを扱われた場合にはありますし、ただ議案だけの、請願だけの話の場合でも、やはり部総体として認識した方がいいんじゃないかといえば集まりますし、事務局全般のことが議運なんかで協議された場合、あるいは協議されるような場合については、意識統一というんですか、広報伝達というんですか、そのためにしばしば集まります。

◆特別国会の準備と議事課

赤坂　議事課の職務内容についてもう一つ、総選挙後の特別国会を控えた時期には、事務局としては一体どういう準備をされるのか。そして、特別国会が始まったら、ほかの通常国会と事務においてどういう違いがあるのでしょうか。具体的に言いますと、この時期は特に部屋割りないし議員宿舎の話が重要になると思いますけれども、まず、議事堂内の部屋割りの手続は、基本的には政党間の話し合いで決まるのか、ある程度、事務の方で原案みたいなものを出すのか、そのあたりはどうなんでしょうか。

近藤　一応、原案みたいなものは作ります。それでも、今回の場合はちょっと大変わりですけれども、一応、既存のものはそれを維持しながら、あとは、所属議員数で、議員控室として定められている全体的な面積を出しまして、議員数に応じて比例的に面積を割りまして、部屋を飛び越してやるわけにいきませんから、部屋の坪数を基準にして近似的につけ加えていって、一応の基本的なものは作ります。それをやって、例えばここところを交換しようということになりまして、極端な場合は、ここは広いから真ん中で間仕切りで二分割して、急遽つい立てなり簡易的なものを作ったりしてやることもございます。

今回は大変わりですから今ごろ大変だろうと思いますけれども[13]、一応出します。そのときに、事前に打ち合わせをして出すか、それとも全く最初から出してしまうかというのはありますけれども、最初に意向を聞いたって、自分の意向だけおっしゃいますから、多分その矛盾点は絶対解消できません。一応、最初に平場に出してしまって後で御相談して頂くというのが実際的だと思います。

今までは、要するに五五年体制で、自由民主党が過半数から三分の二、二分の一から三分の二の範囲でずっと取っていましたから、残る範囲をどういうふうにモジュレーションするかということで、五五年からこの間やってこれました。平成五年のとき、あのときは二分の一をちょっと割ってしまった。でも、二百二十幾つですから二分の一に限りなく近いわけですから、全体の六分の一程度の範囲内をちょっと超えただけでございますけれども、今回〔二〇〇九年の政権交代〕は全く超えてしまったわけです。

赤坂　控室はいつ頃までに決まっているんですか。

近藤　原則的には召集日までには決めます。平場に一回出しますけれども、あとはほとんど平場に出てきません、平場に出して議論すべき問題じゃございませんので。一たん平場に出したら水面下に潜ります。水面下でお話し合い願うわけです。それで完成版を水上面に上げる。それは、召集日の前日なり、極端な場合は召集日の朝です。召集日の本会議の前には一応控室はみんな揃っていなきゃいけませんので。

昔は控室に文書函というのを設けていまして、公式書類というのは全部控室に入れることにしていました。それでもって文書配付、いわゆる議案等の配付の手続完了ということになっています。今は会館の方に持っていきましたから、そこの点ではちょっと違いますけれども。だから、これも本質的といえば本質的ですね。郵便が届かなきゃ効力が生じないという観点からすれば、可能性のある召集日の少なくとも午前何時ぐらいまでには手続完了できる態勢を整えておかなきゃいけないということになっています。

でも、大体召集日の前日ぐらい、議員宿舎の場合は何名かペンディングというのもございます。宿舎はそれでも個人の方の問題ですから、それはちょっと我慢して頂いてほかのところへ、申しわけございませんが、ホテルなりどこかで待機して頂くというのも御了承頂ければ可能なことです。

赤坂　この時期は各派協議会という形で政党間の協議が行われますけれども、これは議運の場合と同じように、事務局の方がいわば下支えするものでしょうか。
近藤　はい、これは議院運営委員会と全く同じでございます。ただ構成が違うだけ。
赤坂　どの点で違うんでしょうか。
近藤　構成でございますが、定数の定めがございませんし、各派の割り当ての定めが一応ございません。これも先例にはなっていないと思いますが、解散直前の議院運営委員会理事会の構成比率をもって各派協議会を構成するというのが一応慣例にはなっています[14]。座長はその当時の議院運営委員長が務めるということでございます。今回は議院運営委員長が落選されましたので、民主党の筆頭理事がお務めになるようです。

平成五年のときも、私どもは対応を怒られました。ある党の所属議員数が減りまして、他のある党が進出しました。我々は、その対応が悪かったのかもしれませんけれども、今の原則でいったわけです。解散当時の議運理事会の構成でもって各派協議会を構成して頂くということを言いましたら、ある党から、おまえたちは選挙結果を何の反映もしないようなことをおれたちに説明するのか、ということを猛烈に言われました。それは一応、我々は原則で、定数が決まっているわけでもありませんし、幾ら何人出して頂いても議決権に全く効果がありませんからと言いましたら、「じゃ、我が党は所属議員全員で押しかけるということでよろしいか」、「いや、それはちょっとお待ち願えませんでしょうか」と。そういうこともございました。
赤坂　議運理事会と同じということは、その記録も全く同じようにとられるんですか。
近藤　各派協議会の場合は記録をとる方が入りますので、記録のとり方は全然違います。議院運営委員会があればいいんですけれども、その場合には公式記録としては委員会の記録が残るわけです。各派協議会の場合議院の正式機関ではありません。むしろ議運理事会に相当する機関です。ですから各派協議会の場合、どこにも記録が残りませんので、でも残さなきゃいけないわけですので、そのために一応、公式記録というんですか、記録部がとります。その記録のとり方はちょっと違いますけれども、あとは別段、何も違いもありません。やる場所は、議長応接室でやります。頭から議院運営委員会の会場でやります。何の原則もございませんけれども、理事会室だとか委員長室を使わない。

赤坂　議長応接室が議運の開催場所なのですか。

近藤　議院運営委員会が開かれる部屋でございます。各派協議会は最初からそこでやる。

赤坂　その各派協議会の理事会みたいなものが開かれることはありますか。

近藤　理事会はございませんけれども、打合会というのがないわけではございません。

赤坂　それがいわば議運理事会に当たるわけですね。

近藤　ええ、相当することになるかもしれません。全くないということはございません。平場で議論するか、内々少数でもってやるかということはあると思います。だけれども、各派協議会の場合は事前にやることはないです。協議会の途中で、ある問題を座長なり会議の一同が、そういう協議の仕方をしようとすれば開かれます。今言ったように、例えば控室だとか宿舎というのは、一般的な説明をして、一般的な御主張があったら協議会の外で議論します。そこで何人かで協議して頂く。議員宿舎も何人かで協議して頂く。それで協議したものをもう一度正式の会議に上げてくるということになります。そういうことで、事前に、開く前に理事会みたいな形式で打ち合わせするということは、ほとんどないです。

◈ 事務総長・次長・議事部長との関係

奈良岡　非常に具体的なお話を伺えて理解しやすいんですけれども、もう一つまた別な側面で、議事課長というのは、事務総長とか議事部長との関係では、どういう形で動いているんでしょうか。

近藤　議事部長とは頻繁に、問題点というのですか、個別に何か協議が必要なものがある都度は上げておりますけれども、ルーチン的な日常業務についてまで一々御相談はしません。今申し上げましたように、議運の場合は案件を作りますから、案件の場合にトータルで協議しますから、案件に関わらずすべてのことを、関連性があってもなくてもそこで協議しますので、議運の理事会なりそういうものがある場合には必ず前日に一回は接触しますし、そのほかに個別的な問題は当然やります。

事務総長の場合は、同じですけれども、頻度はぐっと下がります。全体的な運営だとか、事務局として最終的な意思というものをある程度決めておきたいという場合に、事務総長に事情を説明して判断を仰ぐというようなことをしますし、それから、一つは、総長、次長あたりですと自分のお考えもございますから、自分のお考えでこのとおりいけるのかどうか検討せよ、あるいはこれでいけというような指示もあります。

もう一つは、議員からの要求、資料なり、想定問答的な議事運営というのもございますから、そのようなことがありました場合に、具体的なものになりますと一応議事課の方に振られますので、それでそういうものを作成して、相談というか協議するということもあります。それから、議院運営委員会は事務局としては事務総長が責任を持ちますので、それは案件会議で議事部長から御説明いたします(15)。

そういうことですから、言ってみれば、議事課長としては、議事部長、それから事務次長、事務総長と、接触の仕方は同じでございますけれども、頻度はだんだんと少なくなっていくというようなことです。

◆昭和天皇の崩御と改元

奈良岡　議事課長時代の年表を繰って印象的なことを幾つか拾ってきましたので、大きな事件について触れていきたいと思います。

まず一つ、元号が変わっているわけですけれども、昭和六十二年に昭和天皇の体調がお悪くなり、国事行為を皇太子（今上天皇）が代行するということが始まりまして、そして昭和六十四年にお亡くなりになります。天皇陛下の病状の変化ということに関して、国会の運営と関連して何か変化をお感じになったこと、あるいは印象に残ったような事件というか出来事はございますでしょうか。

近藤　私も、具体的に何をやるか、全くその状況を今もわかっているとは言えませんけれども、谷総長が秘書課長〔議事部副部長で秘書課長事務取扱〕をやられておりまして、あの当時にはまだ普及していなかった携帯電話を何台も持たされていたとおっしゃっていました。——地下の何階かに入られますと携帯も届かなかったですけれどね。元号改定の場合、内閣のどこかで協議するのかな。即、元号を改定しなきゃいけないわけです。

それから、践祚に対する儀式は、間髪入れずやらなきゃいけません。これは本会議議事のことではございませんので、私も議事課長をやっていましたけれども、そんなに深刻には関与していません。秘書課長、秘書課の所管でございます。それは間髪入れずに、真夜中であろうと、践祚に関する儀式——例えば元号改定がございますし、宮中でその場合にどういうふうに対応するか、三権の長がどう対応するかというような問題です。

だけれども、本会議担当の課長〔議事課長〕としては、別にそれほど、いつ何が来るのかが分からなかっただけでございます。関連の法案が出てきますし、天皇に対する弔意を表さなければいけませんので、そのための本会議をやらなければいけません。そういうものをいつやるかということでございます。

朝早くに亡くなっていましたよね[16]。その日にほかの議題で本会議がセットされていたのかな。たしかその日に直ちに本会議で、いわゆる弔意議決をするんです[17]。

天皇陛下が亡くなった場合には喪服形式で出勤しろという指示がございまして、その日は、本会議も多分喪服形式で入ったんじゃないかな。それで、これは極めてオタク的なお話でございますが、そのときに天皇陛下薨去に対する弔意を表さなきゃいかぬという意見が出まして、天皇制を云々される方からはそのようなことは必要ないという、一種の政治論的なお話もございました。

今、災害の弔意なんかは別にして、故人に対する弔意表明については、いわゆる黙祷形式、ああいう弔意形式は本会議ではやらないんですよ。今は全部言葉形式で弔意を表するわけです。弔意文を議決するとか、弔意文を朗読するとかいう形でございます。災害の場合、委員会はやるんですけれども、本会議の場合は、私も黙祷の経験がないんです。そのときに、黙祷しようというのがありました。その後、阪神・淡路大震災のときに黙祷を捧げていいます。

それは天皇制の問題にも関わりまして、議会として、このような問題を全会一致で進めて、議事を遂行していった方がいいということもございます。そういうことになると欠席なり棄権される会派が多分生じるであろうということは分かるわけです。そこまでして議会がやらなきゃいけないのか。また、それを数だけで判断していいのかどうか。少数だから許されるし、多数だったらというのですけれども、例えば野党第一党が反対したらどうしようもないんですけれども、野党第二党ぐらいなら許されるかという話になります。野党第二党ものくらいいらっしゃるか、二けたでかなりの数字を持っていらっしゃる党が本会議に出られない場合でも、議会はすべて過半数であればいいのかどうかということもありますし、今までやっていなかったということもございます。

あとは、私の個人的関係になりますけれども、今おっしゃったように国事行為の代行。法律はありますけれども、あれは具体的な行為指名はないんですよね。ですけれども、ここで皇太子が開会式に何度かお出になっていますよね。このとき以降、具体化はしておりませんけれども、皇太子の国事行為の議論が論議の端々に出る可能性は出てまいりました。それまでは、昭和天皇がああいうお元気な方で、終戦宣言と比較するわけではでございませんが、当然すべて自分が行うというお方でしたし、またそれをやれるだけの健康度をお持ちだったから、我々にしてみれば国事行為の代行の議論はタブーだったんです。私の現職中、天皇陛下の長期御病気の前というのは、あのようなことは絶対誰の口からも出ません。全くのタブーな発言なんですけれども、この間の七月の段階でも可能じゃないかということは出ていまして、ある程度現実化してやられるのではないか、七月十一日解散というのは国事行為代行でやられるのではないかというかなりの可能性すらもう出されていましたね[18]。

タブーだけれども、運営していて、先ほど言ったみたいに本会議の途中で来たらどうするかという話、一般的な危惧はございました。何をやるか分かりませんから。本会議の途中に連絡が入った場合に一体どうするかという危惧はありましたけれども、危惧だけで、具体的に何をやるか全く分かりませんから、ただ来ないことをひたすら願っているということだけでございました。

奈良岡　対応策は、事前に少なくとも幹部クラスで議論されるということは多分あったと思うんですけれども。

近藤　私はまだ議事課長でございますからね。

国会全体の問題もさることながら、それより、例えば、先ほど申しましたように、践祚の行為でございますから、極めて少数の要するに議長周辺の問題、まずそれをクリアしていかなければいけません。それをした後に一般的な問題がございます。それは全く待ったなしでやらなきゃいけませんけれども、そのほかの行為は若干時間がありますから協議していけばよろしいですし、あとは先ほど言った弔意事項だけだと思います。私どもはやっていませんでしたから、秘書課かどこかが内々に心の準備なりある程度具体的な準備、過去の例などをずっと検索しておくとか、明治天皇から大正天皇、皇太后からずっと調査しておくというのはやっていましたし、多分準備していただろうと思います。

法案が出てくるような場合、内閣からは少し遅れて出てきます。皇室財産の問題だとか、あと何か、多分天皇の交代によって二、三法律が出てきているると思いますけれども、そういうのはかなり後になって出てくる問題ですから、時間的余裕があります。この辺は、秘書課さんが毎日ほとんど徹夜状況でだれかがウオッチしている、宮内庁からの御連絡を常に待っている、余りうれしい仕事ではありませんけれども。

赤坂　皇室関係というのは、秘書課の所管なわけですね。

近藤　はい、秘書課が皇室関係をやっている。

赤坂　議事課長としてかかわる部分というのは、本会議に来るときに実際にどう段取りするか、その部分だけなんですね。

近藤　そうですね、本会議の議題なり案件になる場合ということです。例えば大正天皇のときにどんなことが行われたか、明治天皇のときにどんなことが行われたかとか、ジョブトレとしてはやってはおきます。だけれども、元号制度の前の話でございますし、帝国議会ですから議会が違っていますから、そこら辺はちょっと辛いんです。一応準備だけはさせて頂いていますけれども。

◆「案件会議」への関与

赤坂　先ほど、議事課長だったので幹部の検討が行われたかどうかよく分からないとおっしゃいましたけれども、いわゆる案件会議につきましては、議事課長は構成員ではないのですか。

近藤　総長のもとでの案件会議には構成員としては入っていません。部長がやりますから。

赤坂　案件会議というのは、総長のもとでの案件会議と、それ以下の案件会議と、幾つかのレベルがあるのですか。

近藤　案件を作る場合ですから、その段階、ステージ、ステージ、レベル、レベルでやっていきます。

例えば、議事課内の問題でございましたから議事課内でやるのもありますし、次いで部長、それから次長と折衝いたします。総長に対しては、全体的な案件会議で議事部長がやりますから、事務次長までは議事課長が一応個別に、明日の議題はこうなりますよ、内容はこうでございますというようなことを説明しながら了承をもらうわけです。

赤坂　例えばこういう場合、議事課の中で今から案件会議を行う、というような表現をしてもおかしくはないのですか。

近藤　別におかしくはないですけれども、議事課内では会議形式はとらないと思います。個別折衝、個別交渉というんですか、個別にはやります。議事部長のところでも大体議事課長がやって、実際的な作成者に補佐的に立ち会ってもらうことはあります。一番下のレベルでも、一応、案件作成者が課内の意向をずっとまとめてきますから、それを課長に説明するわけです。必要ならば、課長がまた担当のところを呼ぶことになりますから、難しい問題が起こったらやりますけれども、一堂に会して常時やるということはないです。

個別折衝ですから、それを会議といえば会議でしょう。重要な問題があれば他部課も呼んでやります。例えば法案で、提出からもめるような場合には、議案課とか委員部総務課を呼んで、議案の提出がどうか、趣旨説明をどうしていくのかとか、それまで印刷関係は間に合うのかということをやっていきますから、そういうような場合になれば大がかりですから会議形式を踏みますけれども、日常的には大体個別でやります。

赤坂　わかりました。私がイメージしていた案件会議というのは、秘書課長が入って、庶務部長、委員部長、議事部長が……。

近藤　総長のもとでの案件会議はね。

赤坂　そうですね。ここで言う「案件」というのは、本会議にかかる案件という概念でよろしいでしょうか。

近藤　一番コアとして申し上げれば議院運営委員会です。だけれども、今はもっと広い意味で、要するに総長のもとで同じメンバーでやるのでしたら案件会議と称しているかもしれません。全部長であれば多分「部長会議」と申し上げるんですけれども、原則的には議院運営委員会理事会。一番現実的に申し上げれば、議院運営委員会理事会協議事項が案件です。

　ということで、最近は、物がなくても、同じメンバーであれば「案件会議」と称しているようでございます。でも、終局的に言えば、そこで行われたものを議院運営委員会でどう説明して、どう結論づけて頂くかということにすべて集約していきますから、そこから逃れられることは多分ないと思いますし、それはやらないと思います。それは単独部長なり単独課長のところで処理できる話でございます。うちの場合は、ほとんどが議院運営委員会理事会で御説明して何らかの実質的な決定を頂かないと動けないシステムになっていますので、そこから逃れ得ないものは、具体的なものがあるかないかはまた別でございまして、問題点でも生ずれば、やはり案件としてやっていかざるを得ないということです。

◆議長官房の構想――秘書課長の位置づけ

赤坂　秘書課長というのは、外部からすると位置づけが少し分かりにくいんですけれども、課長という名前がついていながら案件会議の主要構成メンバーでございますし、他の部長をしてから例えば秘書課長をするというようなことはありますか。

近藤　兼務する場合はあるかもしれませんけれども、単独ではございません。秘書課長の場合には、職階で具体的に申し上げれば、上級課長職、副部長職、相当そこら辺のところでございます。

秘書課長というのも、許されるなら本来なら官房長でいきたいんです。要するに、議長官房というものが通用するのかどうか、官房制度がいいのかどうか御議論はあります。でも、霞が関の職階、職制的なところからいえば、うちも官房長として位置づけして頂きたい。官房長で位置づけして頂けば、部長相当職ということになりますから、要するにポスト増ということになりますので、そこら辺の組織がいいのか悪いのか、議長官房というものがどういう意味合いを持っているのかということもございます。それは、本質的に議会における議長が何を持たなきゃいかぬのかという話です。

行政官庁でいえばかなりの行政事項を担当されるんでしょうけれども、では国会で議長が単独でそれだけの行政作用を行わなきゃいかぬとしたら、議長はそういう職責なのかということもあります。我々役人の膨張主義からいえば、官房長制をしいて頂いて、部長相当職という位置づけということです。

奈良岡　逆に言うと、議長というのは、手持ちのスタッフみたいなものは、秘書課長がいて、その下に何人か課員はいらっしゃるんですか。

近藤　秘書課長は、一課でございますから、現業部門までいけば、議長公邸のお仕事から副議長公邸の仕事もしておりますし、それから議長・副議長秘書が二人おりますし、秘書の補佐役がおりますから、そういう面でスタッフはかなりおります。内輪でも実数的には二十人以上いらっしゃるのかな。

奈良岡　もうちょっと充実させてもいいのではないかという感覚はなきにしもあらずということですね。

近藤　充実も当然ですけれども、職制というのか構成として。行政庁が官房制度を持っていらっしゃるならば、うちも議長官房というものが成り立つか成り立たないかということです。

ですから、先ほどおっしゃったように、では、官房はどこがやっているのかということになれば、多分、ミセラニアスとして、本会議であろうということで議事課が官房か、という感覚です。でも、そういう意味では、そういうものを受け付けると確かに秘書課さんとしては非常に困ることもあるわけです、国民からのアクセスで。ですけれども、官房制度をとった場合には広報がそこに入ってこざるを得ない。今、事務局の官房的な仕事は庶務部がやっていますけれども、そうなると、組織がえで、官房に人事とか会計とか広報とか、今行政組織にある組織が官房になると人事権がどうなるのかという話にもなりますね。今の秘書課だけで官房の仕事が終わるということにもまたならないかもしれません。そうなると人事権がどうなるのかという話にもなります。

今、うちの事務総長の官房的な仕事は庶務部文書課がやっておるんです。秘書課は議長、副議長、議長サイドオンリー。だけれども、そこで議長と事務総長を区分するわけにいきませんから、実質的には混交と申し上げた方がいいと思いますけれども、理屈、建前上は、一応、事務総長の官房的業務は文書課が、公印を保管するとか、文書を総長名で発するとか、これは形式的かもしれませんけれども、そういう仕事は文書課がやっております。本来的には官房がやるんでしょうね。

Ⅲ

◆ リクルート事件と消費税国会

奈良岡　先に、ロッキード事件あたりから自民党の変質というか衰退傾向が始まって、その後、何とか三十年持ちこたえてきたんだけれども、とうとう政権から下りる直前まで来ているのではないかというお話がありました。九〇年代、議事課長を担当されている時代というのは、まさに自民党政権のいろいろな歪みが出てきた時代なのではないかと思います。それが具体的に国会運営にどういうふうに現れていたのかということをお聞きしていきたいと思います。

まず最初、昭和六十三年、竹下内閣のもとでリクルート事件が発覚し、その後、消費税の問題をめぐって国会運営が完全にデッドロックに陥るというような状況があったかと思いますけれども、議事課長として間近で国会運営をご覧になっていて、どういうご印象をお持ちでしょうか[19]。年表を見ますと、六十三年の六月にリクルート事件が発覚して、十一月に消費税の関連六法案を自民党が委員会で強行採決して国会審議ストップという状況です。

近藤　私は売上税のときには議事課にいないんですね。衆議院にはおりましたから無責任なことになるかもしれませんけれども、消費税そのものは普通の議案がたどるような推移をたどっていないような気が私はするんです。ですけれども、十一月十日単独強行採決ということでございますけれども、これはある意味で完全にリクルート事件が前座を務めたような印象を私は受けます。本来的には、消費税が頭からぶつかり合ってということになっていない。そこは竹下総理の総理としての才覚、それからベテラン国会運営の才覚ということでなっているかもしれませんけれども、まず、売上税を一たん廃案にして協議事項を作って、それで消費税を強行しないということでいわゆる国会対策がされるわけです。それで各党間協議に持ち込まれまして、各党間でこれに対する成案を出してくれということで、言葉は悪いんですけれども、一種のガス抜きがされるという感じがするんです。

直間比率の問題だとかマル優制度の問題だとか一般的な税制改革の問題、要するに周辺税制の改革を周辺整備としてずっとおやりになりながら、消費税のコアをずっと各党間で合意して作ってくれということ。それからでございますけれども、リクルート事件が前座ということになっておるんですね。要するに政権構造の問題でございますから、社会党がむしろリクルート問題に猛烈な集中をかけてきたということ。これは政党政治であり、日本の議会制度が、議会が権力奪取の場であるということ。今回の場合もそうですけれども、私の主観としては、議会が完全に権力奪取の場として作用し始めているということです。

私の印象としては、完全にここでリクルート問題を隠れみのに、その中で消費税がずっと動いていくというシステムですね。だから、事務局の人間がこういうことを言っては大変申しわけないんですけれども、国会運営的には、このリクルート問題調査特別委員会の設置というものが消費税の帰趨を決めてしまった、そう思うわけです。要するに、政権与党がどれだけの生傷を切らせてくれるのか、切り方によってどこまでも行くというような雰囲気にずっと動いてきたかなという感触を持つんです。

野党としても、消費税について一〇〇％反対すべき政策であったかどうか。だけれども、野党としては、増税法案に賛成する必要は絶対ないわけです。ですから、反対すればと言ってはいけませんけれども、それは野党としては多分反対すべき事項であるわけです。ということならば、その反対に対して、どれだけの反対のインパクトなり、反対の実効性を政権党が付与するかということ、それがリクルート事件の解明であり、当事者の政権のある程度の腐敗度の暴露ということになってきたのかなと。こういう印象を持っちゃいけないんですけれども、述べろと言われれば、そういう感じが非常にするわけですね。

ですから、ある意味では極めて日本的な国会運営であったかもしれない。要するに、正面切ってその一つの問題を焦点にして議論して、それで答えを出していくということではない。今まで、すべてとは言いませんけれども、多くの問題がそうである。そのコアの問題とサブの問題がバーゲンにかけられて、というような感じが日本の政治の場合にはしないわけじゃないわけです。だから、リクルートの問題もある意味ではそういうことなのかもしれません[20]。

だけれども、これからはそういうことでは国民が黙っていないということでしょうね。要するに推進すべき政策と、それに反対か、それに対抗的な政策を適当にミックスしながら中庸的な形で出していくということはある程度で許されない。その問題はその問題として、どこの党がどうであるという利害を離れて、きちっと議論して結論づけていく。それじゃないと、何かわけの分からぬような問題をくっつけられて、それと混交され、中庸の結論だということで出されてくるというのは、これから国民がそういうものは納得しないかもしれません。

◆議院証言法の改正

赤坂　リクルート問題調査特別委員会のときに議院証言法が改正されて、証言のテレビ撮影が禁止された。有名な、静止画像を紙芝居みたいにしてやったのは私も記憶に残っております。

近藤　中曽根喚問ですね。私を最後にして頂きたいとおっしゃった。

奈良岡　国会の中で間近にこういう動きを見ておられて、どのようにお感じになりましたか。ちょっとなりふり構わずという印象もありますけれども。

近藤　中にいますと、そういうことは批判できませんし、証言法の改正は委員会のマターでしたので周りから見ていたという感じです。補佐人をつけるとか、テレビ撮影の禁止から解除まで一応議事課長として、直接の担当であったかどうかは知りませんけれども説明などを聞いております。基本的に言えば、証人喚問が何であるかということかと思います。要するに、議会が求めたのは、事実の収集であったわけです。だから、事実の収集能力を最高度に発揮するために証人喚問制度をとった。要するに立法事実の収集なわけですから、これは明らかに補助権能説に結びつくところであるわけですね。それが独立権能説的にこれらの問題が取り扱われているような気がします[21]。

では何かということになれば、私は民主主義の自浄作用だと思っているんです。だから、民主主義の自浄作用をどこがやるか。それは選挙をやればそれで済むことなんですけれども、そのたびそのたびにその方だけ選挙にかけるわけにいきませんし、人間でございますから、一年、二年たてばさっぱり忘れちゃっている、次の選挙が果たして自浄作用になるのかどうかということになりますと、やはり選挙の自浄作用は当然ですけれども、立法府の自己自浄作用をするという一つの問題が、証人喚問に付与されたということ。そういうことになると、やはり査問ということになる。それだったら、民間人まで査問されるのか、という話になる。民間人は別に議会で民主主義の自浄作用を受けるのではなく、司法の段階で済むことになるかもしれません。

ただ、単純かもしれませんけれども、証人喚問だから、事実を供与しろということですから、立法に必要な事実を供与しろ、それを最大限供与しろということで、もしもその供与を拒否した場合には、罰則をかけてまであなたにということが証人喚問制度の問題でありまして、それがいつの間にかそういうものじゃなくなってきました。その証人本人のいわゆる自白作用、要するに刑事訴追可能性、倫理も含め、倫理以上に刑事作用性を得る。ということは、刑事作用に持ち込めば議員失職まで行く可能性がある。民間人の場合でなくて、国会議員の場合には議員失職まで行く。ということなら、議員の責任追及ということにまでなるわけです。それは証言法がそういうふうに制度を変えてきたのかなあと。私もそんな、事務局の分際で申し上げるべきではないのかもしれません。私は、補助権能説が妥当ではないかとの感は持っておりますので、いまだに疑問は疑問なんです。だけれども、民主主義の自浄作用というのは、一応、一つはそういうところで必要かなということは思うわけです。

私は補助権能説が妥当だと思っておりますから、立法事実の収集にあるならば、証人が動こうが動くまいが、ロゴスが発せられている限り可能なわけですから、それは画面が映ろうが映るまいが関係ないということになりますけれども、それで直接にいけるか。民主主義の自己自浄作用ということになれば、もう少しやはり範囲は拡大されるのかなと思います。要するに、自分すべてを国民から批判されなきゃ、言葉だけじゃだめなんだ、動作、行動、表情、それまでが自浄作用にかかるのかな、私ごときがそんなことを言っても仕方がないけれども、そんな思いはするわけです。

そういう意味では、補助権能説的に証言法が機能したのは二十年代だけ。三十年代の田中彰治事件ぐらいから始まりますか[22]。造船あたりはどうか。造船疑獄は二十年代ですね[23]。そうすると、生い立ちからそうかな。要するに、私の感覚からいえば、参考人制度を持たなかったときの証言法が証言法として機能した唯一の時期かな。昭電疑獄[24]から造船疑獄になれば、完全に固有名詞がターゲットになっていると思います。あの方たちから立法事実を引き出そうなんという意図はないわけです。国家国民に対して、どれだけ非倫理的あるいは非法律的なことをやったかどうかということですから。

だから、そのときになればもう総理の責任追及にかかっています。責任追及というのは、ある言葉で言えば、私は民主主義の自己自浄作用だと思っています、議会がやらなきゃいかぬことは。それじゃなかったら司法がやるわけですから、別に立法がやる必要はないわけですから。倫理審査はどこもできませんけれども、法律審査はやれるわけです。では、倫理審査という話になるんでしょうけれども、だから国会も倫理審査会を設けたという思いがいたします。

赤坂　わが国の国政調査権の一つ大きな問題は、刑事訴追的な機能を果たしていながら、実際の手続が刑事訴訟手続とは大分乖離したところにあった、とも言えますでしょうか。

近藤　ですから、今は直しましたけれども、民事訴訟で全部来ていたわけですね。この間、全部とは言いませんけれども、かなりの面で刑事訴訟にも転換したわけですね。だから、あのときも私は個人的には疑問を感じていますが、これは刑事訴訟じゃないんだ、民事訴訟で全部できているんだから、民事訴訟でできているところは民事訴訟の証人喚問でできているんだ。それ以上の、民事訴訟の場合は、当事者の判決まで、刑事訴訟の場合は、訴追されれば当事者の判決可能性があるわけですけれども、民事訴訟の場合には証人の事実収集の問題だけですから、あとは自由処分権で勝手にやって頂けるわけです。刑事の場合は自由処分権というわけにいきません。

赤坂　ただ、その先にある問題は、何のために国政調査権が行使されるのかというところで、近年の考え方では、随分補助権能説ではない方向に向かっているような印象を受けます。議会の事務局の方が書くものは、なぜか全部補助権能説に書かれているのですけれども。

近藤　皆さんが通説だとおっしゃるから書くわけです。

赤坂　いつの時代の通説を「通説」として受け入れておられるのでしょうか。

近藤　そこら辺が我々も弱いところでございまして、皆さんが通説だとおっしゃるから、我々も通説でやらないと、議員に対する対応関係ができていかないわけです。この間から何度も言っているように、おまえの意見か、そんなもの聞けるかと言われる。我々が独立権能説で持っていったら、どこに書いてあるんだとおっしゃるわけです。そうすると、ほとんどの大学者さんと言われる、清宮、宮沢ラインは全部補助権能説で終始しているように感じます。

赤坂　最近はもうちょっと違う展開もありますが…。少なくとも、補助権能という場合に、補助する対象としては、立法権行使のみならず政府統制権の行使も念頭に置かれています。その補助としての国政調査権、と。

近藤　そこら辺はおしかりを受けるところですけれども。そうすると、やはり重立った大家と言われる方になると殆どが補助権能説で、独立権能説を唱えていらっしゃる方を見ると、あまりおられない。独立権能説という言葉が出てきますけれども、議員の方たちに説明する場合、事務局として相当であろうと思われる方は大体補助権能説ということであるわけでございます。これは言いわけでございますけれども。

赤坂　もともと、独立権能説というのは、国会は国権の最高機関だなんということを根拠にして議会が主張したものですけれども、最近はそうではないところ、議会の政府統制権に根拠を求める見解が随分強くなっていますね。あるいは、先ほど申しましたように、政府統制権・立法権の補助としての国政調査権、という捉え方が出てきている。

近藤　ここに全く関係ございませんけれども、懲罰の国会外事犯の適用の場合、これなんかも典型なんです。これはもう完全に独立権能説というか、私の言葉で言えば、民主主義の自己自浄作用でしか説明できない問題なわけです。それも大家の方の、要するに秩序保持権に伴う懲罰権ということになるならば、それでやれば完全に議院証言法と同じ、除名まで行うことができますから、外部的事犯において懲罰事犯で除名を行うことがこれからは出てくる可能性があるわけですね。そうすると、懲罰権とは何かということになるし、国政調査権は何かということになれば、これはもう完全に議会外のフィールドの話になり、それを議会がどうするかということになれば、議会公権の問題なのか、議会の司法審査作用の問題なのか。

赤坂　近藤さんは議会の規範制定のあり方について非常に強い関心を寄せておられますね。ただ、議会の役割は、アメリカのように立法することだけではなくて、法律を制定する、いわゆる変換型議会というだけではなくて、もう少し、予算やら、内閣、行政の統制やら、議院内閣制の国の場合そちらに重点を置いて考え直すと、アメリカの理論、そのまま補助権能説を持ち込んだわけですから、イギリス、ドイツといった議院内閣制の諸国をモデルに、議会の権能という面から見ると、大分違った議論の構成がありえます。国政調査権は、立法の補助になるかどうかよりも、内閣統制に使えるかどうか。補助権能という場合も、立法の補助というよりは内閣統制の補助、そういうところに役立つかどうかに、主たる観点を置いているように思います。

◆ 竹下内閣の補正予算——総予算の記名投票採決

奈良岡　議事課長時代の話に戻りますと、竹下内閣の時期に関しまして、リクルート事件や議院証言法の改正問題以外に、特に印象に残っていることはございますでしょうか。

近藤　印象に残っているというのか、我々議事手続屋として、長期の暫定予算、二度にわたる暫定補正。二回、暫定補正していますよね。竹下総理の場合は、あれだけになっても、予算成立までは絶対首を出さない、投げ出さないということで、最初から、予算を通してくれたらおれは退陣するという明白なことを言われたか、ほぼ暗黙状況で言われておりまして、二カ月間ぐらい暫定補正を延長して、二回、暫定補正を組んでいるはずです。それで、五月二十何日に予算は成立しておりますね。

奈良岡　衆議院は四月二十八日です。

近藤　そうですね、参議院がありますものね。そうすると、自然成立ですよね。

奈良岡　そうですね、五月末です。それが通って、六月二日にやめた。

近藤　昭和二十年代にはしょっちゅうあったようでございますけれども、少なくとも我々の時代になりまして、暫定補正が二度やられ、長期でやられて、最終的に参議院で議決せず自然成立という形で終わっているわけです。だから、竹下内閣としても予算成立までは内閣を維持するということでおやりになっていますので、細川総理が総予算審議中に総理を投げ出されたのとは好対照になるわけで、ここら辺のところの対比があるのかなという気はいたします。

けれども、この頃は全く議会の方は何も動いていません。ただ、予算が日をつないでいるだけという感じでございます。それで、最終的に中曽根喚問で一応政治的決着ということになるわけです。それで、竹下内閣総辞職で宇野内閣ということでございます。ですから、二月に大喪の礼が行われまして、青木〔伊平〕秘書の自殺がございまして、リクルート問題で予算が全く動かなくなっていく。その中で竹下内閣の退陣論が出て、予算だけ成立させて竹下内閣総辞職という運びになるんですけれども、動いていませんから、動的な感触というのはございません。

奈良岡　国会が空転して動かない時期というのは、事務局の方は、どういう準備とか仕事をされているんでしょうか。本来であれば三月末までに予算が通っていなければいけないのに、審議が全く動かないわけですね。

近藤　いわゆる立ち上がりと言うんですけれども、どういう形で立ち上がってくるかということ、それに対応をしか。

ていく。日々ウオッチしていても、日々動きません。立ち上がってくるときは急激に立ち上がってくるわけです。だから、それがどういう立ち上がりかということでございます。それで、そういう場合に、事務局というか議会サイド、議長が調停する場合に、どういう条件・内容にするのか。議長サイドの動きは事務局としてもいろいろ対応は考えておかざるを得ないのが実態です。

コンテンツの問題については、議員の方が行われることは行われますけれども、その場合もやはり、過去の例だとか、慣例だとか、どういうものがあったかというのは、一つには調査しなければいけません。立ち上がってきた場合には、どういう形で予算を採決するのか、予算関連法案がそれとどういう形で動いてくるかということです。そこら辺のところを神経をとがらせながらやるというのが実態でございましょう。

赤坂　ここ数年、ねじれ国会で国会審議が非常に停滞しているときには、この日に法案が通ったらこうなるとか、新聞にシミュレーションみたいなものが常に出ますね。

近藤　動いていれば、この動きが、どこにいったらどうなって、どこにいったらどうなるかということでございますけれども、今言ったように、このときは殆ど動いていないと思う。予算が全く動いていない。予算が動かないということはほかの委員会が動かないということです。全体が動いていませんから、静止状況です。

単純な話では、暫定がいつ切れるか、いつ切れたら暫定の補正を組むか、それとも総予算の採決へと、ある意味物理的な力で突入していくか。与野党合意ができればいいんでしょうけれども、多分そういうことじゃなくしてやっていかなきゃいけませんから。我々事務屋としてみれば、総予算を動的に動かすか、暫定補正を手続的にやっていくか。だから、そのタイミングは、今おっしゃるようなタイムスケジュールからいけば、三十日の暫定が組まれていれば、三十一日目をどうするか。三十日の何日ぐらい前から暫定補正に入って頂くか。暫定予算でも、やはり切れてしまったら大変でございますから。明治憲法のように前年度予算施行制でやれば非常に楽なわけでございますけれども、一応、意思が必要なわけです。意思がかからなければ、そこで予算空白の状況が起こります。予算空白はどなたの頭にもないからいいですけれども。私どもが、予算空白になりますよということを、総予算の場合は二、三日の空白の余地はありますけれども、本当に空白になってしまったら大問題ですから、そういうところはございます。

奈良岡　本会議で予算が通過するときは、議事課長ですから、現場には当然いらっしゃったわけですね。

近藤　出ました。この予算は正常に通ったかな。自民単独で、記名投票でやっているんですよね。

奈良岡　記名投票かは分からないですが、憲政史上初の衆議院本会議での予算案単独採決でしたね。

近藤　単独採決ですね。多分、記名でやっているはずです。私どもとしては、総予算だから記名しかるべしという意見は出すんです[25]。

自民だけだから、全会一致のはずなんです。全会一致法案に記名をかけていけないことはないんです。それは余程なんでしょうけれども。総予算に対する国民への責任上、議員の態度表明というのはやるべきだというのが原則で、総予算に対して記名を用いないのはゼロと言えるかどうかちょっと私は自信がないのですけれども、私の在職の間はゼロのはずです。

奈良岡　自民党としては、記名か無記名かというのは余りこだわりはないわけですか。

近藤　こだわりというか、彼らはそれは、記名をやれば時間がかかりますから。自民党だけでやれば十分位もかかりませんけれどもね。半分ですから、全会一致で結果も分かっていますから、七、八分で終わることでしょう。ここら辺のところは原則論、制度論の問題ですから、本来、政治家の政治的論議の対象になる問題ではないんですね。

奈良岡　事務局的に言いますと、ここで記名か無記名かというのはかなり大きな問題になり得る可能性があると。

近藤　大きな問題といいますか、記名投票の持っている意義が日本の場合に何であるかということなのです。

ただ合理的に数的な明確性というのですか、そういうものを明示的にするには記名というのが一番いい。だから、ほかの手段で合理性、明白性が担保できるならそれでいいんです。我々の言っているのは、総予算と内閣不信任、この二点に関する議会の責任というのですか、国民に対する責任というのですか、議員個人の責任を含め、これを記名投票で自分の名前を明示して、議会活動をした、国政に対する意思活動をしたということを明確にしておくべきではないかということです。内閣不信任の場合は記名でやらなかったこともありますけれども。

赤坂　『先例集』ではこの辺はどうなっているのでしょうか。

近藤　『先例集』は、議長が必要と認めた場合、あるいは議員の四分の一から要求があった場合は記名投票を行うということでございます。ただそれだけです。だから、議長が認める場合、議員の四分の一の要求がある場合、この二つの場合、その要件を形成していく下部構造の問題です。

◆議長調停に対する事務局のサポート、マスコミへの対応

赤坂　空転中に議長が調停的な役割を果たすかどうかというときにおいて、事務局の方としてはどういうサポートをするのか、あるいはしないのかについてお聞きしたいと思います。

さっきは、新しく立ち上がってきたらどういう対応をするのかについて先例の調査をしたり、いろいろ準備をするということでしたけれども、そもそも国会がもう一度動き出すために、事務局として中立公平の立場から何らかのアドバイス、サポートがあり得るのかについてはどうでしょうか。

近藤　事務総長と議長とのあうんの問題だと思うんです。原則でいえば、事務局サイドからどう動かせとかこういう方策でいけということを言うわけにはいきません。そこら辺は議長のサイド、国対は別のベースでやりますけれども、議院として議運が絡まるわけですから、そこの中に事務総長が事務サイドとしているわけでございます。

それで、ある程度時間が来れば、何か行動を起こさなきゃいかぬ、全体的な意識がそうなります。その場合どうかということになると、私どもだと、過去いろいろ紛糾した時点でどういう動きがとられたか、その場合、内容的にはその紛糾した対象物に対してどのような考え方、対処方がとられたかということで調べていくということが主になるのだと思います。その場合何をすべきだとか、現在の紛糾に対してこのものをどうしようかということは、まず事務局から言っていくということではないと思います。

赤坂　これは国会空転中に限りませんが、特に国会空転中に、事務局職員の方のマスコミとの間合いのとり方とい

うのはどういったものなのでしょうか。新聞には衆議院事務局から聞いたという話が結構載っていたりするんですが、そのあたりは。

近藤　いわゆるマスコミが行く霞が関などの最高幹部といいますか政府首脳といいますか、それに入るとすれば事務総長しかいません。新聞もそういう範疇で決めている。事務次官が要するに首脳なのか最高幹部なのか知りませんけれども、それ以下の者は含まれないという暗黙の了解がございます。うちの場合、そういう範疇からいえば、入れるのは事務総長だけです。現状で私どもがしゃべることはないです。

過去の事実として我々が情報公開できるものはございます。それは答えざるを得ませんし、過去のことだから答えてもいいんだと思います。みんな公開の場でやられている問題でございますから。例えば、よく似た例、予算が完全に動かなくなったとか、法案がデッドロックに乗り上げたとか、物理的な抵抗でなったとかいうのはございますから、そのときそのときで、そのときはどういう解決策が図られているかというようなことは、新聞からお問い合わせがあればお答えしています。

赤坂　その問い合わせはどこかを通してくるのでしょうか。直接やってくるのですか。

近藤　私の体験ですと、記者クラブがいらっしゃいます。私どももそんなに高度な政治をやっているわけではございませんけれども、数社の方については、直接顔を合わせて御説明したこともございます。総長のところには新聞記者はしょっちゅう出入りされますし、そういう場合、総長にはある程度御必要になればそういう資料を出しますから、総長のところでそういう御説明はあると思います。私、全社記者会見なんということはやったことはございませんけれども、個別の記者さんとそういう過去のものについてお話ししたことはございます。

奈良岡　議事課長として、マスコミにブリーフ的に説明するということはありますか。

近藤　本会議関連の議事手続については、議事課長がしゃべらざるを得ないですね、もっと首脳に聞いてくれということは言いますけれども。我々のところでしゃべれることは、過去の事実はどなたに聞いて頂いても同じですし、隠すこともないですしね。余りレアなことを極めてレギュラーらしくしゃべるなという指示とか、そのような指示がないことはないですが。

奈良岡 この時期ですと、世論が自民党あるいは内閣を批判したり、あるいは逆に審議に応じない野党に対しても批判があったり、マスコミ対応というのもすごく距離のとり方が難しい状況だったんじゃないかと推測しますけれども、記者さんとの間で緊張感が走ったりとか、対応が難しくて困ったりとかいうようなことは何かありましたか。

近藤 記者さんもそこら辺は我々を相手にしません。特別会ならば、議場がどう変わるだとか、控室がどうなるとか会館がどうなるとか、そういうお問い合わせはあります。議場は左にいた人が右に行くとか、右にいた人が左に行くとか、昔は誰がどう座っていたのかとかいうようなことはありますから、そういう一つの現象的なことはお問い合わせがありますけれども、政権交代に伴うような政治動向について我々の方にお尋ねになることはございません。

手続、何がどう行われていくかというのは、例えば特別会がいつごろ召集されて初日に何がやられそうですかというようなことは聞かれるでしょう。そういうタイムスケジュール的なこと、それから議場なり国会内でのある現象的な視覚的な問題についてはお問い合わせがありますけれども、新聞がお書きになっているようなことについて我々がコメントするようなことはありません。

赤坂 記者と対応する場は、どこになりますか。

近藤 一応、記者に対する応対は、議運の委員長が議運が終わった場合に必ず記者会見しておりますから、重要な手続問題については当然そこら辺で御質問があるでしょうし、各派協議会も多分、各派協議会が終わった後、座長さんが会見しているはずでしょうから、そういう手続的な関連の問題もあればお答えになる。多分そういうのは各派協議会でも何らかの関連で問題点というか主要議題になっているはずですから、座長さんも当然認識されているはずでしょうから、それもお答え頂くから、わざわざ我々のところへ来て頂くことはないわけです。直接取材に行くのは総長や部長まで、いずれにしても管理職でして、私ども平の管理職が記者から質問を受けるほどのことはございません。ちょっとした失敗とかミスとかやれば、倫理的に問われるようなことがあればまた別でしょうけれども、正常な国会の議事活動のところで聞かれるということはありません。

赤坂　法案の成立の見通しの幾つかの案が新聞によく出ますね。あれは総長が言っているというよりは、もう少し事務的にいろいろ下のレベルで考えてということですか。

近藤　法規的にタイムスケジュールが決まって、こうこうこうだというんだったら言いますけれども、それは私どもはしゃべってないはずですよ。自民党の国対筋なり、政府筋がしゃべるのか。昔は政府筋がしゃべると大変な話でしたけれども、最近、政府筋がしゃべりましてもほとんど抵抗がございません。

私の入った頃というのは、政府筋がそういうことについてしゃべりますと大変でした。国会の法案の成立見通しだとか、特に会期の問題だとか、そういう話を政府筋がしゃべると、すぐ官房長官の説明要求ぐらいありましたけれども、最近は全然、総理が平然と会期延長を唱えられて通っています。この法案は国政上重要でございますから、いつ頃までに精査して頂きたいというようなことを。昔もあったかもしれませんけれども、昔は、余り言うと、国会に干渉するのかという発言がありましたが、最近は、そういう感覚は物すごく薄くなっている感じですね。

◆海部内閣の誕生――両院協議会の開催

奈良岡　話を戻しまして、竹下内閣で予算と引きかえに辞任をする、そして宇野内閣ができて、参議院選挙で与野党が逆転になり、その大敗の責任をとって宇野内閣が辞める、そして海部内閣ができるということになるわけです。

参議院選挙の与野党逆転というのが、この後の衆参のねじれになっているわけですけれども、短期的には、海部内閣ができるときの首班指名で衆参で指名した首班の結果が異なって、両院協議会でもめて、ようやく海部内閣ができるわけです。この経緯に関して、直接御体験されて印象に残っているようなことはございますか。

近藤　両院協議会、私は直接の関係ではございませんけれども、これが昭和二十年代から初めてですね。予算もその後になって出てきますよね。両院協議会そのものの存在だけはありまして、いろいろな過去の事例を勉強するとか、立法過程の流れの中で両院協議会の位置づけとか、我々の一つの主要なテーマでした。でも、それまでは、起こると思わないわけです。

だけれども、事務局の人間として、内閣総理大臣の指名ということで来たのは一つの救いではあったかもしれません、複雑性がございませんから。要するに第三者がありません、二者でございますから。二者で、衆議院の優越規定がございますから、事務屋としては、それを具体的に現代的にどう表現していくか。例えば両院協議会で成案が得られなかった場合、どういう表現で、どういう決着をつけていくか、本会議ではどういう発言にしていくか、両院協議委員の選出をどうするか。内閣総理大臣ですから、やってしまえば結果は見えているということでやれるところはあるんですけれども、それが法案の場合は、何を成案とすべきか、その成案はどうなっているかということまでやらねばなりません。

奈良岡　参議院で与野党逆転が起きたときは、この先大変だなというような感想はやはりお持ちになりましたか。

近藤　それは、やはり議決が異なってくるということですから。だけれども、議案につきましては、三分の二を持っていませんから、結果的には、両院協議会に持ち込まないでいいような形で法案が作られていくという、参議院で何らかの形で呑んで頂けるような形ということでございまして、これは、でも、具体的な法案はかかっていません。要するに、条約もないはずです、優越規定のある予算と首班指名だけですよね。

法案が両院協議会にかかっていくのは、平成以降では細川内閣の政治改革法が初めてでございますね。それまでは内閣総理大臣指名と総予算で、要するに衆議院の優越規定を持ったものばかりでございます[26]。衆議院側が言うと参議院に怒られますけれども、要するに結果は見えているんだと。一種、儀式的に行われるというような感じになってきますから。そういうことになるとそうなるんだということで、とんとんやられる可能性もあります。

逆に言えば、法案の場合は、ある意味ではかなりねちっこく内容を精査して、両院協議会を開かなくてもいいような努力がなされるんです。それにしても、憲法の優越規定がございますから、それに頼るしかないというようなことになりますと、首班指名と総予算の場合、仕方がないかもしれません。首班指名で修正はございませんし、予算の修正は現実的にそんなに行われませんから、どっちにしても、修正がきかないところで両院協議会を開いてみても仕方がないということになります。成案を出すような方向でというようなことになっていきませんからね。
奈良岡　首班指名の両院協議会の場には、近藤さんもいらっしゃったのですか。
近藤　出ません。主に委員部の議運担当者が主体になってチームを組みます。
奈良岡　委員長室でやるんですね。ちょうど衆参の真ん中ですね。
近藤　はい。国会の中央塔の下、あそこでやります。

◆海部内閣以降の国会改革

奈良岡　海部内閣に入りまして、政治改革がスローガンとしてこの頃から出てきて、国会改革も徐々にこの時期から議論としては出てきたかなという印象があります。実際に国会法の改正も行われますけれども、国会に関する議論が活性化してきたというような印象はございましたか。
近藤　特別に審議が変わったという感じはないです。確かに、一月召集になり、我々にとっては、一月召集のときの憲法違反論は、ここまでやらなきゃいかぬのかなという思いはありました。一月召集になりますと、一年間、常会召集がないんです。暦的に空白になるわけです。だから、年に一回常会を召集するという憲法の規定に反するわけです。ですから、有識者の方も呼んで、いいのかどうかという確認作業をやりました。
奈良岡　違憲ということをかなり強くおっしゃる方がいらっしゃいましたか。
近藤　ありませんけれども、要するに、頭かしっぽかどちらかが暦の中に入っていればいいということになると、常会は二年に一度開会すればよろしいということになる可能性があるわけです。ですから、そうなるとやはりまずいということ。今、それを一年度だけは特例として認めて、後は恒常化させるということにしておかないと。
赤坂　国会関係の法規というのは、議事部議事課の所管ですよね。違いますか。
近藤　所管という概念は、余り認識しておりません。法に基づいて職務を行うという認識はございますけれども、私どもが所管しているという認識は余りないです。常会を召集するといっても、召集する権限は内閣でございます。

私どもが法を所管してみたって、内閣がやられるわけですから。では、これはどこが所管しているんでしょうかという話になりますし。

赤坂　国会法を改正するというときに、いろいろ案文を練ってみたりする作業は要るわけですよね。通常の法案とは違って、やはり衆議院事務局としても関与する面があったと思うんですけれども、どこでどういうプロセスが踏まれたのかについては、いかがでしょう。

近藤　一月召集だけ言えば、そんな大々的なことはございませんから、一部部分の話ですので、一応、ドラフトを作って法制局に法制作業をして頂くということです。

赤坂　ドラフトをつくるのは議事課なんですか。

近藤　本会議所管でしたらやりますし、委員会でしたら委員部の方でやりますし、庶務の関係でしたら庶務の方でやります。

赤坂　海部内閣のときの国会法改正については。

近藤　どのくらいにわたっていましたか。一月召集のときは一月召集にするということだけですから、誰がやったって一月召集にするということだけです。だから、一月にしたいということで法制作業を依頼するわけです。

赤坂　改正案という法文の形で法制局から返ってくると。

近藤　そうです。返ってくるというのか、それでもって議運の協議にかけるわけです。機構的に言えば、議運の国会法改正小委員会へかけるわけですので、私どもが受け取るというよりも、議運委員長が一応提出者になられますから、ある意味では議運委員長のところに戻ってくるということになるかもしれません。

その素案というのは、私どもも一生懸命やります。法制作業をして、国会法改正小委員会で議論して頂いて、議運で決定して頂いて、本会議で決定して頂くという過程をたどります。一番下のところで言えば、本会議関係だったら議事課か議事部でやりますし、委員会関係だったら委員部が中心になってやりますし、議員の処遇、待遇の問題でしたら庶務とかそちらの方でやります。

奈良岡　このときの一月召集に変えるという案は、どこが、誰が一番強く主張していたのですか。

近藤　昔から言われたことで、誰ということはない。言われれば、やはり与党ですね。審議の合理化になりますから。従来がそうであったということになります。

一月召集よりも、予算提出の一月の方がもっと問題だったんです。それは大変なことなんです。国会は、私どもは一月に召集して頂いても十二月に召集して頂いてもいいんですけれども、バックには、財政法の、予算を十二月に提出するを常例とするのを一月に提出することに変えるわけです。だけれども、内閣としては前々から一月に提出しているんですね。財政法も十二月になって、国会も十二月になっているわけです。要するに、内閣は十二月に総予算を出したことはないんです。国会だけ十二月に召集していたんです。それが一月になれば、財政当局に完全に引っ張られた形になりますから、むしろ財政法の本則に返れという議論があったわけです。財政法を国会法に合わせろと。字面は合っていますけれども、実態は。内閣は、それはできませんと。

奈良岡　財政法を国会法に合わせて予算を十二月に出せという議論は、野党サイド側の議論でしょうか。

近藤　野党サイドですね。

奈良岡　早目に予算が出た方が、手のうちもわかるし、攻めやすい。

近藤　十分な審議時間がとれますね。一月末に始まるのがかなり早くなります。要するに、三月末成立ということになれば、二月が衆議院、三月が参議院ということになります。それで予算がかかっちゃいますから、予算関連法案もその合間を縫ってやっていくということになるんです。そうじゃなきゃ日切れになってしまいますから。

そうすると、実質、予算関連法案が夜なべでやられますけれども、審議が上辺だけだということになるわけです。ということになれば、十二月に出して一月から本格的にやれば、一月中やって、三月から予算関連法案がきちっと時間内に審議できるんじゃないかということもありますし、今おっしゃったように、十二月に出せば、予算に対して十分な審議時間もとれる。

ただし財政当局は、十二月提出などというのは、経済指標の関係から、税収見積もりが出てこない、予算の根幹の問題で駄目だと言います。だから、財政法は現実に一月。国会法も、今までは形式的に十二月にやっていたものを、実質として、その日から審議に入れる一月というふうにしていくということです。あとは、政治改革のときは選挙制度の方に行っちゃいますので、国会の問題は大きな動きはありませんでした。

奈良岡 国会改革を本気でやろうと思うと、参議院の権限とか憲法改正が必要になってくるので、その問題を避けるために選挙制度とか選挙資金の問題とかに議論が集中していったというような感じが何となくあるんですけれども、そういうような感触はありましたか。

近藤 言われればそうでしょうけれども、国会内では、その点の議論にはなかなか及ばないです。今、一挙に二院制を崩していくかどうか。一院制という話はどんどん出てきましたし、ずっと次元は下がりますけれども、所信表明演説の一回化というのも検討しろということで。二院制だから二回やらなければいけない、一院制であれば一回で十分なわけだから、言ってみれば、それをどうにかならないかというお話でした。衆議院でやったらどうだという話は、衆議院でやったら会議を誰が主宰するのだとか、その懲罰権は誰が持つんだとか、この議事なんだとか、そういうことをおっしゃるものですから、そうなるとにっちもさっちもいきませんね。

私は、国会を建て替えたならば、国会のど真ん中に大ホールを作ってくれと、思わないでもありません。国際会議場、国家的な何か、オープニングセレモニーをやる場合にはここを使う、所信表明も当然そこで行う、質疑は両方に分かれてやればいいんだから、場所があればよかったんです。中央ホールに集まってやる、それか極端な場合前庭に。場所があれば問題は解決したかもしれません。参議院の議場でやるというと、衆議院サイドから何で参議院の議場だと言うし、逆に衆議院の議場でやると、何で参議院議員が衆議院の議場へ行って聞かなきゃいかぬのかと。イギリスみたいな納得したことは言ってくれないわけです。そこら辺のところがね。その問題も、場所だけあれば解決したかもしれません。

私もお願いにいったんです。どこかの場で、有識者から、一回でいいという議論をお願いに行ったです。一回でいいのは当たり前だけれども、その説明に行きたくない。あのときも、一回制というのは、参議院サイドはかなりな反対だったと思います。

奈良岡　十二月開会から一月開会になったというのは、事務局からすると効率化された面はありますか。仕事が楽になったとか。

近藤　正直に言えば、十二月開会の方がいいですよ。国会を開いておいて、一カ月くらい休みです。我々事務サイドからいえば、手続というのか、必要なファンダメンタルは一応決めて頂きますから、あとは実際的に言えば、予算が出て所信表明が行われますから、予算が出るのを待っていればいいということになりますから、私はどちらかというと十二月開会の方が楽ではあります。通例は色々ごたごたしたものは十二月に片づけて、ほとんど問題解決したところでお正月。明けて以降は、こちらサイドの問題でなくして、内閣サイドの問題で立ち上がっていける。

今になりますと、お正月、おとそ気分でファンダメンタルのところから行われる可能性もございますからね。順調にいけばいいけれども、いろいろ混乱しますと、一月の三日、四日から議運を開いて協議に入らなければ間に合わぬということになります。

おかげさまで、十二月のときには松の内に議運を開いた経験はありません。でも、一月召集になって、常会ですから松の内に詔書が出る。今、二十日のものを十日か十五日にしましたから、もっと出しやすいだろうから、下手をすると御用始めにぽんと詔書を出すと言われると、我々としてはそれは重要な一種の手続ですから。そういうところはございます。三が日にお出しになることはないんですけれども、御用始めに出たことはあるんじゃないかな。

◆宮澤内閣期のＰＫＯ法案——牛歩戦術の思い出

奈良岡　あと国会ということでいきますと、宮澤喜一内閣のもとでの、ＰＫＯ法案の有名な牛歩戦術、これが非常に印象に残るんですけれども、このときもまだ議事課長でいらっしゃいますね。牛歩の当日、本会議のときは、深夜までずっといらっしゃったわけですか。

近藤　深夜丸々やったのは一日ぐらいしかないんです。二十四時間ぶっ続けでというのはなかったんです。頂いた資料を見ますと、五日も六日もやっているでしょう。十一月二十八日に入って、十二月三日に衆議院通過、六日間ですね。本格的な徹夜国会は私もこれが初めてかな。一泊二日というのはそれまでも何回もやっていますけれども。

奈良岡　一泊二日というのは、どういうときでしたか。

近藤　一番最初は五十年代の沖縄地籍〔明確化法〕が一泊二日でした。それから、公債特例法案も一泊二日じゃなかったかと思います。一泊二日といったって、午前三時、四時ぐらいのも一泊二日に数えてもらえれば、元号法案もそうです。学生時代、ある人におれは徹夜した、朝七時に寝たと言ったら、ばかじゃないか、二十四時間寝ないで初めて徹夜なんだ、睡眠時間が若干遅れただけだと言われたんです。その程度のものでしたら、会期延長ですとか予算審議の場合、それからＰ３Ｃの調査費、予算計上問題か不計上問題か、十二時をまたいだということになれば、あれも一泊二日。

こういう場合は延会可能時間から入るんです。大体、午後七時ぐらいに入っていくんです。午後六時から議長は延会することができるということで、大体その時間から入る。可能な場合すぐ延会できるように入っていくわけです。それでないと、その場合は議長がフリーハンドでやれませんから。延会可能時間で入っていきますから、それは六時です。実際に会議が始まるのが大体七時ぐらいから。それから時間制限で大体その日は終わる。

衆議院の場合、時間制限はその日限りということになっています。参議院の場合は議案で時間制限をかけますから、ある一つの議案をやって、その議案が完了するまで時間制限動議が有効なんですけれども、うちは十二時になったら時間制限動議の効力が切れるんです。この場合もそうですけれども、七時、もちろん牛歩ですから、時間制限が多分十一時何分ぐらいかまで行われまして、時間制限動議が成立した途端に延会で効力失効で、十二時を回ったからまた延会、時間制限動議から入っていくわけです。

そういうことで、まず入り口は、この場合五、六時間以上かな。次のものは短かった、二時間ぐらいしかかかっていませんかね。ですから午前三時ちょっと過ぎぐらいまでありましたが、トータルで七、八時間後に初めて次の、忘れましたけれども、何かの不信任か解任かに入っているはずです。ＰＫＯ特別委員会ですが、委員長の直接な解任決議案は出せませんから。

奈良岡　本格的な徹夜国会はこのときが初めてというふうにおっしゃいましたけれども、事前にそういう細かい手続も研究というか、何時を過ぎたらどうなるとかいうスケジューリングを全部考えて臨まれるわけですか。

近藤　まず可能な限り考えます。

奈良岡　大体もう事前に想定されている。

近藤　想定はできません。まず、日本の議会は、十二時というのも非常なメルクマールになってしまっているわけですから、十二時になると、シンデレラじゃございませんけれども、すべての靴が変わってしまうわけです。だから、その十二時が何で来るかというのを、まず我々手続屋は想定しないといかぬわけです。

そうなると無限の可能性があるわけですよ。だから、無限の可能性を考えるわけではないですけれども、発言途中で来るのか、採決途中で来るのか、いろいろな形態を考えなければいかぬわけです。発言途中で来た場合にはこれをどう処理していくか、投票途中で来た場合にはどういうふうにするか。なるべくなら十二時前に、それ以上議事をやっても無駄な場合にはそれ以上進めて頂かないような議事進行を議長に進言すべきか、そういうものを議長が選択して頂けるかということもあります。

それから、順番として、院の構成の問題が先議案件ですから、解任、不信任という順序になるんですけれども、一体解任として何が出てくるか、不信任として何が出てくるのか。不信任の場合は大臣でしょうからいいんですけれども、解任の場合は、不手際が若干でもあったというと、突然想定外の解任の案が上程ということも考えられるわけですから。言われてみれば単純は単純ですけれども、我々にしてみればそこら辺もやっていかなければいけませんし、そのために議場がどうされるのかということもあります。

あのとき一番前で、採決をどこで切るか、投票行為をどこで切るか。菅直人さんが発言台にしがみついてそのまま衛視とともに階段を滑り落ちていかれたという光景は皆さん見ておられたと思います。あれは発言の制止ですけれども、発言も制止しなければいけません。投票になりますと、これは写真をごらんになったとおり、一斉にあの壇上が占拠されますから、身動きがとれなくなります。そういう場合にどうすべきかというのを一応考えるんです。衛視にどのくらい物理的力を行使させるかということ。内容的な問題ではございませんが。

これも言って悪いことではございませんけれども、内閣不信任のときに、私が宮澤総理のすぐ後ろにおりました。投票があと十名以下だったんです。切るか切らないか、内心、内閣不信任だから最後までやらせようということで、一応事務サイドは臨んだんです。だけれども、最後にどうしても駄目だということになりまして、六、七、八人、そんな数字だと思いましたけれども、与党サイドから切れと、議長も切るということになれば。その前はばたばた切っていますからね。それが初めてでしたら議長自重して下さいと言えるんですけれども、その前にいろいろな問題でばたばた切っていますから。

その場面で、宮澤総理が私に「切るな」と言ったんですよね。「投票をやらせろ」とつぶやかれたんです。

奈良岡　結局切らざるを得なくなったんですか。

近藤　結果は切りました。

赤坂　議事課長の席というのは…。

近藤　私、あのときは副部長になっていました。どういうわけかあそこにいたんです。なぜいたのかちょっと分かりません。次長の御指示をもらっていたかもしれません。その議事のとき、切るときに、確かに宮澤総理の後ろにいたんです。宮澤総理が「切るな」とおっしゃったのはいまだに耳に入っています。どういう思いだったか知りません、「おれの不信任だ、全部やらせろ」ということだったかもしれません。その不信任は否決されていますからいいんですけれども、可決されてくるのはその次の不信任ですね。…このときは信任案だったかもしれません。

赤坂　それは何年のものですか。

近藤　ＰＫＯの最後の。要するに、内閣不信任が一応時局収拾の最終ステージということになっているんです。これは明確に誰も言ったと思いませんけれども、過去の実例を見ますと、幾ら混乱しても、内閣不信任が出たときには、正常化するきっかけになるわけです。内閣不信任を上程すると、その前の事態は一応そこで収拾に入る。内閣不信任の場合は、全党が意見を述べる、全議員がきちっと議決行為を行うということで、その後、問題の議案をいわゆる正常な形、ノーマルな形で審議するというのが、一応、不文律とまでは言えません、誰も明確に言った人はいないと思いますけれども、過去の事例を調査するとそういうことになっているわけです。

だから、そういうことですから、我々もそういうことを申し上げますから、お互いに鞘に納めるというのか、いわゆる最高の政治的権力闘争の場は内閣総理大臣の座だということになっていますので、そこでやりますが、この場合、不信任を出せと言ったときに彼らは出さないと。与党サイドは、じゃ、私どもが信任案を出します、本会議上程かけますということ、多分そうだったと思います。だからこれは内閣不信任案じゃなくて、信任案かと[27]。

奈良岡　そこに野党側が牛歩をやって、最後まで行く前に切らざるを得なくなった。宮澤首相は、それに対して「切るな」と言った。

近藤　これは個人的な記憶ですけれども。

奈良岡　それは通らずに、残念ながら切らざるを得なくなった。

近藤　ですから、その後のＰＫＯ法案は社会党欠席じゃないですか。出てきていませんね。ＰＫＯ法案そのもので牛歩をやった記憶はない。誰かが少しやったかな。たしかそれでＰＫＯ法案は衆議院を通ったんですね。それで衆議院は通りましたけれども、参議院は時間切れです。

奈良岡　不成立と。

近藤　不成立。それでいつ出てくるんでしたか。

奈良岡　翌年ですね。もう一回やっています。九二年の六月に参議院です。

近藤　参議院先議なんですね。参議院先議で衆議院に戻っているわけです。それで六月十四日に衆議院で成立したんですね。

◆ 元日付けの人事異動、議事部副部長の職務内容

奈良岡　平成四年、宮澤内閣でちょうどＰＫＯ法案の通過するまでの狭間で、一月一日に議事部副部長に御就任されておりますけれども、一月一日に御就任というのは、これは何か事情というか理由はあるんでしょうか。

近藤　分かりません。一応、我々でいえば何等級というのがございまして、基本的な在職期間というのがございますし、四月から機械的に適用できるものじゃございません。何らかの関係で早くなったり遅くなったりしますので、その期間が一月に来ているんだろうと思います。ですから、一、四、七、十ということになりますか、毎月やるわけじゃなくて、その期間要件を満たせばそこで昇給・昇格人事をやる可能性はあります。

奈良岡　副部長に御就任されて、引き続き議事課長の事務取扱ということですけれども、職務内容としては議事課長の専任時代とは変わらないという理解でよろしいんでしょうか。

近藤　そうですね、変わりません。一応、議事部副部長になると部長を補佐してということになりますから、議事部トータルの問題ですから、ほかの課の問題でも御相談があれば相談しなきゃいけませんし、部全体の問題があれば、部長の御意向があれば承ってやらなきゃいけませんし、こちらから申し出ることがあれば、部の全体的な問題として部長に相談するとかいうようなこともございますので、ただ議事課プロパーだけというわけにはいかないという職務はございます。

奈良岡　それではお仕事としてはやはりお忙しくなるわけですね、全体をもっと見回して。

近藤　現実的には別にしまして、観念的にはそうでございますね。

奈良岡　議事部の副部長というのがちょっとイメージがわかなくて、資料課にお願いして、歴代の副部長の方の一覧を作成して頂いたんですけれども、必ずしも議事課長の方がやられているわけではなくて、資料課長の方とか、議事部ではないんですが、秘書課長が議事部副部長と兼任、兼職というケースが多いようなんですけれども、この

あたりはどう理解したらよろしいんでしょうか。その時々によって変わるということでしょうか。
近藤　オープンに申しますと、給与体制の問題でございます[28]。課長職、秘書課長、先にも申しましたけれども、官房、いわゆる官房長ということの組織を認めてもらえばいいんですけれども、一応うちは秘書課長制度をとる。秘書課長制度は名実ともに課長職制度であって、課長はいわゆる指定職になれません。副部長の高位ランキング者からが指定職の指定を受けるわけです。だから、秘書課長で在任が長いとか、秘書課長になられたときにもうかなり通常の課長職が長い方は、そこで指定昇格の資格がございますと上げなきゃいけません。その場合は、秘書課長職、課長職では上げられないということですので、一応いつも隣におりますから、議事部の副部長職で秘書課長事務取扱ということで、職給体制というんですか、俸給体制をとっております。
赤坂　その場合のメインの仕事は、秘書課長としての仕事ですか。
近藤　はい、内容は全く秘書課長でございます。給与体制上の措置として。
赤坂　議事部副部長としての固有の職務内容というのは何になるんでしょうか。
近藤　先ほど申しましたように、部長を補佐して議事部を総括するとかいうことになります。部長を助けてということになりますから、部長の職務範囲のところを補佐的にやっていくということです。
赤坂　逆に、秘書課長がまだお若くて指定職にまでしなくていいというようなときには、単独で秘書課長だけやっているわけですか。
近藤　そうです。現在の秘書課長もそうでしょう。副部長になっておられないと思います。
赤坂　そういう際に、ほかの例えば議事課長でしかるべき給与に上げる時期に来ている方がいると、その方を議事部の副部長ということにする、あるいは資料課長でそういう方がいたら、そういう方を議事部の副部長にする。
近藤　いや……。
赤坂　そういうわけでもないんですか。
近藤　そういうことではございません。そこまではならない。それはまた別な判断で、今言ったように、在級年数というのか在職年数というんですか、そこら辺をやりまして、それと、要するにポスティングの問題をやりますので。秘書課長さんは、秘書課長がポスティングですから。うちの場合、秘書課長は主要職員ですから。これはポスティングが重要ですからこういうことをやりますけれども、議事部内の副部長というのはやはりポスティングの問題ですから、副部長ポストと俸給の問題、それをマッチさせなきゃいけません。だから、俸給の、ある程度の在職の期間が来たから、そこから副部長に持ってくるということでもない。それは話が違います。

秘書課長さんの場合は、ポスティングでポストを務めて、俸給体制と整合性をとるために、うちの職制上、何度も申しますけれども、官房長制度をとって頂ければ官房長で堂々と指定職になれるんですけれども、平課長職というこことで組織体系をとっていますので、そういうことになります。ほかのところは、そういうことは、結果的にそうなっているかもしれませんけれども、やはりポスティングと給与体制の問題とはまた全然別個で、そこがマッチングするように人事配置はします。

奈良岡 それでは、近藤さんがこの時期に議事部の副部長を兼任されることになったきっかけというのは、議事課長にもう大分長く在職されていて、重みというか格が上がったということですか。

近藤 どうでしょうか。サラリーマンのタイミングの問題でしょうね。

赤坂 指定職につく要件は何になるんでしょうか。あるいは根拠法規なんかは何になるんでしょうか。

近藤 済みません、私、そちらの方は全然分かりません。

奈良岡 多分、役所によって違っていると思います。小学校の校長先生は指定職なんだけれども、指定職扱いにするために、校長をやっていなくても、退職の一日前に指定職につける例などもあったと聞いたことがあります。

近藤 今の行革法で大変問題になりました、数的配分問題にあるわけです。まずそれが一番あるわけです。それは人事院がおやりになるのか、財務当局が予算執行上の問題として指定してくるのか。

うちは特別職ですけれども、当然予算も関わってきますし、行政とのアンバランスをそんなにとらせてもらえませんから。自分のところは一生懸命やっているから指定職は倍だとも言えません。そこの見合いで、配分問題、等級の定数問題がかかってきますから、まず、一番最初の等級定数の中にどれだけはめられるかということがございますから、それにはめていくためには、うちの場合、どのぐらいの在職とか等級の基準を設定していくか。

例えば、指定ですから、十一からなるわけです。少なくとも機械的に申し上げれば、何年ぐらいやっていればうちの総体的な職員定数というのは上げていけるかということになります。人物的にも考査して、自動的にというわけにはいきませんけれども。実際的にそういう数的な問題がありますから、自分のところだけで作って当てはめていっても仕方のない問題です。定数配分で配分可能な人間をやって、そこへ誰を当てはめていくかということで、そこでいわゆる人物考査、キャリア審査をして上げていくわけです。

その前に、一応、具体的な担当職務のところでやっていかなければいけません。ある程度主要職務というのもあると思いますから、そこに就いていかれれば、追認というようなことにむしろなっていきます。そこへ来たから突然人物考査を始めるというわけにもいきません。その前にそれだけのキャリアを積んで頂かなければいけませんからね。

奈良岡　指定職の問題は、大学においても存在したと聞き及んでいます。

近藤　新聞でもたたかれましたよね。やめ指定と言われまして、極端な場合、やめる日に指定にするわけです。そうすると指定職で退職していくわけです。あの場合はどこか知りませんけれども、二、三年前ですよね。新聞で大々的に、ヤミ指定、やめ指定と言われていました。

奈良岡　恐らく、公務員の給与が余り高くないときに上げるために考え出された知恵で、どこでもあったのではないかなと推測します。ともあれ、近藤さんは、副部長として議事部全体のことを所管しつつ、メインの仕事としては議事課長の仕事をやられていたということですね。

◆　ＰＫＯ法案の審議――社会党の議員総辞職論

奈良岡　先にＰＫＯの話が出ましたけれども、経過がかなり複雑ですね。平成三年にまず衆議院本会議でＰＫＯ協力法案が可決された。翌年の六月に参議院で可決した。この際に、テレビでも放映された有名な牛歩戦術がとられて、その後、衆議院の特別委員会で再度ＰＫＯ法案が可決される。そしてその後、社会党が議員の全員辞職ということをやって、今度は自民党側が宮澤内閣の信任決議案を出して対抗して、そして最終的に衆議院で社会党・進民連が欠席のまま可決した。そして社会党の議員総辞職というのは認められない、こういう経過になったということです。

それで、宮澤首相が採決を切るなという話をされたのを間近で聞かれたということでしたけれども、これは、六月十二日に内閣の信任決議案が出されて、その採決が途中で終わってしまったときのお話でした。

近藤　総予算と内閣信任あるいは不信任というものは記名投票で、いわゆるノーマルな形で審議するという、はっきりしたルールがあるわけではございませんけれども、私なんか、紛糾の最終的な打開というか調整作用を持ったいわゆる不文律的なものというふうに一応認識して仕事には当たってきたつもりでございます。

ですから、そういう延長線からいえば、ここで内閣不信任案を社会党がお出しにならなかったというのは、社会党にもその認識がおありだったと思います。自分たちが不信任を出してそれを本会議場でやれば一応一件落着という認識をお持ちだから、出されなかったんだろうと思います。自民党も、不信任を出せば、当然不信任を本会議に上程するという認識はお持ちでした。本来は信任の方が先例上は先議権を持つことにはなっておりますけれども。自民党もそういうことで、社会党から不信任を出して頂いて、それを本会議に上程して議決すれば、あとはノーマルの形でＰＫＯ法案の採決に入るというお互いの認識はお持ちだったと私は思っております。

奈良岡　このとき内閣信任あるいは不信任を出す、出さないということで、議運ではせめぎ合いのようなものがあったんですか。

近藤　この場合は議運は機能しません。要するに議場内交渉か政党間交渉ということになります。

奈良岡　事務局とは全く離れたところで動いている。

近藤　議運は機能しませんから、私どもが現場で見るということはない。政党間の場合には、私どもは何か質問を受けることはございますが、全体的にそれをウオッチするということはございません。

奈良岡　つまり、事務局側としては、新聞等で情報収集をしながらどういうふうに動くかということを予測して準備をする。

近藤　そうですね。それか、廊下でのいわゆる廊下トンビですね。新聞記者さんが取材されるといろいろな方がおっしゃいますから、そこら辺のところ、我々なりの廊下トンビで情報収集をする。各会派に今後の運営状況をお話し頂ければ聞いていくということもあります。そこら辺でお話し頂ければ聞くわけです。政党間交渉になると、交渉で結果が出てそれが議事手続にのるまで、我々は待つということしかないわけです。

奈良岡　そうすると、議員辞職の話ですけれども、事務局側としては、このとき先例を調べたり議長側に何か意見を伝えたりというようなことはあったんでしょうか。議事課長のお仕事とはもしかしたら別なのかもしれませんが。

近藤　我々も、こういう大量の議員辞職というのは疑問であるということは一応お伝えしたと思います。多分先例も、ないということを確認したことは……。同時に最大何名ぐらいかと。レッドパージなんかのときには、パージされた方は多分辞職でやっているのかな。辞職に関しましてはあの頃が多分一番大きいと思うんです。そのときに最大どのくらいのものでどういう議事をやっているかということでしょう。疑問だということはお伝えしましたし、我々の場合、万が一本会議場でなった場合どうするかということです。

奈良岡　そのときは本会議場でということではなかったわけですね。

近藤　例外を認めないということでございますから、辞職を認めるか認めないか以前の段階でということでございます。辞職願を議長が受理するかどうかということでございますから、議事手続にのせる前の段階を認めるかどうかということだったと思います。

奈良岡　逆に社会党の側が、こういう行動をとる前に、先例なり、可能かどうかということを事務局に問い合わせたりということはあったんでしょうか。

近藤　私の記憶では、社会党からそういうお問い合わせがあったというのはありません。私たちも、もし提出すると言われたら不可能だといってやめて下さいとは言い切れなかったと思いますし、そう言っても聞き入れなかったと思います。突然議長のもとにお持ちになったのではないかと思います。

奈良岡　秘密裏にこういう案を練って、奇策として突如出した、そういう印象でしょうか。社会党の議員総辞職、突拍子もない話ではありませんね。

近藤　また事実、ＰＫＯ法案の前に出ていますね。ある意味ではＰＫＯ法案の審議を進めない一つの手段としてお出しになっているわけです。本来的にも、議員辞職をやるということになりますと、議員辞職が議題的には先議になります。そこまでお考えになったことがあるかどうか私は知りませんけれども。

私、事務局として手続的に考えますと、百三十七人、これをどういう形でやるかということになりますと、お一人お一人辞職願を本会議で朗読した上で議長が諮っていくのが原則でございます。身上弁明は可能だったのかどうか、もし身上弁明が可能だということだったら大変なことです。今、手続屋が回顧的に申し上げれば、朗読も、大変長大な弁慶さんの巻物みたいなものが出てきたら、これこそお一人お一人読むのが大変でございます。それに身上弁明までやりましたら、お一人お一人するのにどれだけかかるのかという話になります。そういうお考えがあったのかどうか知りません。そういうものを余り軽々に言ってはいけませんけれども。だけれども、手続的なものとして我々が考えるとなるとそういうものもありまして、そうなるとやれません。

もし百三十七人全員辞職を許可したということになると、法的には成立していますけれども、政治的に議院が成立しているかどうかという話になりますと、当然解散ということになります。解散して出直して今の緊急議題に対処しろということに当然なっていきますから、もし辞職された場合の効果というのは大で、そのまま強引に進めていってしまうかどうかということですけれども、最大野党なしの議会というのが存在できるのかどうかということも問題になります。議院として、そういう状況に至った場合、どこら辺まで継続させていけるかどうかということになります。

赤坂　知野虎雄さんが、社会党議員の総辞職というのは憲法上許されることじゃないんだと、安保国会の混乱のときか何かのことでおっしゃって、そういう考えを記した資料も資料課に残されているはずだということを聞いた記憶があるんですけれども、議員総辞職論といいますか、そういうルーツというのは一体どのあたりにあるのでしょうか。

近藤　そうですか。現職のときにはやったかもしれませんけれども、今ちょっと記憶に残っておりません。

赤坂　随分前から一つの論点としてはあった、しかし原則それは許されないという前提で考えられていた、ということでしょうか。

近藤　はい。私ども、議長以下そういうスタンスではあるんです。

赤坂　これは定かかどうか分かりませんが、私の記憶では、昭和三十三年に社会党が解散要求決議案を出した。それの反対討論で、小沢佐重喜国対委員長が、「解散したいんだったら自分ら辞めたらどうか」と社会党議員を挑発したというのが昭和三十三年の例としてありますけれども、こういう発想がもう昔からあったのか、それとも、このとき初めてそういう話が出たのか。

近藤　申しわけございません、十何年たちますと、そこら辺のところが曖昧になってきました。要するに、その原点があったとして、容認できる話でもございませんし、より以上の理論武装はできるかもしれませんけれども、結果において動く話ではないと私は思っています。我々も勉強不足だったかもしれませんけれども、幾ら理論武装してみたって、相手方を説得できる話であったかどうかということでございますので。そういう議論があったということで我々が意を強くしたのかどうかというのは、ちょっと不勉強で申しわけございません。

憲法的理論を立てるといったってどういうことかということになりますし、これも集団的におやりになるといろいろ問題が生じてくるでしょうけれども、個別的にやられた場合どうかという話なんです。党の方全員が個別的に行動し得るかどうかということ。では、何人までだったら許容されるか。半数までだったら議員の個別的事由として許容できるのか。半数を上回った場合は集団的な問題であり、今の政党政治でいうならば、政党の崩壊というのか、議会からの脱退ということになりますから、それは今の議会制度が政党政治で動いている限り容認できる話ではないということですし、逆に言えば、ある意味では議会がファッショ化しますよ。反対勢力が全部身を引いたら、それはある一党のもとですべてが行われてしまいますよ。逆に言えば、翼賛政治の逆になりますよ。翼賛は合一して流れていったわけですけれども、片一方が離脱して片方しか残らないということなら、行動方式としては同じことになりますから。

赤坂　当然の前提のルールであるということですね。

近藤　その頃の新聞論調もどうであったか、一応収集はしていると思いますけれども、容認したところはないと私は思っています。反対理由としていろいろマスコミなり学者の先生がどういう論調をされたかということは、各方面から見て頂けるんでしょうけれども、少なくとも容認した論調はないと私は思っています。

奈良岡　このときの様子を見ていますと、やはり議長がかなり苦労されたんじゃないかなと思うんです。先に宮澤さんのエピソードをお伺いしましたけれども、ＰＫＯ法案に関して、櫻内義雄議長の動きを間近で見ておられて、何か感じたり印象的なエピソードとかいうのはございましたか。

近藤　辞職願を議長として受け付けないという基本的な方針は定まっておられましたから。相手方をどう説得するか、要するに撤回させるか、そのまま自然失効というふうに持っていきたいという議長の思いはあったんでしょうし、それで御苦労されておりますけれども、基本的なぶれというものは議長には多分ありませんでしたし、議長自身もお考えはなかったと思います。それだから楽だとは申しませんけれども、選択肢が何ぼかあるということになれば別なんでしょうけれども。

これでもう閉会に入っていますよね。ＰＫＯ法のとき六月ですものね。まだこれは十二月召集の頃ですね(29)。一月召集の後は一カ月ぐらい会期が狂いますけれども、もう六月三十日だったらほぼ会期末ですから。済みません、私も、近くにいながら、議長と直接折衝をするということはございませんので、具体的にどうという御説明はちょっとできないんです。それは、時間をかけて、相手は認めろ、認めないという綱引きですから。どこまで粘り強くやるか。本会議上程させなければいいわけですので。会期が切れてくれれば、閉会中になれば一応本会議上程という話はなくなりますし、こういうものも一事不再議があるのかどうか、ちょっと私も分かりませんけれども、次国会継続をどうするのかということも、そこまでは考えなくてもいいであろうという状況であったことは確かです。

◆政権交代の影響――与党・野党論と第一党・第二党論

奈良岡　この時期、宮澤内閣が間もなく倒れまして、自民党が下野し細川連立政権が成立するという、大きな流れがありました。一般的な印象で結構なんですけれども、自民党が下野して政権交代が起きたという過程で、特に大きな印象に残っているようなことがございましたらお教え頂ければと思います。

近藤　政権交代ということじゃなくして、むしろ極めてアトランダムにちょっと感想を申し上げますけれども、選挙の結果、第一党は一応自民党であったわけです。第二党以下でございますと、これが一応大連立という結果にはなっておりますけれども、その過程において、我々手続屋として、本当に大連立であるのかどうかということです。どこらが大連立で来るのかどうかということ。

それから、第一党、第二党論。これは議長選挙、副議長選挙のときに数日間にわたって議論された第一党、第二党論。それから、与党、野党論でございます。政権交代一般と関係があるかどうかは知りませんけれども。これは、議会運営としてどちらが優先性を持つのかなという気はいたしましたけれども、それで結局、発現すると、どういう形であろうと、今の会派制といいますか、政党制といいますか、そういうものでございますから、そういう形で議会の過半数を得てしまえば、第一党論、第二党論も、与党、野党論も要するに雲散霧消するということになります。その場合、自民党あたりにもかすかな望みとしてあったのかなと思います、第一党、すなわち与党という可能性があるのかどうか。具体的にそういう動きがあったのかどうかということははっきりさせられませんが、はなから可能性はなかったという話ではない、という気がいたします。

また、いわゆる可能性の問題として、手続を踏んでいる過程において、一党、二党論と与党、野党論がどこら辺でどういう形で一つの道に入っていくのかな、入っていけるかなという手続屋としての問題意識は、一つ最初にございました。そして、これもまた私の印象でございますけれども、それを具体化するのは、当然でございますけれども、内閣首班指名の本会議場です。そこで抽象化していたものが完全に現実化していくわけです。第一党、第二党論も、与党、野党論も同じ流れの中に一挙に流れ込んでいく現象がそこで起こります。だから、首班指名の本会議の四十分、五十分、再三申しわけございませんけれども、我々がチョンボしたというのも含めまして、私あそこに座っていまして、やはり異様な雰囲気です。そういう感じは一ついたしました。これは感じだけでございまして、何の理論的な裏付けもございませんけれども、抽象的なものが具象化していくということ。

今と比較して申しわけございませんけれども、今のマニフェスト選挙で行われていることが、あのときは、要するに結果がそういう形に出てくるという保証は何もなかったわけです。これからマニフェスト政治になるならば、イギリスの第一党政党論イコール与党論イコール総理選出という、イコール、イコール、イコールでずっと結びついていく体制。日本の場合は、過半数をとった場合であっても、選挙イコール与党イコール内閣首班指名というふうにイコールの等号がついていかないと、この頃私は思っていました。今回以降、これからどうなるのか。マニフェスト選挙になれば、当然、選挙イコール、等号ということで動いていくのかな。その頃は、やはり等号がつきかねるという感じがございました。そのときはやはり、私だけの個人的主観で申しわけないですけれども、選挙結果イコール与党イコール内閣総理大臣というような、等号がどこまでもついていくという感じではなかったわけですので、その等号がどこでくっつくのかなと。

我々はそんな政治論はどうでもいいんですけれども、具体的議事手続を進めていく場合に、我々としては、ずっと等号が続いていけばいいけれども、どこかで不等号が入りますと、議事ががらっと変わります。がらっと変わるといったって、首班指名の不一致か、首班指名で予想されない方が出てくるかですが、しかしそういうことになれば我々にとっては大変でございますから、予想した結果と出る結果というのが当然一致して頂かないと、それは猛烈に怖いわけです。首班指名で一票の差でひっくり返ることだってあるわけです。同点だったら同点のやり方もしなきゃなりませんし、そういうことがございます、レベルが大分違いますけれども。それが票数の数え間違いでしたら我々事務局にとっては致命的です。

それから、アトランダムにずっと言ってみれば、特別国会の長期延長。それから、政治改革法案の提出の結果としての、議案での久しぶりの両院協議会。それから、総予算中の内閣総辞職、そして新たな内閣の誕生。そして、その内閣の不信任案が可決状況に陥った場合の内閣の出処進退の問題。それからもう一つ、国民福祉税。大体、アトランダムで、何の脈絡も政権交代の関係もないかもしれませんが、八月から翌年の六月ですから、正味十カ月ぐらいで私の頭の中に今残っている印象としては、そういうものが残っております。

◆首班指名に備えた事前準備

赤坂　先ほど予想と結果がなかなか合わないこともあるということをおっしゃいましたけれども、事務局として、選挙が終わった後、どういう内閣の形成になるのかなどについて、一定のシミュレーションをやるということになるんでしょうか。

近藤　はい、選挙結果によりまして、とりあえず内閣総理大臣の指名がどういう結果になってくるかというのは非常な関心事でございます。実際に、私ども選挙手続をやらなきゃいけませんので。もっと卑近で身を守った言い方をするならば、投票手続で絶対に間違いを起こさない、票の読み間違えをしないということが肝要なことです。

赤坂　逆に申し上げれば、どういう見通しになるかによって、準備する内容に事務として何か違いが生じることがあり得るのでしょうか。

近藤　皆様にとって大したことじゃございませんでしょうけれども、オタク的なことを申しますと、議事手続、要するに次第書き等々をどう表現するか、選挙が何回行われるか、その後にもし両院協議会が行われる場合にはどういう形で行われるのかということで、これが同日にできるのか、日をまたぐのかということで、極めて手続的なことでございますけれども、そういう心配はいたさなきゃいけません。決選投票に入るかどうかということもありますし、仮定の問題ですけれども、同点だった場合、くじ引きをどうするかまで一応想定しなきゃいけません。

赤坂　特にこの場合ですと、自民党は比較優位の第一党ではあったわけですよね。そうすると、野党側の連立のぐあいでさまざまなシミュレーションができたのではないかと思います。いろいろなこと、先ほどの同点の場合、日をまたぐ場合まで想定すると、相当な事務量になる可能性もありますね。

近藤　実際にそこまでやるかどうかはまた別でございます。ブレーンストームというんですか、要するに頭の体操だけというところもございますし、現実に来た場合に、それに対処できる心構えというようなこともありまして、現実的にそれを全部やるということではございません。

あのときは、自民党二百二十ぐらいでしたか。だから、ラフに言いまして、三十ぐらいの会派が連立してくれれば第一党が過半数を制するということになります。それが、あのときはまだ小選挙区制に入っていませんから四百九十ぐらいでございますから、二百四十何ぼですか。だから、そこのぎりぎりの線の会派があったとしたら、ここともし連立を組まれた場合、過半数を制するか、あわよくば少数党内閣でも引っ張っていけるのか、それとも同点もあるのかということは想定しなきゃいけません。

票がどう出ようと木札の数は同じでございますから、そういう点においては事務量がそんなに膨大になることはありません。想定的に非常に複雑化してくるというのはございますけれども。

赤坂　我々、議事部の倉庫の資料を整理させて頂く機会があったんですが、ちょうどそのときは首班指名の前でして、議事部の方が投票の練習を夕方連日されていて、事前に慎重に慎重に、手続が今回変わったこともあったようで、非常に大変な労力を割いておられるなと感じたんですけれども、このときも事前に夕方毎日集まって練習するというようなことは繰り返されたわけですか。

近藤　模擬的にやります。無効票、有効票の確認もしますから、過去に無効票になったものをサンプリングしまして、それを模擬的につくりまして、どれだけピックアップできるかも実際やります。票の数も間違えないようにやりますけれども、内容的に、有効、無効の判定基準をある程度示しておかなきゃいけませんので。

赤坂　やる人には、どういうものが入っているとは知らせずに…。

近藤　当然知らせません。

赤坂　リストだけは作ってあるのですか。

近藤　リストもありません。何票か、その場で入れます。それで、それがはじき出されてくるかということをやって頂くわけです。

赤坂　やり始めのときはミスも結構多いものでしょうか。

近藤　それは、出ないのもあります。だけれども、出ないというのは、ある程度、最終的に有効になるんです。最終的に最大限有効にしますから。ですから、こちらも一応、そういう気配が感じられたら、出してくれというのは事前には告知しますけれども、具体的には示さないでいます。そういうものについては最終的に判定者も有効と認定いたしますから。あんまりひどいもので出てこないと、「票を見て頂いているんですか」となりますが。

◆首班指名投票の集計手続

近藤　首班指名の投票の際には、早くやれ早くやれと言って、議場からはやんやの催促です。昔は四人でやっていたんです。それじゃ困難だろうということで、開票の場所を変えまして、十人ぐらいの体制でやるようにしたんです。議員の方は何もしないで待っているだけですから。自動読み取り機を導入するかという話もあるんです。だけれども、比喩が全く間違っていますけれども、二十坪、三十坪なのに大型耕運機、トラクターを入れるようなもので、果たして合理化になるのか。かえって時間ばかりかかって、機械が作動しなかったら目も当てられないわけです。

大量のものをやるのでしたら機械化は絶対いいんですけれども、今は四百八十ですか、あの当時でも四百九十、五百十ぐらいだと思いますから、そこへ大型コンバインから大型トラクターを入れて作業して、果たして合理化になるかという話もございます。

赤坂　今の四人とか十人というのは、票を受け取る人ですか。

近藤　受け取るのは二人です。首班指名の場合は、入場券といいまして記名投票札を前の方が受け取って、後ろで、具体的なお名前の書いてある投票札を受け取る。今はそれが何もなくなっちゃったようです。議員さんが自分で投票札を投票箱に入れる行為だけです。

私は見ていませんが、白井〔誠〕議事部長が案内役として一人お立ちになっている。昔は、前の人が入場券がわりで記名投票札を受け取り、後ろの方が、具体的なお名前を書いた札を受け取って投票箱に入れておりました。

赤坂　そこの人は二人ですね。

近藤　その場合はね。開票する場合は、昔はそれを四人でやっていたわけです。

赤坂　そのお二人と、さらに二人加えて、四人で開票作業をされていた。

近藤　はい、四人で。それで、早くやれ早くやれということがあって、その倍以上、そのときによって八人から十人ぐらい。首班指名は、どなたがどなたに入れるというのは事前に通告がありますから票が幾つに分かれるか大体分かりますので、それによって人数を、多く出る場合はちょっと多くしておかなきゃいけません。与党分裂ということになったら大変でございますから。

赤坂　そのときは四人ではなくて、もう増やされていたのですか。

近藤　はい、そのときは八人から十人体制でやっておりました。

赤坂　それは、議事部長とか。

近藤　一応、議場参事ということになります。議場参事というのがあるわけです。辞令に、議事部兼務を命ずるというのが最後にあるんです。それを議場参事といいまして、本会議になりましたら議場で執務しなきゃいけないことになっています。

赤坂　議場参事に任命される方は議事部の職員の方ですか。

近藤　辞令上、議事部兼務を命ずるということになっていますので、別に議事部の職員じゃございません。部長と一部の副部長が任ぜられています。

赤坂　議事部長あるいは議事課長の役割は何でしょうか。

近藤　議事部長は一応監視役というか総まとめ役ですから、実際の実務はやらないんです。ですから、段取りをやったり開票結果をやったりということ。それから、有効、無効だと、一応現場では事務次長がやりまして、それを事務総長に持ち上げまして、事務総長が最終的に確認して議長に報告するわけです。

赤坂　では、近藤さんもこのときは議場参事として中に入っていたんですか。

近藤　私は議事部職員、副部長でございますから、議場参事というよりも議事部職員でございますので、そこら辺のところは、議場参事なのか議事部職員なのか、ちょっと分かりません。

赤坂　いずれにしても、この八人から十人の中のお一人として、中で。

近藤　段取りとかそういうものはいたしますが、実際の票は取り扱ったこともございますし、取り扱わないこともございます。後ろで、有効、無効の基礎的なものを見るとか。何が出てくるか分かりませんから、一応、先例というのか事例的に、過去に無効票になったようなものは一応調査しておりますから、それと照らし合わせて、無効になったものと類似的なものはやはり無効にすることはやります。次長、それから総長、議長へ上げる下調べの段階のことは、サジェストするというような仕事はしています。

赤坂　前に伺いましたけれども、点呼ミスが起きて、事前に練習されていた無効票の部分とかそういうところではミスは起きなかったんだけれども、違うところで間違ってしまったということでしたね。

近藤　点呼が抜けちゃいましたから、その投票手続が有効か無効かということになります。結局、やり直しということです。

赤坂　当時は、このエピソードは新聞等で報道もされたんですか。

近藤　三面にはかなり大きく、トップとは言いませんけれども、二段目か三段目くらいには載った記憶がございます。その日に首班指名は完了しておりますから、一面は細川内閣成立ということで、それは当然、事務局の失態を一面にしてはおりません。
赤坂　成立しなかったら大変なことでしたね。翌日になっていた。
近藤　多分、やり直しを始めたのが十一時ちょっと前ぐらい[30]、やり直しがその日に終わるかどうか、ぎりぎりだったんです。確かに、それで日をまたいだら、また無効です。幾ら仏様も三度まで見られると言っても、三回はやれませんから。

これも後から、やらせてもらえたかどうか。一応自民党に御説明に行って、国対の部屋に入っていったんです。自民党も案件の性格が分かっていますから、もう参議院は終わっている、それで議決結果が異なった場合に、両院協議会が開けないんです。それもありますから、駄目だと言う人もございました。そのときに国対委員長に話しかけたら、今日中に間に合うかとおっしゃいますから、「時間的には間に合います」、「そうか」ということで、自民党は本会議に応じられましたので、それで成立したんです。

中には、お帰りになってしまって投票できなかった方もおられました。投票は終わったんだから、首班指名は議場閉鎖しませんから、結果が分かっていれば、投票したら帰られる方はおられます。結果はどこかで聞けばいいわけですから。

◆議事の有効性――シンデレラ制の根拠

赤坂　大変初歩的な疑問が前から解けないんですが、日をまたいだら必ず無効になるというルールの根拠は、どのあたりに求めたらよいのでしょうか。
近藤　露骨に言ってしまえば、一つは野党の抵抗手段に非常になり得るわけです。
赤坂　そうですね。会期末と同じような。
近藤　非常に野党の抵抗手段になり得る。要するに日本人のエティックの問題として、時間に対する、十二時制というのが存在するのか。多分、帝国議会から十二時制というのは遵奉されてきたんだと思いますし、それに対してそれほどの疑問も抱かれずに従われてこられたのかなという気もしますから。

では、十二時制を取り払って、次に何があるか。諸外国は知りませんけれども、イギリスの場合は十二時制は取り払っていますけれども、二時制というのがあるんですね。明くる日の二時で切れるんですね。ほかのところが十二時制をどういうふうにやっているのか。アメリカなどは、延会決議だとかはもっとフランクにやりますよね。それは時間じゃなくして、議案の進捗というか、彼らの思惑でぽんぽんとやっていきます。この日に結論が出ないと思ったら、その議案の延会をしちゃうんです。それが昼間であろうと何時であろうと、十二時制とは無関係です。日本の場合は、きちっと十二時まで働いて、それで結論が出ないときになって初めて、どうしようかというのがあるのかなという気がします。

全体的にそういうことで、議員の方たちが明確にそういう意識を持っておられる。十二時制が非常に頭の中にあるので、当たり前なんですけれども、例えば三時間かかる議案でしたら、では、アローアンスを見て、七時位には始めなきゃいかぬなという話になるわけです。七時から始めて三時間で十時、ちょっと延びて十一時か十一時半ぐらいに終わるということで、十二時制を認識して、ずっと逆算されてきて、そういうことでやろうかということになっている。最初からそういう想定済みでやられますから余り抵抗感がないかなという気がしますし、日本人の民族意識として、時間制というものについて、夜中の十二時というのはある種の神秘性を持って認識せられているのかなと。これは私の合点で、実証したことも聞いたこともございませんけれども、そんな感じがするんです。

私も、疑問は疑問ですけれども、一緒に働いている方にも、時間は無限だから、そんな一点で切る必要はないというようなことを生意気に言ったこともございます。実際、議事の場合はそうなっておりませんので。

これも明確ではございませんけれども、午前十時以前に会議を開く場合には、前日の午後十二時以前に会議を開いて頂いて時間通告をして頂くことになっているんです。これが十二時制と関係があるのかどうか私も自信がございませんけれども、一応、そういうこと。なぜかというと、そうなると、過半数を握っている会派だけが夜中の二時、三時に集まってやれば、議事は成立するわけです。相手の党の方がお休み中にやってしまうことになりますから。ですから、十二時前にやるというのは、その日に必ず開会公報を出せということになる、その日の前の十二時までに開会公報を出しているわけです。ですから、前日から手段を尽くして、午前十時以前の開会をやっているわけです。一応そこまで担保してやっています。

赤坂　不意打ちを防ぐためだけであれば、何日前までに出した案件でないと議論できないという形にしておけば、あるいは事前予告さえきちんと行われれば、少なくとも十二時で切らなくても少数派に対する不意打ちは防げるわけですよね。

近藤　そうですね。イギリスなんかはそうなっています。全部かどうか知りませんけれども、たしか何日か前にノーティスしておかなきゃいけないということになっていますね。ある程度のノーティスが必要なんですね。カレンダー、アジェンダですか、アジェンダのノーティスが必要なんです。そういうことをやればいいんでしょうけれども、日本の場合は極めて直近になってやっていきますし、そういう問題をほとんど緊急上程、緊急議題というので処理していく。事前の手続は余りやっておりません。

赤坂　オーラルでこんなことを言ってもあれなんですけれども、公法学会が先日開かれて、議事手続の憲法的統制という考え方についても取り上げられていました。一つは立法理由をどういう形でつけることが憲法上必要かとか、あるいは逐条審議を行う必要があるかどうか、という話です。フランスやドイツでは憲法裁判制度がありますから、議会内部の手続も、例えば立法理由のつけ方が不備だという意味で憲法違反の判決が出たりする。今、諸外国でもそうやって憲法規範という観点から議事手続などが評価されてきているので、その観点から恐らく議論されることになるんでしょうね、いかにすれば憲法上公正な手続であったのかと。その際に、十二時で切るということが果たして実効的な意味で公正なのかということですね。

話はそれますが、日本では立法期制度を導入せよということが言われて久しいにもかかわらず、会期末の抵抗手段という面からなくならないのは不思議なことで、多数派が押し切れば立法期制度を導入することができるにもかかわらずしないのは、何か独特の、一回一回切れるという風土があるのかもしれないですね。

近藤　十二時制の時間制の問題、これはかなり重要なメルクマールとして議事手続の中に入っているんです。それも極めて無意識的な、政治的には相当の意味があるかもしれませんけれども、それほど強い認識を持ってやられているわけではないんです。それも要するに仏教でいうところの阿頼耶識《あらやしき》じゃございませんけれども、潜在的な認識の中に非常に強い時間制というものがあるというのか、認めてもいいという雰囲気があるような気がするんです。

赤坂　認めていいかもしれませんが、認めなくてはならないかとなると、それは疑問ですね。

近藤　そうなんですよね。ですから、時間制限動議、毎日十二時で、極端な場合、三日間か四日間、時間制限動議しかその日の会議がなかったということはないんですけれども、それに近い状況はあるんです。時間制限動議があって、次に一議題だけして、また時間制限動議で一議題か一議題半ぐらいで、また時間制限、そういう極端な話もあるわけです。結局、実質的には毎日時間制限動議しかやっていないというようなこともあるんです。

参議院の場合は同一議題ということで、要するに主要テーマが何であるか、それが完結するまで時間制限動議が有効であるというから、一回やれば三日間あろうが四日間あろうがそれはないんですけれども、衆議院の場合は、今の十二時制と関連していますけれども、十二時をまたいだ場合には必ず、前回の議事は反故とは言いませんけれども、継続の有効性を失うということになっております。

だけれども、私、これは誰が明確にそう言ったかというのは、先例集にも書いてございませんし、本当にそうなのかなと。私、本当に職員でありながら疑問を持っています。しかし、それを取っ払ってもいいかということになりますと、取っ払ってもいいということは、そういうものがあっていいのかどうかは知らぬが、議会の抵抗手段として、そういうことで意思形成過程が組み立てられているのが、ある面で大きな転換を迎えるのが事実なんです。

赤坂　何か取っ払うとまたえげつないことをしそうな気もします（笑）。

近藤　純粋にエンドレスで政策を議論することに集中して頂ければ、それで何の問題もないんですけれどもね。

日本の場合は、意思決定というのが、二大政党になりまして、同質的なものをある一つの意思決定として持っていかなきゃならぬということになりますと、これは皆さんの前で言うことではないかもしれませんし、否定されるかもしれませんけれども、いわゆる政策議題、そういうものが延々と延びていくということ。要するに、基底的には同じところに流れている、基底的なことなのにそれをどちらかの基底にそろえるということになる。同じ基底にあるものを一方が切るというのは、何か対立的なもので切らないと、実際問題切りにくいというのは非常にあるんだろうと。

要するに、ある方がおっしゃる全会一致民族でございまして、内容的に全会一致ではないんですけれども、その前の手続過程というんですか、あるものを決定する前段階で必ず全会一致がなくちゃいけないという民族なんだそうですね。本体を過半数で決定するという全会一致がなくちゃいけない。どこかに全会一致がなくちゃいけないというのは、これも毎回言って恐縮ですけれども、稲作民族としての水の流れ、これだけは絶対とめてはいけない、水の流れをとめた場合に稲作は何もできないわけですから、ここだけは絶対にとめてはいけないという前提でもってすべてのことをやらなきゃいけない。ということは、水の流れは全会一致ですので、ここは必ずすべての意思を同一化していかなきゃいけない、その上でもって何かをやるんだということ。これがあるのかどうか知りませんけれども、そういうことをおっしゃる方もいるんです。日本の議会は全会一致議会。

外国の場合は、民族間の違いもございますし、地域的な違いもございます。それを過半数ですべてのことをやってもいいという合意があるのかどうか、あるような気がします。日本の場合は、そういうものはそういうものとして温存しなきゃいけないというのがあるのかなという気はいたします。

赤坂　決定に至る手続ルール自体は全会一致というか、皆さんが受容されている間でしか通用しないというのは、我が国特有のことなのか、それとも当たり前のことではないかという気もするんですけれども、そんなことはないですか。

奈良岡　一定部分は共通の問題ですよね。

近藤　私も全然勉強していませんから、日本のことも諸外国のことも分かりませんけれども、議会ほど民族性のあるものはないと思っております。

◆細川内閣の成立と事務局運営

赤坂　先ほど実質的に聞いたかもしれませんけれども、細川内閣が成立した結果、議事運営を通じて、あるいは事務局のマネジメントという点で、それ以前と比較して何か変化が生じたかどうか、この辺りについてはいかがですか。

近藤　組織的に事務局が大きく変わったということは私は感じませんけれども、今的に言えば、ソフトの段階でどうか。これはまた独断的なことになるかもしれませんけれども、行政情報の移転、それが国会運営にどういう形で反映されてくるのかという、いわゆるソフトの段階。特に調査室なんかでいうと、卑近な言葉で言えば顧客が変わるわけです。総体として変わるわけじゃないんですけれども、顧客が変わるということ。議院運営も、当たり前ですけれども、今まで行政情報を握っていらっしゃった方が野党になられ、新たな与党になられた方が多分以前以上の行政情報を握られる、その拮抗状況に入ったときはどうかなと。議事手続上、そういうソフトの面で非常に心配というのか、議事手続は同じように流れると私は思っていましたけれども、その流れ方がどういうふうになるかということです。

十カ月か十一カ月、その間余りにも短過ぎたような感じで、ほとんどが臨時国会、常会に入って予算が提出されて、結局予算を通すだけになってしまっていますので、大きな変化ということにはならなかったという感じです。それからもう一つは、大連立ですから、今までは過半数党から出てくるものが大体成立していくということですけれども、大連立の場合に果たしてどこからどういう形でそれが出てくるのかということです。今まではある意味では楽にさせてもらったかもしれませんけれども、今回は、例えば議案一つをとりましても、この議案はどこの会派がどんな対応でというようなことを、与党でありながら一々こちらもウオッチしなければいけないという面もございましたので、そういうような面での問題は感じました。

その後になりますと、政治倫理の問題が一番焦点になっていきますので、組織的にも、ある意味でソフト的にも大きな対応をこの時点以降迫られていくわけです。当然のことながら権力基盤は選挙にあるわけですから、その選挙が、選挙制度の問題とともに議員の倫理の問題に大きく影響していきますから、そうなると議院内部で、ある意味の自浄作用かもしれません、そういうものをやっていかなきゃいかぬということですから、その点は、組織的な問題も感じております。

◆二〇〇九年の政権交代と議会の情報公開機能

赤坂　特に議事手続に着目した場合に、今回の政権交代の場合は国会法やら議事手続の変化の要請というものが随分取りざたされておりますけれども、これについてはどういった印象をお持ちでしょうか。

近藤　あれもずっと言われてきた。今、新聞等々で論じられていますけれども、言われてずっと実現しなかったというのはおかしなことだろうと思います。そのとおりかもしれません。

一つは、今は情報公開の時代でございます。だから、議会の情報公開の機能をいかに果たすかということ。政策遂行、それから新たな国家意思形成、この問題についてはいいんですけれども、情報公開というものはどういう方がどういう形でやったら一番いいのかということ。どういう形で行われていくのか、これは簡単にやればアメリカの公聴会制度をおとりになるということでしょうから、それはそれでいいんでしょうけれども、役人の発言禁止でございますので、どこら辺まで、全面的に禁止できるかどうか。

情報公開ということになれば、その行政実務に日々携わっている人に聞かないと、間接情報ではだめなんですね。直接情報を強制力を背景にしてしゃべらせていかないと、やはり人間は都合が悪いことはしゃべりたくないですから。そういうことで、行政情報の公開をどういう形で担保するか。例えば年金の問題だって、行政情報がもっと早い段階でオープンになっていれば今のような事態にはならなかったと思うんです。

ですから、アメリカがそうかどうか確信は持てませんが、アメリカはそれこそ二段階、要するにエグゼクティブ〔委員会審査の最終段階で、公開で行われる〕は法案の議論だけする、パブリック・ヒアリングはパブリック・ヒアリングでやるということ。このパブリック・ヒアリングは、具体的にはどういう形でくっついているのかはよく分かりませんけれども。立法事実を探知することが必要じゃないかということ、立法事実をどういう形で探知していくのかということです。それから、政策遂行されたその結果、範囲、そういうものをどこでどういう形でチェックしていくか。これも行政監視でいいんですけれども、行政監視以上に。行政監視の部分はその段階では外すというのなら、そうなったらまた行政監視は行政監視で、別におやりになるというのならいいんでしょうけれどもね。

だから、情報開示をどこが担保するのか。マスコミが担保してやってくれるからそれでいいというのなら、それでも結構ですけれども、マスコミは担保し切れませんから議会が担保せざるを得ないでしょう。そういう感じは持ちます。

◆政権交代と議事法の変化――先例集の編纂のタイミング

赤坂　ちょっと話を変えて、アメリカでは、ハウスマニュアルというか、分厚い議院規則やジェファーソン・マニュアルが載ったものが立法期ごとに新しくなりますよね。日本の場合、『先例集』というのは、十年たったからそろそろ次のを作ろうかという形で、期間でもって区切られるんですけれども、これはひょっとしたら、政権交代によって議事法のあり方が変わるものではない、変わるべきではないという考え方が深層にあって、むしろ期間重視の考え方なのか。それとも、これまで本格的な政権交代がなかっただけで、政権交代があれば議事法も当然変わっていくという認識で事務局の方としてはおられるのか。その辺りはいかがでしょうか。

近藤　今のような状況だったら、今仰ったようなことになると思います。今仰ったように、アメリカは会期でルールをつくりますし、また個別議案ごとにルールを作っていきます。イギリスもそうかもしれませんけれども、アメリカでは、議案に入る前に、議案なり会期なりのルール化をしていきます。そういうことをやれば、必然的に、必然と言われませんけれども、先例というものが存在するかどうか。〔政治家たちの手によって〕ルールブックができるわけですから、ある意味では、我々としては事務局でルールブックをきちっと作っていかなきゃいけないわけです。先例ブックじゃないわけですので。

そういうふうにして頂ければいいんですけれども、そういう明確な意思表示がないということになれば、今の『先例集』も私は無価値ではないと思うんです。それでも、無価値だということになれば、今存在するものを否定しながらやっていきますから、要するに創造的に立ち向かわれるのか否定的に立ち向かわれるのかどちらかですから、前提的なものはあった方が運営ではいいんじゃないかなと思うんです。

とすると、何でやっているか分からない状況でやっていらっしゃるというよりも、事前にルール化した形でやっていかれた方がいいんじゃないかと思う。それを、アメリカの場合は、そのルールを事前に作る、日本の場合は、事後的に一応『先例集』に載せた形でルール化を図っているということで、事前か事後かという違いがある。

赤坂　そうなると、ルール形成、議事法形成に果たす議員さんの役割が、我が国とは全く違うところにむしろポイントがあるんでしょうか。つまり、個別の会期なり個別の議案についてのみ妥当するルールを毎回意識して、事前にあらかじめ明確につくるという考え方が、アメリカにはある。

近藤　イギリスの場合も、ギロチンルールだとかいうのは作られますね。アメリカがルール化できるのは、ある意味では議院内閣制じゃない点はあるかもしれません。だから、日本の場合、議院内閣制の内閣の政策遂行、推進強化策になる、そのためにやるんだと今もおっしゃっていますので、それはいいんでしょうけれども、むしろ、そういうことを警戒してきたのではないかな。

議院内閣制の与党がルールを作っていくということは、議会ルールじゃなくして、いわゆる政権、権力ルールになってしまう可能性がある。アメリカの場合は、議会の問題ですから全然それはないわけです。大統領府がどう言おうと、とりあえず議会の中の問題ですから、後から拒否権を使われようと、それが教書で来ようと、それは一たん絶ち切られた形で、内部で自己完結できますから。だからルール化しやすいというのがあります。

イギリスの場合も、昔は知りませんけれども、ギロチンルールが今かなり頻繁に採用されるようですね。昔は本当にまれなことのような感じを私は持っていましたけれども、最近はかなり日常的なことで。ギロチンルールがルールのすべてとは言いませんけれども、例えばギロチンルールを入れるにしても、かなり安易に入れられてきているということになりますと、イギリスにおける議院内閣制の問題と日本における議院内閣制、そこら辺の問題があるのかな。余り批判がましく言うといけませんけれども。

◆越年国会の経験

奈良岡　最後に具体的な質問をいたします。細川内閣のもとで臨時国会が召集されて、これが異例の年越しをする。要するに政治改革法案がもめて参議院通過の見込みがなかなか立たなかったことが原因だと思うんですが、この異例の年越しに関しては、これまでで初めてで、かつ、それ以降もない事例だと思うんですけれども。

近藤　いや、ありません。去年かな(31)。

奈良岡　去年が二回目ということになりますね。

近藤　越年延長が二回も生じてしまえば、別に異例でも何でもなくなってしまうと思います。

赤坂　一月召集ですから法規上は全く問題はないわけですね。

近藤　ですけれども、今までなかったということも大きなことです。当然なことでありながら、やはり新しい現象であるので、先ほどの十二時制と同じで、新年制というのは、我々事務局、今まではカレンダーの区切りで十二月にすべて区切りになって、一月からは新たなものだという感覚で来たんですけれども、それが十二月をまたいでしまう。そうすると、ある意味ではカレンダー的な時間的な制約は何もなくなってしまうということです。ということになると、どういう現象なり、議員の先生方にどういう心理が出てくるのか。それも極めて心理的な問題でございますけれども、そういう感じはございます。

奈良岡　最初のときは、議員の間でも抵抗感というか、余りやるべきじゃないという感覚はありましたか。

近藤　本当にやるのかという雰囲気はございましたね。それよりも、私どもは、一月二十九日で必ず切ってくださいよということだけ、三十一日まで持ち越さないで下さいよということは手続的に申し上げました〔少なくとも一月末日には次の常会を召集する必要があるため〕。

私どももそうでしょうし、あの当時、議員の先生方も、本当に年をまたぐのかというのがあったような気はしますね。年をまたぎますとお正月の休みがございますから、そうなると、具体的に一体どこら辺からどういうものが始まるかというのは、先生方にとっても問題なんでしょう。今までは十二月で終わっていましたから、一月は新たなものがある程度の時期に出てくるということでございましたけれども、ここからは、今までのものが、年をまたいだ形で、いつ、どういうモディファイした形で出てくるかというのは、先生方の問題意識もありまして、私だけじゃないと思います。

奈良岡　なかなか読みにくくなるわけですね。

近藤　そうです。だから、一月中に片をつけなきゃいかぬとなると、いつ頃に何がどう動いて、どこら辺でどうなるかということです。それが初めてですので、先生方の、不安まではいきませんけれども、何か今までとは違うなという感じはあったんじゃないかと思います。

奈良岡　結局、参議院の方は、与党の議員の一部が造反して否決されて、両院協議会に持ち込まれることになったわけですけれども、ここら辺の混乱ぶりと言ったらいいのか、産みの苦しみで法案成立まで時間がかかったことに関しては、身近でごらんになっていて印象に残ったことなどございますか。

近藤　どういう結果であろうと我々は我々でございますけれども、両院協議会が、私は直接タッチしませんでしたけれども、何せ法案でやるのは数十年ぶりでしょう。昭和二十年代以降の話ですから、少なくとも下手したら三十年、四十年の間は、首班指名とか予算ではあったんでしょうが、具体的議案では、たしか数十年ぶりだと思います。

ということで、何が出てくるのかなということでございまして、この場合に関して言えば、両院協議会で成案不成立という結論が出て、それを撤回されて、党首会談に持ち込まれて、党首会談の結果が成案になって、もう一度返されてきているということになっていますね。ですから、両院協議会がどういう成案を出せるのか、どういう働きができるのかなと。それもたしか二日、三日の話でしたよね。二十七、八日頃じゃなかったかなと思うんです。

奈良岡　一月二十九日です。

近藤　ですから、印象というよりも、両院協議会がどういう機能を果たせるのか。では、今回、両院協議会はいかなる機能を果たしたのか。結局、両院協議会でやらないで、いわゆる議会制度外で結論が出されたということ、議会内で収束できなかったということですよね。

奈良岡　この後、ねじれ国会が常態化して、両院協議会をもうちょっと活用すべきではないかという意見はそれなりに続いているわけですけれども、結局、このときと余り変わっていない状態が続いているのかなという印象があります。

近藤　結局、構成的に言えば無理ですよね。両院協議会に持ち込むんだったら、それ以前にどちらかで妥協されれば、両院協議会成案が両院協議会以前の各院の審議過程で作られればそれでおしまいの話ですから、突如そこへ持ち込んでやるといったって、やはり、どうかなという問題があります。

また言いますけれども、アメリカで機能して、なぜ日本で機能しないのか。アメリカでも機能しておりますか。

赤坂　両院協議会の構成原理が全く違いますから、州制度をとっている場合は、ドイツもそうですけれども、有効に機能はしています。あとは、同意しなくてはならない法律案はこれこれだと、例えばドイツ憲法典自体に書いてありますから、修正も含めて相当に綿密なやりとりが行われるわけです。

日本の場合は、よく言われますように、衆参の選出原理が現在殆ど同じですから、それがたまたま勢力が異なっているからといって一堂に会したとしても、そこで実質的な議論が行われるというのは、困難だと思います。最終的に衆議院が優越する規定があり、それを上回れない限り優越しないというだけのことなので。

近藤　優越規定を持ちながら両院協議会を設定しておく、それも短期間のものを設定しておくということになると、どうしてもセレモニー化してしまいます。もし優越規定を発動できる状況にあるならば、それも一種の通過儀礼にしかすぎなくなってしまうのは目に見えています。だから、通過儀礼的にしないならば、かなり早く、本当に一国会かけたぐらいで両院協議会をやらせなきゃいけないということになるんでしょう。

衆参が同一政党構造ということになれば、そこでやるよりも、それ以前のところでやった方がいいような気がします。

赤坂　僕が一番いいだろうと思うのは、基本的にはイギリス型の解決策で、いわば停止的な拒否権を上院に与える。今とは全く違う、長期的ないし多角的な審議を行う権限しか参議院に与えないということになりますけれども、これであれば意味があると思います。同じ権限を持っているのに、そして院議でもう結論がそのように出ているのに、譲るわけはないということですよね。

近藤　イギリスほど構成、権能が隔絶していればやりやすいんでしょうし、逆に、アメリカみたいに本当に自立的に両院協議会でやれるのならいいんでしょうけれども、日本の場合は、両方が同一に権限、権能を持ちながら、片一方は内閣という制肘を受けながら両院協議会が動かなきゃならぬということになりますとね。一院が内閣を持って、一院が内閣を持っていないということになりますと、果たして両院協議会……

赤坂　これがまた、参議院が相応の内閣形成機能を果たしているのが問題なんですけれどもね。

近藤　そうなると憲法の優越規定をどうするかという話になっちゃいますし、突き詰めていけば、議員が総理選出権を持つということがどうかということに行き着くところは行ってしまうわけですので、そこを外せばがらっとすべてが変わってくるんだろうと思います。

赤坂　我が国は参議院に強い権限を与え、かつ両院の三分の二の発議がなければ憲法改正ができないとした時点で、参議院の権限はもう削れないということなので、革命が起きるのを待つしかないかもしれません（笑）。

そうすると、憲法構造じたいに問題があるんですね。これを運用するには相当の英知がないと。戦前の方がまだはっきり貴族院と衆議院と分かれていましたから、むしろやりやすかったというのがあると思うんです。

近藤　二十一世紀臨調が、その点についての研究をやって頂けるようでございますね。

赤坂　そうですか、今回の国会法改正に関しては、議会事務局でもやはりフォローすることになるでしょうね。

近藤　議会制度協議会に持ち込まれますと、やらなきゃいけないんですけれども。ある公開討論で、川崎二郎国対委員長が議会制度協議会の案件事項だとおっしゃっています。民主党さんは、不正確でございますけれども、法案事項だとおっしゃっていますから、そこら辺がどうなりますか。法案事項になれば、法案提出権、それの審議、議決ということになりますし、議会制度協議会でやると、そこから初めて始まりまして、そこでの合意事項というのか、決定事項がだんだんと法案化していくという若干の違いはあるんでしょうけれども。

◆「政治の黒子としての衆議院事務局」再論――政府与党・議運理事との距離感

奈良岡　平野貞夫氏が「政治の黒子」という独特の表現をされることがあります。五五年体制下で自民党の政治家がいろいろな法案とか議会の改革構想とかを出すときに、自分は「政治家のペン」としていろいろな案を書いてきた、そういう意味で「政治の黒子」としての役割を果たしてきたという言い方です。平野氏は、衆議院事務局に在職中から小沢一郎氏のブレーンのような形で動いておられて、退職後は参議院議員としてより鮮明に政治にコミットされました。

この時期、政治改革がいろいろ問題になる中で、平野氏はかなりアクティブに動いていらっしゃったんじゃないかと思います。事務局の委員部長までやられた方が国会議員の立場にいるということは、事務局としてはかなりやりにくい面があったんではないかと正直思われなくもないんですけれども、実際のところはどうでしたでしょうか。参議院議員ですから、直接衆議院事務局と接触することはなかったとは思うんですけれども。

近藤　「政治の黒子」というのはどういう意味かは、今おっしゃったようなことだと思いますけれども、それは大きなもの、小さなものがございます。言われてみれば、やはり国家意思形成がどうなるかというのは一つの関心事であるわけですね。だから、そこに向いている方向性というものを優先的に考えるということは、私も実際もそうですし、あるべきかと思います。だから、国家意思が形成されるような場合、どういう制度があるか。それは要するに、民主的な制度を保障しているかどうかというのをやっていかなきゃいかぬと思います。平野議員は大きなことにタッチされたんだろうと思いますし、私どもは日々の小さなことでもあるんですけれども、それでもやはり国家意思形成に向かっている方向というもの、その制度をきちっとしていかなきゃいかぬという意識がないわけではなかったと私は思うんです。

訴訟との比喩で言いますと、訴訟事実の主張、証明については厳格な証拠が必要であり、弾劾〔＝批判・統制〕においては、いいかげんとは言いませんけれども、少々ルーズでもいいという訴訟法の考え方で、議会がそうだとは言いませんけれども、議会もやはり国家意思を形成する方途については国民に対してきちっとした制度保障をしなきゃいけない。その弾劾に向けては、若干のルーズさは弾劾資料としてはあってもいいと私は思います、少数意見をある程度緩やかに認めていかざるを得ないでしょうから。要するに与党の意思、これが国家意思になっていくと考えなきゃいけませんから、そういうことになれば、そういう形での動きというのは必然だと思います。

私も、誰に言われたかは知りませんけれども、おまえは政府の犬かと廊下で言われた記憶もあるんです。野党さんに言われたのか、自民党さんに言われたか、第三者に言われたか、一回誰かに言われた記憶はあるんです、おまえたちは政府の犬かと。政府と言ったか与党の犬と言われたか、どっちみちそちらのことを言われた記憶はあるんです。やはり、野党サイドから見ればそういうふうに事務局は見られるし、そうせざるを得ませんから。

例えば強行採決をやるといった場合、強行採決をやって結果が明白であるから強行採決をどうすべきでしょうかということになるんです。あれがフィフティー・フィフティーで、その状況によってどちらの結果が出るか分からなかったら、私どもは絶対それは何もできないんです。ですから、国家意思をここで形成できる可能性がある、ある意味では必然的にこうなっていくといった場合には「こうこうこうでしょう」ということは言えるんですけれども、その場の結果がどちらであるか、この結果はやってみなきゃ分からぬというんでしたら、一方に制度保障をこれで、というようなことは言えなくなると思います。

奈良岡　平野さんの場合、先ほどの大きなもの、小さなものという話でいきますと、かなり大きな、実際に与党が出す法案とか、本当に政治的な大きな動きのところに在職中から関わられていたと、そういう書き方をされています。

回顧録などを見ますと、小沢さんとは在職中からかなり親しくしていて、自民党サイドから出馬を促す動きがあって参議院選挙に出たそうですけれども、在職中から政治家と接触しているというのは分かるものなんでしょうか。

近藤　接触しているというのじゃございませんけれども、議院運営委員長をやられますと、言葉は悪いんですけれども、事務局はかなり接近せざるを得ないんですね。だから、小沢先生が議運委員長をやられました頃からじゃないでしょうか。例えば委員長をやられる前、筆頭理事ぐらいになりますと、事務局として、特に議院運営課、それから議事課の方もそうです。そういうことになると、かなりいろいろなことで関わります。考えろと言われれば考えなきゃいけません。「知りません、私たちの仕事じゃございません」とも言い切れませんし。制度の問題ですから、制度の問題をどうするかということでございますから、それを考えろということでございますから。我々は、国会内にあることで、そんなことを言われても私は知りませんというふうに申し上げるわけにもいきません。

そんなに大きなことではないですが、懲罰動議の提出の三日以内というのを外そうということになりまして、金、土、日、要するに三日を外したらどうなるか考えてこいと言われて、そう言われれば、「三日と書いてあるからこれはもう外すことはできません」と言うわけにはいきませんし、金、土、日ですから、金曜日の夜で誰もが帰った後懲罰事犯が起こりますと、土日に誰もいないと月曜日にもう失効ですから。こんなのはおかしいということになりまして、確かにそうですよね、金曜日に起きたのだけ特別扱いするわけにいかないから、じゃ、三日を五日ぐらいに延ばしましょうかと。「三日を五日に延ばして、会期が五日なかったら先生どうするんですか、だったら五日間の会期は絶対次回国会は担保してくださいよ」というような話をしたこともございます。

そこら辺が現実政治とどのくらいの深刻さを持っているかは別でございますけれども、そういうことを言われれば、やはり制度として考えざるを得ない。それはあるものをモディファイするだけの話ですけれども、ないものを創造する場合はね。倫理規程なんて、今申し上げましたけれども、古い問題ですけれども、制度的には新たな問題です。だから、あれは新たに作っていかなきゃいけません。

奈良岡　事務局が政治と厳しいところで接点を持たなくちゃいけないというのは、議運に関わるというのが大きな鍵になっていますか。

近藤　国会運営の制度でしたらそうですね。一般政策でも、委員会なんかですと、言葉は悪いんですけれども、族議員で委員長とか理事をやられました場合には、その政策的な問題について、強さの問題なのか、議員の問題なのか、事務局が関与することもあります。議運の場合は、中身の問題もあるかもしれませんけれども、基本的に議会制度の問題ですから、それが我々事務局の埒外だから関係ございませんとは言い切れません。やはり国会制度の問題になりますと、議運とか議長さんなんかになりますと、その深刻度とか密着度とかいうのは強くなっていきます。我々もある知恵を出さなきゃいけませんし。どちらの肩を持つというわけじゃございませんけれども、やはりあるべき姿というものを、我々もそこで奉職させて頂いていますから、それなりのものを出していかなきゃいけません。

奈良岡　全体として、事務局というのは、政治とある程度接点を持たなくちゃいけないにしても、議事運営に関しては公平であるし、実際、他省庁の、霞が関の人たちの場合、いろいろ党派化したり政治家になる人も多いわけですけれども、議会事務局では少数派であると思います。その辺りはいかがでしょうか。

近藤　露骨に言ってしまえば、票田を持っていないということですね。票がないわけですから、国会職員の家族、親族じゃ微々たるものでございますし。

それから、私個人的に言ってみれば、やはり公平であるということは相対主義なんです。議員になる場合は絶対主義でいかなきゃだめなんです。私も、なれる能力もありませんし、なるつもりもありませんけれども、一番肝心なのは、絶対的にあるものを信ずるということができない、そうなったら政治家にはなれない。すべての問題を相対主義で考えているような場合には、政治家にはなれないだろうと思いますね。いつもバランスを見計らっているような者では政治家にはなれないと思います。

そういうことになれば、こういう極めて相対、公平中立と皆様に言って頂けるだけ相対主義の世界における人間ですから、政治というのは自分の信念、絶対的信念を遂行していかなきゃいけませんから、その絶対的になれるかどうかということになりますと、これは個人的見解ですけれども、非常に厳しいだろうと思います。最大の原因は票田がないことだと思いますが。

奈良岡　ちなみに、事務局出身で政治家になった方というのは他におられるんでしょうか。幹部の方の名簿などを見ていても、見たことはないんですけれども。

近藤　地方議会の議員になられた方、首長に立候補されたぐらいの方はいらっしゃいます。国政で立候補されたというのは、一人か二人いらっしゃるかな。なられた方はいないと思います。昔でいえば、書記官長は勅選議員として貴族院に行っちゃってますから、そういうのは別でございますけれども。政治家の御子息で衆議院事務局に入られれば世襲ということもあるかもしれませんけれども、そういう場合は秘書さんになられるようでございますから。衆議院議員になられた方はいらっしゃらないんじゃないかな。極めて短期間いらっしゃった方はおられるかもしれませんけれども、最高幹部を務められてまでなったという方はちょっと記憶にないです。

奈良岡　政治に近くて遠いといいますか、本当に独特の距離感を感じます。

近藤　そうだと思います。行政の方みたいに自分の配下に票田を持っていらっしゃる方なら選挙に出て頂いてもいいんですけれども。

---

(1)　平野貞夫氏とロッキード事件の関わりについては、平野貞夫『ロッキード事件「葬られた真実」』（講談社、二〇〇六年）を参照。

(2)　田澤吉郎は一九七一年七月〜一九七二年一一月、一九七四年一二月〜一九七六年一二月に、海部俊樹は一九七二年一二月〜一九七三年一二月に、それぞれ議運委員長を務めている。

(3)　二〇〇九年八月現在、委員部作成の議運理事会記録と、議事課作成の同記録とは併存状況にある。なお、委員部の議運担当は実際の委員会運営・日常的な折衝を担当し、議事部議事課の議運担当は、議運理事会・委員会の資料、および総長の理事会発言資料の作成（両者を含めて、いわゆる「案件」の作成と呼ばれる）を担当する。

実際の理事会・委員会の運営経過としては、まず議運理事会において、最初に委員長の指示で総長がその日の協議案件すべてについて説明を行う。上記の総長用発言資料は、理事会配付案件（目次＋資料）について、案件ごとに「発言＋参考資料」が添付されたものである。事務方のいわゆる「案件会議」も、この総長用の案件に基づいて進行される。なお、委員会案件は、理事会案件から委員会にかかる案件をピックアップしたものである（ただし総長は、委員会では、当日の本会議の順序説明の外は余り発言しない）（以上、本注は白井誠議事部長のご教示による）。

(4) 一般に参照しやすい議事堂構内図としては、林芳正・津村啓介『国会議員の仕事――職業としての政治』（中公新書、二〇一一年）の口絵を参照。その図で⑧「議員控室」と表記されている部屋が、現在の議運委員長室（かつての議運理事会室）である。また⑥「議院運営委員長室」とされている部屋が、現在の「議運理事会室」である。したがって、同書の議事堂構内図の表記はミスリーディングである。本書巻末〈資料〉の衆議院内全体図を参照されたい。

(5) 二〇〇八年一二月六日に京都大学で行われた憲法史研究会において近藤氏が行った報告「議会先例の形成と変容」のこと。

(6) 灘尾弘吉議長は一九七九年二月〜一九八〇年五月、福田一議長は一九八〇年七月〜一九八三年一一月在任。

(7) 二〇〇九年七月、民主党は「民主党の政権政策 manifesto2009」を発表し、内閣への政策決定の一元化を掲げた。これに先立ち、民主党では菅直人代議士らをイギリスに派遣し、「イギリス型議院内閣制」の調査を行っている（菅直人オフィシャルウェブサイト http://www.n-kan.jp/2009/06/post-1917.php）。同氏の政府・与党一元化構想については、菅直人『大臣〔増補版〕』（岩波新書、二〇〇九年）を参照。

(8) 二〇〇九年七月、臓器移植法が改正された際、議員提案の四つの改正案が出され、共産党を除く各党が党議拘束を外したため、採決をめぐって種々議論が行われた。

(9) 原健三郎議長は一九八六年七月〜一九八九年六月、田村元議長は一九八九年六月〜一九九〇年一月、櫻内義雄議長は一九九〇年二月〜一九九三年六月在任。

(10) 原健三郎は、竹下内閣の総辞職を機に「人心一新」を大義名分として辞表を提出した（神戸新聞東京支社編『ハラケン「生涯現役」』神戸新聞総合出版センター、二〇〇一年、一四七頁）。

(11) 渡り鳥シリーズとは、一九五九年から一九六二年にかけて日本全国を一世風靡した映画のこと。「南国土佐を後にして」の大ヒットによって生まれ、「ギターを持った渡り鳥」など全八作が制作された。

(12) 桜内義雄は、宝塚歌劇団の後援会である愛宝会の会長を長らく務めた。

(13)　この間の経緯については、二〇〇九年九月一二日付読売新聞「衆院控室　自民『落城』」を参照。

(14)　二〇〇九年の政権交代に際しても、本文の原則通り、解散時の議運理事会の構成にならって各派協議会が開催された。

(15)　そのため、議運理事会メモとは別に、事務総長への説明用メモ、というものも存在する（谷福丸氏オーラル・ヒストリー〔未公刊〕第五回記録を参照）。

(16)　昭和天皇の崩御が発表されたのは、一九八九年一月七日の午前七時五五分のことであった（危篤の発表は六時三五分）。

(17)　弔詞奉呈の件の本会議は一月九日であり、崩御当日は本会議は開かれていない。

(18)　二〇〇九年七月三日から一七日にかけて、天皇陛下と美智子皇后がカナダと米ハワイ州を訪問されていたが、この外国訪問中に衆院解散が可能かどうかが議論となった。麻生太郎首相・河村建夫官房長官は、皇太子（浩仁親王）殿下が解散の国事行為を代行されるため問題はない、との見解を表明していた。

(19)　消費税の導入と衆議院事務局の関わりについては、平野貞夫（著）、赤坂幸一・奈良岡聰智（監修）『消費税の攻防─平野貞夫日記』（千倉書房、二〇一一年）、奈良岡聰智「消費税導入をめぐる立法過程の検討──「平野貞夫日記」を手がかりに」（『レヴァイアサン』四八号、二〇一一年四月）を参照。

(20)　江副浩正『リクルート事件・江副浩正の真実』（中央公論新社、二〇〇九年）三五・四一頁も参照。

(21)　学説状況と近年の展開については、佐藤幸治ほか（編）『判例講義憲法Ⅱ』（悠々社、二〇一〇年）二三六～二三七頁を参照（赤坂執筆）。

(22)　一九六六年、田中彰治衆議院決算委員長が虎ノ門公園跡地の国有地を手に入れた小佐野賢治国際興業会長を脅迫し、二億四千万円の手形決済を延期させたとして逮捕された事件。いわゆる黒い霧事件の一つである。

(23)　計画造船における利子軽減のための「外航船建造利子補給法」制定請願をめぐる贈収賄事件。一九五四年に強制捜査が開始され、政界・財界・官界の被疑者多数が逮捕され、当時の吉田茂内閣が倒れる一つの発端となった。

(24)　一九四八年、復興金融金庫からの融資を得るために、昭和電工の日野原節三社長が政界に対して行った贈収賄事件。芦田均内閣の総辞職をもたらした。

(25)　一九八九年四月二八日の衆議院本会議は、一九八九年度一般会計予算外二案を一括して、記名投票で採決している（同日の会議録を参照）。もっとも、青票（反対票）が一票入っている。

(26)　もちろん、法律についても衆議院の優越規定があるが、その優越の程度が少ない、という趣旨である。

(27) 一九九二年六月一三日の本会議録によれば、上程されているPKO二法案の採決を阻止するために、社会党が議院運営委員長の解任決議案、法案の主管大臣である内閣官房長官の不信任決議案、外務大臣不信任決議案、防衛庁長官不信任決議案を提出し、さらに、関係大臣の不信任決議案を乱発しようとする動きが見られたことから、これに対抗するべく、自民党側から内閣信任決議案を提出することになった。そのため、翌一四日の本会議において、少数派の内閣不信任決議案の上程を（一事不再理として）妨害する意図であるとして、社会党の渋沢利久議員から論難されることとなった。

(28) 副部長ポストの創設とその意義に関しては、今野彧男（著）、赤坂幸一・奈良岡聰智（編著）『国会運営の裏方たち――衆議院事務局の戦後史』（信山社、二〇一一年）第1章Ⅴ・第3章Ⅳを参照。

(29) ＰＫＯ法案が成立した第一二三回国会は一月二四日召集で、一月召集の最初の例である。

(30) やり直しの記名投票が実施されたのは、正確には、二二時一二分～四八分。

(31) 二〇〇七年九月一〇日に召集された第一六八回国会（臨時会）は、補給支援特措法の成立などをめぐって与野党が激しい攻防を行った結果、二度にわたる会期延長がなされ、二〇〇八年一月一五日に閉会した。

◇第3章◇ 衆議院事務局の幹部職員として——議事運営と法規・先例

◆ 議事部長への就任

奈良岡　平成六年、一九九四年に議事部長に就任しておられます。それまで議事課長、議事部の副部長を務められ、引き続き議事部で部長のお仕事をされることになったわけですが、御就任の経緯についてお教え下さい。議事部が長いわけですけれども、御就任というのはある程度予想されていましたか。

近藤　本人が言うのもおかしいんですけれども、キャリア的にというようなことはあったんだろうと思います。通例、うちの人事異動というのは常会明け、できれば七月一日というのが基準点になっています。私は、どういうわけか一月一日になっていますので、そういう意味では、ちょっと時間的には普通の者と合っていないという感じでございましょう。

要するに副部長も部長も、名前は違いますけれども、職務内容については同じでございます。だから、キャリアも議事部が長いものですから、特に経験あるいは経験則というものがあるならば、ある程度の安全性があると考えて頂けたかなとは思います。

奈良岡　一月一日付で人事異動がされたというのは、やや異例というようなニュアンスでしょうか。

近藤　いいえ、一月一日も、そんなに異例でもございませんけれどもね。いわゆる定期的な異動というのは七月一日、常会明けということでございます。

奈良岡　特段何か御事情があったというわけではなく…。

近藤　事情があったわけでもございません。その頃は事務次長が議事部長の事務取扱をしていたと思いますので、議事部長は実質的には空席でした。私が副部長と課長〔議事課長事務取扱〕をやっておりました。四職を二人でやっていたということになりますので、そこの補充人事ということになるかもしれません。ですから常会の前の一月ということになったのかもしれません。

赤坂　議事部長に就任するにあたって、特に引き継ぎというのはございましたでしょうか。つまり、副部長としては関与していなかったけれども、議事部長から関与するようになる事柄ですね。

近藤　特段……。議事部長がおりませんから〔上述のように事務次長が議事部長の事務取扱であった〕。私は副部長でございましたので、そこら辺のところは、いわゆる部長の代理をしていたわけではございませんけれども、そういう意識で次長と相談しなければいけないということでした。

そういう意味で、私、個人的に考えれば事務引き継ぎというものは特段ございません。今申しましたようなキャリアというか経験があれば、そんなに事務引き継ぎは必要ないということです。議事部でもそんなにかしこまった事務引き継ぎというのはなされていないと思います。私のときは、ある意味では特殊ケースでもございましたから。一般的にも大体ある程度の経験を持った方が上がりますので。

赤坂　近藤さんが副部長のときは、いわゆる指定職扱いだったのですか。

近藤　指定職です。

赤坂　指定職になるというのは、実際にどういう効果をもたらすのでしょうか。今日から指定職になるという場合に、今いる一般職との違いが、給料が変わるだけのことなのか、何かいろいろ実際に違いが出てくるのか、その辺りはいかがでしょうか。

近藤　それは、管理職手当が全部一括して出る、ということです。要するに、会社でいえば役員ということだと思います。だから、ある意味では取締役会を構成するということだろうと私は認識しています。会社の部長職よりは上でございます。会社でいえば取締役会。取締役の報酬は多分年額方式だと思います。我々は年額方式ではございませんけれども、管理職手当とかすべての手当が一括して入ってくるわけです。つまり、管理職手当が俸給の中に合算されるわけです。調整手当は別にまた加算されます。管理職になれば残業手当はもらえません。一般の方と比べれば、残業手当等すべての手当が俸給の中に一括で入ってきます。

それに、退職金のはね返りが全然違うわけです。退職金の場合は、管理職手当は除外していますから。指定職の場合は、管理職手当、いわゆる俸給の四分の一が、俸給の中に入ってきます。それが退職金の計算の基礎ベースになりますから、退職金が大きく違ってまいります。皆さんも多分同じだと思います。

奈良岡　教育関係も全く同じです。

近藤　全部同じだと思います。ですから、退職金のはね返りというのが、これからどうなるか知りませんよ、我々の時代までは大きかったわけです。指定職になったということになれば、私ども自覚的にも、会社では役員待遇だろうと。会社と公務員と、会社の方が上かという話はあると思いますけれどもね。

今でも、会社がこうだから公務員もこうだというような話は、公務員をやってきた人間としては合点がいかない点もあるんです。会社がこうやっているから公務員もこうだということは、会社が金目を減らしているから公務員も金目を減らせという議論は当然あってしかるべきだと思いますけれども、会社の方がすべて上位で物事を見なきゃいかぬというのは、何か私、公務員をやってきた人間としては合点がいかないんです。そうは言いながら、我々、会社でいう取締役会、要するに会社全体の基本方針を定めていくポストにつく、それに対する対価ということになると思いますから、指定に入ったらそういうことだと私は自覚しています。

赤坂　副部長を指定職にできるというのは、議事部だけではなくて他の部でも同じなのでしょうか。

近藤　定員割り当ての中でやりますので、部長職以外にも割り当があれば副部長がそれに当てられます。指定職は、上は事務次長から該当します。総長は国会役員で、特別俸給です[1]。次長から指定に入っていきます。本来、部長職〔行政省庁の局長職に相当〕以上の場合に指定職扱いになるわけで、副部長職については、すべての方というわけにはいきません。

◆ 部長会議

赤坂　給料だけでなくて仕事の方もお伺いしたいんですけれども、副部長のときと余り変わらなかったというお話でしたが、議事部長になって逆に大きく変わった部分としてはどういう点がありましたでしょうか。

近藤　形式的に言えば、総長との会議にも出ますし、議院運営委員会理事会は事務局の正式スタッフとして出席いたします。会議の運営とかそういう立場じゃなくして出ますから、そういう点では、一応自分の所掌事務の公式見解をすべて述べていかなければいかぬ。副部長の場合はどなたかに伝えればいいわけで、伝えても、それがそのまま公式になるかどうかというのは別でございます。部長になりますと、やはり対外的にも所掌事務については公式見解、職務をやった場合にも公式の職務ということになりますから、そこら辺のある意味のプレッシャーというのですか、責任というのは感じます。

同じ仕事をしていても、副部長時代でしたら、行って、「ああそうですか、では部長に来てもらいますから、では総長に来てもらいますから」ということになります。部長になりますと、総長に来てもらいますからとは言えませんからね。同じ仕事、言うことも同じ内容なんですけれども、対外的にも対内的にも、同じことを言っても言った人間が違うということ、その地位、職務で言っているんだろうということになります。そこら辺が違うかなと。

赤坂　総長との会議に出席されるということでしたけれども、国会の開会中は毎日集まられるということでしょうか。

近藤　いや、定期的なものは原則で週に一回、あとは重要なものがあれば、その都度その都度、総長室に全部長が入ります。案件会議の場合は別ですけれども、次長と全部長、そして秘書課長が入ります。総長がいるにもかかわらず「部長会議」と呼んでいます。

赤坂　「取締役会」に入った副部長ではあっても、部長会議には関与はされないのですか。

近藤　副部長は出ません。代理とか、そういう場合は別でございますけれども、ルーチンな形では出ません。特別の職務を持てば別ですけれどもね。

赤坂　普通、会議だと、資料を準備したり、いろいろ事務局的な役割を果たす人、補佐する人がいますけれども、この部長会議についてはいかがでしょうか。

近藤　所掌事務については担当部長がその資料を持ってまいりますし、単に資料を集めて合纂するということでしたら、それは総長のところのスタッフがおりますからやりますし、内容的なものになれば、各担当部長が所掌事項について持ってきて、それで説明するわけです。説明はやはり担当部長がやらなければいけませんからね。総長は進行と決定はやっていきますけれども。

赤坂　部長会議で特に問題になるのは、どのような事柄でしょうか。

近藤　事務局自体というのですか、事務局自体もそうですけれども、要するに、例えば大きな組織変更をするとか所掌変更をするとかいうような場合。それと、議員にかかわる倫理規定の問題だとか、資産公開の規定の問題だとか、要するに実際の執務提要的なものをどうするかということになると、内容的にも検討を要しますし、微妙な問題もありますから、そうなるとある程度時間がかかります。

国会がもめた場合でも、部長会議自体にはあまり関係はありません。そのときの議事が紛糾して、どういう想定でやるかということになれば長くなりますけれども、それは部長会議で検討しても仕方がないですから。それこそ、プロパーのところ〔議院運営委員会・理事会、および議事部・委員部〕でぎっちり、シナリオというんですか、ああいうものを作って、それで示さないと。部長のところで、我々のところで議論したって何も埒が明かないわけですから。

それよりも、先ほど言ったような組織的な問題、人事的な問題もないとは言えないと思いますけれども、いわゆる組織的な問題なり、議員先生に対するファンダメンタルのインフラを我々が考えなきゃいかぬような場合、そういう場合がやはりある意味では時間がかかります。

奈良岡　国会が開催しているときと開催していないときというのは、部長会議を開く頻度や内容に違いはありますか。

近藤　閉会中はどうかな。ちょっと自信ないんですけれども、閉会中は毎週やっていなかったと思います。

奈良岡　閉会中はちょっと減るわけですね。

近藤　はい、頻度は減らしていると思います。議事部門、議事部、委員部から出てくることは閉会中だったらほとんどないですから。残るは管理、庶務系統のところですから、それほど毎週は開かれません。今言ったように、インフラストラクチャー的なものをやるわけですから、そう毎週集まってやるわけにもいかず、ある程度時間を頂いて、一カ月なら一カ月くらいでインフラ的なものを素案をつくってもらってから議論しなきゃいけません。だから、そういう面では頻度は少なくなっていると思います。

◆ 案件会議

奈良岡　あと、国会開会中は、この部長会議とは別に、議運が開かれる前に「案件会議」として、また毎日集まるわけですね。

近藤　はい、議運で議論されるものを中心にやります。これも総長室でやります。

奈良岡　時間的にはちょっと短くなるんでしょうか。

近藤　後に議運が控えていますから、長くやるわけにはいきませんし、委員長なり議運の理事の方々の対応もありますから。総長なんかは特に委員長との対応があります。だから、始まるのが大体九時半で、議運が大体十一時に始まりますから、その間に案件会議をやって、そういう事前の折衝みたいなことは必要ならばやらなきゃいけません。そうなると、余り長々とやっているわけにはいきません。それと、その方針に基づいて、実務部隊に指示を出さなきゃいけません。

奈良岡　この司会も総長がやるんでしょうか。

近藤　はい、総長がやると言っていいと思います。別に、そんなきちっとした会議でやるわけじゃございませんから、それは必要のある部長が発言して、お伺いを立てるというわけでもありませんけれども、そういうのが基本です。総長からある場合はある程度命令行為ですから、それで議論するということは余りないです。それと担当部長が所掌事務について必要なものを説明していくということですので、それに対してはいろいろと皆さんから御意見も当然出てきますが、一々本会議の議長さんの次第書きみたいな読み方はしませんので。別に総長も、おはようございますで、あとはしゃべらぬこともあります。うんうんうんと、それでいいのならそれでしゃべらぬこともあります。きょうはこれでおしまいというのもあります。

◆部長会議・案件会議の推移

赤坂 さきほど、議事部長時代に部長会議というものが週一回程度開かれていたというお話でした。どうもこの部長会議にも盛衰があるようで、鈴木隆夫さんの時代には部長会議が頻繁に比較的多く開催されていたけれども、その後はいわゆる四者会談という形で案件会議というものが開かれるようになった、それが次第に、その後、庶務部のウエートの増大に伴って六者会談という形になっていったのではないか、という見解もあります[(2)]。

そういった、時期によって部長会議、案件会議の内容、それから扱う事項、開催頻度というものがどういうふうに変化するのか、御存じの限りで教えて頂ければと思います。

近藤 私も、補佐以下のクラスのときには部長会議というのはそんなに認識していたわけじゃございません。特に委員部にいますと、そういう情報は、ないわけじゃございませんけれども、頻度がどのぐらいだとか、本日何が行われているかというのを意識的に求めたわけでもないし。まあ、結果としては来ますから、「あぁ、開かれたのか」という感じにはなるんですけれども。

赤坂 その部長会議ないし案件会議の結果というのは、その日の決定事項について、何かまとまった形で周知されるんですか。

近藤 概略的な説明はございます。

赤坂 例えば委員部におられて、委員部の課長なりから、こういうことになったんだという周知が行われると。

近藤 そうです。このような議論がされ、どんなことが決定されたかというのは広報化されております。文書ではなく大体口頭で、要するに電話で、各課に配信するような形になっています。

赤坂 そんなにしっかりとした資料をつけて内容を周知するというものではなくて、簡単な方針を口頭で伝えると。

近藤　その段階ではね。それ以上のものについては直接アクセスすることになると思います。例えば、委員部でなくても、身近な自分の所管している法案が議題になったということになれば、それはそれでその部分についてはアクセスしなきゃいけない、ということになります。

赤坂　その連絡が来るというのは、必ずしも問題となった全部の事項が来るというわけではなくて、当該部課に関係のあるものが来るわけですか。

近藤　いやいや、概括的に流されるだけです。協議項目がどんなものであったか、決定事項がどんなものであったかということが概略的に流されるわけですから、そこで自分が特に所管しているような事務に関して議論が行われたのだったら、その点は別にアクセスしないといけません。

赤坂　その流れてくる内容なんですけれども、それでもってどういう会議が開かれていたかというのが分かろうかと思うわけですけれども、その部長会議ないし案件会議で主に扱われていたのはどういう内容が多いでしょうか。

近藤　案件会議は中心的議題が議院運営委員会への対応になっておりますので、その他も当然なりますが、基本的には議院運営委員会の直前あるいは前日ぐらいのタイミングで開かれるわけです。

部長会議は基本的に、議院全体の問題も当然ありますけれども、我々事務局が抱えている諸問題についての検討というんですか、協議ということでございますので、毎週ということはないような気がしましたけれども、月に一、二度ぐらいの頻度で開かれたように記憶しています。だから、そのときは直接議院運営委員会を対象としたものではございませんので、事務局全体の運営というんですか、当面している喫緊の問題について述べられるということです。

だから、ある意味、内容的に大きな差があるのかどうか、概念的にはかなり案件会議と部長会議は異なっております。

赤坂　特にどの点において概念的に異なると認識されておられますか。

近藤　案件会議の場合は、議運で直接取り上げられる課題、あるいは取り上げられることが予想される課題が中心になるわけです。

赤坂　しかし、その議運で扱う事項というのは相当広いですよね。

近藤　現実としては広いんですけれども、要するにその時点でどういうものが課題になるかということでございます。事務局の問題でも、例えば議員会館の建築の問題だとか、議員の資産公開のマニュアルの作成だとかいうことが出てくるわけです。そういうものが出た場合はそれに対応しなきゃいけませんし、部長会議それから案件会議双方にかかる場合もございます。

だけれども、議院運営委員会にかかるのがまだちょっと先であっても、事務サイドとして案件会議での対応はそれまでにやる必要がありますので、この辺のタイムラグというのは当然出てきて、部長会議で扱う時期とかはまた違います。逆に言えば、議院運営委員会である程度の議論がなされた形でおりてくれば、また逆の意味のタイムラグが生じます。

◆案件会議の構成・対象

赤坂　案件会議が定着し始めた当初においては、いわゆる四者会談という形で、事務総長、次長、委員部長、議事部長という四者で主に構成されていたのが、その後、庶務部長、秘書課長まで拡大されてきたらしいのですが、その背景や具体的な時期について御存じでしょうか。

近藤　時期は明確には分かりませんが、私が入るときはもう構成がそうなっていましたかね。庶務部長の場合は、そんなにレギュラーで最初からお見えになっていたわけじゃないと思うんです。それで必要なときに会議に臨まれていたような気がするんです。だけれども、時勢がこういうことになりまして、はっきり言ってしまえば財政問題。国の財政問題が、事務局の方にも波及してきますし、議員の待遇にも関係してくるわけです。

また政治倫理の問題なんかも、資産公開などは庶務部が所管しておりますから、そういう特定の場合にだけ明確な議題として出てくる、という話ではなくなってきたわけです。ですから、ある時期からは常時、いわば危機管理的に対応するようになったということで、そのあたりからだと私は認識しております。

秘書課長の場合も、議長サイドとの連携が常に問題になります。昔は大体、議院運営委員会あるいは議院運営委員長サイドから議長ということでずっとやられておりましたし、議長が日々そういう議会運営なり議院運営なりにそんなに頻繁に関与する必要もなかったかもしれませんけれども、こういう情勢ですから、議長のある程度のリーダーシップというんですか、そういうものを求めていかざるを得ないような状況になっています。だから、我々はどういう心構えで臨んでいかなきゃいかぬか、議長の意向もございますし、議運の意向も、要するに秘書課長がある程度事務的なパイプ役を務める必要が高くなってきたわけです。

赤坂　そういった事柄は定期的な部長会議を待っていてはだめで、機動的に対処する必要があるということでしょうか。

近藤　はい。それはもう、案件会議は議院運営委員会理事会との対応関係になってきますから。要するに、部長会議で扱われる事務局の業務への対応じゃなくして、議院運営委員会理事会に対応する関係です。案件会議が行っているのと部長会議が行っているのは対象面が一応違います。それはオーバーラップするのはしょっちゅうですけれども、概念的には違っております。

最初は、先ほど申し上げましたけれども、ある意味では議事にかなり重心を置いた形で我々も臨んでいればよかったんですけれども、いわば議事の周辺部分、すなわち倫理、資産の問題、あるいは待遇の問題、それから議員活動の問題、調査能力、要するに議員立法能力の問題、それから設備の問題等々が頻繁に生じるようになりました。私が入った頃は、底辺での問題はありましたけれども、これらの問題が日々現実化するということは、余りなかった感じです。

赤坂　近藤さんが実際に部長会議に参加されていた間に、部長会議の開催頻度とか、あるいは中で検討する事柄について何か変化というのは感じられましたでしょうか。

近藤　そういう形の大きな変化は感じませんけれどもね。ただ、今申し上げましたような、論議される対象の広がりは日々大きくなっていく感じでございます。変化すれば対象が拡大するから、対応もやはりそれに相応した態勢で持っていかなきゃならぬということだと思います。

赤坂　対象が広くなるにつれて、開催頻度も少し従来よりは頻繁になる、そういうことはありましたでしょうか。

近藤　部長会議の頻度はそんなにはないと思います。

赤坂　では部長会議の方は、検討される対象にも余り変化はなかったのでしょうか。

近藤　部長会議の場合、しょっちゅう開いても仕方がございませんしね。案件会議の場合は対象が日々動いていますから、それによってやらなきゃいけないかもしれません。部長会議の場合は、連日開かなきゃいかぬこともありますけれども、例えば人事の部長会議などは、ある時期では連続的に開かれるということも考えられますけれども、先ほど申しましたような問題ですと、部長会議である程度議論して方向性が出ましたら、それを実践していかなきゃいけませんから、ある程度実践してもらって、そこで問題が出た場合、もう一度部長会議に戻ってくる、その先のことを議論するか、あるいは反省的な議論をするかということが必要になってきます。

ですから、毎日部長会議をやって、どうなった、どうなったとせっつくわけにもいきません。要するに、日々変化させていかなきゃならぬ課題がある場合は開かれますけれども、おおよその場合は、一週間、二週間、それに対する実践的な手段というものを検討して頂いて、それをまた戻して先に進めるということになろうと思います。課題によりますけれども、一般的にはそういうことで、今日やって、あした持ってこいということを言われましても、そういうものが必要な場合にはやりますけれども、全体的にはもう少し長期的な検討を要するものもございます。だから、部長会議の場合は、対象面が移り変わるといっても、そんなに大きな変動を持って移り変わるとは思いません。

◆ **衆議院事務局の人事システム**

赤坂　先ほど部長会議で人事の話も扱うことがあるとおっしゃいました。そこに秘書課長さんも出てくると。いろいろなクラスの人事というのがどうやって決まっていくのかというお話で、ある程度まで部長が決める、それより上になってくるともう総長がほとんど決める、このような話を先に頂きましたが、そのときに秘書課長などは何か役割を果たすことがあるのでしょうか。一般の省庁だと、人事課長や総務課長ですか、このあたりで人事のことも調整することがありますけれども、衆議院事務局においてはそのあたりはいかがでしょう。

近藤　うちの秘書課長は全体的な人事権を持っているわけじゃありません、行政庁と違いますから。でも、要するに官房的な仕事をしているわけです。官房が何かというのは私もはっきり規定することはできませんが、何か雰囲気的に、議長官房、総長官房的な仕事を秘書課はされているものですから。先にも言いましたが、今の時代に逆行いたしますけれども、行政官庁でいえば官房で、本来なら官房長というような名称でいきたいんですけれども、議会に官房長は存在しないだろうということでしょうから。議長にまたそんな事務局組織としてそういうものがあるというのもおかしな話でしょうから。

行政の場合、独任の方〔行政大臣〕が独任の業務を遂行されるわけでしょう。議会の場合は、議長独自に、国会全体を議長が単独で職務遂行するわけじゃない。ということになれば、そういう政策遂行、行政官庁の場合は独任として大臣が一元的にやるシステムですから、議院事務局ではそのシステムが妥当しないというのが理由でございましょうけれども。

赤坂　他省庁では官房で行われているそういう仕事を、衆議院事務局ではどこが実質的に担うのか、秘書課長の役割についての御質問なんです。秘書課長は、正式な人事権を持っているわけではないけれども、人事運営において大きな役割を果たすという理解でよろしいんでしょうか。

近藤　いや、秘書課に関しての人事権、管理職になれば一応人事権があるということだろうと思いますし、最終的に、総合的な人事権は総長のもとにあるんでしょうけれども、分子的なものは各部長がある程度持っているんでしょう。

赤坂　秘書課長がやるのは秘書課の中のことに限ると。

近藤　そうです。だから、行政官庁で人事課長がいるところと秘書課長さんが人事権を持っているところとがありますね。人事権というのは、霞が関では省全体の人事権ですね。そういう意味では、やはりうちは人事課がございますから、人事課がそういうのをやります。そういう意味では、秘書課は秘書課の所掌の範囲内での人事をやるということでございます。

赤坂　微妙なテーマですが、人事課が決める範囲というのは、部長さんがある程度関与して総長レベルで実質的に決まることを事務的にサポートするということなのか、それとも、もうある程度人事課において案をつくって出すということなのか、また対象ポストによって違うのか、そのあたりはいかがでしょう。

近藤　私も、申しわけないですけれども、実際にやったことがないものですから、そこら辺がどういうふうに動いているかというのはよく分かりません。民間もそうかもしれませんけれども、公務員のメリットシステムということになれば、このメリットの素材というものもいろいろございます。そこら辺を、それは法規に基づくもの、うちの慣行に基づくもの、それからある程度外部から人事課へソーシングされたもの等々をトータル的に見て人事配置をしていくということになります。

それから、上に、庶務部長が上におりますから、庶務部長のところで、その下の段階での人事会議ということじゃないかもしれませんけれども、人事の相談会的なものをやりますと、ある程度の昇給、昇格の問題とか異動の問題ということもございますので、そこら辺で述べますから、そこら辺の意向を酌んだものを人事課がやりますし、人事課は人事課として、これらの意向に合わない色々なケースもございますから、そこら辺を調整するということになるんでしょうから、そこら辺のところまで作って総長に上げるということになるんじゃないんでしょうか。総長は総長で、そこらを見て納得がいけばいいでしょうし、納得がいかなければ再検討を命ずるということだろうと思います。

最初から総長が全部のポストをということにはなりませんし、下の者だとやはり、それはいいか悪いか、年功序列、終身雇用というのが色濃いと思いますので、終身雇用、年功序列ということになれば、おのずとそういうランキングの問題だとか、縦横の並びの問題というのはそこら辺から制約を受けてきますので、総長もそのことを一々考えることは難しく、誰彼が入省何年次で年齢が何歳でというようなことまで、人事要素の場合はそれも大きな要素になりますから、そういうものを勘案して庶務部・人事課レベルである程度原案を作ってくるんだろうと思っています。

赤坂　例えば議事部から他の部へ移る方もおられますし、また、下の方だとたくさん人もいますから、そういう全体像につきましては、人事課が各部と調整しながら大体の枠を作る、上の方の部長クラスなどの具体的な人事になれば総長が考えて決める、そういう理解でよろしいでしょうか。

近藤　最終的な人事権は総長が持っていらっしゃいますが、下の方は人事課長が確実にコンプリート、庶務部長もおりますけれども、人事課長、庶務部長、そこに次長を入れるのか、総長へストレートでいいのか、そこら辺のところはいろいろありますけれども。下の方だから課長がすべて課長采配でコンプリートできるとも言えませんし。

赤坂　ある程度各部と調整しながらということですね。

近藤　それはやります。ドラフト会議まではいきませんけれども、誰をドラフトにかけるかというのはある程度あります。

赤坂　近藤さんの場合、議事部長を四年近くやられています。その間に議事部の課長の人事などが行われていると思うんですけれども、それは近藤さんが原案を固めて、総長あるいは人事課長などと相談しながら進められたのでしょうか。

近藤　実際は、具体的なスタッフは各課長レベルで一応素案を作りまして、これで、というようなやり方です。各課長が、その時点では希望だと思いますけれども、希望を出す。例えば人員増の問題もありますし、減を出してくる方はいませんけれども、抽象的に言えば増減の問題もありますし、固有名詞もございますし、そういうものもあります。

課長職以上の人事になると、はっきり言って、何となくなんです。この人をというようなことを言うこともありますけれども、管理職になりますと、全体調整の中で決まっていきます。全体的な中でやりますし、年功序列ですから、ことしは何年度の人が一応管理職該当者だということなんです、全員がなれるわけじゃございませんけれども。そういうところで誰それのポスティングをどこにするか、ということになる。

そうすると、その上のポスティングをどこへ動かしていくかということになりますと、全体の中ですから、よほどの場合じゃないと――確かに重要なポストですとか、新しいポストで非常に困難を伴うようなポストということになれば、特別な考慮が働くということがあるかもしれませんけれども――ルーチン的な問題については、全体の当てはめ的な作用もありますから、その中で調整されるということになります。それはこの人をということもありますし、この人とこの人とこの人ぐらいのところでということもありますし、どなたでも大丈夫だよという場合もありますし、そこら辺のところはある程度何となく決まっていきます。

◆キャリア制度と人事運用

赤坂　事務局のどの部門に着目するかによりますけれども、今おっしゃられた重要ポスト、だれでもいいわけではないポストというのは、課長レベルだと具体的にはどういうポストになるんでしょうか。先ほどの人事課長とかは恐らくそうでしょうね。

近藤　いわゆる言われている官房三課長という人ですね。うちは、それと並んで、委員部の、今は議運課長になっていますけれども、前は総務課長、それから議事部議事課長、それから、庶務部の議員課長ですか。あとの方は除くと思いませんけれども、そこら辺は重要なポストだと思います。

赤坂　やはり重要な人をつけないといろいろ差しさわりが出てくる可能性があるということですね。

近藤　そうですね。

赤坂　先にも少しお伺いしましたが、他省庁だと、上級職試験あるいはⅠ種の方と、そうでない方とが、人事運用上截然と分けられていたことがこれまでありましたけれども、衆議院の事務局においては、そのあたりの事情はどうなのでしょうか。やはり何となくコースに違いがあるのか、それともある程度混然一体となっているのか、そのあたりはいかがですか。

近藤　むしろ中間ですね。そこまでは混然一体になりませんし、今はかなりよくなりましたけれども、キャリアの絶対的な人数が不足しています。例えば官房三課長、それから委員部総務課長、議事部議事課長、庶務部議員課長、六人必要だとしましても、それを全部張りつけるだけの上級職者は、少なくとも私の頃、昭和五十年過ぎぐらいのころはいませんでした。だから、そこの中にいわゆる非上級職者を入れてくるということになりますし、それ以外でも、その時期によって、必要なポストがあればそちらへ回っていかなきゃいけません。そういうところでございますから、行政省庁みたいに、決めたポストを必ず占められる人間がいない。それを見合わせて彼らは採用しているわけですから。うちの方はそこまで採用していませんので、そういうわけにはいかないですけれどもね。

赤坂　語弊があるかもしれませんけれども、採用されているI種ないし上級職の方の絶対数に比してポストの数が多い、そういうイメージなんでしょうか。

近藤　そこまで上級職で埋めなきゃいかぬほど重要職に指定しなきゃいかぬかというのもありますし、頭脳がどうだこうだと言うとまた語弊がございますけれども、どちらかといえば経験則が支配する方が高いわけです。経験則と対外的な交渉力というようなものですね。要するに、うちの方は政策概念をやるわけじゃございませんので、ないというわけではございませんけれども、そういうものですから。

某氏なんて、国家公務員上級試験一番、東大を出るときも一番、すべて一番であったという話ですけれども、上級職に求められているのは何かということでございます。うちの場合も、経験則ということなら、上級でやってきた人が経験則的に高いかどうかといえば、それはまた別の見方があるでしょう。すべてが経験だとは申しませんけれども、要するに経験の培い方がどうかということ。それが、東大、京大を一番で出られて公務員試験一番で出られた方が職務的に高いと言わなきゃいかぬのかな、という気はします。

赤坂　つまり、衆議院事務局の人事運用においては、大学の学部をどういう成績で出たか、あるいはI種試験などの席次が何番であったかというのは、考慮要素ではあるでしょうけれども、財務省のような絶対的な重みを持っているわけではないということでしょうか。

近藤　私はそう考えています。また、もしそういうことになって、自分の能力の中からすべての概念をつくり出して、それを、これじゃなくちゃいかぬと言われると、私どもの仕事では成り立っていかないんです。例えば、議会に対して、これ以外の考え方、概念がないということで頑張られるような性格でしたら、これはある程度困っちゃうわけです。経験則だけでいいとは申しませんけれども。だから、行政に入られた上級の方も、一体何の能力をもって優秀かということだと思います。

何度も言いますが、そもそもうちの場合、絶対数がありませんから、行政省庁のようなシステムをとれません。私の前、谷総長の頃に三人入られていますか。三人入られて二人が司法試験で退職されました。年次が違うかもしれませんけれども、私の前がそうで、私のときに二人入りまして、今の総長をやっていらっしゃる方〔鬼塚誠氏〕の時か。一年置いて三人ですよね。その後三、四年ないんじゃないでしょうか。それで今の庶務部長が入られますから、十年間でトータル十人もおらず、そのうち二人か三人退職されていますから、単純平均で一年一人という数がキープできないわけです。

◆人事システムと衆議院事務局改革

赤坂　各省庁の場合だとピラミッド構成になっていて、上に行くに従っていわゆる肩たたきが行われますけれども、先ほどの話ですと、少なくともⅠ種、上級職該当の方につきましては定年まで肩たたきはないという理解でよろしいでしょうか。

近藤　肩たたきはできません。天下り先がないですから。それと相当の報酬のあるところがあればよろしいんですけれども。自発的におやめいただければいいんですけれども、官の方からの勧奨ということでは、できません。そんなポストは用意できませんから。

赤坂　しかし、ある程度、年次が上がっていくに従ってだんだんポスト数は限られてくるという側面はあるんじゃないでしょうか。

近藤　私がやっているときは、今言ったように絶対数がほとんどいませんから、四十年代でいけば、最終定年まで行くのが十年で十人切るぐらい、六、七人ぐらいだろうと思います。十人が同時にバッティングしたら大変な話になりますけれども、十年間で十人ですから、バッティングするところがないわけです。タイミングが悪くて上のポストに一、二年ウエーティングという可能性はあるかもしれませんけれども、結果的にはそこまで到着しちゃうわけですので。それでも昭和六十年ぐらいからは上級者の採用を多くしています。それからもう二十五年たちますから、上の方の人は管理職になっていますから、これからずっと管理職になっていきますとどういうことになりますか。

天下りを認めないということになれば、行政のアウトソーシングということになれば、天下りじゃなくて、要するに行政一体として、執政部門というんですか、施策の企画立案部門と、法を執行するいわゆる行政権ですね。行政権というのは、多分、法を執行するということ、要するに法という一般を特殊なものに個別化していくのが行政だろうと思いますから、今はそれがかなり分極化しているというのか、本体部分が一般を特殊化する仕事〔固有の意味の行政〕をしていないわけですよね。

そうなったら、いわゆる行政、言ってみれば固有の行政ですか、要するに政治と行政の間にあるものと固有の行政というのを一括して行政権をもう一度立て直す必要があります。そういうことになれば天下りじゃないですから。事実上の行政をやっているわけですから。これをアウトソーシング化・エージェンシー化するならば、完全にこれは外郭団体から行政ごと切り離すことになるわけですね。切り離してしまえば、今の天下りということは、ある程度別な観点で考えなきゃいけないわけです。それが今、固有の行政を一般的な行政の中にもう一度取り込んで、きちっと行政が執行までやるということにしないと、それを、中途半端でアウトソーシングのところへ投げ出して行政をやらせるということになると、どういうことになるのかなと。

今、村松〔岐夫〕先生の行政の本を読んでいるんですけれども、それに書いてありました。一行で書いてあるからどういう趣旨か分かりませんが、中央集権体制でいきますと、中央は企画立案で、その執行は地方がやると書いてあるんですね。ああ、なるほどなと思う。中央は企画立案で、施行は全部地方がやるんだ。それは分権化に合うのかどうか知りませんけれども、ああ、そうかということになる。中央は別に施行の仕事しなくてもいいんです、個別行政をしなくてもいいんです。地方がやればいいわけですよね。

だから、個別的なものは個別的で地方が分権をもってやればいいし、全国一律なものは中央の一様のマニュアルでもってずっとやればいいので、どちらにしたって地方ができるんですよね。なるほどなと思いました。くどいんですけれども、私が言っている、法という一般を行政処分でもって特殊化していくという仕事を別に中央がやらなくてもいいんだなと思いました。だけれども、行政の最終までをもっときちっと行政がやらないからこういう問題が出てくるんだろうと思いますし、最終まで行政がやるということになると、また行政が肥大化してくるんですよね。

赤坂　今のお話は衆議院事務局には当てはまるのでしょうか。

近藤　いや、アウトソーシング、あるんですよ、組織的に。

赤坂　例えばどういう領域でしょうか。

近藤　警備とかのアウトソーシング化の話も出るかもしれません。速記はもう完全に、アウトソーシングじゃない、エージェンシーでもない、消滅しかかっていますけれども(3)、残していくためには、記録なんかもエージェンシー化、要するに、あのイギリスにおいてもハンサード協会(4)にしている。ハンサード協会にすればいい。

我々の頃も言いましたけれども、会議録でも、一点、一画、てにをは、これは発言者と齟齬があってはならぬということでしたけれども、会議録に果たしてそこまで、ね。それこそ登記簿か何かの境界線の一点、一画で血を見るような争いの書類を作るような概念が必要かなということになれば、今、いわゆるハンサード協会、あれはアウトソーシング、外郭団体ですよね。外郭団体で、ほとんど会議録はあそこが作って、要するにクラーク〔書記官〕

がつくるのは、読んだことはないんですけれども、結果だけしか多分書いていないんです。だから、今我々が出している公報に何々法案は全会一致で可決した、起立多数で修正議決したということしかクラークの会議録には書いていないんですよね。

中身は全部ハンサード協会がやっていますし、ハンサード協会は、翌日の朝、全部議員のところに行くように配って、その日の会議に使えるようにやっているわけです。前日だれが何を言ったかというのは、次の会議で全部会議録から分かるわけです。今はパソコンでやれますから、ハンサード協会もこれでどうなるか知りませんけれども。民間委託かアウトソーシングか。アウトソーシングだったら独立の検閲が必要かということになりますけれども。

奈良岡　よく言われるのが自動車課などですね[5]。

近藤　だから、そういう意味で、何がアウトソーシングで何がエージェンシーか。うちの場合、極めて現業的な仕事だから、それを切り離していくことだけになりますけれども[6]。

Ⅱ

◆政治改革関連法の成立——施行前の法律改正、解散権の実質的制約

奈良岡　では、実際の政治の流れ、国会の動きに関してのお話に移ってまいりたいと思います。

先に細川内閣期の政治改革関連法案の話を詳しくお話し頂きました。最終的に議会の内部でしっかりと決めることができなかったのではないかという御感想でしたけれども、両院協議会で決まらず、党首会談で決定した。参議院に送られて、そして区割りに関しては……

近藤　実質的な部分では決まらなかった。形式的部分は両院協議会で決めていますが。

奈良岡　そして、衆議院で可決された後参議院で可決され、区割りに関しては通常国会の後の秋の臨時国会で成立した。こういう経過をたどったわけです。この経過に関して特に印象に残っていることがございましたら、お教え

頂ければと思います。

近藤　この法案の流れについて特段ということはございません。むしろ、この流れの中で一応政治が動いていったということの方がちょっと興味深いと思います。これに関しては、本体法案がある意味では危ない宿命を背負っていたという感じがします[7]。要するに、区割り法案が成立しなければ本体法案は執行されません。前の、グリーンカード制に関する所得税法の一部改正法案[8]が成立して施行の前に廃止されたというのがあるんですよね。そのほかにもあるかもしれません[9]。

政治改革関連法については、賛成、反対、本当に両院協議会にかかることですから、それは薄氷のところで成立しているわけです。ですから、これでもってやれば、またこの制度が危うい状況に立っているなという印象は持っていましたけれども、秋には成立しておりますし……。

それよりも、後で、羽田孜内閣でも感じますけれども、この中で感じているというのは、連立政権がどう動いていったかということと、それからもう一つは、この法案自体が持っている、要するに施行期日に条件がつけられて、その条件に周知期間がつけられているわけです。言ってみれば、解散権が二重の意味で枠をはめられているわけですよね。ですから、羽田内閣としては、連立の脆弱性ということもありますけれども、現実的にまだ半年ちょっとしか経っていませんから、現実的な解散という話にはならないけれども、時間的問題だけで解散の話にならないとも言い切れません。一年以内で解散したというのは、私の記憶では二回、吉田内閣と大平内閣。私の聞く限りでは、戦後五十年で二回なんです。だから一年以内で解散は行われないんでしょうけれども、もしここで旧制度で解散してしまったら、新制度はどうなるのかという問題がありました。

今になれば、ではそのときに思い切って羽田内閣が解散に打って出たら、この制度はどうなったのかなという問題意識があります。羽田内閣がなぜ解散できなかったのかという本当の要因はわかりませんけれども。解散権を封じられたところで政治行動をするというのは、政治のダイナミズムを完全に欠いてしまうのかなという思いがないでもないんです。それ以外に連立の脆弱性というのはやはり言わざるを得ないんでしょうけれどもね。

ですから、あのところで、ある意味では極めて大きな条件をつけられてしまったわけですね。要するに法律の制定段階で大きな条件をつけられてしまったわけですから、本当に正常な子供が生まれるかどうかというのは全く分からない状況に行っているわけです。

奈良岡　こういう条件もつき、もしかしたらある意味政治のダイナミズムを欠く、あるいは首相が持っている解散権をも拘束するかもしれないという、憲法的に危うさを含むような形でしか成立しないほど、政治状況が非常に逼迫していた。社会党の議員から造反も出ていますし、それだけ厳しい政治状況であったと思います。

◆連立政権下の議事運営

奈良岡　議事部長に就任されたときは、このように本当に厳しい状況だったわけですけれども、お仕事をされる上で、特に印象に残っているようなエピソードはありますか。

近藤　それほどございませんけれども、端的に申しまして、私も、五五年体制の自民党単独政権、一カ二分の一政権体制のもとでずっと仕事をさせて頂きましたから。こうなりまして、その前は我々、自民党の国対あたりの動向を見ている、あるいは口幅ったいんですけれども話を聞かせに行く、相談しに行くということまであるならば、そういうことで一応やりましたけれども、この時点は、言葉は悪いんですけれども、その標的がないわけです。みんなで七政党、どこがヘゲモニーを握っていらっしゃるのか、どこが決定権を持っていらっしゃるのか、全くそういう意味の特定ができません。

奈良岡　自民党国対の動きを見ていればある程度予測がついたような……。

近藤　その前まではね。絶対決められるわけですから、お決めになるか決めないかということを見ていれば。必ず決めるということでもないんですけれども、決めようと思えば決められるということがありました。ここですと、連立一本化といいますけれども、ではどこでやれば何が決まるのか、決める対象なのかというのが、我々としては前もって予測するのが非常に困難ですよね。

それは、我々、仕事が決まってからそれを粛々と実行すればいいことでございますけれども、そうはいきませんから。だから、自民党も含めてすべてのところを対象とする必要が出てきて、目標を失ったということなんです。どこを対象にしたらいいのかなという。

奈良岡　議運の進め方において何らかの変化というのは生じましたでしょうか。

近藤　進め方、変化ということはございませんけれども、きのうまで与党で仕切っていらっしゃったのが野党になっていますから、それは厳しいですね。国会運営的には、野党側の方が、与党よりも行政サイドのことを全部御存じなわけです。まだ与党さんはなったばかりですから、それほど情報は入りませんから。今までは何となくということなのが、今度はシビアに来ますからね。

奈良岡　与党の中でも八会派あるわけですから、本会議の進め方や議院全体の運用のあり方について、恐らく一枚岩ではなかったわけですよね。その中で議運で決定していかないといけないというときに、これまでのあり方と比べて、事務局として何か対応の違いが生じましたでしょうか。

近藤　ここら辺は余り変化がないと思います。ただ、正直言って、若干時間がかかったかなという感じはございます。

奈良岡　議運の委員長は奥田敬和さんですが、もともと自民党出身ですし、そういう意味では、八会派でいろいろごたごたはしているけれども、手続的にはそんなに大きく変わったことはなかったわけですか。

近藤　手続的には、変わったことは殆どないと思います。細川連立政権の誕生が政権交代なのかどうかというのは、今回みたいな明確な政権交代であるのかどうかというのはまた別の問題ですけれども、政権交代があったから我々が携わっている議事手続に大きな変化が即現れた、という印象はありません。自民党で国会対策をやっていらっしゃった方が、過半とは言いませんけれども、多数、議運なり国対にいらっしゃるわけですから、そこら辺はそんなに大きな発想は変えておられなかったと思います。

奈良岡　旧社会党の人たちはどうでしたか。これまで野党だった方が与党になって、何かこういうのを大きく変えろとか、あるいは逆に非常に戸惑っているとか。

近藤　議事手続上は感じません。ですけれども、実質十カ月ないですから、まだそこら辺まで切り込んでいらっしゃるというのもなかったと思いますし、ほとんど政治改革法案と総予算で終わっていますからね。

赤坂　一般に政権交代が議事手続に与える影響というのは、今回(10)も含めて頂いていいんですけれども、余り事務局の立場からはお感じになられませんか。議事手続のあり方について、政権が変わる前と後とで顕著な違いが生じるというのは。

近藤　今回を見ていても、そんなに議事手続が大きく変わるというのは感じません。どういうふうに変えていかれるのか知りませんけれども。

◆政権交代と議事運営

赤坂　例えば一つ、私が記憶にあるのは、もっと後のことですけれども、参議院で民主党が勝った、優位に立った後、証人喚問が全会一致ではなくて民主党の単独の採決で行われるようになって、これが今までの慎重な、いわば少数者の基本権に配慮した運用のあり方から、ちょっと乱暴なやり方に変わってきているんじゃないか、そういうことが言われたりすることもあったわけですけれども(11)、そういった面まで含めて、誰が政権側、与党側であるかによって、あるいは多数者であるかによって、議事運営のあり方が変わったということをお感じになったことはありませんか。

近藤　そんなに大きな変化があったとは感じません。今おっしゃられたことはあるかもしれませんけれども、それは政権交代じゃなくして、議員の先生方の心理の問題じゃないかと思います。これからは、今までやっていたみたいな、要するに全会一致で物事を決めていくんだというような没個性的なものに対する一種の現れじゃないかと思います。これは議会制度に対する制度論の問題じゃなくして。だから、そういう面からいえば、これからは現れてくると思います(12)。

要するに、議会にも個人主義化した議会運営というんですか、そういうようなものは出てくると思います。そういうものも含めて制度というんでしたら制度でしょうけれども、これは政権交代だからそういう制度という感じじゃないような、まあ、ある程度リンクするかもしれません。二つのものが交代するわけですから、今までは交代しないわけですから、一種の融合状態で、すべてが融合状態であったわけでしょうけれども、これからは変わりますから、変わったときには変わったような行動に出られるし、ある意味では政治的効果もねらっていらっしゃるかもしれません。今までみたいな融合化したような混沌とした状態で一つのものを作り上げるというわけにはいかなくなってきますから、今までは全会一致でやってきたようなものでも黒白をつけていこうということ、すべての問題がそういうふうにいくかもしれません。

しかし、十カ月ですから変わりようがなかった。その次に自社さ政権になれば、これははっきり申しまして、旧自民党政権だと思っています。それは政権交代じゃなくて政権復帰だろうと思っています。自民党にとっては政権復帰ですけれども、社会党さんはまたどうか、これは分かりませんけれども。

議事運営の変化ということで言えば、法案の審議の形態ですとか、法案の出し方まで含めるのならば、今、議員立法を認めない、内閣提出一本でいくということをおっしゃっていますけれども[13]、これは従来から既定的にはそうなんです。野党が対案的に議員立法を出すか、実際的にはそういうことであったわけですから、変わりませんけれども、今までおっしゃっていた議員立法というのが、要するに内閣提出、内閣、行政サイドの執政がそのまま議員提出権としてこれからはここへ出てくるわけですから、そういう面では変わってくるかなと思います。

だけれども、内閣提出法律案が優位であるということのはっきりした裏打ちをこれから作られていく、内閣提出法案を否定、改革するんじゃなくして、むしろこれを補強、強化していこうという方向に行きますので、我々から見える現象から見れば結局同じことです。内閣提出法律案が一元的にぐっと通っていくという点では一緒です。今まではこれを改善、変革していったらというお話がありましたけれども、そうじゃないんだ、これでいくんだということになりますけれども、現象的には全く同じ事象ですから、我々から見たら、手続がどこか変わりましたかと言われても、どうも余りというような気持ちはあるんです。

◆ 議会運営の個人主義化

赤坂　先ほど議会の個人主義化というお話をされましたけれども、それをもう少し敷衍して頂くと、具体的にどういうことを念頭に置いておられますか。

近藤　党議拘束がきかなくなる可能性も感じます。

赤坂　昔に比べて今の方がということですか。

近藤　今というか、今後。だから、党議拘束的なものをどういう形でやっていくか。

赤坂　党議拘束的なものがなくなっていくという見立てでは、どうして出てくるんでしょうか。

近藤　議員さん方の個人的心理の問題でございますから、大きなものに縛られたくないという気持ちがかなり出てくるんじゃないかと思います。そう言っちゃいけないんでしょうかね、そんな感じはするんです。

あと、議案提出権もどうなのかなという気はします。党議拘束がなくなるとは思いませんけれども、今までみたいに一本化した形の党議拘束というものをこれからも維持できるかなということになりますし、発言も、昔から統制がきいたとは申しませんけれども、議会で発言する以上、かなり統制がきいたような感じで、党の方針に反したような場合には、党からの制裁もございますし、公のところで問題にされることもありましたから。これからはそういうことは発言に関してもかなり緩和されるだろうなと思います。それがいいのか悪いのか。

赤坂　それは一体どういう制度的な、あるいは社会的な背景があって、そういう議員さんの発言の自由度が増すということにつながると思われるのでしょうか。おっしゃられるような、大きなものに縛られたくないということが言えるようになった背景には、一体何があると思われますか。

議事運営に関して、議員さんが個人のイニシアチブで自由にできるのは質問主意書を出すことぐらいかと思っていたんですけれども、それすら民主党では統制されていますね(14)。そうすると、どこに個人主義化というところが色濃く出ているのかという点に、ちょっと興味を持ったんです。

近藤 色濃く出ているんじゃなくて、出てくるんじゃないかなという気がするわけです。

赤坂 では、これから出てくると思われる背景には、一体何があるからそうお感じになっておられるのでしょうか。

近藤 昔もそうかもしれませんけれども、価値の多元化の中で、一つの価値に収斂しろということが果たして可能かどうか、という問題です。

赤坂 逆説的に、統制しようとするのは、むしろ議員さんが自由にしたいという動きの現れである、だからこそ統制したいという話になるということでしょうか。

近藤 現れてくるんじゃないかなということで、やはり心理的にお持ちじゃないかなと思うんです。そういった心理がなければ、質問主意書の提出の制限をする必要はないわけです。だから、内閣提出法律案を一本化する、それに対して、絶対忠誠を尽くせということになるのでしょう。自己の中から意思を表現しないで、与えられたものに対して絶対的に意思を集中せよということなんです。そういうふうにお持ちになっていらっしゃるんですね。

だけれども、ある意味では、意思表示の仕方はその方が楽かもしれません。自分の言いたいことは抑えるけれども、相手から与えられているのは呑めるんだから、それに対してはイエスと言える。イエスと言えるんだけれども、自分もこれを言いたいというのを抑えろということになるわけですから。なぜそういう手法までとって政策の一元的遂行を図っていかなければならないのかなという気がするんです。

◆ 多党化と政党の融解

近藤 それから、今の議会手続がどう変わるかという話でございますけれども、この政治変化の中で、極めてオタク的に言わせて頂ければ、我々は、議員数二十というのが論議の点だったんです。要するに議員提出法律案の賛成要件、それから各種動議の基本的提出権者数、これが大体二十なんです。二十が一応議会会派でやるための一つの数字になっていました。ですから、多党化現象と言っても、政党の数は多いんでしょうけれども、二十以上の多党化がどうかということが、私が議会運営に携わっていた頃の論議の中心と思いますが、今度は政党交付金で五という数字に下がっています。これは両院で五ですけれども、できたら各院で五をとりたいんです。各院で五をとれば、これは立派な政党なんです。政党要件の議員数が今二十から五に下がっているんです。

だから、議会の中でも、多分今までは二十という数字で、あるいは構成だとか発言だとかいう点で制肘を加えていきましたけれども、これからは五まで下がると思うんです。ということになると、多党化現象がかなり実質的な意味で多党化してくるわけです。今までは二十以上のところですから、せいぜい三、四ぐらいですけれども、これからは、五まで下がりますと、どのくらいあるかは知りませんけれども、小選挙だと少なくなっていくかもしれませんけれども、六、七ぐらいの、いわゆる実質多党化になると私は思っています。そういうことになりますと、今は変化がない、これから変化が出てくるかなと思いました。

それから、今の話に直接何の関係もないとおっしゃるかもしれませんけれども、選挙民と議員のチャンネルです。小選挙区で、結局何の問題も起こりませんけれども、請願に紹介議員があるのは御存じだと思います。紹介議員で、自分の選挙区で自分の支持していらっしゃらない方のところへ紹介を頼みに持っていけるかなということがあるんです。

今言われている陳情の問題も同じだと思うんです(15)。でも請願は政治の必要な方策じゃないかと思います。陳情は、ある種、今は政治の外道じゃないかという雰囲気でやられている気がします。陳情はどこかが一本で受ける、議員個人が陳情行動をするのはどういうことかが議論されています。この当時も、某先生と、紹介議員をやめなきゃいかぬじゃないですかとお話ししたこともあるんです。小選挙区でしょうし、隣へ行けば支持政党の方がいらっしゃるから、隣へ行って頼んでくればいいわけです。おれが入れた政党じゃないか、請願を出したいから判こを押して下さいというぐらい言えるんでしょうけれども。隣の人というようなチャンネルがどうきくかどうか。

日本の場合はイギリスみたいに個人主義ではございませんから、政党に持っていけばいいわけです。全国政党の場合、そこに選挙区の方がいようがいまいが別にいいんです。いわゆる個人を基盤にしていらっしゃるであろうと思われるところは、やはり隣の方とか、がっちりした基盤がないわけです。イギリスみたいに、一人の議員を出すために、そこの下に支持団体を作ってこれが活動するというようなことはないわけで、それが、日本の政党交付金と企業献金と団体献金でやっていかなきゃいかぬところとの違いかもしれません。

個人チャンネルが切られてしまう可能性がありますが、議員の個人チャンネル、これは多分魅力だろうと思うんです。そういう意味からも、この個人チャンネルを切られるということはどういうことか、切られるかどうか知りませんけれども、そういう思い。これはその当時そこまで深く考えたことはないんですけれども、請願で紹介議員がききますか、これは外した方が現実的かもしれませんねというお話をしたことはあるんです。

奈良岡　今の話は非常に興味深いお話で、政治学の議論では、小選挙区制というのは振れるので大勝ちする、そして、中選挙区制と違って派閥がなくなってくるので、党の中央のコントロールが強くなる、政党が強くなるという側面がよく言われるんです。でも他方で、こういう議会運営の中から見ていくと、政党が融解していくというか、会派の拘束も弱くなるし、政党の構成要件もだんだん緩くなってくるし、あるいは請願なんかでも、紹介議員はもしかしたら必要ないかもしれないというような議論にもなってくる。そういう両方の側面がこの十年ぐらいで進んできているなというのを感じました。

近藤　日本の場合は小選挙区制じゃないですから、並立制ですから、並立制になると議員さんの格差の問題もあるのかないのか。多分、小選挙区の方の方が格が上だろうと思いますね。今でいえば、衆議院の小選挙区、衆議院の比例代表、参議院の順です。だけれども、そういうふうな格というのは、選挙民との近さが格の上下になってくるでしょうから。それは憲法上、全国民の代表であると書いてありますけれども、そんなことを言っていたら国会議員になれないわけですから。

奈良岡　「我々は単なる採決要員か」という不満が与党の若い議員から大分出ているようですけれども、他方で、イギリスなんかだと、バックベンチャーはずっとバックベンチャーで、大臣になんか到底なれない。それで途中で議員をやめちゃう人も非常に多くて、議員間の格差は実は非常に大きい。日本の国会議員は、多分、格差が今まではそんなになくて、特に自民党政権下で、当選を何回か重ねると政務次官になり、そして五回ぐらいやると大臣という、かなり平等性が強い形だったと思うんです。それが大分崩れてきて、今は世間一般でも経済格差というのが問題になっていますけれども、もしかしたら議員の格差も今後拡大していく方向にあるのかなという印象はあります。

近藤　そうでしょうね。今は惜敗率が入っていますから、惜敗率でやれば殆ど小選挙区制というか中選挙区制ですよね。同一選挙区で、全部とは言いませんけれども、大体のところで二人出てきますから、二人出てくれば中選挙区でしょう。一人は政党で、一人は惜敗率で出てこられるわけですので、殆ど中選挙区状況でしょうから、そういう意味では二大政党化ができない。比例で一割とればかなりの感じで連立政権に加われます。そうなると、二大政党化は非常に厳しくなります。

◆本予算成立の大幅遅延

奈良岡　もう一つ。細川内閣で大きな問題の一つが今の政治改革関連の話で、もう一つは予算ですけれども、かなり異例だったわけです。細川内閣が提出した予算が成立したのが、細川内閣が倒れた後、羽田内閣になってからで、これはきわめて異例なことですので、事務局としてもかなりいろいろ御苦労されたと思います。

近藤　その前で長いのが多分竹下内閣じゃないかと思うんです。

近藤　たしか竹下内閣が五月二十七日に自然成立しているんですよね。細川内閣が六月二十三日ですか。かなり遅いのは確かですね[16]。

竹下内閣は、予算と引きかえに首相の地位を出すということで、議会もそれである程度納得して、結果的にそうなっている。総理の地位と予算を引きかえに。細川さんの場合は対照的に、予算はほったらかして自分の地位を差し出したということなんですよね。

言っちゃったから言いますけれども、石原信雄さんが何かの中にお書きになっているかもしれませんけれども、石原さんが主張されたということを、私は新聞で読んだのか誰かから聞いたのか、総理というものはその地位と引き換えに予算を、という趣旨のことを石原副長官が言われたという話があるんです。

赤坂　『首相官邸の決断』にも前後のことを若干書いていますね[17]。

近藤　書いてありましたか。書いてあればいいんですけれども、私は、書物で読んだのか誰かから聞いたのか、新聞で読んだのか……。

ということなんです。だから、石原副長官は竹下内閣の副長官ですよね。自分が二つの内閣の副長官をやりながら、片方は予算と刺し違える、片方は何も気にせず、おれやめるということで。逆に言えば、内閣というのは予算だけかなという感じがするんです。だから、予算を国会でいかに短期間でスムーズに支障なく上げていけるかというのが、ある意味で内閣の最大の使命であるということですし、要するに、それが国政の最重要点だということになりつつあるんですよね。

赤坂　議事部長としては、この予算問題に対する対し方といいますか、どういう点を気にされて議事を運営されるのでしょうか。

近藤　私どもがやることは、日切れ法案は気にはなります。私どもが忘れていたとか見逃していたとか言われる筋合いはないと思いますけれども、それでもやはり気にはなります。また、予算関連法案が本当に予算関連法案かどうか。予算関連でないものを入れられるということになると、それもいわゆる与野党の論議の場になるだけで、我々にどうかと聞かれた場合に困るんですけれども、予算関連でないものを予算関連として中に入れてくるということもなきにしもあらずです。

我々としての主要な関心は、自然成立が何日で、どこまでで暫定を組まなきゃいかぬのかという手続的な問題です。暫定も組まぬと言われれば組まなくてもそれもありだけれども、そのためにスケジュールをやっていかなきゃいけませんし。例えば自然成立という日にちを間違えたら空白が生じてしまいます。だから、そこら辺になるまでに、どこまでが年度内成立なのか、どこで予算空白なのか、どこまでだったら暫定か、やらなきゃいけませんし、暫定補正がどこら辺までか。我々が考えるのはタイムスケジュール的な問題で、例えば日にちの齟齬がないのかということになります。

赤坂　それは内閣側がちゃんといろいろ調整してやるべきことではないのですか。

近藤　そうなんです。ちょっと私も誤解があるかもしれませんけれども、内閣サイドは、当然年度内成立だということだけしか言わないわけです。それ以上のことは言わないんです。暫定の予算空白を作るかどうかも、彼ら自身が空白を作るとは、それは言えない。私どもが指示を出すわけじゃないんですけれども、向こうも、予算空白を作るなら空白を作る、暫定予算をいつまでに編成していつまでに提出するかというのは彼らが、編成権、提出権を持っている方が当然やるんです。それは当たり前なんですけれども、向こうから言えば、可能性のある間は、何日に対して何日まで予算空白がいいのかどうかなんということは言わないわけです。

それで、一番最後になって、例えば、四月の何日に大きな支出項目、要するに法定義務づけがあった支出項目があるということになれば、それまでは絶対おっしゃらないと思うんです。それがどうしても立ち行かなくなったときに初めて、そういうものがございますからここでやってくださいという話が出てくるわけです。その場合も、それがありますから本予算を通してくださいということになる。本予算が通らないようなら、それに間に合うように暫定予算を出しますというのを、それは直前になってこなきゃ多分おっしゃらないんです。

そういうわけですから、本予算が年度内成立しないことを条件にということは口が裂けても絶対おっしゃらないと思うんですよ。だから、それ以上の話は相談しても多分だめなんです。

奈良岡　細川内閣のとき、予算問題がこんなにもめたのは細川首相の佐川急便からの献金問題で国会が空転したことが大きかったと思うんですけれども、これも議事部長としては、国会が空転ですから、やはり非常に御苦労されたのでしょうか。

近藤　そうですね。もうこうなれば、予算関連をどうするか、暫定をどうするか、そういうような話に多分なるんでしょうから。そうかといって、私どもが決める話じゃございませんからね。私どもは予算が提出されれば手続的に受理するだけの話でございますけれども。そうは言っておられません。

そういうことになれば、この膠着状態をどういう形で打開していくかということになります。予算の方で強行的な動きをされるのか、それとも折れて、政治倫理といったら証人喚問だとか参考人招致とかいう話になりますから、そちらの方で進められるかという話になりますから、これがどう動くかということです。動き出したときにはもう遅いわけですから、我々としては、動き出す前にそれをやはり察知したいわけです。

奈良岡　では、このときは、暫定予算の問題とかタイムスケジュールをいろいろ組みつつ、証人喚問の準備もされていたんですか。

近藤　議事部の方は、証人喚問は関係ないです。本会議で証人喚問をやったことはございませんから。委員会マターでございます。だけれども、国会運営全体の中で見ていかなきゃいけませんので、よそ様のことだから事務的にはやらなくてもいいんですけれども、その中で自分たちが何をやらなくてはならないか、という配慮はございます。

◆羽田内閣の総辞職をめぐって

奈良岡　それでは、羽田内閣の総辞職のときも、議事手続云々というよりは、やはり政府の方の動きを見て、どうなるか予測して待っているという感じでしたか。

近藤　このときはまさにそうです。大方の方は総辞職だと思っていますけれども、かなりの方の中に片隅に解散というのが針のように突き刺さっているんですよね(18)。だから、半日ぐらい待ったのかな。我々としては、極端に言えば、次に内閣総理大臣の指名をやるのか解散詔書の伝達をやるのか。そのどちらかという話なので、ただそれだけの話なんです。

ただ、それだけの話だと言われましても、どちらが来るかわからない。このときは先生方も、十一時議運理事会なんですが、多分そのときは官邸からまだ何の結論もないんですよね。ほとんどの先生方の頭の中には総辞職・首班指名だということですから、だけれども、官邸から何も言ってこないうちに準備するわけにもいきません。だから、ほとんどの方が、自分たちで協議のしようがないわけですよ。官邸からどういうのろしが上がるかという話だけでございます。だから、三時間か四時間ぐらいじゃないかな、委員長以下、議運の委員長室にずっといた記憶があるんです。官邸がいかなるのろしを上げるか。

奈良岡　事務局の方も議運の理事会メンバーも、みんな。

近藤　理事会はあのときは開いてはいませんでしたけれども、休憩中なのか中断中なのかわからぬような状態であった記憶があるんです。来たらすぐ次の議事手続に入るということで皆さん待っているわけですから。

どちらにしても、解散なら我が身のことですけれども、首班指名になったら後継首班の問題ですから、先生方にとってはどちらも重大な関心事なんでしょうね。だから、議運という職務を抱えていらっしゃいますけれども、それとともに我が身の仕事を抱えていらっしゃいますから、落ちつかないんです。あのときは本当に、議運の先生方と一緒に理事会室にずっと何時間もいた記憶があるんです。中にはガセネタも入ってくるわけですよ、解散に決めたらしいというような情報も。

奈良岡　メッセンジャーが時々入ってきたりするわけですか。

近藤　それは先生方ですから、いろいろな方から情報が入ります。自分のところの秘書さんとかもいらっしゃいますし、新聞記者さんもいらっしゃいます。それ相当のチャンネルがあるわけです。三、四時間というと、私は分かりませんけれども、いろいろな情報が入ってくる。

奈良岡　年表を見ますと、六月二十三日に予算が成立して二十五日に総辞職ということですけれども、この予算が成立したあたりからこれで終わりというような感じだったんでしょうか、自民党としては。

近藤　内閣不信任を出されますよね。だから、内閣不信任で、社会党が離脱しているということを確認していらっしゃると思いますから。社会党が離脱していれば内閣不信任案可決は間違いないですからね。だから、内閣不信任をかけるかどうかという話です。結局かかっていませんけれども。かかっていませんよね、これは。

奈良岡　はい。

近藤　だから、その内閣不信任をかけるかどうかで、かけた場合の結果がそうであろうというのはもう分かっています。先生方はどうか知りませんけれども、我々から見れば、かけて可決されたら解散だろうと。本会議で可決されて総辞職した内閣は一度もないわけですので。やってはいけない話ではないんですけれども。内閣不信任が本会議にかかれば解散であろう、かからなければ総辞職であろうということになるわけですよね。ですから、内閣不信任を理事会の上に置いておいて、それを見ながら状況を見ているだけです。

議員の方たちがどういう認識だったか知らぬけれども、我々は、これが上程されたら解散だなということになるわけですので、絶対これは反故になるなという感じはございました。だけれども、反故になる確実性はないわけです。ということで、社会党もそこまでやったかなという鮮明な記憶はないんですけれども、思い出してみれば、上程されれば可決されるということは、かなり確定的にそうだったのかなという思いはあります。

奈良岡　不信任案をかける前に、自民党の側で揺さぶりといいますか、いつかけるのかという期間は結構長かったんでしょうか。

近藤　不信任案は六月二十三日に出されているわけですよね。それは出した方は早くと言いますよね。今はあれでしょうけれども、私などが聞かれた場合、三日はいいでしょうと言う。出された日は、突然出されて全く面食らっているから答えのしようがない。二日目は、今内容を精査検討中だからということ。三日目になったらもう駄目ですよということを、私もこの時ではありませんが、どなたかに言ったことはあります。

赤坂　今のお話は、内閣不信任決議案が提出されてから、それを上程するかどうかを決めるまでは三日がリミットだということですね。

◆ 村山内閣時代の思い出――村山談話と決議の効力

奈良岡　では、村山富市内閣の方に話を移して参りたいと思います。

羽田内閣が倒れまして、一九九四年の六月三十日に村山内閣が発足しますけれども、連立が組みかわって、自民党、社会党、さきがけの連立内閣になるわけです。村山内閣が発足してすぐ、村山首相が自衛隊合憲の所信を表明したりということで、社会党の政策転換が非常に鮮烈に行われ、「戦後五十年の国会決議」が行われるという出来事もあったりしたわけですけれども、これら一連の経緯に関しまして、印象に残っていることがございましたらお教えください。

近藤　今例が出されている国会決議の問題についてでございますけれども、これは決議の問題として従来から何回も議論されて、私も入った当初から、日米繊維協定、輸出規制の決議が行われまして、あの当時、総理まで呼んで質疑したという私の事務局としての経験がございます。そのときに、決議の効力は何たるものかという、いわゆる政治的効力論が唱えられておりますし、今もそれは多分変わっていないと思います。

ですから、戦後五十年国会決議、これに関しまして、要するに、院の決議と村山総理が談話で言われました内容、これが一致しているか、齟齬しているか、これは私、事務局の人間として申し上げる立場じゃございません。でも、もしこれが同一であるというならば、二人が、議会と行政府の長たる総理が言っちゃいけないということはございませんからいいんですけれども、これが齟齬した場合どうかということでございます。ですから、これが齟齬しているかどうかは申し上げませんけれども、村山談話の中に議会が踏み込んでいけなかった問題が、それを超えている部分があるのではないかなと私は思うんです。

これらの決議と談話は、内容的には、戦争に対する一つの国家意思、国家認識を示しています。だから、もしこれで齟齬しているということになりましたら、いわゆる国家意思が二元的に出てくるわけですよね。二元的に出ていくということになれば、相手方はどちらをとるかという話になります。特に、私の認識に間違いがあれば別ですけれども、多分、中国、韓国、北朝鮮の諸国も含めて、それから東南アジアもそうかもしれませんけれども、日本の態度をどう見ているかということだと思います。

ということになれば、村山談話を超えて、これで日本の戦争責任についての意思表明として十分だというなら議会は何も言わなくてもいいわけですよね。議会がやったことはナッシングで、無ということになるわけですよね。だから、いわゆる国権の最高機関が言わなきゃいかぬのか、最高機関が美称説であるならば何の意味もないわけですよね。ですから、そこら辺のところがどうなのかな。

例えば施策の場合ですと、法律でやる場合には、法律としてもう一度議会に還元されてまいりますし、対外案件なら一般的には条約という形でもう一度議会に還元されてきます。決議というものはもう一度やることができるし、それが国内政策であっても、法律以下でやられれば国会に還元されてきませんし、外交案件だって、協定以下で国会承認必要なしということなら国会に還元していきませんから、その時点でまた同じことが起こります。そうなったら、その程度の問題ならいいのかという話にはなるかもしれません。

しかし、こういう宣言的な文言というのは議会に還元してくることはないわけですよね。これでもって、日本の戦争責任として、あるいは賠償の問題だとかその他もろもろの、ここで村山内閣がやられました戦後処理問題の問題がもう一度、具体的な法律案なり何かの形で議会に戻ってくればそれはそれでいいんでしょうけれども、宣言的な文書だと戻らない可能性があります。すると国家意思の二元的な表明ということになりかねませんから、そこら辺がどうかなという感じはするんです。だから、一般的に言えば、決議の効力の問題、事務局からいえば極めてオタク的な発想なんですけれども、そういう感じはいたします。

奈良岡　そうすると、首相の談話が出されたときには、国会決議では言及されなかったようなことが言われて、踏み込んだなというような印象が当時ありましたか。

近藤　ですから、今の連立ですよね。

要するに、もし、社会党さんが野党で、自民党さん側でこの決議が出された場合に、対立軸の問題としては、戦争責任論の濃淡といいますか、言っちゃ言えなくありませんけれども、一つは、いわゆる表現の問題だけじゃありません、内心の問題かもしれませんけれども、多分、内容は別にして、形式的な対立は必ず生じたであろうと思うんですよ[19]。連立であるがゆえに生じていない。生じさせ得なかったというのか、内閣総理大臣がある意味の独任機関であると。独任だと他からの制肘はありませんから、かなり踏み込んだことが言える。議会の場合は、これをやるにも少なくとも過半数を必ず確保しなきゃいけないわけですから、過半数を確保し切れなければ、それを内容的に変えていかなきゃいけない。

今の決議の効力からいえば、行き過ぎても、それは自分の責任としてでしょうけれども、内閣不信任でどうなるという話になるかもしれません。それは覆水盆に返らずでございますけれども、効力は覆らないはずでございますから。そこら辺のところで、という感じはいたします。

「植民地支配と侵略によって、多くの国々、とりわけアジア諸国の人々に対して多大の損害と苦痛を与えました。私は、未来に誤ち無からしめんとするが故に、疑うべくもないこの歴史の事実を謙虚に受け止め、ここにあらためて痛切な反省の意を表し、心からのお詫びの気持ちを表明いたします。」と村山総理は言っておられますけれども、多分、国会決議はここまで書き切れないがゆえに、村山談話は踏み込んだのだという気はいたします。私個人的には、ここら辺では国会決議を超えられるんじゃないかなという気がいたします。超えていないと言われれば……。

奈良岡　政治的効力説で、政策を法的に縛るものではないんだけれども、にもかかわらず、このように与野党間の対立でなかなか踏み込めないようなことも、国会決議に関してはあるということですね。

近藤　そうですね。決議の場合は、一応全会一致を基本的原則として運営されてきていると思います。やはり議会の意思を一つにしようということですから。そうすると、かなり妥協が図られなきゃなりませんでしょうからね。

奈良岡　野党が欠席したというのはこのときが初めてですか。

近藤　決議ですか。調べてないですけれども、そんなことはないと思います。しかし、野党といいますか、ある会派が欠席したということは、そんなに頻繁に起こることじゃありませんし、決議ですから、いわゆる規範的効力を持たないということでございますので、そこまであえてやるかということもございますし。

だから、敢えて法的な国家意思を表明したければ、それを法案化するなり、外交案件だったら条約化するなりすることになると思います。法律というものは限定されているのかどうか。例えば戦争責任の問題だって法律化できないことはないだろうと思いますから。

奈良岡　一応全会一致を目指すというのが国会決議の前提としてあるならば、このときも、一応全会一致を目指して、議運等ではかなり議論をしていたわけでしょうか。

近藤　はい。

奈良岡　その経過に関しては、何か印象に残っていることはございますか。通常国会、第百三十二回国会が一月二十日に開かれておりまして、六月十八日に閉会しているんですけれども、閉会の直前、六月九日にこの決議がなされていますので、それなりにもめたのかなという印象はちょっと持ちましたけれども。

近藤　従来からの対立軸ですから、それほど議事が混乱するわけでもございません。

答えにくいんですけれども、要するに、表現がこれ以上進まないなという感じだったと思いますね。そういうことを公式に残すと非常に不謹慎でございますけれどもね。従来からずっと双方が主張してきたことでございますからね。日本の戦争責任をどこまで具体的に示すか。これもやはり要求されたのは、侵略的行為と植民地支配の字句の表現の問題。結局、たしか議会サイドの表現には入っておりませんよね。

奈良岡　そうですね。「世界の近代史上」云々という抽象的な言葉になりました。

その他、戦後五十年の問題だけではなくて、社会党が首相を出したことで何かお感じになったことはありますか。例えば、野党時代にいろいろ主張していたことが、首相を出したことによって、今までの言動と齟齬を来すとか、国会あるいは衆議院事務局に対しての態度が変わったなど。

近藤　そういうことは余り感じません。やはり議会運営の全体的なヘゲモニーは自民党さんがお持ちでしたし、自民党さんも、従来、私どもとずっと対応関係にあったところでございますから。だから、独自のものがそこから生まれてきたような感じは余りいたしません。

政策で言えば自衛隊容認論。だけれども、村山内閣は期間的にもそれほど長いものでもございませんでしたし。個人的にいえば、阪神・淡路大震災のときの自衛隊の活動について様々な状況はあったとおもいますが、そのなかの一つとして自衛隊が現実的には容認されましたが、一般フィールドでの自衛隊の存在については十分な容認に至っていなかったのかなという思いがいたします。政策の転換、もっと広く捉えて政治の転換。それに結果してくる政治の実行、実現にはそれなりの時間を要するものであるという感を深くします。

でも、村山内閣も一年半ですから短いとは言えませんけれども、過去の歴史を断ち切って新しいものを持ち込むにしては短いような感じがいたしますし、先に話題になりました連立でも十カ月ですか。結局、内容的な問題はございますけれども、時間的にそれは短いですよね。そこでがらっと過去の歴史を断ち切ってというようなわけにはいかぬだろうと思います。

そして、ネガティブ評価をしてはいけないんです。事務局でそういう評価を絶対してはいけないんです。自分も不勉強ですけれども、議会運営にもそれだけ大きなチェンジが感じられる、それにはやはり時間が短過ぎると思います。やはり時間というのは大きな要素だと思います。今日政権をとったから明日からがらっと変わるかと言えば、個人的な信条の問題だったらいざしらず、国家国民の一つの生活現象なり社会現象を変えていくにはもう少し長い期間が必要じゃないかと思います。

◆土井議長時代の思い出――次第書の表現など

奈良岡　当時、土井たか子氏が衆議院議長をされておりました[20]。その土井議長のもとで国会改革の議論がいろいろなされまして、国会改革に関する私的研究会というものが発足し、いろいろな提言が取りまとめられています[21]。これら一連の動きに関して、御存じのことをお教え頂ければと思います。

近藤　我々の仕事として初めての女性議長であるわけです。議長次第書きと我々言っておりますけれども、議長の発言メモをドラフト的に事務局で作成するわけですが、よく言えば文語調、古色蒼然とまでは言いたくございませんけれども、極めてそういう表現になっているわけです。その表現について、女性議長であるということと、それから現代にそぐわないという二点で、議長から猛烈な御指示がございました。

これは単なる表現だけの問題かもしれません。その点は大丈夫といえば大丈夫なんですけれども、今で四百八十、この当時五百十一人の議員さんが一堂の場所で瞬時に意思を返さなきゃいかぬということは、いわゆるオウム返しなんですけれども、言葉というものは出来るだけ変化させてはいけないわけですよね。

それで、倫理的な問題はあるかもしれませんけれども、採決直前にお入りになって採決だけして出ていかれるという方もなきにしもあらずで、態度の是非は問題にして、それは違法でも何でもないわけです。正当な権限行使、職務行使であるわけです。その場合に一々言葉が変わっていたというのでは大変なことになります。今日は肯定であしたは否定で諮り、その次はまた肯定で諮り、次の日は否定で諮るということになったら、結果として反対の結果になることもございます。そういう意味では、我々事務局サイドもこれは直し切れなかったということもあるかと思います。そこでかなり御指摘の点がありまして、事務局もそれ相当に、かなりのことは対応した記憶がございます。

これは、例えば刑法を片仮名から平仮名に直すという単なる文字変換、パソコンでいえば文字の転換の問題だけですけれども、やはり転換させると大変なことになるんですよね。みんな、うちの言葉は肯定を使っているのか否定を使っているのか分からぬということで。これが言葉を変えたことによって極めて否定的な色調を帯びた場合には、相手方の意思表示が逆になる可能性がありますからね。

赤坂　できれば一つ例をとって、こういう表現をこのような形に改めた、そういう説明を願えますか。

近藤　そんなにびっくりするほど大きく変わったわけではございませんけれども、例えば「動議のごとく決しました。」を「動議のとおり決しました。」それから「せられました。」を「されました。」とか、「いたさせます。」を「させます。」とか。それから、文章の内容ではございませんけれども、今まで「諸君」と言っていたのを「議員各位」とするという御指示がありました。

赤坂　ちなみに、その後、このような変化は定着したのでしょうか。

近藤　定着しております。

赤坂　変えたまま。もはや「諸君」とは言わない。

近藤　はい。定着していると思います。それから、変化というわけではないですけれども、結論をはっきり言おうということになりました。例えば、「委員長報告のとおり決しました。」というのを、修正議決は「委員長報告のとおり修正議決いたしました。」というふうに、「決しました」という表現を「修正議決」なり「議決」なり、はっきりと結果を言おうという表現になっています。

奈良岡　この案というのは事務局の方もかなり考えたんですか。

近藤　それは考えました。

奈良岡　どこでこういう議論をされたんでしょうか。一番最初のたたき台みたいなものを事務局側で用意されたんですか。

近藤　結果として議運に行ったかどうかは分かりませんけれども、議長の私的研究会ですから、議運で協議してやることではございません。議長のもとにドラフトを提出して検討して頂く。

奈良岡　それは基本的には議事部でやられたのですか。

近藤　ドラフトを作りましたけれども、直接的に折衝した記憶はございません。事務総長あたりに説明して頂くことになります。

種類が多いですし一々全部やれませんし、疑問が出てくるかどうかというのは、例えば委員会が否決、本会議が可決の場合、そこら辺の修正の場合にどう言うかということでしょうか。本会議と委員会が齟齬するような場合にどういう表現をしていくかということ、そこら辺が我々にとっては一番微妙なところなんです。原案がそのまま可決されていくということならそれほどでもないんですけれども、二つ三つのステージのところでおのおのの内容が変わる場合に、何を主体として諮っていくかということになります。かなり明確にやって頂かないと、矛盾が生ずるとか誤解が生ずるおそれもあります。

ということで、今申し上げましたように、ずっと日々出てくるわけで、その都度その都度御指摘があるわけです。

例えば、接続詞で、国会では使いませんけれども、『先例集』なんか「而して」というのがあるんですよね。「而して」というのは今は使いません。これは議長の発言ではないんですけれどもね。先例集の場合の「而して」というのは全部取り切ったつもりですけれども、取り切れていないところはあるんです。古いからといって、簡単にかえる言葉がないもので、あの場合はほとんど削除していますけれども、そういう問題は起こるんです。議長の場合も、例えば「この際」とか「すなわち」、そんな言葉は要らぬじゃないかという話にもなります。

赤坂 それも削りましたか。

近藤 削っているんじゃないでしょうかね。

赤坂 今、言葉遣いの面での変化を一つ教えて頂いたわけですけれども、その他、土井議長にかわったということに伴う変化で覚えておられる事柄は、何かございますか。

近藤 具体的には申しませんけれども、議長の主観というのがかなり出されるようになった。主観と言ってはいけませんけれども、御自身のお考え的なものを表現の中に出したいということ。

赤坂 それは、例えば議事運営という公的な場などで議長個人の考えが入るのでしょうか。

近藤 議事のメモ、いわゆる次第書きのところには主観もございませんし、可決したのを自分で修正というわけにいきません。私は修正でしたから修正と言いますと言われたって、幾ら何でもそれは聞ける話でございません。

議事の本筋ではないかもしれませんけれども、議長のある程度の見解を述べられる、挨拶をされるとかね。余りないですけれども、見解を求められて、議長のある程度の見解を述べるというような場合です。

赤坂 今のは、土井さんに限らず、議長が議長としての見解を問われて、それに対して答えるというのが必ずしも好ましくないケースもある、という前提のお話ですか。

近藤 議長はいわゆる中立公平でやって頂くということ。だから、与党と野党との二極対立でやっていくだけというふうならば過半数で決をとればいいんでしょうけれども、要するに、議長の立場として一方サイドに寄った形ではいけないということになると、我々事務局としては極めて中立的な、ある意味では平板的な表現に持っていくわけです。議長としては多分物足りないということは分かるわけですけれども。そこら辺は修正して頂いたこともございますし、今はもうそういうことで、ある程度、偏重と言ってはいけませんけれども、どちらかに偏りがある場合には、そういう表現はいけないと申し上げるようなこともあります。

だから、岡田〔克也〕外務大臣が天皇の国会でのご挨拶はもう少し検討の余地があるのではないか、という発言をなさいましたけれども[22]、あれも私ども議長の発言と同じでございまして、それはどちらサイドでも言えませんです。ですから、我々も岡田外務大臣が言われたことと同じことを感ずるんですけれども、しかしそれをおっしゃった場合には、議長としての立場がどうかということです。

同列には論じませんけれども、天皇は象徴でございます。天皇は国政に関する権能を有しないということになっていますから、それはどちらかやれば国事行為への介入ということになるかもしれませんから、非常にシビアなことになります。議長は政治の真っただ中の人ですから、それはいいだろうということになるかもしれませんけれどもね。

赤坂　天皇のおことばについても、土井議長から変更の要請などはなかったでしょうか。

近藤　それはちょっと記憶にありません。開会式の議長の式辞は議院運営委員会で一応、決定と言っていいかどうか知りませんけれども、決定して頂いて、それを議長に持ち上げていくわけです。そのあたりは議運でやって頂くということで、厳格ではないですけれども、一種の諮問事項みたいになっています。

だから、議長がそういうことならば議運にお返しになるんでしょうけれども、議長が開会時の式辞でお返しになったことは、私は記憶にありません。個人的に総長とか議運の委員長なんかに言われたことはあるのかもしれませんけれども、私は聞いていません。

◆ 土井議長の国会改革――事務局の関与

奈良岡　全体として、土井議長は初の女性議長で、言葉遣いを平易なものに改めたり、清新なイメージで歓迎された面はあると思うんです。

他方で、権力政治の観点からすると、立法府の議長に追いやって、政治上余り動けなくするという思惑があった。社会党の側では、土井さんにもっと期待していたのに、結局余り動いてくれなかったんじゃないかという失望が生じた[23]。土井議長も、もしかしたら個人的にやりたいことがそんなにできなくて不満が残った面もあるのかなという気もするんです。今のお話を伺って、ちょっとそういう印象が浮かびました。

もっとも、国会改革に関していろいろ提言をしたり研究会を作ったりということは、業績として記録に残すべきことかなと考えているんですけれども、この点に関してはいかがでしょうか。

近藤　土井議長も従来から主張していらっしゃった議員立法の充実ということの延長線だろうと思いますし、議会でもずっと言われてきたことで、当然ということだと思います。でも、言うは易し、行うは難しだろうと思います。我々事務局の人間として、この成果だとか評価について述べるわけにはいかぬと思います。

確かに、議員のいわゆる総体的な立法能力が問われている時代だろうと思いますし、実現すべきだというのは当たり前だろうと思います。議会の立法能力がどうあるべきかという問題だろうと思います。権限はあるんです。だから、そこがどこまで能力として推し進めていけるのかどうかということ。

ですから、この提言[24]に事務局でどのように関わったかということでございます。事務局も、この私的研究会の事務局というんですか、事務サイド、スタッフということでございまして、従来の議論の経過だとか、そこで疑問としてお出しになられるような問題、諸外国の法制まで、私も直接タッチしておりませんからすべて申し上げることはできませんが、こういうような問題等々について、従来の議論だとか見解だとか、様々なものについて御提示を申し上げてはいるんですけれども、そういう形で関わってはいます。

赤坂　この私的研究会は、議事部は直接は関わらなかったということでしょうか。

近藤　私は直接には関わっておりません。申しわけございませんけれども、誰にやってもらったかな。固有名詞を出すのはちょっと自信がありません。

赤坂　もう少し上層部で、上層部といってももう近藤さんご自身が議事部長時代なんですけれども、総長以下のタスクフォースでやったということなのか、どこかの部局で仕事としてラインで仕事をしたということなのか、そのあたりはいかがでしょうか。

近藤　いわゆるタスクフォースとして、一つの別働隊をつくって対応しています。ですから、資料出しだとかいうものはやっていますけれども、タスクフォースの中に少なくとも私は入っておりません。

赤坂　先ほどの次第書きの件は議事部の仕事ですね。まさに議事部の本務。

近藤　そうですね、それは所掌でございますから。

赤坂　この件に関してはちょっと特別だったというか、議事部とは違った……

近藤　特別というのか、本会議の業務の所管でございますから。これも含まれるかもしれませんけれども、議院活動の全般的な問題。ギインというのはハウスとメンバーと両方の問題でございますので。

赤坂　単に資料を出すだけではなくて、その結果、二つの提言(25)としてまとまっていくわけですけれども、その際に、そこでの提言内容となるであろうものが、従来の議事運営のあり方や先例といったものと果たしてどういう関係に立つのかを検討する場というのは、議事部長時代には直接はなかったのでしょうか。原案作成というだけじゃなくて、提言内容自体の検討ですね。

近藤　たとえば、ここに書かれている賛成者要件の問題ですとか、趣旨説明の合理化の問題とかいうもので、これは従来やられまして、私どもとして、決定されればすぐにでも対応できる問題です。

ですから、ここに出されている問題はむしろ私どもにとっては非常に有難いことで、例えば調査権の充実とか、調査室制度の改革とかいうことになれば、一般的に言って、人的ソースの問題だとかいうことを書いて頂いております。おっしゃる意味でいけば、どう実践するかというのは非常に厳しい問題でございますけれども、ソースの豊富化ということになれば、それは我々にとっては非常に有難いことですから、その後の困難はあるかもしれませんけれども、今ここで直ちにこの提言に対してどうということはありません。

審議も、ある面ではずっと言われたことだし、請願の問題もずっと言われてきたことですし、個人的に言えば、請願はなぜあんな形態になっているかというのは、私が役所に入って以来疑問に思っていました。今からいえば、立法事実のソースの問題として請願を取り扱えないのかということにもなります。これを受けてということになりますと、我々でやらなきゃいかぬかもしれませんけれども、ある意味では政治が決めてくれなきゃ動けないということです。

機関承認の問題も、私も東京高裁まで参考人で呼ばれまして二時間尋問を受けてきたわけですけれども、これも、政治がどう決着してくれるかという問題です。

この提言を見る限り、従来からある程度言われていること、だから政治が決定して頂ければ対応していかなきゃいかぬ問題、そういうことですね。

赤坂　逆に言えば、いざそういう決定があったとしたら対応できるだけの準備は、決定されるかどうかは別にして、ある程度事務局としてもすでに態勢を整えていたわけですね。

近藤　準備というのか、覚悟は、我々もどちらに選択が傾いてもいいというような問題は、その場合どうするかというのは、漠然とでございますけれども。機関承認の問題、そして賛成者要件の問題も、特に後者については漠然として、会派制の問題としてどのくらいが適正な人員かということを言われるか、そういうことなんです。

赤坂　事務局として、こういう議事の運営方針であるべきだという考えを言うべきだという立場も一方であり、そういうことは語るべきではないという立場も一方でありますね。その辺りについてはいかがでしょうか。

近藤　それは内容の性格にもよります。要するにそれが無の状態だったらある程度言えるんですけれども、大体こういう問題は二元対立している問題なんです。例えば趣旨説明のつるしの問題、これが要するに議事の進捗化の阻害というのか、議事の合理化の一つのネックになっているという議論なんです。二元対立のどちらかに決めて頂ければ、その中での詳細化の中で解消できる問題なわけです。

賛成者要件だって、議院内閣制の問題は別にしまして、過半数を持っていらっしゃるところは、十人か二十人かというのはありますけれども、むしろ抑制していきたいわけです。少数会派の方は、固有の議員立法権の問題ならば、自己が置かれている存在基盤のところでやって頂きたいということになる。これは当然の話です。その場合に、我々が十名のラインで必ず認めなきゃいかぬということでやるか、そこまで言えるかという問題があるわけです。

二元対立ですから、片一方は今の現存の数字ぐらいでよかろうということになりますし、もう一つは下げて頂きたいということになります。そこには、自己の基盤がそれに相当するぐらいであろうということがありますから、直ちにそちらへ向かってそれでという意味もありますし、賛成者要件を下げたからといって、具体的な審議あるいは議決結果に持ち込めるかというのはまた別の問題になってきます。

赤坂　多分、事務局が言える場合というのは、例えば少数者に不利なルールが作られようとしているような場合とか、不公正なルールに対して、それは不公正であるというふうな指摘をすることは恐らくできるんでしょうけれども、みずからが指摘することによってどちらかの側に立ってしまうことになるような、中立性を疑わせるような場合はやはり発言は控えるべきであるということですね。

近藤　今おっしゃるように、抽象的な文言では言えるかもしれませんけれども。趣旨説明だって、本会議は必ず定例日に開いてその中で提出順にきちんと聞いていきましょうということも言えますし、別にあれは質疑をやることが義務づけられているわけじゃございませんから、趣旨説明だけやるというのはそんな長い時間かかるわけじゃないわけです。

だから、読会制度の名残で、第一読会か第二読会か知りませんけれども、それを趣旨説明という形で導入してこようということでしたら、もっと合理化するか、ルーチンな議事としてやって頂ければいいわけですけれども、それがこういうことになってしまった。これは五十年間の歴史でこうなってしまったわけです。

◆村山内閣の頃——常任委員長会議の特例開催

近藤　その後、橋本龍太郎内閣の頃、行政改革の場合も、慌ただしさを感じてはおりました。しかし、そんなに議事運営で大きな違いは感じなかった。

細川、羽田内閣は、極論的に言っては誤解を与えますけれども、政治改革法案と総予算だけ、そんな感じです。政治改革は両院協議会が開かれたということは議事運営としては非常に新しいんですけれども、これはそういう結果になればやらざるを得ない必要条件です。事象は新しいんですけれども、ここが生み出した新しさかどうか、連立だから生み出してきたんだということになればそうでしょうけれども、議事の結果として生まれてきたんだとなれば、ただそれだけのことです。

総予算について別に目新しいことはございませんし、あの暫定が長く続いてというようなこと、これも議事でいけばそういうことになりまして、これが生み出したといえば生み出したんでしょうけれども、こういう議事結果となっていけばこういう推移をたどらなきゃいかぬ、申しわけないんですけれども、そういう感じでございます。

村山、橋本内閣のとき、村山さんも一年六カ月おやりになりましたけれども、先ほどの話で一年六カ月で何ができたのかなということ。政策内容ということについて我々がコメントできる立場にございませんので、議事運営的に言えば、我々にとっては、要するに自民党の復帰という感じでございました。

赤坂　今の点でちょっと補足的にお聞きしたいんですけれども、村山さんのときに阪神・淡路大震災が起きました。あれをめぐって恐らくこの国会周辺でも随分いろいろあったと思いますけれども、事務局の中から見ている限りで何か御印象に残っていること、エピソードなど、もしありましたらお教えください。

近藤　これは一つ、土井議長が、改革の中にも書いてございますけれども、国会が主導的に対策に乗り出さなきゃいけないということで、常任委員長会議を開きました。

通例、常任委員長会議というのは会期と、会期の延長でしか招集しないんです。特定問題について議会というものが総体的に対応しなきゃいかぬということで、積極的に常任委員長会議を開いて全委員会的に対応策をとることを議長が要請されたということでございます。会期、会期延長以外に常任委員長会議が開かれたというのはナッシングかほとんどレアです。土井議長のもと、そういう点での国会の新規の活動というものは感じました。

◆地方特別法に係る住民投票

近藤　オタク的にまたこういうことを言って小さな話だけれども、事務局の問題としては、住民投票法案じゃないかというのが非常に気になった。要するに、阪神・淡路で限定されれば住民投票法案に該当する場合があるのではないかと、あの法案は法律として一般規定なんですね。政令で初めて地域が特定化されますから、そこで一つの特別地方公共団体適用の法律になるわけでございます。法律の段階では一般法ですからいいんですけれども、一つそういうことでございまして、住民投票を避けられたということ。これは事務局の一職員のくり言としてお聞き頂いて、そんな大変なときに住民投票をやっているというのは別の問題を生じますが、ここまでそういう形にすれば、これから住民投票は一切出てこないなということです。

特殊法律というのは、それは極めて問題も特定化してしまいますから、例えば古い話でございますけれども、住民投票にかけられた法案というのは全部議員立法です。それから今も、半島法、それから過疎地域、特殊土壌、そのように多々あると思います。そういう特定のあるものに限った法律はいっぱい議員立法がありますけれども、一般法の議員立法はそんなにないと思います。

たまたま公共政策の本を読んでいましたら、臓器移植というのは非常にまれなケースであるとお書きになるぐらい、あれもある意味では人間の生死に関する一般法だと思いますから、そういうふうに言われるのは私も肯定できます。やはり一般法律をつくる能力をどういうふうに作っていかなきゃいかぬのかなということですよね。

赤坂　今の話を聞いて意外に思ったのは、住民投票を必要とするかどうかというのは、本来その地域に国全体が不利な条件を法律でもって押しつけることを妨げる、多分そういう趣旨で住民投票を要求する、こういう仕組みになっている。

先ほどおっしゃいましたように、これまで議員立法で出てきた住民投票を必要とするものというのは、広島の平和都市の場合ですとか、そういうふうにむしろ利益を与えるようなものばかりですよね。だから、阪神・淡路大震災で、仮に法律レベルで書いていたとしても、住民投票が必要であるという解釈に本当になったのかというのは少し意外な思いで聞いていたのですが、事務局としては必要だと。

近藤 必要か必要でないかというのは別ですが、事務局サイドで住民投票というのは、私も一回も経験がございません。だから、議事手続、ある意味では事務手続の問題ですけれども、そういう場合にどういう手順が踏まれていくか。それはマニュアルが示されておりますし、実例もありますからいいんですけれども、何せあの当時に比べれば四十年は経っています。そういうことで、事務局の人間としては聞かれた場合どういうふうに答えるべきかということでして、政治に介入してはいかぬという話でございますけれども、別に政治に限らず、どういう要件があった場合に該当するんだということを判断しろと言われると難しさを感じると思います。

一つには極めて手続的なことで、震災を受けられた方には大変失礼ですけれども、こういう職務に携わっている人間としては、それが阪神・淡路、要するに神戸、淡路島に特定された場合、一つの地方公共団体ということになると思いますから、その場合どういう手続を踏んでいくのかなと。正直言いまして、何度も言いますけれども、オタク的な了見ですけれども、そのときは感じました。

その他、政策でおやりになることは、日々どういう法案を作っていくか、財政措置をどうしていくかというようなことでございまして、手続屋としてそこまでちょっと権限もあるのかどうか。本来はそういうことなのでしょうけれども。

Ⅲ

◆ 先例勉強会

赤坂 それでは次に、『先例集』にはずっと柱番号が振ってあるわけですけれども、近藤さんの議事部長時代に、それぞれの柱について勉強会を始められて、たしか六〇回にもわたる勉強会であったと伺っております。どうしてこういう勉強会を、また、いつ始めようとされたのでしょうか。

近藤 『議会政治研究』誌の編集長から、衆議院の『先例集』に関しての解説記事を書かないかという要請がありまして、どうやるかなということで。

私も、中堅から若手の連中に、一つは勉強会ということもございますし、ちょっと口幅ったいかもしれませんけれども、主にキャップでやって頂いた中堅の課長補佐ぐらいの方に執筆をお願いしたんです。だから四十前後ぐらい。勉強会はそれ以下の方ということでやりましたから、三十前後ぐらいの方。私が五十ちょっと過ぎですから、ジェネレーションギャップ二十年、最大で二十五歳差ぐらいの方がいらっしゃいました。そういう方ですから、要するに『先例集』に書いてある概念をどう捉えていって頂けるかということです。多分、帝国議会の名残の概念が、私のところにはまだ残滓としてかなり残っていたと思います。表現上は同じでも、表現の内容が時代とともにずっと、自分もそうですし、周りも変わってきます。だから、その概念をどういうふうに捉えてきてもらっているかなということですね。

具体的に申し上げれば、決算関係というのか財政関係の問題です。私自身もよく分からないんですけれども、国庫債務負担行為の問題[26]あるいは財政の問題、さらには公企体の十六条議決の問題[27]。今も行われているんですけれども、ほとんどは形式化して、私もお恥ずかしいんですけれども、内容的に知らないです。今は継続費の問題だとか、国庫債務負担行為の問題、要するに予算の長期継続制の問題として見直されてきて、議会としてもそういうのは『先例集』ではかなりの部分を割いているんですけれども、概念的に誰も詰めていませんし、やっていません。例えばそこら辺のところ、そういうものをどういうふうに概念とするか。

もっと大きな、会期制の問題ですとか、議事でいえば議決と決議の問題とか、これは明確であるようで何を言っているか分からない、そういうものをどういうふうに捉えてくれているのかなというような感じで始めたんです。だから、時代によってどういうふうに変遷してきているかということです。一つ例を挙げれば、会期という一つの言葉がありますが、私なんかは会期を極めて戦術的な意味合いでずっと捉えてきましたし、仕事上も、議事関係の議論をされる中でもそういうものがあったんだろうと思います。

だから、今の方たちが、そこら辺までのものを認識してくれているのかどうか。最近は通年国会制というものが提起されておりますので、期限を切る必要はだんだんなくなってきております。そうすると、その概念も、会期は期限ということを外れてきます。期限、期間というものが外れてくれれば、その内容物たるものもそんなに意識することはなくなってくると思うんです。そうすると、ある程度、概念が平板化することになる。そこら辺のところを今の方たちはどういうふうに捉えてくれているのかなという気はいたします。

赤坂　平成六年あたりといえば、『先例集』が作成された頃ですね。

近藤　六年ですね。私が副部長で殆ど作成に関与しまして、最終的には部長で私が総長に説明しましたか。だから、六年か七年ぐらいですね。六年は緒方総長だと思います。勉強会は谷総長ですから、七年以降ですね。先例集は緒方総長のもとでやりましたから、六年か七年の前半ぐらいですね。六年の六月に総長が交代していますかね。

『先例集』は緒方総長のもとで決裁を受けています。内容面では平成五年まで出していますね。事実は平成五年で切らなきゃいけませんから。決定段階で切るわけにいきませんので。ですから、五年段階で切っておりますから、勉強会を始めたのは、その年の次、七年か八年ですね。

赤坂　私の調べでは、先例の勉強会は平成七年七月五日から一年間、計六十二日、開催されたとあります。

近藤　『先例集』でどう変わったかということを踏まえて、自分の目標はそんなところに置いてやったんです。

赤坂　一つは帝国議会時代からの概念の整理が目標にあったということですけれども、その概念の輪郭を把握する際に主に参照されたものというと何になりますか。

近藤　私が伝え聞いてきた言葉ですね。

赤坂　これまでの事務局の中での口伝が主な参照先であると…。

近藤　そうですね。『国会運営の理論』、鈴木隆夫事務総長がお書きになった本はございますけれども、概括、総括的に国会のことを概念規定まできちっとお書き頂いたものは、最近はおかげさまで非常に多いんですけれども、それまでは殆ど皆無と言っていいと思います。だから、当然、鈴木隆夫総長の本なんかは、不十分でございますけれども一、二回は読んでいるつもりです。一、二回しか読んでおりませんけれども、いまだもって明確にその概念を正確に把握しているとは到底私は申し上げられません。

その当時までは、国会のいわゆる政治現象というんですか、ああいうものについてはお書きになりますけれども、国会の議事の概念ですとかシステムについてはほとんどお書き頂いていません。他に求めるわけにもいきませんから、口伝でもないでしょうけれども、過去の先輩等々の議論なり、国会の中でなされてきた議論を中心にせざるを得ないという事情だったと思います。今ではいろいろな方にお書き頂いていますし、事務局の方々も何人かお書きになっていますし、そういう面では頼るものが出て来ているという感じです。

赤坂　前も申し上げたように、我が国は司法審査制をとっていますから、憲法裁判の国とは違って、立法手続自身が憲法原理に照らして裁判所で審査されるということがなかなかないんですけれども、その反面、フランスなどを見ていますと、ドイツもそうですけれども、議事手続自身が憲法原理に照らしてどうであるべきかというのが、裁判判決という形を通じて蓄積されてきました。裁判になるかどうかとは別にして、我が国でも、結果だけは参照する価値があるのかなと思います。

これまでは、何か議院自律権を行使した一つの結果が『先例集』だ、というような大ざっぱな捉え方だったんですけれども、どうも必ずしもそうではなくて、そこには議員さんたちが行ったことの仕分けというものが事務局としてあって、そこに何らかの形で、事務局の人がどう考えて、例えばこれがあるべき議事手続だ、公平の理念だと考えるものがやはり反映されているのではないか、そういう問題意識があります。

◆先例勉強会の成果

赤坂　この勉強会の成果が何十頁かのペーパーとしてまとめられていますね。

近藤　あれは私どもがただしゃべった中味をメモっただけだと思います。だれがメモってくれたか知りませんけれども。

赤坂　あれは近藤さんがまとめられたのではないのですか。

近藤　私はまとめていません。まとめというより、だれかがメモっただけのことです。『議会政治研究』に彼らが書いてくれているのは、それと一致しているかどうかは別ですけれども、あれはある意味の成果物になっています。

赤坂　それは、参加者の方が個々人で書かれたものについてのお話でしょうか。

近藤　名前も個人になっていますけれども、彼らがそれを書くに当たって、事務局で書いてくれている人の、同年代的な、あるいはポジション的にも同じぐらいの人がどういう認識を持っているのかというようなことで集まって話し合いをしたということでございます。書くのは四人ぐらいで分担して書いてもらっています(28)。ですから、形式的に言えば、それは彼らの意見であるし、彼らが書いたことでございますから、その会をまとめて書いたものじゃございません。

赤坂　勉強会の参加者は何人ぐらいいらっしゃったんでしょうか。

近藤　十二、三人から大体十五人ぐらいかな。ポスト的にはほとんどが係長、係員の方です。書いてもらった方は課長補佐になっておられましたかな。書いてもらったのは四十前後の方たちですから、課長補佐だと思います。だから、課長補佐の方から係員、係長。少なくとも管理職は入っておりません。

赤坂　先のお話ですと、勉強会自体が『議会政治研究』からの執筆依頼をもとにして始まったということですね。

近藤　そうです。私としては書いてもらうんですが、事務局の中堅、若い人たちが今どういう認識なり、どういう理解をしているのか、それを基盤にして書いてもらった方がいいんじゃないかと思いまして。私としては、一つには、余り事務局職員として固有名詞で意見を発表するというのはどうかなということは思っています。そのときもお話ししたんですけれども、固有名詞じゃなくして研究会方式でということになりましたら、出版される方から、ある程度個人で書いて頂かないと、その内容の責任というんですか、個人の帰属性というものがはっきりしないという御意見もございましたので、そういうことにして。

赤坂　今出ている話ですが、『議会政治研究』の一九九六年あたりから、「〔解説〕衆議院先例集」という名前で(一)から(八)まで、「請願」まで出ておりまして、執筆者は、金箱さん、合志さん、高寺さん、西村さん、梶田さん、青木さん、河上さん、遠藤賢一さん、峯さんあたりが書いておられますね。それの後に近接する感じで「〔解説〕衆議院委員会先例」というものがまた（一）から（五）まで続いて、これで打ちどめになっているようですけれども、この委員会先例については…。

近藤　そちらは私は関与していないと思います。名前はわかりますか、どなたが書いているのか。

赤坂　はい。原佳子さん、小松さん、菅野亨さん、橋本和吉さん。

近藤　それは私の方でないですから、やはり委員部の方ですね。委員部の方も委員会先例集として書かれたのだと思います。それは私は関与していません。

◆バイブルとしての『国会運営の理論』

赤坂　先ほど鈴木さんの『国会運営の理論』という本が出てきましたけれども、あれは、事務局の中でバイブルとして扱われているとも言われていますが(29)、実際のところはどうなんでしょう。事務局の中で、議事運営をするに当たって鈴木さんの『国会運営の理論』というのは今どこまで通用力を持っていると受けとめられているのでしょうか。

近藤　バイブルということでございますので、極めて形式的でございますけれども、バイブルというのは一冊しかございません。バイブルの改訂版というのはないんですね。私は探しているんですけれども、バイブルの改訂版というのはないんですよね。それと同じにしてはいけませんけれども、先ほど申したことと同じことなんですけれども、あの本一冊しかないわけです。少なくとも昭和五十年、六十年、昭和の御代で。あと、断片的なことはわずかにございますけれども、それもわずかですよね。

私どもも、それも公式の通達ではございませんけれども、かつては、外部に事務局が固有の見解として発表することはならぬとまでは言いませんけれども、それに近いような雰囲気がございましたね。ですから、外部に出すことはありませんでしたし、また外部から求められることもないんです。例えば国会が混乱したような場合、これはなぜ混乱しているか、これはどういう現象が起きているかというのを事務局がコメントに行くとは誰も考えておりません。そんなことは絶対に御法度になっております。

ですから、そういう意味で、ある一つの特定現象についてでもいいんですけれども、外部に対して事務局から固有の見解を出す、ということはありません。事実的なことは当然事務局見解ということになりますけれども、判断、それに対する評価というものを、おかげさまで新聞記者さんに聞かれたこともないですしね。そういうものが外部的に表明されるということがないんです。

◆事務局の見解を表明する「場」とは

赤坂　そうすると、最近大分考え方が変わってきたようですね。

近藤　変わってきましたね。要するに、先ほど言ったみたいに二極対立の中で我々は職務、業務をやっているわけです。だから、何かをしゃべれば、どちらかの益になり、どちらかの損になるだろうと思います。全く中立なことを言うんだったら、それはある意味で意味がないんです。ある意味で意味がないから、二極対立のどちらかに重心を置いたしゃべり方をしなきゃいけないとなると、やはり事務局はそういう考えかということになる。

後から多分申し上げると思いますけれども、事務総長は政治ができます。でも我々は政治ができない。ある意味では、だれが政治に加わり、だれが政治に加わらないか、要するに官僚制度の問題、上層官僚が政策に加わるか加わらないかという線引きの問題が非常にある。被選の、国民から選ばれた方で構成されているわけですから、一〇〇％通用力を持つのは、やはり国民の投票、ボーティングを受けた方であるわけです。唯一、事務総長だけが違うわけですから。そこで特に我々は、やはり政治をしゃべっちゃいけないんでしょうね。

だから、これからもどういうふうにやっていかれるか知りませんけれども、官僚が政治をしゃべるということは、いいのか悪いのか。アメリカ並みに政治任命にすればいいのか。高級官僚でも政治任命にすれば間接的な公選になるのかということになると思いますけれどもね。ですから、そういうことになれば、政治と非政治、特に今、今日の立場からいえば、我々は当然非政治の問題でございますから、そういう発言になっていかざるを得ないと思いますね。

赤坂　手続を手続として語ることが政治的色彩を帯びてしまう場合もあるというのは、なかなか難しいですけれどもね。

近藤　ですから、何をもって政治とするか、何をもって非政治とするかということでしょうね。

赤坂　調査局の論集の中で議事手続のことなんかもどんどん書かれますよね。しかも、あれは事務局としての見解ではなくて、書いている執筆者個人の見解として出されていますし、個人の立場で出されている本もたくさんありますけれども、では、ああいうものが政治的色彩を帯びてしまうかというと、必ずしもそうでもないかなと思うんですけどね。

近藤　そうでしょうけれども、だから、そこの線引き、要するに、政治として、どこでしゃべったら政治になるかという場所の問題もあると思うんですよね。

赤坂　そうですね。

近藤　政治が構成、形成されている段階でしゃべった場合は明らかに政治ですけれども、政治が形成、構成されていない、アウトサイドのところでしゃべっている分には政治じゃないかもしれません。それは、政治に対する一つの選択肢を供給しているわけです。我々は選択肢は政治だと思っていませんから。では、どこが違うんだと言われたって、明確にお答えはできようがないんですけれども、雰囲気としてね。

調査局を援護するわけじゃないけれども、例えば議事運営で、私は議事部長をやりましたけれども、例えば議事部長、委員部長あたりがしゃべるということになれば、ある意味では、議院運営委員会とかその周辺で行われる政治構成、政治形成にかなりの影響力を発揮できるかもしれないということです。そこら辺のフィールドで言うのと、それから、今現在全く問題になっていないような時点で、要するにアウトサイドから選択的にある提言をするというのは、ある程度区別してもらえるかなと思っています。何か言葉のまやかしでございますけれども、そういう感じがするわけです。

事務局で事務局見解を言うとすぐ、議運サイドから、議運の場ではね返りがあって、要するに、議運の決定を牽制するのかとか、決定に重みを持たせる、要するに促進させるのかというふうな御議論になっていくわけです。どうも、そこら辺のフィールド、それからその職務に携わっている人間、ですから、私みたいなＯＢになったらある程度しゃべってもいいのかどうか、それともまだ守秘義務がかけられているのかどうか、これも守秘義務なのかどうなのかという感じはするわけです。

赤坂　先ほどの話からいいますと、実際に議事運営を担当している間に議事のあり方について発言されると思わぬ影響があり得るのかもしれませんけれども、その場を離れれば、むしろ政治の選択肢を豊かにするというメリットの方が大きくなる可能性もありますね。

近藤　そうですね。政治にかかわられる方、国民の意思を受けられた方の合意形成の中での我々の職務、立場というもの、そういうような事務局の人間としての苦衷みたいなものは感じて頂ければな、とは思うんです。

◆上田哲の国民投票法案裁判をめぐって――機関承認の問題

赤坂　先ほど一言だけおっしゃっていた、機関承認の問題で、東京高裁でお話しされたということですけれども、そのお話を頂けないかなと思うんです。

近藤　判例集には出ていないようですが、裁判所の判決理由は出ていますから、検索して頂ければ出てくる話でございます。ある党の方が、国民投票法案ですか、正確な言葉じゃございませんけれども、そういう法案を出されました。賛成者の署名はあるわけです。しかし、あの頃は国対委員長ですか、最終責任者というか形式的に言えば押印者ですけれども、最終的に機関承認がございまして、その押印がない。本人は、賛成要件は十分備えているんだから国会法上の齟齬はない、提出するということでございました。

私どもは、従来の慣例からいえば機関承認の手続をして頂いていますから、これには欠缺があるということで、正式な受理は受けかねますと。それで、議院運営委員会に一応お話し申し上げますということで、議院運営委員会でお話し頂きまして、従来どおり機関承認の制度は維持するということで、その法律は正式受理はしないということになりました。

それを提出者本人が、『先例集』にも書いてないし法規にもないですから、手続に違法があるとおっしゃったかな、妥当性がないとおっしゃいましたか、ということで、二百万円の国賠訴訟の提起を受けまして裁判になりました。ちょっと不正確でございますけれども、裁判所は議会の自律権の問題として処理するということで、棄却されております。最高裁まで行きまして、最高裁も最終的に棄却しております。

赤坂　何年でしょうか。

近藤　訴追の提起を受けましたのは、私が二十五年表彰を受けたその日です。私が部長のときです。訴えを受けたのは平成七年一月十一日です。

一審では呼ばれませんでした。二審は、原告の方は、その党の首脳の証人出頭を求めるということです。裁判所は、事務局の人間も出てこいということになった。総長は自分が出るとおっしゃいましたけれども、私が出て前座を務めますからということで。

赤坂　それは部長としてということですか。なぜ近藤さんが。

近藤　高裁に呼ばれたときは、もう部長になっていました。一審で一年かそこらはかかっていると思います。谷総長のときですから、部長にはなっていました。

議案の受理の問題については議案課が所管しておりますから、議案課長でも十分なんですけれども、総長もやはりおれが出るとおっしゃるものですから、ちょっと待ってくださいということになれば、私も議案課長に振るわけにいきません。

赤坂　そこでは事務局としての解釈を聞かれるのか、それとも過去の実例というものを聞かれるのか、どちらでしょうか。

近藤　特に聞かれていったのは、物を見せられまして、どのぐらい物に対する認識があるのかと。
赤坂　物というのは。
近藤　提出された議案です。そのどこに形式上の欠缺があるかということ、だから賛成者はあるかないかという認識についてです。機関承認、その形式の問題で、例えばどんな判こでもいいのかとおっしゃるものですから、意思表示が明確であればどんな判こでも、三文判でもいいのかと。…三文判か実印か我々は区別いたしません、大体そういうことをお答えいたしました。
　原告の方も機関承認という慣行があると、その存在自体は認めております。しかし、その必要性は多分認めておられないと思います。だから、要するにどこが欠缺なんだ、なぜ欠缺なんだという御主張だと思います。
赤坂　事実の問題として機関承認の印がないよねということの確認になるわけですか。
近藤　そうです。だから、提出者の署名、賛成者の署名、これが欠けていたら問題になりませんから、私に対しては、それ以上の付加的な要件の欠缺がどこにあるんだということなんです。もし党内の方だったらなぜということになるんでしょうけれども、私になぜと聞かれましても、答えようがありませんからね。私は形式的な欠缺の問題だけですから。
赤坂　判こがありませんと。
近藤　我が方は機関承認でございますから、御党は国対委員長の判こでございますけれども、どこにも見当たりませんということ。後は、その欠缺が違法か合法かは裁判所が判断する事柄です。しかし裁判所は、その判こが必要であるか必要でないかは議院の自主権ですから、判こがあるなしはそちらで御判断くださいということだったと記憶しています。そんなに歴史のことも聞かれませんでした。
赤坂　たしか二時間にわたって聞かれたんですね。
近藤　二時間でしたね。
赤坂　延々と欠缺があるかないかという確認だったんですか。

近藤　そうです。様式性の問題ですから。

原告側一時間、被告側一時間ということでございます。同じことをずっとやっていくわけです。被告側の方になれば、国の指定代理人さんの方から聞かれることは事前に分かっておりますからほっとしますけれどもね[30]。

◆『先例集』の作成手法

赤坂　さきほど『先例集』の話が出ました。これは、オーラル・ヒストリーとは別の機会に前にも一度お伺いしたことがあると思うんですけれども[31]、オーラル・ヒストリーとしても一定の記録を残したいということで、近藤さんが主に携わられました平成六年の『先例集』の作成の経緯や、そこで特に問題となった点について御教示ください。

近藤　期間は、いたのは間違いないですけれども、ただ物理的な時間の問題だけでして、内容的にほとんど私が作成したというわけではなく、「携わった」ということです。

具体的な様子、手順についてですが、前の『先例集』が昭和五十三年ですけれども、私、個人的ということでもないんですが、『先例集』の作成は大体十年期間かなという想定をしておりましたから、六十三年。私が議事課長に着任いたしましたのが多分昭和六十三年だと思います。期間的には『先例集』を発行してから十年ということで、そこに座って何年いるか、先のことは分かりませんけれども、座った時点において『先例集』の改訂作業に入る必要があるという認識でもって、一つは私はそこに座ったわけでございます。

個人的な手順としては、五十三年版の改訂の経過というものは、ご覧になっているかもしれませんけれども、元議事部長の桂俊夫さんが残されました記録〔いわゆる桂メモ[32]〕がございますので、まず、それを全部手書きで複写いたしました。要するに、頭じゃなくして指で覚えろということで、仕事しながらですけれども、数カ月、一年ぐらいかかったかもしれません、それを全部手書きでもう一度、自分のノートに写しかえました。ただ写経だけでございます。それをまずやりました。

基礎的なデータベースというのはもうその頃から一応ございました。今のパソコン時代ではございませんので大福帳形式ですけれども、データベースがございます。そのデータベースは日常的業務の資料として作っているのですけれども、内容的には大体同じで、『先例集』改訂に向けての事例追加ということでやって頂きます。時間がかかるので、それをやりましたら一つずつに一年期間ぐらいは見ていく必要があるんですよね。半分以上は運営業務をやっていて、その間は殆どできませんから、国会閉会中なり、国会が暇というんじゃございませんけれども、議事課的に暇な時間でやっていくということです。それで追加して頂きまして、一応、『先例集』を何分割かいたしましてブロックで検討して頂くということです。

それから、まず、いかなる事例を選択していくか。その事例を選択したことによって、要するに『先例集』の説明文に改訂の必要が生じてくるか否かということ。それから、説明文を改訂したことによって、本文、いわゆる柱、大文字で書いているところでございますけれども、それを改訂する必要があるのかということ。それから、新規に追加していくものがあるのかどうか、削除していくものがあるのかどうか。こういうことを各ブロックで検討します。それから、課全体で検討を加えまして、課としての素案を作ります。

このように、『先例集』というのはみんな帰納的方法だと思います。本文を直して、本文に合った説明を書き、説明に合った事例を付加していくというのが多分一般的な物の作りだと思います。だけれども、『先例集』は逆から来なきゃいけません。事例を全部並べてみて、事例の体系化というんですか、系列化をしてみて、これが一つのものであるのか、多元的なものであるのか、なぜ多元化しているのか、一本でいけないのかということで見ていかなきゃいけないと思います。そういう意味では、まず事例を帰納して、それから説明文を帰納して本文に移ってくるというふうにせざるを得ないものです。だから、作って頂く際にも、やはり上から要するにドグマティックにばんとこれでいくんだ、というふうなことは言えません、例えば何々は何々だということでは言えませんというのが『先例集』だと私は認識しています。

課レベルで草案を作りまして、とりあえず、議事部副部長、部長という上層部との協議に入ります。それで、各部課のこともございますので、その間、各部課がやるものも同じようにやりまして、そこを調整いたしまして、『先例集』所管部課〔議事部議事課〕としての改訂案を作ります。それで今度は、最終的な意味での、他部課、特に委員部との関係を調整します。『委員会先例集』にどのようなものが記述されるか、こちらがどういうことを感じて記述するか、一致させる必要があるのか、それとも独自で臨めるのかということもありまして、そういう調整作業をやります。それで、次長、それから最終的に総長のところで作って頂くというのが大体の手順です。

赤坂　先ほど、まずブロックごとに分けて『先例集』を検討するとおっしゃいましたが、そのブロックというのはどういう範囲なんでしょうか。

近藤　大体、『先例集』の章別、編制別でやっていますので、まず最初が、総体的なものと機構、構造的なところがございます。それから本会議の総論的な運営のところがございます。それから各論的な運営のところがございます。それからあとは、他部課、特に儀典の関係だとか懲罰の関係だとか、政治倫理の関係だとか国際関係のところとか、そういうのがございますので、総体的な運営のところを誰が担当するか、構成的なところを誰がやるか。各論的なところ、各論は、法律案、予算、条約等々の項目がずっとございまして長いですから、そこのところを四分割か五分割ぐらいで、大体そのようなブロック分けをします。

他部課のところはまた他部課で、請願だとかそういうのはやってもらいますし、庶務課とか秘書課とは、また調整に入ります。そこも、一応、議事課の窓口は窓口としてまた作って折衝していくということになります。

赤坂　課ごとに検討してもらうことになるわけですか。

近藤　はい。一番最初は。

赤坂　単位は、課なわけですね。

近藤　議事部の場合は課、議案課、請願課、資料課でやりますけれども、他部課の場合は、秘書課なんかは単独でございますので課でやります。あとは、課じゃなくして、一応、部に投げます。部の方は、総括課が大体対応して頂けますので、実際には課で接触いたしますけれども、一応、他部は部に投げます。

例えば委員部の場合は調査課で対応されますので、具体的には議事部議事課、委員部調査課という対応になりますけれども、一応それは、議事部、委員部との対応関係ということでやってもらいます。

赤坂　委員部との調整が特に大事とおっしゃいましたけれども、それは、委員部の担当する部分が多いからということでしょうか。

近藤　関連するところが多いですから。例えば本会議の運営というと、やはり委員会でどういう審議になっていたか、どういう取り扱いをしてきたかということも一つの問題になりますし、例えば委員長報告になるのか中間報告かというような問題も、こちらも向こうの記述内容を無視しては書けません。

赤坂　『先例集』を作成する際に、『先例改訂理由』というものを作りますね。名称はともかくとしまして、そういった資料というのは、内部的にしっかりした形で作って、その後も参照されるということなんでしょうか。

近藤　私の場合もそうでしたけれども、それほど具体的に公式的な、後世にこれだということで残すほどのことはないと思います。いわゆるメモの形で残していっているということだと認識しています。こういう改訂理由だということできちっと公定された記録を残していくということじゃなくして、メモで残していくということです。

例えば、次長、総長の段階ですべての理由を全部述べていくことは、時間、物理的にも不可能でございますので。そこで述べなきゃいけないこと、向こうから当然申し述べられること、それは記録しておきますけれども、それに関連することと全体をずっと書いて、調書じゃございませんけれども、双方が判こを押してというところまでは上の方としてはやっていません。我々の間も、最終的にこうだということの意思統一は一応やりますけれども、そこまでがちがちした形でやっていきませんし、ずっと議論をやりまして、こうだということで、最初の頃は議事課長や議事部長が判断していくわけです。

そういうことですから、その雰囲気で、ここら辺だということでやっていきますので、かちっと、最終的にこれはこういう意見だからこれで改訂する、ということを公式的に言って文書に残してというような、そこまで残すことはやっていません。

◆ いわゆる桂メモ（昭和五十三年版先例集の『改訂理由』）

赤坂　『先例集』の作成の際や、その他の機会に、昭和五十三年版の『先例集』が作成された際の先例改訂理由、桂さんが作成したと言われていまして、内部的に定評があると言われておりますが、こういったものは参照されましたでしょうか。

近藤　先ほど申しましたように、私はそちらも手書きで写しました。会議の経過については、私は自分で書いておりませんものですから、書いてもらっているはずなんですけれども。

赤坂　桂さんがお書きになったようなものに対応する、匹敵するようなものを、この平成六年版のときも作成されたのでしょうか。

近藤　匹敵と言われるとそこまでは至りませんが、一応メモとして、改訂経過というんですか、改訂理由とまでいけるかどうか、改訂作業の経過というのはずっと書いてもらっているはずです。

私自身は書いていませんけれども、それはずっと残しているはずです。どこどこはどういう理由でこういうふうに変えるんだというようなことは、メモ書きとして残しているはずです。

赤坂　もしもそれを拝見する場合、ある程度、どうして変えられたのかということは、後世にも、事務局の人にも分かる形にはなっているわけですね、恐らく。

近藤　そういうシステムにしているつもりです。はっきり言いまして桂メモというのはかなり詳細に書かれています。桂メモから私どもへの移行というのが大きく変わることはないんですよね。それを大きく変えられる要素がないんですよね。

赤坂　大きく変えないにしても、桂メモを改訂するというような形ではなかったわけですか。

近藤　内容的にそれを全面的に変えなきゃいけないかどうかということですよね。ということですので、前の三十八年版の経過がどうであったかということが桂さんの心中にあったかと思います。多分、三十八年も、それほどの記録は残っていないと思うんです。

赤坂　五十三年のときが特に詳細なメモが作られたということですね。私、まだ拝見していないので何とも申し上げられないのですが、この三十年、三十八年版の先例改訂理由も五十三年版の先例改訂理由に統合されている、今に至るまでそれが内部的に大変定評のある参照先になっているらしいのですが、この点についてはいかがでしょうか。実際、そのような運用になっているのでしょうか。

近藤　はい、そうですね。

赤坂　では、例えば先例集をごらんになるときに、疑問が生じた場合には『先例集』の改訂理由を見るということになるわけですか。

近藤　見ますね。

赤坂　その改訂理由というのは、何部もセットになって準備されているのか、例えば議事部長が一つ持っているということなのでしょうか。

近藤　印刷されたものではありません。メモ書き、手書きです。

赤坂　手書きのものが一つあるだけなのですね。

近藤　一つなのか、申しわけございません、何部存在しているのか、私、記憶にございません。

赤坂　今はコピーというものがありますけれども、例えば写経みたいな形で写しているということですか。

近藤　私が写したのが、直筆を写したのかどうか。桂さんがお書きになる頃には、いわゆるガリ版的なものはありましたし、いわゆる前のミタ〔三田工業〕のコピー程度のものはございましたから。そういうものはあったけれども、印刷されたものは存在していないはずです。一部だけかもしれません。印刷したものではないのは確かです。桂さんの手書きのもの、それを複写したものかどうかというのは、ちょっと自信がございませんけれども。

赤坂　量的にはどれぐらいの分厚さですか。

近藤　かなりございますよ。『先例集』、五百幾つありますよね。あれで、大体少なくとも罫紙一ページにわたって書かれていますから、最低でも罫紙五百枚ぐらいの分量はあると思います。

赤坂　私も、『逐条国会法』の解題を書く際に、『先例集』の改訂だけじゃなくて、『逐条国会法』の作成が同時に行われていますので、『先例集』と『逐条国会法』をあわせ見ないといけないと書きつつ、さらに『先例改訂理由』も見ないと、全体としての意義は分からないのではないか、ということを書いたのですが、そういった狭義の議事法以外も含めまして、『先例集』にカバーされている事項については、その改訂理由まで最終的には見た方が、恐らく全体像がよく分かるだろうということでしょうね。

近藤　どのぐらいのものが残っているかですけれども、私も自分で書いていませんので、桂メモほど詳細に書いていないということは言わざるを得ませんけれども、担当の方が常時メモってくれているのは確認しております。

赤坂　近藤さん御自身が研究された際には、先ほど桂メモを写されたとおっしゃいましたけれども、その上に例えば疑問点を書き込んでいくという形でやったんでしょうか、その写したものはとりあえず写しただけで終わったのでしょうか。

近藤　当然、ここに何がこうなってくるのか、少なくとも書いている時点で議事運営の変遷的なものは記憶にございます。少なくとも、それぐらいはやはり見ていかなきゃいけませんし。

赤坂　そこに書き加える形で。

近藤　書き加えるか、直していくか、削っていくかですね。

赤坂　直接修正する形で、単に丸写しするのではなくて、ある程度修正を加えながら。

近藤　そういうのは書いていても視野には入れています、ここに来たときはこれを指摘しなきゃいけないというのは。それは『先例集』には入っていません、改訂理由だけしか入っていませんから。『先例集』を直すときに書いたものであって、だから、そのときに記憶に残っているものは欄外に書きますけれども、これは必要だとか必要じゃない、次に具体的な先例事項を検討する際に、この事例についてはどうしなきゃいかぬ、ここには何を入れるべきか、要するに、あるけれども入れちゃいけないのかということを一応その時点で私なりに判断しておりました。だけれども、それをずっと書いて、具体的にそれをやるときにそこへ反映していかなきゃいけないわけですから、これは改訂理由だけでございますから、『先例集』の本文が書いてあるわけじゃございませんので、そこら辺のリンクをどうしていくかということでございます。メモっているのか、私の脳裏にだけあるのか別にいたしまして、必然的に、五十三年時点と私が書き始めました六十三年ぐらい、十年の期間というのも、私もそれなりに執務してきましたから、その中でこれがどういうふうになってきているかというのは頭にございます。言わせてもらえれば、自分では書きたくないというのも、これを書きたいというのもございますから、そういうのを思い浮かべながら、メモりながらということです。

赤坂　そうすると、いろいろな疑問点が浮かんでこられたと思いますし、それは質問で次に伺いますけれども、その前に、その資料というのはノートに近藤さんが写すだけでも結構相当な分量になるわけですね、それはどの程度になりましたか。

近藤　大学ノート、ちょっと厚手でございますけれども、多分一番厚いのを買ったんだと思います。オーバーに言えば、百ページぐらいで三冊位は書いています。

赤坂　写すだけでもそれぐらいになりましたか。

近藤　はい、写すだけで三冊位は書いた記憶がございます。大量に書かなきゃいかぬと思いましたから、一番厚いのを探したはずです。だから、八十枚、百枚ぐらいだったと思います。それで三冊ぐらいですか、そのくらいを書いた記憶がございます。

赤坂　今までの資料状況というのをまとめますと、議事部、特に議事課で残されている桂さんのメモが一方にあって、それをもとにしつつ、平成六年の改訂の際に、桂メモの後身に当たる改訂理由ですね、これを作成された。それほど詳細ではないとおっしゃいましたけれども、これを作成されて、これは議事部に恐らく残されているであろうということですね。それとは別に、他方、近藤さん御自身がプライベートな形で作成されたノートがある。

近藤　要するに、改訂作業に入る前の私のいわゆるジョブトレです。五十三年までのがどういうことであり、それから、五十三年時点から私が来た六十三年時点までの十年間にどのような変遷なり変化を遂げているかということを、私なりにジョブトレしたということです。

赤坂　プライベートなノートの方に書きとめられた問題点が、最終的に改訂されたものに反映した部分というのも相当数あったのでしょうか。事実の事例は当然追加されますけれども。

近藤　細かい点ではありますけれども、はっきり言って、私の能力不足なのか、あの十年間はそんなに大きな変化はないんです。

赤坂　そもそも『先例集』自体に変化というものが少なかった、ということですね。

近藤　『先例集』というか、議事運営自体にそんなに大きな変化が生じていない時期、要するに五五年体制、自社二大体制のもとでの議事運営というのがかなり確定的になってきているということだと思います。その間にいわゆる多党化現象が見られていますけれども、それはその五五年体制の自社二大体制に、要するに議事手続、議事運営に関して影響を及ぼすほどの多党化現象ではない。連立を組まれていることもございますし、それから合同会派を結成されていることもありますけれども、やはり大きい方が少なくとものみ込んでいってしまっているというのが、その頃の状況だろうと思います。

ですから、私が『先例集』を出した頃から急激に変化が生じてきてしまっているわけです。だから、そんなことを言っては問題かもしれませんけれども、ある意味では余り役に立たない『先例集』に、ある意味では終着点的な『先例集』になってくれるのかなという思いはあります。

赤坂　そうしますと、平成十五年のものは多党化現象等を踏まえて大きく変わりつつある段階で、その次の、数年後に作成が開始されるであろう『先例集』については、相当大きな政権交代を経た後の議事運営の変化というのが反映されるのかなとも予想されるんですけれども、お互い、今、攻守所を変えて、議事運営についてはちょっと戸惑っているように見えますね。

近藤　そうですね。自然的変化というんですか、そういうものはあると思いますけれども、こういうことは私が言うべきことじゃございませんけれども、それほど議事運営自体について大きく変われるか、『先例集』に記載されているようなものが大きく変われるかどうかということですね。

◆ **記録・記憶の継承のあり方**

赤坂 近藤さんのノートの件、『先例集』の作成から今はまだ十何年しかたっていないから、皆さんの記憶、関係者の御記憶が鮮明なんですけれども、例えば五十年たったら、一体どういうつもりでこの『先例集』が作られて、どういう意味があったのかというのが恐らく追跡が難しくなると思うんです。

近藤 それは思いますね。だから、京都でもお話ししましたけれども[33]、曾禰荒助[34]が一番最初に『衆議院先例彙纂』を作ったとき[35]、彼がどれだけのメモを残してくれたか。彼も残しているはずなんです。

赤坂 マイクロフィルムになっている曾禰文書というのがありますよね、あそこにはそういったメモはないんです。

近藤 だから、彼は残さなかったのかどうか。

赤坂 議事堂の火災で燃えたのかもしれません。

近藤 それ以降のものも、調べて頂いても今多分ないですよね。少なくとも、戦前の先例検討会議に、一々、エポック的なところで書かれているというのがないわけじゃないけれども、桂メモ的に『先例集』総体にわたって改訂理由なり存在理由なりをずっと書いたというのはないんです。

曾禰荒助書記官長も翼賛議会（弱体な政府統制権しかもたない議会の意）であることは重々承知で来ているはずですよね。私は議会に奉職させてもらった者の立場から見れば、『先例集』を見る限り、翼賛議会という感じはどこにも受けませんし、それから議院法の枢密院会議の伊藤博文議長の説明も、翼賛議会というものはどこにも、私にしてみれば見当たらないんです。

というふうになれば、彼らは翼賛議会であるということ、前の憲法でそういうことできちっと確定させて議会に来てということになれば、それでなおかつ彼は、翼賛議会ではない議会を書記官長として構成しようとしたのか。それとも、やはり妥協の中で、翼賛議会と、イギリスを参考にしたと言われている本来的なイギリス的議会との妥協線を彼は探っていったのかということです。だから、そこら辺が残っていれば面白いんだけれども、我々が書いたのがそういう意味で残っているとまた面白いかもしれれません。

赤坂　奈良岡先生、例えば、オーラルから外れるかもしれませんが、曾禰氏の研究というのはどうなんですか、結構進んでいるものですか。

奈良岡　いや、全然ないですね。

赤坂　曾禰さんの残した文書のマイクロフィルム自体は残っていますよね。だけれども、曾禰氏自身の業績とか功績といったものについては研究されてないんですか。

奈良岡　全くないですね。最後、韓国統監をやりますけれども、その時期に関しても研究は殆どないです[36]。

赤坂　フランスの知識も結構あった方で、井上毅と前後して留学されていたんじゃないかなと思います[37]。まだ未開拓の領域が残されているということですね。

奈良岡　代議士もやりましたし、議会政治に対する彼なりの思いは持っていたと推測されます。

近藤　ですから、どういう気持ちで、それこそ翼賛議会で政府サイドから完全に送り込まれた方として、という印象を余り受けないんです。そういう意味で、ちょっと次元は違う。でも、書記官長は我々の今の事務総長も同じですから、そういう意味では、その時代時代のものをやはりある程度、議会にいた者として残していかなきゃいけない。曾禰書記官長は議会をどうするかということで来たのに対して、我々は議会がどうであるかということしか叙述できない職能、権能ではあるかもしれませんけれども。

赤坂　曾禰さんは臨時帝国議会事務局で議院規則を作ったときのメンバーでもありますし、ちょっと私も関心を持って見たいと思います。

先ほどおっしゃられたことですけれども、そういった後世の記録という点では、『先例集』の作成にかかわられた当時の仮のノートなんかでも結構ですから、そういうものがあれば、オーラルの記録と一緒に保存して頂ければ幸いです。

近藤　燃やしていませんから、私の家の押し入れにあるか、誰かにあげたのかな。若い人とやった先例集勉強会の記録は人に預けたんです、だからここ〔聞取りの席上〕にあるんですけれども。

◆ 平成六年版『先例集』のポイント

赤坂　余り変更点がなかったとおっしゃいましたけれども、その中でも特に六年版作成時に問題となった点、ポイントとなった点というのはどういった箇所でしたでしょうか。

近藤　細かい点はいろいろありますが、大きく挙げれば、これは『先例集』が変わったという意味で、先例が変わったという意味かどうかは別でございますけれども、一つは、内閣信任案を載せなかったということです。

赤坂　それはどうしてですか。

近藤　それは、内閣信任案は、『先例集』的には、提出を認めないとまでは言いませんけれども、議会において信任案の存在というのはやはり、少なくとも私から言えば否定的にかかわるべきである、ということです。

赤坂　でも、憲法典に書いてございませんか。

近藤　憲法典に書いてあってなおかつ否定的にかかわるということに、ある意味では私どもは自負を持っております。自負を持っておりますけれども、要するに、出ましたのが平成四年ですね[38]。だから、平成四年までには内閣信任案は正式な形で出されたことは一度もないわけで、一度だけ仮で出されたのか、出されてすぐ撤回されたのかというのは一件ありますけれども[39]、最終的に本会議上程まで行った内閣信任案はそれまで一件もございませんので、昭和二十二年から平成三年までの間、内閣信任案が本会議の議場に到達したことは一回もございません。

ということになれば、憲法はそれを権利と書いたのか予測として書いたのかということです。そこら辺のところで、それまでなかったということもありますし、あったとしても、明らかに私個人としては書きたくないという思いもあります。それで、平成四年に現実化しました。それで平成六年の『先例集』の刊行でございますから、書くべきか書かざるべきかと。

『先例集』は事例集なのか、ということもございます。だけれども、事例集じゃないと我々は強弁を張るわけにはいきません。我々の取捨選択で、あるべき事例を事例だから〔＝先例ではない〕という理由で載せないというのはできないんですよね、『先例集』である限り。もっとも、これは全事例を載せるわけにはいきません。しかし、『先例集』は事例集じゃないから事例を載せなくてもいい、ということにはならないんですね。

だから、もし内閣信任案のような重要な事例であるならば、これは先例と関係あるのかどうかではなく、事例としても載せざるを得ないことなんですよね。これは可決であれば何の憲法的効果も生じませんから、その時点ではいいかもしれませんが、否決になったら書かざるを得ないわけです。ここまで結果が出ますと、これが先例になるのか、それは法規に基づいて当然出てくることでございますから、先例以前の話だからということになるかもしれませんけれども、そこら辺になると、『先例集』は何であるかということになりますけれどもね。

赤坂　その効果が可決の場合にはないとおっしゃいましたけれども、例えば信任案を可決した場合に、不信任案が提出されれば、それは一事不再議の問題にはならないのですか。

近藤　そう御指摘を受ければ、そのとおりでございます。信任案それ自体の効果ですね。

赤坂　はい。

近藤　それ自体の効果としては発生してこない。そこで停止するというか、要するにその進行過程がとまってしまうということです。それは確かに一事不再議の問題がございますし、競合論の問題が出てまいります。

赤坂　その意味では、憲法システムといいますか統治システムにおいて重要な効果を、ほかとの関係で持ち得るわけですね。

近藤　そうなんです。ですから、書かない。それは議会運営として、与党サイドが先に仕掛けていったら、野党の少数意見なり最大の議院内閣制における内閣弾劾権〔＝内閣統制権〕を早々に奪ってしまうということになります。

今おっしゃるように、一事不再議論でもっと極端に言えば、会期の当初あたりで内閣信任を可決しておけば、もうこの国会は、それは事情変更というのは当然あるからちょっとのんきな議論かもしれませんけれども、ある一面においては、内閣不信任案を危惧しながら国会運営をする必要がない、ということになっていきます。

赤坂　諸外国の場合には、内閣の方から議会の信任を積極的に獲得する手段というのが準備されている国もありますね。そういった場合に、例えば一事不再議の問題がどう関係してくるのかというのは、今、新しい問題意識として浮かんで参りました。会期の初めに信任を獲得したらどうなるのか。

近藤　そこら辺が合理的にいくかということ。日本の場合、頭にあるのは五五年体制で、それは特に一カ二分の一体制だと言われてきて、今もそうでございますけれども[40]。それで、議院内閣制の名のもとに、議院内閣制というのは議会の信任の上にということでございますけれども、逆を言えば、内閣の意思がそのまま議会の意思を通過していくというのは、むしろ、議院内閣制が持っている本質的なところじゃないかと思うんですね。

それをブロックするにはどうしたらいいかということになると、内閣不信任案で、内閣の議会への無条件通過的なものをブロックさせていかなきゃいけないということに多分なろうと思います。それは合理的にやれば、信任も不信任も議会手続で、一つの憲法的なものとして平等に作用すべきであるというのは分かるんですけれども、やはりずっと見ていまして、五五年体制、一カ二分の一体制のもとにおける議会の少数意見といいますか、ある意味では内閣弾劾権といいますか、それを行使させるには、内閣信任案の提出というのは、否定はできませんが、そんなに積極的に肯定できるものではないんじゃないかということです。

赤坂　結局、そういうお考えから、平成四年の内閣信任案の事例というのは『先例集』には入れなかったと。そういう確固たる考えがあって判断として入れなかったというわけですね。

近藤　はい。これは私ども仄聞しただけでございますので、直接聞いた話ではありませんけれども、平成四年のとき、与野党の折衝の中で、自民党が内閣信任案を出すときに、野党が内閣不信任案を提出するならば我々は出さないんだと言われたという話です。ですから、内閣信任案を出す方も、内閣不信任案というものを尊重する、尊重するけれども時間の問題がある、その時間に応じてくれない限り尊重し切れないという意向がございましたので、与党サイドの方も内閣信任案と不信任案を同等なレベルで、自己の権限、権能として主張されているのではない、と私は感じております。これは直接ではなく仄聞的に聞いております。ですから、『先例集』を読んで頂いているのかどうか分かりませんが、掲載しなかったときでも、何の反応もございませんでした。私も、何回かどなたかには言った記憶はございます。国会対策の議員の方に言ったことはございます。

近藤　それは、『先例集』ができ上がってから後の話ですか。

赤坂　でき上がってからです。

近藤　でき上がってからです。

◆趣旨説明聴取要求議案の閉会中審査

赤坂　では、その『先例集』作成の際に問題となった一点目が今のお話であるということで、その他、問題となった点はありましたでしょうか。

近藤　その他ですけれども、もう一つは、趣旨説明聴取要求議案でも、委員会未付託のまま本会議議決によって、委員会で閉中〔閉会中審査〕できるというシステムになっているんです。

委員会が閉会中審査を行うためには、本来、委員会の申し出に基づくことになっているんです。それを、本会議が、委員会の申し出に基づかないで、閉会中審査議決をするということ。

赤坂　なるほど。付託前ですからね。

近藤　それはあるんです。委員会の審査を終了していて、本会議で議決に至らないまま閉会中審査に付したとか、そういうのはあるんです。それから、異常な場合、委員会が申し出できないんだけれども、議長サイドの判断で閉会中審査させるというようなこともあるんです。

赤坂　なるほど、では、委員会に付託されてしまってから、本会議の議決で閉会中審査に付することができるというわけですね、今の最後の事例は。

近藤　はい。

赤坂　それでは付託前の、まだ本会議の段階にある、趣旨説明の要求がついたまま吊るされているものについて、本会議が閉会中審査に付することはどう考えればよいのでしょうか。

近藤　今までは、一応手続的でも委員会に付託してくれということで、議事運営手続上、そういうことになっていたわけです。それは本当に単なる手続的なことかもしれません。それでも、閉会中審査手続をする、当日であることもあります。前日であることもある。それは五月雨式に一カ月、一週間ぐらい前から徐々に徐々に委員会に付託していくという、いろいろなパターンがありますけれども、一応、それまでは、最終的に本会議で閉会中審査議決をする時点では、全部委員会におろしまして、委員会からの申し出ということでやってきたんです。だんだんそれがきかなくなって、形式的にでも委員会に付託できないということになりまして、要するに未付託状況であるわけですが、それをやるということでございます。

ですから、一つ言えば、先例的には委員会の申し出に基づくということは、たしか法規には書いていないんですね。委員会は閉会中もなお審査することができると書いてあるだけだと思うんですね。だから、『先例集』が、申し出に基づくということで先例化している、それと並行的に、言ってみれば全く相矛盾する、委員会の申し出がなくてもできるということになれば、一般的に見ればすべてができるということになるんです。そこまで言わなくても、委員会の申し出があればできる、それから場合によっては委員会の申し出がない場合にもできる、こう並列的な先例事項ができる。

このときには結果的にそういうことになったんですけれども、正直言って、我々のドラフトの時点では、それは今の信任と同じで記載しない、従来どおりでいくということであったけれども、最終的に、その頃はかなり事例もたまっていましたし、ちょっと否定し切れる状況じゃないわけですね。内閣信任の場合はまだ一例ということでございます。これはもう異例、特例ということで記載しないこともできる。

もっとも今は、参議院の問責を正当化するために内閣信任決議案を使わざるを得ないという状況になっていますから、これはもう否定できないことになっています。だから、参議院の問責は何の憲法的効果もございません、何か政治的なパフォーマンスだというふうに言っておれないことにもなります。だから、平成六年の『先例集』で、その点に関しては足りなかったかもしれません。あれからがらっと変わっていますから。

趣旨説明も、その時点でもかなりそういうことをやってきています。抵抗とまでは言いませんけれども、いろいろ言ったんです。やはり委員会中心主義で行こうということになりますので。

一つは、私もこういう自由な身分になったから言ってもいいかもしれませんけれども、趣旨説明の運用状況というのが、いつも、言ってみれば改革案についてもすべて問題になるわけですよね。だから、事象は、本会議で議決して閉会中審査できるという、その一点じゃございません。その前が問題になる。言いたいのは、そこまでさせないで下さいということなんですよね。だから、その時点じゃなくしてその前にも問題がありますし、趣旨説明要求がついていたら、可視的な場所での議論は全くないということになりますから、それを議案として提出された以上、いわゆる可視的な場所できちんと議論できるようにすべきであるというのが本来の姿です。

だから、趣旨説明要求議案の本会議議決による閉中を認めるというと、そこまで委員会になくても結構です、ということを認めることになるわけです。むしろ本旨はそちらの方にあるんですよね。趣旨説明の運用状況について、我々がこうしろああしろと言うわけにはいきませんけれども、『先例集』で運用状況を追認してしまっていいんでしょうか、ということなんですよね。これを記載するかしないかということは、そこの一点じゃなくて、その前過程をどうするんでしょうかということだというふうに私は認識しています。

◆その他の変更点――重要議案の扱い

赤坂　今、二点、お伺いしました。

近藤　もう一点でございますけれども、それは時代の趨勢でございます。これには『先例集』も変わりませんが、要するに公労法〔公共企業体等労働関係法〕が、なくなってはおりませんけれども、国営企業なんていうのは対象が全然減っております。そこら辺のいわゆる時代に合わせた民営化ということが、それは制度が変わったことですから、制度の引き写しの問題で『先例集』の実質的内容の問題ではないですけれども、形式からいえば、やはりそこら辺がかなり大きく変わってきているということです。

大きく挙げればそこら辺でしょうか。あと、『先例集』を改訂したところを見れば、本会議の運営でもいろいろと、重要議案の定めですとか、答弁者の制限ですとか、そういうようなものがずっと入っております。

赤坂　いわゆる重要広範議案[41]というのは、平成六年頃にできたのですか。

近藤　その頃はまだありません。

赤坂　今の重要議案というのは、その話とは違うのですか。

近藤　そういう規則化された以前の、要するに運営の中での重要議案の問題です。そういう議論はいろいろと萌芽的なところはありましたけれども、重要広範議案というのは、まだ制度的にはありませんでした。言ってみれば、大臣の制限の問題です。だから、総理の出席可否というのはずっと問題にはされていましたけれども、一応そこは実際的にも認めていません。

赤坂　今国会でも、冒頭で問題になりましたね。子ども手当法案の話でしたけれども、重要広範議案にしてくれと野党が言って、これまで認めてこなかった例はないのに、忙しいという理由で重要広範議案に指定しない、こういう議事運営のあり方がどうかというので、新聞等でも随分報じられました[42]。

近藤　まだ制度化までは行っておりませんけれども、そういう萌芽的なものはずっとございます。我々の扱ったところは、多分、答弁大臣の人数制限のあたりまででございましたけれども。

◆『先例集』の性格——事務局の中立性

赤坂　今度はもう少し大きな問題なんですけれども、こういった『先例集』のカバーする範囲、これは院の構成や議事法から始まって、他機関との関係も含めまして、他方、自動車の配置をどうするとか、そういうところまで多岐に及んでいますね。この内容の区分け、整理というのは、事務局の方はどう考えておられるのでしょうか。

ちなみに、参議院の『委員会先例録』が一番最初、戦後できたときには、憲法的意味を持つ、あるいは慣習法的な意味を持つところに焦点を当てたものであったけれども、その後、衆議院に合わせてだんだん対象事項が広がっていった、というような話をこの前頂いたこともありまして[43]。諸外国に余り例がないこの『先例集』というシステムですから、事務局としてどのようにお考えになっておられるのか、この辺りを教えて頂ければと思います。

近藤　これを規範集として持っていかれるなら、我々として規範の及ぶ範囲で書かざるを得ないということになるんですよね。ですけれども、それに規範性を与えるということはちょっとやはり無理であろうなということであるわけですね。そうすると、規範集であるならば、対象は今おっしゃったようなかなりのところまで絞り込まれて、要するに慣習法になりますし、議事運営の極めて組織的な行為的なところに絞り込んでこざるを得ないですよね。自動車の配置に規範を求めろといったって、それは無理でございますし、会館の使い方に規範性、それは道徳倫理の規範性はあるかもしれませんけれども、ということになりますよね。ですけれども、やはりそこまでは言えなかったし、言ってみれば、事例集的な意味合いというのはかなり強いわけです。

赤坂　そうなんですよね。他方、「単なる事例ではなくて先例集なのだ」という理解もありますよね。

近藤　正直言って、『先例集』の持っている事例集的な意味合いというんですか、そういうものから言えば、事務局に全責任を持って作成を任されているということになると、やはりそれは事例的なウエートの方を強くしていかざるを得ないんですよね。

だから、『先例集』も、ある意味では、議員なり第三者機関のような方にやって頂いて、外部強制力を持つようないわゆる規範集的なものにでき得ればいいんでしょうけれども、そうする必要があるのだろうか。一つは、やはり議事運営的なマニュアル的要素でもいいのではないかということ。要するに、議会がある程度独立性を持って運営されているところでございますから、その方たちが行える行為選択の基準、そういうものを示し得るものであれば、それを、こうすべきであるという強制的なものまで、では誰が作っていくかということ。作るとなると、多数、少数の間で多数派が全部作っていくわけですよね。そしたら、要するに多数派の影響力のもとの基準ができてしまう。だから、そういうものがいいのかどうなのか。

事例集的な意味合いはかなり濃厚に持たざるを得ないということになると、マニュアルとの接点はどこら辺までかということになります。マニュアル的要素まで加えていくと、自動車とか会館の使用だとか宿舎の使用状況ですか、そんなようなものがある。では、それを別個にどこかに置いておけばいいんじゃないかといったら、やはり見る方にとっては物すごく不便なんですよね。別々のもので、では冊子で、間に赤紙か青紙を入れてセパレートしておくかということ。附録、アペンディクス的なものにして前とは違いますよといって、そこまで性格の違いを主張しなきゃいけないのか。赤紙を入れて、この赤紙の前と後ろは全く性格が違いますよということを述べなきゃいけないようなものなのかどうか。

というようなことになると、一つの、議会総体のある意味の運営ですよね。議事運営を離れた、要するに議会運営の一部だろうと思われますから。そういうものを一つの総体的なものに入れておいた方が便利であるということにだんだんなってきちゃうんですよね。だから、別冊にしてそれをハンドブック的に持っていて下さいということになるんでしょうけれども、そうなると、またいろいろなところで議論するとき、みんな入っていれば、『先例集』を出してくださいと言えるんですよね。でも、本会議の極めて主要な論点と、先生方の日常的な議員活動をやるところとが同時並行的に議論されることになるわけです。

実際にそういうこともあるわけです。議運で、最初に物すごく重要議案を制する議論をしているのに、終わりになったら、先生方の、委員の個人的な議論に移る。やはり一冊ものこれを置いておけばということだと思いますけれども。そういうことになると、編集形態でございまして、はっきり言ってしまえば、『先例集』というものの性格をどこら辺まで詰めていけるかということです。だから、便宜的には便宜的で一冊置いておいて頂ければ、委員会は別になっていますが、合体したものとして、主として、本会議の運営、委員会の運営、先生方の院内での活動の状況、それから外での活動の便宜、施設供与の問題とかいうのも、全体的に一遍にあれば、お話しするときにも非常に便利かもしれません。

ですから、確かに性格として、要するに、法規範集であり、事例集であり、マニュアルであり、ハンドブックであるというのがすべて合冊されてきているということです。

赤坂　前半部分は、特に憲法学でも教科書に引用されるような、いわば憲法慣習法とか憲法習律といった性格を持つものも含まれていますが、そういった部分、さらには議事法に関する部分について、事務局サイドの判断だけで、議事法ないし憲法習律が採録されることになるのでしょうか。あるいは、そこに政治サイドの確認、チェックというものは入る必要がないのか、という問題についてはいかがでしょうか。

むしろ事務局の方が作るのが望ましいものなのか、それとも、そういったいわば憲法慣習法とか習律といったものを事務局の方だけの判断で『先例集』に載せて、ある一定の規範的意味を持つというあり方の方が望ましいということなのでしょうか。

近藤　また同じようなことを言っておしかりを受けるかもしれませんけれども、いわゆる規範が何であるのか。一つ、規範というものも最終的な強制力を持つという意味合いを持たざるを得ないと思いますけれども、もし、ある行為に対して強制力を持つものが存在するとしたら、誰が誰に強制力を持たせ得るかということだろうと思います。少なくとも、事務局が議員に対して強制力を持たせるようなものを作ることはできないだろうと思います。ならば、それを持たせる方、昔もそうかもしれませんけれども、現代的に言えば、政治がそれをやればいいんじゃないでしょうかということになると思いますけれどもね。

そうすると、この間も言ったかもしれませんが、一つは議長が作ればよろしいということになりますよね。議長がお作りになるというんなら、一つはイギリスのアースキン・メイみたいに、あれは書記官長がつくって、自分の代には完結させて次に送るということになりますけれども[44]、総長が、今も政治的任命職ですけれども、もっと高い政治的任命職にしてやるか、議長がやるかということでございます。議長が、自分の代、代でずっと書き直して、それで強制力・拘束力を持たせていけばいいかということになります。それか、中正な第三者機関で政治任命の方でやって頂ければいいかということなんですけれども。

◆政治サイドの関与の有無——政治法としての議会法

赤坂　拘束力を持つというときに、単なる政治的なプラクティスがあったというだけではなくて、それに反すれば何らかの一定の政治的な制裁を受けるという意味で、イギリスでは、習律、コンベンションというものが説かれますね。

例えば、解散権をどういう場合に行使できるのかできないのかというようなルールについて一定の合意が形成されてくれれば、それは裁判所によって制裁を受ける、強制されるということはないけれども、仮にそれに反すれば政治的に大きなダメージを受けるし、場合によっては選挙で落選するということになります。その意味での習律、政治法なんですけれども。仮にそういう存在があるとして、これが政治側のチェックがないままルール化され、『先例集』にこうやって載せられて配付されるわけですけれども、そういうあり方がどうなのか、という問題があろうと思います。

例えばアメリカなどでは、そこまでいかない、もっと下の、ビジネスオーダーにつきましても、立法期ごとに議員同士で話し合ってルールを決めますね。それがそのままその立法期に妥当するルールとして効果を持つわけですけれども、そういうやり方とは一線を画して、事務局がルールをいわば認定し、これを載せるか載せないかを決めていく。そういうことが重要なのは分かりますが、事務局サイドで完結して議員側のチェックは最終的にも全く入らないというシステムになっているのは、これはどういう理由なのでしょうか。

近藤　私も、しかとは言いませんけれども、いろいろ京都でお話しさせて頂いたと思うんです。

大正何年の頃か、書記官長が事務局による『先例彙纂』の編集について議長にお伺いを立てたということを申し上げて、議長に上申したところ、正確ではありませんけれども、文書はありませんけれども、要するに議長は、上申したものの内容を見まして、「お前たちにお任せしてもよろしい」と。これについてだと思います、一般的に権限を与えたとは断定できないでしょうけれども、少なくとも、それを見て、「このように作られているものだったら貴下たちで作成して頂いて結構である」と議長は言った。それからずっと、要するに事務局がそこの編集主体になるということでやってきています。

ですから、また戻って申しわけありませんけれども、曾禰荒助のときかその次のときに疑問になって、なぜ事務局ごときがやるのだという議論がなされているわけです。そのときは、曾禰荒助さんは、持ち上げるわけではございませんけれども、曾禰荒助か二代目の書記官長さん〔水野遵〕なのか、それは私どもで作らせて頂くと。少なくともそういう気概でお作りになっているんですよね。ということで、もう少しいきまして、今申し上げましたように、性格的に、いわゆる法規集にするか事例集にするかということの判断、事例としても、書記官長として、事務局サイドだけで積み上げていくことでいいのかどうかということについて、議長に上申されて、一応、議長は、今まで事務局ということで作っておりまして、現行のままで結構だというふうに議長がおっしゃられまして、それ以上の議論はなく、ずっとそのまま行われているんです。

ですけれども、これは私の全くの邪推でございます。だから、曾禰荒助さんが、翼賛議会ということでお受けとめになったのか、それとも、今度、議会の独立性ということでお臨みになったのかどうかは知りませんけれども、そのときに、もし、かすかに彼の脳裏にあるとしたら、要するに民権派、藩閥派にそこまで支配下におさめられる議会というものを彼らが認め得たかどうかということですよね。それに対して、曾禰さんとは言いませんけれども、曾禰官長それから二代目書記官長あたりがどのような感じであったか。その辺りは、かなり翼賛的な思惑があったのかどうか。これは私の邪推ですけれどもね。

今はそういうことではございませんけれども、政治サイドで議事法を作られたら、やはり最終的には多数決原理でいってしまうんであろうということだと思います。それは、かなりの部分は与野党の合意で行くかもしれませんけれども、どうしても折り合いのつかないところは多数決でいってしまう。では、多数決で決められたものを、拘束力、規範力を持って議会の中で運用性を持たせるのはいいのかどうか。それよりも、事務局が、法規集でもあり事例集でもありマニュアルでもありハンドブックでもある、そこの中から、要するにいかなる選択をして、それを決定、拘束力あるものに持ち込むかという、基礎ベースとしての『先例集』だろうと思いますので。そういうところかなと思うんですね。

そうであるならば、一番継続性を持っている、日々見ているというところの方々がウォッチしていくのが望ましい。ですから、事例で載らなかったものも無にするわけじゃございません。我々は起こった事例を否定することはできません。そういう大きなことを言ってしまえば、我々も事例の中に『先例集』の事例があるということになれば、そこの中から一般規範を抽出して頂く、それを今の議会のそういう活動権能をお持ちの方がそこで、日本の場合は会期としては作りませんけれども、それぞれに決定として作っていくということでしょうか。

赤坂　恐らく二つの観点があったと思うんですけれども、一つは、多数決原理で決めてはいけないルールというのがあるのではないかという観点。

近藤　いけないというより、決めない方がいいんじゃないか。いずれは多数決でやられますけれども、その状況状況でやられますから、そこの決定が来る前にいろいろと御議論される。ここに『先例集』で一つの物事を書いておくと、これでもう何もなくてこれに行くわけですよね。だけれども、一つの決定というなら決定に至るまでの形成過程というのはあるわけですから。法律の場合は解釈があるかもしれませんけれども、『先例集』も解釈があると言われればそうかもしれませんけれども、それでも一つの条文なりがもう先験的にぽんとあるわけですから、ある行為をする前にこれが決まっているわけですよね。多数決原理が適用される前にその状況に適用されるものがある方が、話し合いによるという合議原理に叶うのではないかと思います。

実際的に、我々の『先例集』を見て頑迷固陋だとか、これは昔のことだろうとか、なぜ俺たちがこんなものに従わなきゃいかぬとかいう議員の方々からの言葉というのは、私も三十何年間しょっちゅう聞かされているわけです。

赤坂　先ほど二つあると申し上げましたが、と同時に、事例集という側面であるとか、マニュアルという側面に着目すれば、これは事務局の方が作成するのがやはり自然かなという印象も受けますね。

近藤　そこら辺は実体的な管理の問題ですから、意思を強制するとかそういう問題じゃございませんので。先生方にそこまでやって頂く必要はありません、そのための事務局ですから。

赤坂　やはり難しいのは、今日まさに意識化されましたように、『先例集』というものは雑多な性格を持っている。その中に、やはり憲法的な意味を持つものから単なる事例等まで含めて、これをそれぞれの文面を切り取ってどのように理解していくのかというのが、まだ未発達の、未開拓の領域なんだろうなという意識を強く持ちました。

特に議事法や憲法解釈にかかわってくるような領域につきましては、事務局の方の関与がこれくらい大きい前提であるとしますと、どうしてそうお考えになったのか、すなわち『先例改訂理由』というのも、今後研究していく必要があるのかなと、私自身はそういう印象を持っております。

近藤　確かにそうですね。もっとも、私どもが始原的に記載しているわけじゃございませんで、今言ったように帰納的にということです。ということになりますと、その場その場で、そういう権限、権能を持たれた方がある法規なりある規範を解釈されて、その行為を行われたものを、私どもが選択しているわけです。我々が始原的に選択しているわけではないということです。要するに、従来のそういうものの解釈はこういう解釈でなされて、こういう事例あるいは効果、行為が発生してきておりますということを、お示ししているわけですよね。

反対に、事務局として選択せずに、全部載せておくということになりますと、それは完全に事例集で、起きた事例を全部といったら膨大なものになりますし、読んでも何も分かりません。だから、確かに同一解釈であるという選択を何を根拠にしてやられたかということを明確に示せとおっしゃるんでしょうけれども、それはやらなきゃいけないかもしれませんけれども、それでも内実を探るのも非常に難しいですし、ある意味では現象で処理していくしかない。これは同義反復になるかもしれませんけれども、じゃ、現象をどう解釈したんだ、現象をどう選択したんだとおっしゃるかもしれません。でも、ずっと日常的に見ていて、同一現象が起これば同一解釈が行われたであろうという推測は立てなきゃいけませんしね。

◆ 事務次長への就任

奈良岡　平成九年に議事部長から事務次長に就任されています。平成九年の十一月というのは、九月から第百四十一臨時国会が召集されていまして、臨時国会の途中ですね。年表を繙きますと、第二次橋本内閣のちょうど半ばの時期でして、二カ月後の一月十二日には第百四十二通常国会が召集される。その少し前の時期ということになりますけれども、まず、御就任の経緯についてお伺いできればと思います。

近藤　十一月二十日前後ですよね。

奈良岡　十一月十九日です。十二月十二日まで臨時国会が開会しているという時期です。この日付であったというのは、どういう事情なんでしょうか。

近藤　前任者の退任時期でございます。

奈良岡　前任者は…。

近藤　川上〔均〕次長(45)でございます。

奈良岡　川上次長の御退職は、定年によるものでしょうか。

近藤　十一月十何日という中途でございますから、定年退職ではないと思います。定年退職でしたら、ある程度はっきりした日にやると思います。

赤坂　臨時国会が開会中であるにもかかわらず事務次長が抜けるというのは、どういう事情があったのでしょうか。

近藤　前任者の御退任の意向ですから。

赤坂　まだどういう重みを持つかよく判断しかねるんですけれども、一般にそういう事情というのは生じにくいのではないかと推測されるのですが、何か特別な話でもあったのか、あるいは異例の事柄であったのか。そのあたりについてはいかがですか。

近藤　前任の次長が他職へ就任されるということでございます。

赤坂　衆議院事務局から出られたのですか。

近藤　そうです。他職へ就任するために退任されたということです[46]。

奈良岡　そうしますと、谷総長のもとでのお二人目の事務次長ということになるわけですね。

近藤　私ね。そうです。

奈良岡　一般に事務次長は霞が関の方でいきますと事務次官級とされていると思うんですけれども、この御就任に関しては、率直に言ってどのようにお感じになりましたか。

近藤　所管を持っていないということです。所掌事務、管轄を持っていないというのは、やはり責任も感じますし、大きな違いです。役人でございますから、今までは固有の業務を与えられてその中でやるわけですけれども、次長になりますと固有の業務はございません。要するに補佐権能か調整権能かということでございます。そういう抽象的な権能しかないわけです。与えられたものを消化するわけではございませんので、何かをやらなきゃいけないわけです。そういう点での違いは大きく感じました。

赤坂　今まで勝手を知っておられた議事部に限らず、いろいろなことを管轄しないといけないわけですけれども、それに当たって前任者から何らかの引き継ぎはございましたか。

近藤　前任者から具体的に引き継いではおりません。各部課の方でそれまでの事務の説明をしてくれます。現時点での問題点なり何か差し迫った問題についての説明は受けます。当事者本人からじゃなくして、各管轄部署から事務説明ということで受けます。そういうことで事務引き継ぎということになると思います。

赤坂　各部長からその時点におけるいろいろな問題点を挙げてもらって、前任の事務次長からは特段……。

近藤　具体的にこれこれというのはまだ受けておりませんでした。

奈良岡　そのときの御就任というのは、ある程度予想されていたタイミングだったんでしょうか。それとも唐突な感じだったんでしょうか。

近藤　半々ぐらいでございます。私も、来ればというような気持ちはございました。

奈良岡　谷総長の方からは何らかの指示というか……。

近藤　特別な指示は受けていません。それまでもずっと部長職としてはやっておりましたし、部長会議とか案件会議等々では常に同席しているわけです。そこでほとんどの問題は出し尽くされておると思いますので、そういう意味で、特別にその時点で言われたことはない。その後いろいろと特命事項的なものもなかったわけではございませんけれどもね。

奈良岡　近藤さんに一番期待されていた部分というのはどのようなところだと感じられましたか。

近藤　出身畑からいえば議事手続の安定化というか、そういうことじゃなかったでしょうかね。

奈良岡　連立政権になって議事運営も大分それまでとは変わってきて、国会がちょっと荒れてきたという話を伺ってきましたけれども、そのようなこととも関連していますでしょうか。

近藤　現実の変化もそうですけれども、将来的に議事運営をどういうふうに持っていくかということだろうと思います。

◆ 立法能力・調査能力の拡充

赤坂　当時、近藤さん御自身のお考え、議事運営は大きく見てこのように持っていくべきだという方針といいますか、大きな方向性というものは何かお持ちでしたでしょうか。

近藤　それほど明確なものは持っておりません。これは後にも問題になりますけれども、この頃から国会の立法機能というか立法能力というか、そういうものがある意味では問われ出してきていた時代です。この私がなった頃が、これから後お話がございます国会の立法機能の問題でしょうから、そこら辺のところをこれからどうしていくかということ。だから、議事手続部門のある程度の合理化というのも考えなきゃいかぬし、それ以上に立法能力、調査能力というものを議会がどう持っていくかということも一つだと思いました。

具体的に言えば、法律起案能力あるいは法案作成能力です。政治がそこまでやらないと。だから、現実的に言いますと、ある程度の法律の起案作成能力までないと、政治を行ったことにならない可能性が出てくると思います。今のマニフェスト論、それから政策構想論の段階で政治がとどまって、じゃ、その後誰がやるのかということなんです。

というこことになると、組織的には法制局がございます。だけれども、法制局は法律の内実をやるところではございませんよね。法律の形式を整える。その中に内実も不可分、分離できる問題じゃないとおっしゃればそうでしょうけれども、法制局は法律体系、法律形式、法律の公式化ということではやるんでしょうけれども、その中にいかなるものを盛り込んでいくかというのはまた別の話です。法律を内実的に公式化するというのは誰がやるのかという話だと思うんです。

赤坂　例えば、議員さんからある法律案の作成依頼が来たときに、政策の中身としてもどれぐらい妥当なものか、あるいは既存のものと比べて整合性があるかといったところまで法制局は判断すると理解していたんですけれども、今のお話だと、そこまでは法制局は踏み込まないんですか。

近藤　依頼者から来ればそれを取り込むのはいいんですけれども、彼らがそこへ独自のものを組み込むかといったら、これが彼らの職務かどうかというのはまた別の問題になります。

赤坂　難しいですね。議員さんがすべての内容を決めてくるわけではありませんし…。

近藤　すべての素材を持ち込まれればいいんですけれども、そういうことが可能かどうかというお話ですよね。

赤坂　そうです。そこを補充して、うまくいろいろ考えて埋めていかないと実際の法律案にはならないですよね。

近藤　だから、この延長線上で、形式的な整合性の問題でしたらいいんですけれども、例えばあるものを法律化しようとした場合、ここに実体的なアンチ的テーゼがある。これを入れないと法の整合性がとれない場合があるわけです。そうすると、今の組織がこれをやるべきかやらざるべきか。法制局という、いわゆる事務局としての組織がやれるか。これをやって、また返して、相手が納得すればいいいんです。そういう意味ではやっていいいんですけれども、彼らの専権的な問題としてやれるかどうかということです。

これをお返しするのは立法補助機関としての役目であって、我々事務局の中核的機能ですけれども、官僚制が一番やるところは結局そこなんですよ。彼らも一応、大臣によって、要するに政治任命の方から何らかの立法事実素材、それから方針は指示されている、それに基づいてやるということなんです。それを作る場合に、内実的なものが物すごく必要な場合、官僚もそれを一応形式的には大臣に、政治にリターンしているわけですよ。だけれども、それは単なる形式でやったということなんです。実態はここで具体化されて、ほとんどオウム返し的なリターンじゃなかったかということが一番問われるわけです。

だから、うちの事務局がやる場合には、それは単なる選択肢としてリターンするのだということでいいかもしれませんけれども、じゃ、今のスタッフで対応できるかといったら、またそういう点での問題があるわけで、全部法律をこういう形で返せるかどうかということになるんです。だから、議員立法の場合、今までほとんど範囲も極めて限定されたもので、一般的な、抽象的な普遍的法案というのは余りやられていないし、逆に、やられれば、そういうものについては抽象的な文言ですから、だれが起案してもほぼ同じようなものになるという可能性はあるんです。

ということになると、結局、今の言われている官僚制論の問題、じゃ、誰が作っていくのかということですよね。要するに完全、パーフェクトにして、国民に対して適用可能な形での法律を最終的に誰が作っていけるかということなんです。だから、申しわけないですけれども、それを作る人がいないんです。官僚はそれを全部やってきたわけです。膨大な官僚群のもとにできたわけです。

赤坂　今ちょっと霞が関の話が出ましたけれども、事務次長は霞が関の事務次官と横のつながりというのはあるものなんでしょうか。

近藤　ございません。

赤坂　ありませんか。そういう意味では、部長時代とそれほど大きく変わらないわけですね。

近藤　対外的にもありませんから、そういう意味の違いはないですね。
赤坂　仕事としては、内部における総長の補佐ないし全体の調整。
近藤　そうだと認識しています。

◆事務次長室の風景

赤坂　部長時代と待遇そのほか、先ほど固有の業務がないということを挙げられておりましたけれども、それ以外に何か大きな違いを感じられるようなことはございましたか。
近藤　それほど具体的に申し上げるようなものはありません。それが一つの外面的な問題ですけれども、事務次長になると一応フロアでは一番先頭に座りますので、そういうような客観的な光景というのがやはり主観的にはかなりの意識にはなってまいります。それは当たり前のことで、議員さんの質問を受ける場合の一番先頭のところへ参りますから、どこへ行ってもそういう面での外面的な光景というのが内面的な意識にかなり反映されます。総長は政治任命で、常に別の席に座りますから。
赤坂　ふだんの執務も、事務次長室は議事部長室と比べて広いのでしょうか。
近藤　ほとんど同じじゃないでしょうか。
赤坂　近藤さんの時期の事務次長室は現在と一緒ですか。
近藤　今と同じです。
赤坂　議事部長室のすぐ近くの…〔現在は、事務次長室の隣に議事部長室がある〕。
近藤　いや、私の頃には議運の理事会室がまだできておりませんでした(47)。議事部長は議運の理事会室のところにおりましたから、議事課を挟んで両サイドに次長と議事部長がおりました。今は次長と並んでいます。議運の理事会室で〔当時の〕議事部長室が使われまして、部長室が議事課側へ引っ越ししておりますから、位置は違います。

赤坂　広さとしてはいかがでしょうか。

近藤　むしろ前は部長室の方が広かったかもしれません。構造のことを言うのは本質的なものでないかもしれませんけれども、何代か前まで議事部長の方は個室がなかったんです、議事部長というのは次長がほとんど兼務していましたから。専任でできたのは、皆さんの方が御承知だと思いますが、昭和三十年代の中頃ぐらいじゃないかと思います(48)。その頃までは次長がほとんど議事部長を兼務していました。どちらが原則か知りませんけれども、次長兼務がどうも原則らしいものですから、その影響かどうか、議事部長には昭和五十年近くまで個室はなかったんじゃないでしょうか。

赤坂　他の部長というのは、原則として個室が必ずあるんですか。

近藤　必ずありました。部長は個室を持っていました。ですから、むしろ、事務次長が前の議事部長の部屋にいましたから、あそこは日当たりもよろしいですし、スペース的にもかなり広かったと思います。それで議事部長の個室を作るということになりまして、次長室を新たに作ろうということで、次長室が動いて、次長室に部長がお入りになる。

現在の次長室ができたのは多分、荒尾〔正浩〕次長のときです。大久保〔孟〕総長のときに荒尾次長ですね。大久保さんが総長になられたのは五十一年ですか。その後で荒尾さんが総長になられたのが五十五年ですから、五十一年から五十五年の間ぐらいに次長室が作られていると思います。

◆議事手続の合理化方策――趣旨説明、質疑・討論の区別

赤坂　近藤さんが次長になられたときに、国会の立法能力をどうするかという問題が喫緊の課題としてあって、それに対応する一つの方策として、議事手続の合理化という話があるというお話でした。この議事手続の合理化というのは、具体的にはどういう問題のことを指していますでしょうか。

近藤　その時点で協議されているような問題です。それをどういう形にしていくかということになると思うんです。

一つは、全体構想の中では問題としては小さいかもしれませんけれども、趣旨説明のやり方などは非常に問題になっていました。委員会審議のあり方なんかも。

赤坂　趣旨説明のやり方というのは、いわゆるつるしの問題ですね。

近藤　そうです、つるしの問題。それをどこら辺まで合理化していけるかどうか。そこら辺を含めて全体的な審議の流れです。

赤坂　つるしの問題を何とかして合理化していこうとすると、例えばどういった方策が考えられますか。

近藤　私も具体的に提案したわけではございませんけれども、例えば昔の読会制みたいに、各会議の頭に必ず読会として入れていくとか。

赤坂　むしろ必ず趣旨説明をやるという……。

近藤　そうです、必ずやる。やらないわけにもいかないとなると、やるやらないという選択はなくなります。

合理化するんだったら、全部、昔の第一読会、ネームのコーリングだけでもいいんですし。趣旨説明自体がネームのコーリングになっているわけですよね。それに、質疑というのは法的必要要件じゃございませんから。あれが先例かどうか知りません。先例以上のものだと思いますけれども。そこであいうふうに質疑ということにしましたから、長時間になりますし、その取捨選択もございます。取捨選択になると、やはり政治的な取捨選択ということになって、ずっとそういう変遷をたどってきていると思うんです。すべてコーリングというんだったら、提出順なりでコーリングしていけばいいわけです。

今まで日本の議会手続はかなり戦術的にやられている感じがしています。内容的なディベーティングじゃなくして、手続段階のクリアが極めて戦術的に考慮されている、ここに働いている気がするわけです。それを合理化することが、今の議会への要請じゃないかなと感じるわけです。

赤坂　おっしゃる読会制度の第一読会におけるコーリングというのは、全く質疑を許さないという前提でしょうか。

近藤　それを前提にして、どれに質疑を当てはめていくかというのはまた考えていけばよいと思います。それは具体的に提案したわけではございませんよ。今、合理化とおっしゃるから、例えばそこら辺。

それを合理化すれば、議会全体がもっと合理化していかなきゃならないところは、質疑の行われ方、これも私的見解ですけれども、討論、質疑の分割の問題があります。なぜ討論、質疑を分割しておかなきゃいかぬのか。もっとステージを多段階にしておくと、今度はクリアリングの問題になってきます。ステージの多段階へ行って、そのクリアリングの問題にむしろ焦点が、議会手続が行ってしまうわけですよね。

要するにディベーティングですからね。採決と口頭の討議は別にしなきゃいかぬでしょうけれども、質疑と討論を別ステージにしておくことはないわけですよね。そういうところからして、全体的なステージのクリアリングの問題がかなり戦術的に扱われているのが日本議会の特徴点だと思いますが、それが現代的なのかどうなのかなと。

赤坂　質疑というのは非常に日本的な観念であるということはよく言われますね。質疑と討論をあえて分けるという考え方をもうやめるべきではないか、そういう御指摘ですか。

近藤　やめるかやめないかという前に、そういう面の合理性。一つは、趣旨説明で言われているような選択。今は、内容選択、時期選択まで、すべて選択にかけられている。それをある程度オートマチックな合理性という方に持っていってしまえば、趣旨説明に対するそういう問題は起こってこない。

赤坂　自動的にコーリングされるようにする…。

近藤　それをどういうふうに、提出順なのか、それとも特定会議日を決めてその日に趣旨説明だけまとめてやるのかどうか、またそういう手段はあるんでしょうけれどもね。

赤坂　趣旨説明をするかどうかという時点では戦略的な選択は働かないと。

近藤　働いても、かなりオートマチックにそれが進捗するような働きかけにすれば、合理化に資するのではないか。今の議会はむしろそちらの方が求められているんじゃないかなと思うんだ、何もしゃべらないでずるずる法案をためておいて、あるとき一気に何かの打開策でやっていくというよりも。

先ほど申し上げましたように、会期の戦術性というのもここら辺から出てくるわけですよね。そういうのも、ある意味ではスケジュール闘争かもしれません。今みたいに、ずっとあるところまで緊急あるいは重要な問題を措いておいて、そこからどう動くかということになると、この空白の部分をどうするかとか、これから動いた部分をどうするかというのは、極めて戦術的になるわけですよね。会期はそういうものになってくるわけです。そういうのじゃなくて、淡々と前からやっていくんだったら、それに必要な会期ということになるわけですから、会期の捉え方が違ってくるわけです。

赤坂　抽象化して聞きますと、一般にモノクラシー、アリストクラシーとは異なって、デモクラシーというのは不合理な要素が多い。不合理というのは「効率的ではない」という意味ですけれども、効率性だけを重視するのであれば一人あるいは数人で決めてやればいいわけですが、特に多数者から成る民主制の原理に従えば、ある程度の非効率性が持ち込まれるのはむしろ健全な発想であるという見方も一方でできるわけですよね。

議事手続を合理化せよという場合に、その仕分けですよね。何が不合理な議事手続であるのか。

近藤　そうなると難しい問題ですね。

赤坂　つるしも、見る人によっては、一つの野党の意思の表明の仕方であるという場合もあります。

近藤　当然そういうことになりますよね。

赤坂　しかし、それは、近藤さんの観点からは、今の目からすれば議会の立法能力を阻害している面の方が大きいという側面もございますか。

近藤　いや、立法能力とは全然違います。

赤坂　これは立法能力の話ではないのですか。

近藤　立法能力の話ではありません。それは議事手続上の問題ですから、立法能力と直接リンクする話ではありません。立法能力を誰が担保するのか、その場合、事務局がそれをある程度担わなきゃいけない、その体制作りもしていかなきゃいけないわけですよね。立法能力の問題と直接にリンクするとは思っていません。

合理化と言うと余りいい言葉じゃないかもしれません。淡々と結論を出せ、それでいいのかと言われればいろいろと議論があるでしょうけれどもね。ただ、例えば三時間質疑したら必ずその後に採決しろというと、極めて合理的ですよね。時間の消化だけです。だけれども、一般的に議会が求められているのは、多分、もっと公の席できちっとディベーティングして、その帰趨に従って決めていけということだろうと思います。

赤坂　審議を充実したがゆえに時間がかかって決定がスピーディーになされないという話と、審議をしないで時間が浪費されていく、そこで抵抗を示されていることによって審議が進まない、したがって非効率であるというのは違うというお話でしょうか。

近藤　要するに、あるべき議会制というのは何か、求められている議会制は何かなという話だと思います。

内部の者には分かりますけれども、外部の者には、外部に意思が表明されていないから、これについては何でやるかというのは全く分からないわけですよね。例えば趣旨説明は、つるし段階ではだれもわからないわけです。つるされているということはわかるんでしょうけれども、いかなるものがいかなる理由でつるされているかというのは分からないわけです。

◆事務次長の職務内容

奈良岡　次長に御就任時の意識というのが大分いろいろ分かってきましたけれども、その事務次長の職務内容と一年間の仕事の流れというのをざっと教えて頂きたいと思います。

近藤　議会運営に携わっていますから、部長の頃とそんな大きな様変わりはないんです。例えば庶務、管理系統は年間を通じてずっとやっていくわけですけれども、やはり我々の職場として一番のメインは、議会の開閉の問題です。開閉ということになれば、やはり開の方が仕事が多忙、煩雑になります。

その他、事務局の組織の問題が一つは加わると思います。人事の問題、特に職員の待遇、処遇の問題が一つ加わってきます。

赤坂　それは議事部長時代には、案件会議や部長会議で関与されなかったのでしょうか。

近藤　議事部長でもやりますけれども、それはワンノブゼムでやっていればいいんですが、次長になりますと……

赤坂　枠自体をどうするかを考えていく。

近藤　タイミングからスケールから、今まではは与えられたというのか、自分のポジションの問題ですけれども、今度は全体の問題ですからね。それは発言して悪いことはないんですけれども、部長時代は大体そういうものを言われた時期にやられるんでしょうけれども、次長の場合は、いつかということからやっていかなきゃいけません。そこら辺は違うと思います。今おっしゃったように、全体スケールの問題です。そういう面で一部長とは違うところがございます。

あとは、流れといっても、部長時代と大きく変わることはありません。何か必要事項が起きてくれば今度は全体で、庶務とか管理の場合は、議会の開閉とは関係なく諸案件は生じてきますから、それへの対応があります。議事運営部門だと開閉でかなりメリハリをつけて、閉の場合にはほとんど問題は出てこないというのはあります。

奈良岡　議会の開会中ですと、議運の理事会には出席しますね。

近藤　出席します。案件会議があれば出席しますし、これはとなると部長会議にもかむので、それ相当の頻度は持ってくると思います。開の場合はいろいろな問題、議員からの要請とか、指示、方針というのもね。閉の場合は皆さん余り集まられませんからね。

赤坂　先ほど人事異動のスケールまで次長が主となって決めるという話でしたけれども、この人事異動のスケールというのは、どういう要素でもって決まっていくんでしょうか。基本は七月異動ですか。

近藤　はい。常会明け、区切りのいいときのなるべく早期ということになります。大体、入社時とか一つの基準は四月が一つの基本ベースになっていますから、それになるべく近づけていくようにしなきゃいけませんし、そうすると早くても五月いっぱい。今はもう一月召集になりましたから、五月はないと思います。一月召集でどうしても六月までかかるはずですから、タイミングとしては七月になります。

スケールと申しましても、一応個別的な審査は当然行われますけれども、総体的な処遇基準というのは持っておりますから、それを見ながら個別の問題を検討していくということになります。例えば何級に少なくとも何年間は在職して頂くということになりますし、どこの位置から次の位置にステップアップするかという一応のベース基準を持っています。それに該当される個々の方を一応上げていくというようなことになっています。

赤坂　人事あるいはそのほかの重要な問題でもいいんですけれども、総長と次長だけで集まって決定するような機会は結構あるものですか。

近藤　結構とは言いませんけれども、あります。最終決定権は総長にありますから、次長は、事前の協議あるいは事前の審査ということになります。その中で問題になったのを個別にお話しするか、総体的な結果なり経過なりを言っていくか、総長からその時点である程度の指示をもらうかということになります。そんなに頻繁ということはございませんけれども、ないわけではありません。そういうときは総長室で二人だけで協議します。

◆事務総長と政治の接点

奈良岡　先に、政治へタッチするのは総長だけである、総長と次長というのはそこに大きな違いがある、というお話があったと思うんですけれども、実感としてそんなに大きく違うものでしょうか。

近藤　大きくは違わないと言えば違わないんでしょうけれども。総長は国会役員ですから、我々は総長は政治ができると思っています。総長が政治をおやりになっているのか事務をおやりになっているのか。両刀の方ですから両方できる。事務をやっていらっしゃる場合は、やはり我々がある意味では満遍なくそれを実行できるだけのものを持っていなきゃいかぬわけですし、政治の話をされている場合については、我々はそれをむしろ政治として受けとめなければなりません。

それに関係して、住専国会の第一委員室座り込み(49)のときに、総長も、やはり当局として説得しなきゃいかぬということで、説得というか、お話に向かわれた。そのときに総長から、おれはいかなる立場でやるんだというふうに御下問があった。あの場合、では政治の立場でやるか事務の立場でやるか。政治の立場でやったら何ができるか、事務の立場でやったら何ができるか。政治の立場でやることは、ある意味では議長の補佐と言っていいと思うんです。そうすると、議長が発動されないのを総長のところで発動される。あの場合、具体的に言えば、警察権の発動か秩序保持権の発動かということだろうと思いますよね。

だけれども、議長が発動されない状況で、総長が警察権を発動するとなると、総長が警察権を持っているかどうかという問題がございます。要するに事務局としての建物管理の秩序保持権があるのかどうかという話になってまいりますので。あのときに、相談じゃないけれども、総長も苦慮されて、やはり事務方が政治に介入したということになると、また問題ですからね。今はいろいろ公共政策で言われていることですけれども。あれは座り込みという一事象の問題ですが、政治の中の現象でもあるわけです。

奈良岡　総長が動くときに、政治にかかわらざるを得ない、あるいは政治的だと捉えられる可能性がある行動をしなければならない場合があって、その行動を政治の面で行っているのか事務の面で行っているのか常に意識しなければいけないと。

近藤　やはり意識しなきゃいけないと思っていましたね。理事会の中で普通に話されましても、どちらの立場で話されているのか、ということになるわけです。

先例についてでしたら、私は事実の範囲だと思いますし、非政治の範囲だと思っています。だったら、それで、総長が理事会で何の前提もなくぱっと発言された場合に、それが非政治の問題だったら、先例的にまず答えられなきゃいけないんだろうと思います。あれだけの『先例集』を持っておりますから、該当事項がないということはないと思いますから。だけれども、総長が政治の場での一つの提案として出されているなら、あえて言えば、我々は先例で説明する必要はないわけです。むしろ先例で説明してはいけないかもしれませんしね。だから、その切り分けはやはり次長あたりがしなきゃいけないんでしょうという感じはいたします。

◆ 特命事項の検討

赤坂 先ほど、次長として関わられた事柄のその他として、総長から特命事項を命ぜられて、それを管轄したというこどもあるというお話でしたけれども、どういったことが特命事項として下ってくるんでしょうか。

近藤 私は七カ月、常会中だけしかやっていませんから、特命というほどの話はございませんけれども、国会移転が議論されておりましたので、もし国会移転になったならば、国会というか議会の移転のあり方はどうかというのは、やはり事務的に研究すべきではないかというようなことはありました。

赤坂 近藤さんとして、検討に着手されたわけですか。

近藤 検討を命ぜられましたので始めました。でも、私は七カ月しか次長職をしていませんから、本格的なものにまでは至っていません。その後、国会移転自体がほとんど立ち消えになってしまっています。

赤坂 国会移転論というのは、国会、衆参合わせてどこかに持っていくという話ですか。それとも、衆議院と参議院と分けるかどうか。

近藤 そこも含めてやらなきゃいけません、何も決まっていませんから。首都機能が移転するかどうかも分かりませんし、首都機能の中に議会が入るかどうかも分かりません。議会が移るとしたらどうかということだから、固有の問題としてとらえておいて、焦眉の急は建造物がどういう形で動いていけるかということだろうと思いますし、建造物を考える場合には、中の機能をどうしていくか。やはり機能に合った形での建造物を考えなきゃいけませんし。

例えば本会議場はどういうふうにしておくか。今みたいな定員かつかつの本会議場にしておくか、それとも幅をもった本会議場にしておくかということです。スペースがあいていると議員の増員という話が出るんじゃないか、だけれども、というような。これからは、そういう機能的なもの、構成的な面もありますよね。女性の議員がかなり多くなった場合に、その機能はどうあるべきかというのも考えなきゃいけませんし。だから、どういうものが議会を構成していくのか、建造物がどういう機能を持つか、そこら辺から考えなきゃいかぬと思いました。入り口のところで国会移転そのものがほとんど消滅状況になりましたので、その後やって、私の次長時代では、まだ入り口だけでございましたけれども。

◆ 議長・副議長との関係

奈良岡　先ほどの政治と事務との切り分けとも関連して、議長、副議長との関係についてお伺いします。議長、副議長と直接接する機会が部長時代と比べて多くなるというのは、一つそれまでとの違いなのかなという印象もあるんですけれども、この点に関してはいかがでしょうか。

近藤　一応、議長には総長が、その日の議事進行あるいは議事手続について説明されるんです。副議長は一応次長が担当することになっています。でも、副議長も、実際に議長席にお座りにならないと、分かった分かったとおっしゃるだけで、余り御関心はないようですけれども、必要なときには、お座りになるような場合には手続を説明しておく必要がございます。

具体的には接触はそのぐらいです。あとは、次長だけがということはありません。次長がミッションを務めることもそんなにありませんし。

奈良岡　副議長への説明は、毎日どういうタイミングで行われるんでしょうか。

近藤　議運委員会が終わった後、本会議までの間に。要するに、議院運営委員会で議事が具体化された段階で説明するんです。

奈良岡　そうすると、お昼前になりますか。

近藤　その日その日で時間が違いますけれども、大体今は議院運営委員会は十二時から、短ければ五分、十分ぐらいで行われまして、本会議は大体一時でございますから、大体その間です。十二時ちょっと過ぎから予鈴が鳴るまでぐらいの間に行く。

奈良岡　それは、副議長室に出向いて、ということですか。

近藤　そうです。大体その日の次第書きをお見せするんですね。それで必要なところをコメントしていく。

奈良岡　では、もめたりとか、いろいろな質問を受けて長い時間説明するとかいうことは、そんなにはないですか。

近藤　余りないですね。問題があるときには秘書が説明してくれますから、その時点で問題は多分解決している。大体、議運にかかる前が問題ですから。

奈良岡　議運にかかる前の状況というのは、もちろん、政党の方とか別のルートからも議長、副議長の耳に入ってきているわけですね。

近藤　そうですね。議運の委員長なり理事から、一応、国会運営の接点の方たちですから、各会派からもそれぞれの意向とか状況とかが報告されていますから。

奈良岡　では、それを前提として、事務的に念頭に置くべき点というのを説明されるわけですか。

近藤　そうですね。事務的に我々が、今日の本会議はどういうふうに流れますということを説明することが主です。あと、そのときに必要なことがあればコメントはしますけれども、余りない。あとは、本会議以外のことについては秘書がやりますし、儀礼的なものでしたら担当の部課の方が説明されますから。

もめればそうでしょうけれども、おかげさまで私は常会一回だけですから、ほとんど紛糾がないんです。議長、副議長もああいう方たちだったから紛糾がなかったのか。印象というんだけれども、伊藤〔宗一郎〕議長も温厚な方で、人の話を本当に純朴にお聞きされる方ですから、そういうところに立っている方に争いというのは来ないのかなあという気もしないでもないですね。

奈良岡　渡部恒三副議長の御印象はいかがですか。

近藤　渡部副議長も、与党、野党で国会運営の枢要な地位をずっと占めておられますから、自分の経験から出方は全部分かっているわけです。ある意味では自分からシナリオを作られるかもしれませんから。

奈良岡　そういう意味では安心して仕事ができたと。

近藤　そうですね。国会運営についてはね。議長もそんなに強硬に事を進めるという方じゃないですから、議事の進行にしろ重要テーマにしろ。慎重な方という印象はありました。

奈良岡　この通常国会中にいわゆる橋本行革の中核をなす中央省庁等改革基本法が成立していますけれども、これに関しては何か印象に残るようなことなどございましたか。

近藤　印象というか直観的な問題でございまして、事務局がまさにこれとタイアップの形というのか、むしろ向こうのをこちらにコピーした形で来ているわけです。ですから、印象ということなんですけれども、どうするのかな、従来どおりやっていくのかというようなことは直観的に意識した問題ですけれどもね。その後に調査局で実際にその任に当たらなきゃいけなかったわけです(50)。ある面では、中央省庁と二重写しの形というのがいいのかなとかいう部分はございましたし。

あとは、業務の問題もありますし、中央省庁の方も、名前が変わったって構成的にはほとんど変わっていませんから。定員の純減のところが少々はあったかもしれませんけれども、そんなには。中央省庁の方たちは、守備範囲というのはきちっと持って動いていらっしゃいますからいいんですけれども、私どもはそんなに柔軟になっておりません。例えば総務委員会と内閣委員会。うちの方は、内閣委員会と総務委員会では大分違うわけですよ。ですから、そこら辺のところをどういうふうにしていくか。人員があれば、要するに総務省が広げた所管に人を張りつけていけるんですけれども、うちは要するに内閣委員会の担当者が総務委員会も担当しなければいけません。地方行政委員会をどうするかという話もありましたけれども。ここの部署が新しく所管になったから、この所管にぽんぽんと移していきましょうというわけには、うちの場合はそんなに動けません。

◆ 新井将敬議員の逝去をめぐって

奈良岡　この橋本行革に限らず、余り問題がない国会だったという印象でしょうか。

近藤　私の国会中はそんなに問題がなかったです。記憶がないですものね。印象でもないですけれども、ショッキングに残っているのは、新井将敬議員が自殺かどうか、死去された(51)。逮捕許諾請求中で、要するに逮捕許諾の本会議での議決が予定されていた日に亡くなられましたから。内容等は全然ございませんけれども、そのときは、逮捕許諾はどうするのかという話がありました。検察だったら被疑者死亡のまま不起訴か起訴留保ということですか。うちもそうかなと。そんなこと今までないですからね。

問題を別にすれば、印象には残っております。本会議の開会中でしたからね。どうも逝去されたらしいというんだけれども、らしいじゃ困るんですよ。そんなこと言ったって、誰も確認していないよと。あのときは、前の議題が一時間ぐらいありましたかね。だから一時間ぐらいは余裕がありましたけれども。たしか本会議にかかる日だったんですよね。

赤坂　それはどういう扱いに落ちついたのですか。

近藤　本会議の議決を延期したんじゃないかな。多分、延期して、議運の理事会でこれをどう処理するかということを協議して頂いて、内閣サイドからは議案消滅ということで来ましたかな。

赤坂　議案消滅という手続があるんですね。

近藤　対象者がいなくなりましたから。

赤坂　対象者がいなくなったら、意味がなくなったという理解なんですね。

近藤　多分、議案消滅ということ。私は何と主張したのかな、議決不要と言ったのかな。撤回まではいきませんし。たしか、あの当時、逮捕許諾で議員辞職されたらどうしようかという事例があるはずだったんです。あのときは、逮捕許諾はそのままにしたんじゃないかな、議員辞職を諮っておしまいじゃなかったかな。議案対象者なしで、議決はそのままほっておく。自然消滅。だから、私も自然消滅と言ったかな。ちょっと分かりません。だけれども、最終的には内閣サイドからは議案消滅ということで通知が来たんじゃないかな。そこら辺も、事実としては一つの重要な問題です、全体的な流れの中で問題が論議されていきましたが。

その場合に私は、院が判断すべきじゃないかということを言ったと思うんです。内閣にとやかく言われることじゃない。院が受けたものをどうするかは院が決める。内閣にそんなことを言ってもらわなくてもいいじゃないかと。だから、検察さんが言うには、被疑者死亡のままですから、被疑者が死亡されたって逮捕権云々は残るということだろうと思います。こちらが、逮捕必要なしと認めてもらっては困るというようなこともあったかと思いますけれどもね。現実的、物理的に逮捕できないのはありますが、法的な逮捕権がどうなっているかというのは内閣が決めることだということだったかもしれませんし。そのとき私は、公式の場ではございませんけれども、逮捕許諾の問題は院の問題でしょう、院が決めればいいでしょうと言った記憶があるんです。

---

(1)　その他、法制局長一名、専門員一五名、参事（秘書）四名が特別給料表の適用を受ける（平成二一年度当初予算、衆議院の場合）。

(2)　今野彧男（著）、赤坂幸一・奈良岡聰智（編著）『国会運営の裏方たち――衆議院事務局の戦後史』（信山社、二〇一一年）第2章Ⅲを参照。

(3)　衆議院速記者養成所は、二〇〇四年から学生募集を停止し、同跡地は二〇一〇年度までに財務省に返還される予定である（二〇〇六年二月八日衆議院議員運営委員会衆議院事務局等の改革に関する小委員会の議事録第一号を参照）。今野ほか・前掲書「間奏Ⅱ」で取り上げられた葉山の職員研修所（旧葉山洗心寮）についても、衆議院所管の庁舎用財産の一環として、同小委員会の検討対象の一部となっている。

(4)　同協会については、ウイリアム・ロー著（弥富啓之助訳）『われらがハンサード――議会をうつす真の鏡』（衆速会、一九六六年）を参照。

(5)　例えば、阿部力也『呆れる議員特権』（河出書房新社、二〇〇六年）八〇～九五頁。

(6)　衆議院では現在、公報使送等の運送業務、国会審議テレビ中継放送関連業務、清掃や宿日直等の管理業務、通訳、翻訳について、アウトソーシングが行われている。

(7)　その経緯については、川口啓「公布後施行前の法律の改廃」（『立法と調査』二二二号、一九九九年）を参照。

(8)　同法は、一九八〇年三月に成立した後、施行がいったん延期されたが、一九八六年一月からの施行を待たずに、一九八五年三月に廃止された。

(9)　その例として海上公安局法がある。同法は、施行期日を「別に法律で定める日」としていたが、施行期日を定める法律が制定されず、結局、防衛庁設置法の施行に際して、同法の規定により廃止されることとなった。

(10) 二〇〇九年の衆議院選挙で民主党・社民党・国民新党が政権与党となったことが念頭に置かれている。

(11) 読売新聞政治部『真空国会』（新潮社、二〇〇八年）二四九頁、二五四頁以下、および二五九頁以下を参照。もっとも、衆議院事務局に確認したところ、例えば守屋武昌元防衛事務次官招致は自公欠席で喚問議決されたものの、後日、日程延期・日取り再協議で与野党合意の上、実施されたとのことである。

(12) 多数会派の単独採決に依拠する議事運営の問題と、個人主義的な議事運営との関係如何については、不明である。

(13) 民主党の小沢一郎幹事長（当時）が、二〇〇九年の政権発足直後、イギリス・モデルに依拠した政府・与党の一元化のため、選挙制度関連などを除いて議員立法を原則禁止とする通達を出したことが、念頭に置かれている。

(14) 元外務官僚の緒方林太郎衆院議員（民主党、福岡九区）が鳩山由紀夫内閣に対して、①議員の世襲制限の合憲性、②外国人参政権と憲法の関係、および③日本が締結した平和条約に関して、三本の質問主意書を提出したところ（二〇〇九年一一月二日）、政府・与党の一元化を根拠に、民主党幹部の意向により撤回させられた（同四日）ことが念頭に置かれている。

(15) 二〇〇九年の鳩山政権発足後、陳情窓口が民主党幹事長室に一元化されたことが、念頭に置かれている。

(16) 衆議院事務局に確認したところ、ワースト順に、一九五三年度予算（吉田内閣）が七月三一日成立、一九四八年度予算（芦田内閣）が七月四日成立、一九五五年度予算（鳩山一郎内閣）が七月一日成立、一九九四年度予算（細川・羽田内閣）が六月二三日成立、一九九〇年度予算（海部内閣）が六月七日成立である。一九八九年度予算（竹下内閣）は、五月二七日に自然成立している。

(17) 石原信雄『首相官邸の決断』（中公文庫、二〇〇二年）一八五頁以下。

(18) 羽田自身が解散か総辞職かをめぐって逡巡した経緯については、渡辺乾介『小沢一郎　嫌われる伝説』（小学館、二〇〇九年）二二四頁以下を参照。

(19) 衆議院の戦後五〇年決議の採決結果は以下の通りであった（『朝日新聞』一九九五年六月一〇日）。出席賛成者二三〇名（自民党一四六名、社会党五八名、さきがけ一六名）、出席反対者一四名（共産党）、欠席者二四九名以上（新進党一七一名、自民党五五名、社会党一四名、さきがけ四名、民主の会五名、無所属数名）。参議院では、与党内の反対意見も強かったため、決議が見送られた。村山首相は、後にこの国会決議について「大体あれは満足のいくものですか」と問われた際に、「まあまあ、あのときの情勢からすればぎりぎりじゃないか」と答えている（村山富市『そうじゃのう…』第三書館、一九九八年、一〇七頁）。国会決議が不満の残る内容にとどまったため、村山内閣はこれ以後終戦記念日の首相談話の文案作りに力を入れ、村山談話の発表へとつながった。この経緯については、五十嵐広三『官邸の螺旋階段』（ぎょうせい、一九九七年）一二五～一二九頁、村山富市・佐高信『「村山談話」とは何か』（角川書店、二〇〇九年）三〇～三二頁、服部龍二「村山談話と外務省――終戦五〇周年の外交」（田中努編『日本論――グローバル化する日本』中央大学出版部、二〇〇七年）を参照。

(20)　在任期間は、一九九三年八月～一九九六年九月。

(21)　『衆議院調査局一〇年の歩み』（衆議院調査局、二〇〇八年）二五～二六頁。

(22)　二〇〇九年一〇月二三日午前の閣議後の閣僚懇談会で、国会開会式における天皇陛下の「おことば」について、「陛下の思いが少しは入った言葉が頂けるような工夫を考えてほしい」と述べ、宮内庁に対し見直しの検討を求めた。

(23)　例えば、岡崎ひろみ『国会に窓はない　土井たか子さんへの訣別宣言』（教育史料出版会、一九九八年）一二～三五頁を参照。

(24)　土井たか子・鯨岡兵輔「議員立法の活性化に関する一つの提言」（一九九六年六月一四日）のこと。

(25)　前註の提言に加えて、一九九四年の「国会改革への一つの提言」を指す。二一世紀臨調のホームページでも閲覧可能である（http://www.secj.jp/pdf/19940603-1.pdf 二〇一〇年二月六日アクセス）。

(26)　衆先三四六を参照。

(27)　衆先三五三備考、三五四を参照。

(28)　議会政治研究誌第三八～四七号に掲載された「解説衆議院先例集(1)～(8)」（一九九六年～一九九八年）を指す。本文後述部分を参照。

(29)　一例として、弥富啓之助「衆議院事務局の四十年(2)」（『陸奥新報』一九八九年七月二三日）二頁を参照。

(30)　以上の問題に関する上田哲氏の側の主張・解釈については、上田哲『上田哲が一人で最高裁を追いつめた本邦初の裁判「国民投票法・合憲」「小選挙区法・違憲」逃げた首相と議長と裁判官たち』（データハウス、二〇〇一年）を参照。

(31)　二〇〇八年一二月二五日の近藤誠治氏からの聞き取り調査のこと。

(32)　いわゆる桂メモ（昭和五十三年版先例集の『改訂理由』）については、赤坂幸一「〈解題〉事務局の衡量過程のEpiphanie」（『逐条国会法〔第一巻〕』（信山社、二〇一〇年）所収）一三頁（とくに註四〇）を参照。

(33) 二〇〇八年一二月六日に京都で行われた憲法史研究会において近藤氏が行った報告「議会先例の形成と変容」のこと。

(34) 曾禰荒助（一八四九〜一九一〇年）は、陸軍省、法制局などへの勤務を経て、一八九〇年から一八九二年まで初代の衆議院書記官長を務めた。その後、衆議院副議長、駐仏公使、大蔵大臣、韓国統監などを歴任した。大蔵大臣時代の財政資料を中心とした「曾禰荒助文書」（財務省財務総合政策研究所所蔵。国立国会図書館憲政資料室に複製が存在。マイクロフィルム版は「近代諸家文書集成第五集　曾禰家文書」ゆまに書房、一九八七年として発売）が残されているが、管見の限り、衆議院書記官長時代のまとまった文書は残されていない。

(35) 最初の『衆議院先例彙纂』（明治二四年）を執筆したのは、井上毅の懐刀であった水上浩躬（のちの横浜税関長、第三代神戸市長）である。水上の『回顧録』（横浜開港資料館にコピー所蔵、原本は横浜税関資料室所蔵）を参照。水上は、木内重四郎らと共に金子堅太郎の欧米議院制度取調巡回にも参加し、詳細な出納簿（神戸市文書館所蔵）も残している。以上について、赤坂幸一「統治システムの運用の記憶——議会先例の形成」レヴァイアサン四八号（二〇一一年）所収を参照。

(36) 伊藤之雄・李成煥編著『伊藤博文と韓国統治』（ミネルヴァ書房、二〇〇九年）、伊藤之雄「伊藤博文の韓国統治と韓国併合——ハーグ密使事件以降」（『法学論叢』一六四巻一—六号、二〇〇九年三月）、七戸克彦「現行民法典を創った人びと(2)」法学セミナー五四巻六号（二〇〇九年）七八頁以下で触れられている程度である。

(37) たとえば鹿島茂『パリの日本人』（新潮選書、二〇〇九年）を参照。

(38) 宮澤喜一内閣に対する信任決議案のこと。

(39) 一九五六年、小選挙区制を導入する公選法改正案に関連して、自民党が鳩山一郎内閣の信任決議案を提出した。この信任決議案は話し合いにより撤回され、採決に至らなかった。

(40) 聞き取り時点の勢力比において、民主党が一、自民党が二分の一、という趣旨である。

(41) 共同通信社の解説によれば、与野党が特に重要と位置付ける法案で、二〇〇〇年一月の各党の申し合わせにより、(1)総理大臣出席のもと本会議での趣旨説明および質疑を行う、(2)各委員会でも、各党一巡の基本的質疑に際して、総理大臣の出席を求めることができる、とされた。衆参両院事務局によると、衆院では野党の要求に基づき、通常国会で四法案を重要広範議案に指定するのが例であり、その場合、参院審議は二十日間が必要との慣例があるとのことである。なお、大石眞「議院内閣制と議会の役割」公共政策研究一〇号（二〇一〇年）三四頁以下も参照。

(42)　前注の二十日間ルールに照らして、同法案の年度内成立を重視する民主党が、重要広範議案の指定から外した、という報道がなされた。

(43)　『佐藤吉弘氏オーラル・ヒストリー』（二〇一一年）第六回記録を参照。なお、上述の水上『回顧録』によれば、『衆議院先例彙報纂』はピエール＝プードラ『仏国議院典型』をモデルに簡略化した形で作成したとのこと。水上自身は、明治二二年〜二三年の欧米議院制度取調巡回に際して、同書の原書を読み込み、ピエール自身に議事手続に関する質問を行っている。

(44)　その翻訳として、トーマス・アスキン・メイ原撰（小池靖一訳）『英国議院典例』上下帙（『日本立法資料全集』別巻四二一・四二二、信山社出版、二〇〇六年、原著〔第二版〕は中外堂、一八八九年）。

(45)　一九三五年六月生まれ。一九五七年一二月に衆議院事務局採用。委員部第七課長、総務課長、秘書課長を経て、一九九一年一月一日記録部長。その後、警務部長（同年一一月）、委員部長（一九九二年三月）を経て、一九九四年六月に事務次長（一九九七年一一月退職）。

(46)　荒尾正浩・元事務総長の後任として、地方財政審議委員に任命されている（任期は二〇〇〇年一二月一日まで）。なお、総務省設置法一二条一項（当時は自治省設置法七条二項）の規定により、地方財政審議会委員の任命には、両議院の同意が要件とされている（平成九年一一月二五日（衆議院）および二八日（参議院））。

(47)　現在の議運理事会室の位置については、第二章の註４を参照。

(48)　今野ほか・前掲書、第1章Ⅲ・Ⅵも参照。

(49)　住専国会（一九九六年一月〜六月）の際、住宅金融専門会社の不良債権処理のために公的資金を投入することに反対した新進党が、予算成立を阻止するため、国会内で座り込み（ピケ）を行ったことを指している。平野貞夫『平成政治二〇年史』（幻冬舎、二〇〇八年）一四八〜一五三頁も参照。

(50)　一九九七年一二月一一日の衆議院本会議で、衆議院規則改正という形で、予備的調査制度が成立した（当時は自民党単独少数内閣の第二次橋本内閣）。それ以前に、民主党が行政監視院法案を提出していたが、国会改革をめぐる水面下の調整の過程で、予備的調査制度という形で結実した。

(51)　新井将敬（一九四八〜一九九八年）は当時自民党代議士。一九九八年二月、証券スキャンダルをめぐる疑惑により、衆議院議院運営委員会で逮捕許諾請求が可決され、本会議で逮捕許諾請求が可決される直前に、自身の潔白を訴える発言を残した後、東京都内のホテルで遺体となって発見された。自殺か他殺かは、不明とされている（河信基『代議士の自決—新井将敬の真実』三一書房、一九九九年、新井真理子『最後の恋文　天国のあなたへ』

情報センター出版局、二〇〇五年)。

◇第4章◇ 衆議院調査局の新設——初代局長として

◆ 調査局長就任の経緯

奈良岡 それでは、調査局長時代の話に移って参りたいと思います。調査局長就任の経緯についてまずお伺いしたいと思うんですけれども、年表を見ますと、事務次長への御就任が平成九年の十一月。その約二カ月後、平成十年の一月に調査局長兼任という形になりまして、そして七月に調査局長に御就任という形になっております。

ちょっと複雑な経過になっておりますので、ここら辺の御就任の経緯、あるいは仕事の変化というようなことをまずお話し頂ければと思います。

近藤 就任の経緯でございますけれども、総長〔谷福丸氏〕がどうお考えになっていたかは分かりませんし、今おっしゃったとおり、事務次長と兼任させて頂いたわけです。常会が迫っていますから、大きな人事異動というのはやはりやりにくいということで、一応、調査局長兼務ということになったんだろうと思います。それから、自分で言うのもおかしいんですけれども、事務次長と調査局長のランキングの問題があったのかどうか、位置づけを設けられたということでございます。

それで、私が事務次長になりまして一つの重要課題には、国会、事務局にも割り当てられるかどうか知りませんけれども、組織的にあるいは人的に、調査能力の強化、機構的な強化策、決算委員会の拡充とか、それから国政調査権の情報収集手段の強化、それも強化されております。組織的に事務局の方も、調査局機構も大きく改められましたし、その時期から一般的な調査体制あるいは調査能力の整備、強化というのは当然対象になっておりまして、そこで調査局が新たに発足したわけです。

ということで、露骨でございますけれども、次長より上位ランキングということになれば、私が次長職から調査局長職に上がって、次長職にどなたか専任ということになるんでしょうし、そこら辺のところは任命権者の組織体制判断の問題ですから、結果的に兼務ということになったということだと思います。一応、実質、平成十年の常会はずっと私が兼務したというようなことでございます。

奈良岡 最初、調査局長を兼任された時点で、いずれ調査局長専任になるというような見通しであったんでしょうか。

近藤　それは、私個人的には何も、全くの白紙状態です。任命権者にはその意図があったかどうか、私は直接には伺っていません。

奈良岡　そうしますと、事務次長職に加えて、さらに新しくできた調査局長も兼任ということで、仕事としてはかなり目配りする場所が多くて大変だったのではないかなと推測するんですけれども、そこら辺の御印象、今振り返ってみるとどうでしょうか。

近藤　一応両方にデスクは作って頂きましたけれども、事務次長の席にいる方が多かったですから、調査局の方へ実際の身というものを余り置かなかったのは確かです。やはり国会の進行というのが気になりますので。

調査局の方は、どちらかといえば組織的には静態的な感じです。その中は動きますけれども、組織全体としては静態的に動けるところです。次長の方になりますと、相手が極めて動的に動くところですから、やはり身を置いていないと認識が狂うという感じがございます。後から言いますけれども、調査局の場合は、専門員、室長さんという方がそのポジションでやっておられますから、現場に直接出るということはありません。後から出てきます予備的調査になりますとまた別の話ですけれども、まだ発足当時ですから具体的な話もなく、どちらかといえば事務次長の方へシフトが高かったというのが実際でございました。

赤坂　先ほどランキングの問題があるというお話でしたけれども、『衆議院調査局十年の歩み』（衆議院調査局、二〇〇八年）の谷前総長の寄稿文で、「〔調査〕局長にふさわしい地位、さらに事務局の将来への思惑もあって、事務次長に並ぶ地位を獲得したかった、幸い財務当局も理解してくれてこれが希望どおり実現した」ということが書いてあるわけですけれども、要するに、調査局に重みを持たせるために、事務次長ポストかもしくはワンランク下になる可能性もあったところを、いろいろな交渉があって事務次長クラスになった。この文章の読み方としては、そういう理解でよろしいんでしょうか(1)。

近藤　はい。総長の思いはそうだと思います。

赤坂　各省庁の場合ですと、外局を設けるときに、事務次官がいて、その外局の長がいるわけですよね。長には人事権が通常与えられるわけですけれども、そうはいっても事務次官よりは一つ下に置かれている、恐らくそういう認識だと思います。

衆議院事務局の場合は、調査局長については事務次長に近い地位ということは、事務次長というのは他省でいえばいわゆる事務次官クラスですよね。そうすると、事務次官クラスを二つ、そして国務大臣クラスの事務総長というのを一人国会へ置く、そういうことになると理解してよろしいですか。

近藤　その後の推移ということでございますし、それは行政組織からいえば今おっしゃったとおりだと思いますけれども、それを外局概念でとらえないで、要するに二頭並列という感じでやっぱり持っていきたい、ということです。

赤坂　二頭並列の二頭というのは、総長とですか、次長とですか。

近藤　次長と。事務局組織ですから、総長と並ぶわけにはいかないと思います。

それで、私どもからは言えませんけれども、〔民主党の〕行政監視評価委員会構想をそのまま引き継げば、調査局というものをもう一つ、今おっしゃったように総長と同じぐらいのランキングに上げられるかどうかということになります(2)。行政監視評価委員会構想からいえば、国会の一つの機関として、国政調査権の行使に当たるような機関を作るかどうかということ、そのくらい高いレベルでの組織機構というものもやっていけるかどうかということです。この時点でもってまだそこまでは行っておりませんし、行政監視院構想との兼ね合いもあります。

精神的には、調査能力を強化するということになれば、それに関わる組織もある程度独立的な権限を持ったものができ得るかどうか、これは行政監視院構想で議論されたことと関連性があると思いますけれども、現在のところは、事務局組織の中の議事運営なり議院の運営部門と、それから調査、議員の補助的立法機関部分ですか、それとの並列的な組織体制ということでやっております。

赤坂　調査局長を十六年までですから、平成十五年あたりに衆議院の改革に関する議運小委員会がございましたね。ご退職後の平成一八年に中間取りまとめが出ています。

近藤　ありました。自民党の内部でもやられたのかな。私は出ていませんけれども、一応参考意見を述べさせて頂いたことはあります。一応論議されていることは私の在職中もありました。

赤坂　それは、自民党内部での議論から始まったということですか。

近藤　自民党もそういう検討をされたと思います。

赤坂　先ほどの本〔『衆議院調査局十年の歩み』〕の中に挙がっている資料としては、直接は記載されていませんが…。

近藤　ワーキンググループか何かで、国会の事務局組織全体について検討を加えられたことはございます。それで、一応、調査局全体ですけれども、現状報告という形でさせて頂いたことは記憶しています。

赤坂　今、私が申し上げたのは、国会についても行財政改革の流れを受けて、平成十八年の話ですけれども、葉山の洗心寮なども売却[(3)]、そういう話になった一環として、今の調査局の拡充というのが出て参りました。しかし、調査局だけは拡充強化なんですよね。

近藤　一応、人員的にもベースアップして頂いています。

◆調査局の業務内容——調査能力の拡充問題まで

赤坂　そうですね。全体として衆議院の事務局を簡素化するという話がある一方で、調査局については近年重点的に強化していこうという話がある。その辺り、初代の調査局長として、どういうふうに調査局を発展させていこうというお考えでおられたのでしょうか。

近藤　的確にお答えできないかもしれませんけれども……。

職務内容ですけれども、これも一年の流れということになりましても、調査局ですから委員会にリンクしておりまして、議院の進行状況と合わせていかなきゃいけないというのはあります。それと、データベースの作成は年間の問題です。一年の流れとしては、データベースは年間途切れなく流れていまして、そこから委員会へどういう形でデータベースが上昇していくかということです。ですから、〔国会の〕開閉の問題もありますし、予算委員会は予算のときですし、他の委員会はその後の話ということになります。それから、予備的調査がございます。予備的調査は、閉会中に出せないことはないんでしょうけれども、閉会中はそれほど問題が論議されませんから、開会中ということになります。

私どもの役所の業務として、ずっと事務局のところで申し上げたように、国会の議事運営というのは、議会進捗の状況に合わせて我々の仕事も動いていくわけです。それで、組織は頂いているんですけれども、我々にとって一番の問題は、個々の調査員がどれだけの調査能力をつけられるかということなんです。この議論の中で再三言われましたことは、調査室はタコつぼ的だと。所管外のことを言うと、これはうちではありませんとかいうようなことを平然と言うということも聞かされておりまして、全体的な国政事項調査に対する柔軟性が非常に乏しいということは、再三指摘されてきているわけです。

それで、はっきり言いまして、今の官僚群で猛烈な批判をされている事態が当然我々の組織にもあるわけでして、一般的な国政上の組織体系と同じように、所管事項というものが我々の仕事の中に極めて強い形で入り込んでいるわけです。我々の職員の間でも、なぜうちがやらなきゃいかぬのですか、という話がすぐ出るわけです。だから、そういう事態が生じてくるということになると、職員の方たちには厳しい話でございますけれども、もっと広い範囲で基礎的な調査能力の涵養が重要になって参ります。

調査能力というのは、私どもは自分のオリジナリティーが求められているとは思っていません。だから、そういう情報なり事実なりがどこら辺に遍在して、その内容がどんなものであるか、それを的確に調査、収集するのが我々の任務だと思っていますので、ある対象に対して自分からオリジナルな企画立案をするところではないと思っています。

私の認識では、今は、事実なり情報なりの収集、分析が少なくとも我々の調査能力の話です。もっと憲法的に言うならば、我々は公務員として国民の意思がどこにあるかを探知しなきゃいけない。要するに、国政の進展上に乗せ得る国民の意思はどういうものであるかを探知していくのが、我々の仕事じゃないのかなと思っているわけです。だから、自分のとっぴな思いつきを述べていくわけにはいかないわけです。このとっぴな発想がノーベル賞につながったとしても、多分それは我々の職務じゃないだろうと思います。そうなりますと、調査局の調査業務の対象といいますか職務というもの。私が考えているのは、昭和二十年代、アメリカから国会法が持ち込まれたかどうかは分かりません、持ち込まれたと言われております、そこの中の常任委員会、立法府の権限というものが、固有の立法、法規創造機関ということじゃないかと思うんです。

ですから、その場合には、所管というものも、やはり法規については、対象はある程度明確化されていた方がいいと私は思うんです。対象が漠たるものに法規をかけるというのは、個人的な見解かもしれませんけれども、私は余り適切ではないと思います。法の一般性とはまた違うと思いますので、被対象者のある程度の特定性というのがないと、発生効果というか、効果の評価についてもはっきりしないと思うんです。漠然と法規をかけて漠然と効果が出たというのでは余り適切じゃないと思います。だから、ある程度所管というものを対象に置いて考えていかなきゃいかぬと思うんです。

というのは、要するにＧＨＱのコントロールを受けた二十年代まではそれでよかったんだろうと思いますけれども、日本の議会、日本が占領下から独立したということになると、二十六年ですけれども、国会的に言えば三十年が、大改正がなされて、一つのエポックではなかったかなと思う。はっきりした形で出てくるのはその頃だと思うんです。だから、その頃から、私どもの調査対象というものも所管外に外れなきゃいけない。それは本来的な意味であったんだろうと思います。

内閣提出法律案と関わってくると思いますけれども、内閣の提出したものを国会が受ける。正確かどうかは知りませんけれども、内閣提出議案に対して国会が弾劾を浴びせていく(4)ということが審議形態の特徴になるんじゃないかと思うんです。そうすると、それ以前の所管概念のあるときは、幹の部分にどんな事実があり、どんな理念があるかというのをリサーチすればいいし、専門員もそこを基準にしてアドバイスしていくのだったと思いますけれども、三十年くらいから、いわゆる弾劾に入ったと私は思います。弾劾に入りますと〔＝批判・統制が議会の本来的な権能だということになると〕、弾劾資料というのは別にその根幹部分だけじゃないと思います。弾劾資料というのは、もっと広範囲なところ、ほかとの関連性も出てまいりますし、当然整合性の問題もありますし、統合性の問題も出てきますから、ほかのところからの問題が非常に出てくるわけです。

調査局としても、今までの所管の中でやっていればいいということじゃなくして、当たり前のことですけれども、ある政策をやれば必ず財政的な問題があるわけです。だから、ある特有な国内政策の所管をしていても常に財政を頭に入れておかないといけません。今までも、ひどい言い方をすれば、財政は財政の問題でしょうというようなものは一つの所管概念としてあったと思うんです。ということになりますと、今度は、そんなことを言っても財政との絡みですべて議論しておかなきゃ話にならないということになります。

そうしたら、予算とか財政構造がどういうものになっているかということ、それと国内政策との関連性をやってこなきゃいけませんから、「片方はうちのものですけれども、片方はうちのものじゃございませんから知りません」というわけにもいかなくなってくる。そういうものが、例えば福祉と公共事業、これのバランスはどうですかという話になる。そうすると、「公共事業の方は全然知りませんけれども福祉の方はうちの専門です」という話にはならない。要するに、国家の資源の再分配ということになれば、福祉にどれだけやって公共事業にどういうふうに分配するかというのは、審議になれば当然出てきます、弾劾的になれば。そうなると、かなり広い範囲で、少なくとも関心、興味を持ってもらわなきゃいけないわけです。ということで、そこら辺のベースが重要になります。

そして、それ以降になれば、弾劾からいわゆる政局の問題に変わってきたと私は思うんです。だから、政権総体、国の総合政策の中であるものを位置づけていかなきゃやっていけなくなる。だから、すべての問題とは言いませんけれども、ちょっとした問題がすべて政局へはね返るというか、そういう可能性が出てくるわけです。だから、政権の総合政策の中の一つとして受けとめていかざるを得なくなってくる。

赤坂　済みません、ちょっといいですか。弾劾から政局に移ってきたというのは、もう少し敷衍して説明して頂くと、どういうことになりますか。

近藤　弾劾というのは、私の考えですけれども、一つのものに対して、それを批判、評価するものを、固有のものじゃなくして、それとの相関で関連のあるところから、そういう資料なり理念なりをぶつけてこれると思うんです、弾劾の場合には。

赤坂　関連のあるところから、と申しますと…。

近藤　先ほど申しましたように、福祉と財政なら福祉と財政の関連ですよね。例えば公共事業と福祉なら公共事業と福祉との関連。本来的に所管を持っていれば福祉だけ論じていればいいわけです。それが、弾劾ならば、公共事業がこうなって福祉がこうなるんじゃないかということになれば、当然取り上げられてくるわけですよね。また、資源の再分配ということになれば、どちらに再分配、なぜこちらだけ高いんですかということになる。

赤坂　ここでおっしゃっている「弾劾」というのは、例えば福祉と交通と二つの領域があるとしたら、福祉の側から交通の側に対して、自分の固有の観点から批判的な目で見て評価するという趣旨ですね。

近藤　はい。そういう趣旨だと思います。

赤坂　それをお互いにし合うということですか。

近藤　し合うし、どこから持ってこられても、その一つのものの整合性なり緊急性なり基本的施策なりがあった場合、これがほかとの関係でどうかということは持ってこられると思うんです。

というということで、それは従来からやられてたと思いますけれども、所管概念を持ったアメリカ型の常任委員会ということになれば、極めて法創造的な機能を果します。そこで固有な法を造ればいいわけですから、この固有な法に必要な資料なり情報なり理念なりがあれば、ある意味でいいと思うんです。

その後、批判・弾劾から政局化したというのは、一つの問題が全政局の中で扱われる可能性が出てきた、ということです。

赤坂　いわば弾劾の拡大バージョンというわけですね。

近藤　拡大バージョンですね。政局的というか政権的になれば、一人一人が国政全体の中で今自分が与えられているアイテムについてどう対応するかということを考えてもらわなきゃいけないんです。だから、依頼者からあった場合に、済みませんけれどもこれはうちの問題じゃございませんからという拒否ができないわけです。

赤坂　かつては、その所管の中に属しているかどうかがポイントだったけれども、そのうち、弾劾という、他とのバランスを考える、そういうバランスも必要になってきたが、今はそれがさらに進んで、全体のバランスの中で自己の扱う政策なり調査事項なりがどういう意味を持つのか考える能力が要求されているということですね。

近藤　はい。能力というのか、我々から言えば業務の一つの負担の拡大になります。そういうものを職員一人一人が自覚して持っていないといけませんし、それにある程度耐えてもらわなきゃいけません。それで、これは個々人でできる問題じゃありませんから、組織全体のリンケージをとっておかなきゃいけませんよね。

昔は、タコつぼだと言われて、ほかの部屋との接触なくして、要するに専門員というのは常任委員長からの指揮命令を受けるんだということになれば、ほかの常任委員長とは言いませんけれども、ほかの部署からなぜ指揮命令を受けるんだというお話になる可能性があるわけです。今も専門員は基本的にそうなっています。だから、局長から言えば総合調整かもしれませんけれども、総合調整した部分に物事を持っていかなきゃいけませんし、局長の仕事か知りませんが、私は、個々の職員の皆さんにそこら辺から期待していかなきゃいけないということになれば、国政全体の中に常に目配りして頂く必要がある、と思っています。

◆ 予備的調査制度の運用の方向性と問題点

赤坂　一つは、調査局員それぞれの個人の能力をいかに拡大するかという話があると思います。もう一つは、仰られたように、組織全体のリンケージをどうとるのかという課題があったということも分かりました。

では、それぞれについて、いかなる方法、手段を講じられたのか、あるいは講じようとされたのでしょうか。

近藤　いろいろとやってもらいまして、とりあえず実際的な業務として与えられているのは予備的調査です。

予備的調査は、今の、どうしたかというよりも、どうしなきゃいかぬかという話でして、今仰ったように全体的な総合調整。調査局の組織は専門員さんで成っているわけです。専門員さんは、常任委員長の指揮監督のもとに置かれるわけですから、調査局長が直接指揮命令を下す体制にはなっていません。もう一つは、室長の身分を併有されております。室長というのは事務局の組織体制の中の話でございますから、局長としては、室長ラインを使いまして予備的調査を行うわけです(5)。

また重複しますけれども、予備的調査の場合にはかなり広範囲に調査が求められてくるわけです。具体的にはちょっと言えませんけれども、例えば完全な調査として公益法人の問題がございました。公益法人の全体を調べろということなのですけれども、全体の公益法人でございますと監督官庁は全省庁が持っていますから、一つの部屋にやって自分のところだけ調べてもらったって何の意味もないわけです。全部のところをやらなきゃいけませんので、それをどういうふうに振るかということになります。

それ以後も、実際的にもずっと広がるものがあるわけですよね。少なくとも行政的にいえば四省、五省に調査が広がるものもございますから、そこら辺まで総合的にやらなきゃいけませんので、主体はどこかに決めて、ほかのところとリンケージして頂くというような問題になります。

赤坂　予備的調査の命令が出た場合には、ふだんの常任委員会調査室としての調査とは別枠で、調査プロジェクトが動くということですか。

近藤　はい。チームを作りますので。

赤坂　それは、関係するところから集めてくるわけですね。

近藤　命令をもらわなきゃいけませんから、一応、命令をもらった委員会の調査室がメーンになりまして、質問事項を見まして、関連のところから、質問事項に関連がある方を集めていわゆるプロジェクトチームを構成していきます。

赤坂　そういうタスクフォース的なチームが何個も、予備的調査が下った数だけできるということですね。

近藤　できます。まだ私のときにはそれほど多くなかったんですけれども、最近はかなり頻繁に出ているようでございます(6)。

赤坂　一人が併任されることもあり得るわけですか。

近藤　あります。ということで、予備的調査に関しましては、どうしたかということより、どうしなきゃいかぬかということで総合調整をやって、実際にも関わってもらうわけです。

ほかのところは、いわゆる研修みたいなものと、委員会で問題になりそうなものを先に調査して提案していくようなシステムも今、やってもらっております。その場合も、なるべく広範囲な問題を取り上げて、そこら辺の中で何人かで協力してやって頂くということもやってもらっています。

赤坂　調査室をそもそも抜本的に改組してしまおうという考え方は、当時ありませんでしたか。

つまり、予備的調査の命令が下ったときだけ、それを軸にタスクフォースができて総合的な調査が行われるというだけではなくて、そもそも、ふだんからそういう調査のあり方にする。つまり、常任委員会調査室という基本単位を置くのではなくて、総合的な調査を行う体制をそもそもとる、という話にはならなかったのでしょうか。

近藤　それは一応、今のところ、常任委員会の調査室ということになっております。この基本線をどういうふうに崩していけるか。

組織的に言えば、思いつきでございますけれども、昔の形に戻して、専門員お一人、アドバイザー一人。アドバイザー一人は委員会に専属しますが、組織は総合的なものにしてしまう。要するに、専門員のスタッフを総合組織の中に入れる。そういうふうにする余地はあるかもしれませんし、もう一つは、常任委員会から外して事務局組織とするか、先ほど言いましたように、もう少し高めまして独立性をもった調査機関とするかということにしまして、そのような方向に持っていくかということになります。そうなると、少なくとも今みたいな常任委員会に沿ったような細分化じゃなくして、ある程度のまとまり、例えば外交と安保なら外交安保、財政と金融なら財政金融、それから、今もありましたけれども、環境なら、例えば農林だとか環境だとか、もう少し大きなブロックにして、組織自体をもう少し大きな総合制の中に位置づけていく、ということも考えられます。

ですけれども、常任委員会にそういうものが必要なのかどうかということ。ですから、また将来的になりますけれども、今度の制度が動いたからということではございませんけれども、内閣提出法律案というものを完全に否定し切れた場合、その受け皿として立法機関が持たなきゃいけないということになったら、やはり、既存の調査室ということではございませんけれども、このような類似の機能を持ったものがなくてはならないということじゃないかと思うんです。それが行政とのリンケージでどうなるのか。

アメリカが本当に独立の立法権限を持って、本当にオリジナルな法律を作っていらっしゃるかどうかというのは、私もよく分かりません。本当にそうなのか。あれも依頼立法の問題もあるようでございます。メモの理論というのもあるようでございます。そうなれば、公式な問題は違うのかもしれませんけれども、実態においては内閣提出法律案とそれほど違ってはこないと思うんです。そこら辺をもにらみ合わせて、巷間言われているところは、図書館、参議院、衆議院、三局の統合でもっと大きな調査立法機能を、というお話もないわけではありません。

赤坂　常任委員会の現在の所管事項の分担というのは、大体省庁別ですね。調査だけであれば、先ほど内閣提出法律案を否定したらどうかというお話でしたが、差し当たり否定されていない現状のもとでは、調査能力ということでは各省庁が圧倒的に情報も人的な資源も持っているわけです。そこで調査局がどういう独自の機能を持ち得るのかといったら、一つは、個々の議員立法のサポートと、もう一つは、今の総合的な調査といいますか、近藤さんのお言葉でいえば弾劾ないし政局というんですか、全体の中でのバランスを図る、そういう調査のあり方が可能になったというところがポイントなのかなとも思いますけれども、そちらをどんどん拡大するという話ではなくて、今までの調査室長がいる、専門員がいる体制を原則的なあり方として残したというのはどういうことなのかなと、まだ腑に落ちないんです。

一つ気になっているのは、調査室長、専門員というのは、ランクづけでいうと、調査局長より一段下に置かれるのですか。事務次官クラスだということを聞いたこともありまして(7)、専門員の位置づけ、これがちょっとまだよく把握できないんです。

近藤　専門員は独任でございますから、事務局の組織体制の中とは別なところにいるわけです。

赤坂　調査局長の場合はどうなりますか。

近藤　調査局長の場合は事務局の組織の中におります。

赤坂　調査局という事務局の組織の中で、専門員というのはそれとは別に外にいるという理解なんですか。

近藤　これは観念的に身分併用になる。だから専門員は常任委員会のスタッフであるわけです。それで、室長を中心とした調査室の組織体制の中にいるわけです。そういう構成になっているんです。専門員は専門員で独任でございますから。最初は純粋の独任だったんです。その間に何人かのスタッフがつけられるようになった。これはいわゆるスタッフ体制であって、それが調査室という組織が専門員をスタッフィングするというように変わってきているわけです。

赤坂　それを全体として統合して調査局というものにするという話ではなかったんですか。済みません、よく理解できていないかもしれません。

近藤　ですから、総合的に、組織的に使うかというのは、組織として考えられた一つの予備的調査というものをてこに、調査局長の総合調整を企図しているわけです。予備的調査は調査局長が直接命令を受けるわけです。調査局長は室長という事務局組織ラインを使って予備的調査を執行していくということなので、端的に言ってしまえば、調査局長というのは予備的調査権能しかないわけです。

赤坂　国政調査の本体を行使するというところまで行くときには、調査局長が出てくるんじゃなくて、それぞれの委員会でやるという話になりますね。だから、総合的な調査こそが必要だという認識がある中で、しかし本体はやはり各委員会ごとの調査であり、そのための人員、スタッフである、予備的なものについてだけ総合的な調査能力の拡充という話が部分的に実現されている、そういう状態ですか。

近藤　はい、そういう状態です。おっしゃることは重々分かりますけれども、いまだ、やはり委員会中心主義、立法機関としての法規定立の中心が常任委員会であるという理念は崩していないわけです。その理念のもとにおける組織体制になっているわけです。

赤坂　審議の中心が常任委員会にあるというのはよく分かるんです。そのことと、それをサポートしなければならない事務局の調査系のスタッフがこれまでどおり各常任委員会ごとに組織されていなくてはならないのかということ、そこはどこまでリンクした話なのかがまだ入ってこないんです。

近藤　それでアドバイザーとして専門員というものを設置したわけです。委員会アドバイザー、いわゆる委員会コミッションを設置してそれでやってきているわけです。だから、それを取り払えばいいかということになるんですけれども、委員会中心主義で一つ一つの常任委員会が独立した権能を発揮した場合に、それを事務的に遂行するサポート体制をどういうふうに組織立てていくかということだと思います。

赤坂　先ほどの総合的なという話だったら、調査局の中から各部門の適任者を出してくるというのもありますよね。

近藤　ですから、その都度その都度アドホックにやっていていいのかということ、要するに恒常的な組織が必要であろうということです。アドホックじゃなくしてパーマネントな組織、それも高度なその分野に精通した方を常設のスタッフとして置いておくということだと思うんです。その場その場のしのぎじゃなくして、その委員会が持っている所管というんですか、職務というんですか、これを常時遂行していくために、それに対応した恒常的な組織というものを置いておけという趣旨だと思います。

赤坂　調査局の内部部門として例えばそういう常任委員会対応型の部局を作って、そこに専門的な能力を持った人を比較的長期間つけるような人事システムというのを採用するという形であれば、比較的すっと入ってくるんですけれども、そうではなくて、調査局というのは見た目は大きいように見えるけれども、実態は常任委員会の調査室で、予備的調査のときだけすっと集まって調査局として動く、その組織のあり方というのはやはり少し特殊なのではないかなという印象を受けまして、その辺りの実際についてお聞きしたんです。

近藤　諸外国の例も調べなきゃいかぬかもしれませんけれども、イギリスなんか、ウエストミンスター体制だと、そこら辺がどうなっているのか全く分からないんです。議会がスタッフを持っているようには私は余り聞かないんです——勉強していませんから明確には言えませんけれども。それで、彼らは非政治的、日本でいえば固有の行政権執行集団がいるということ。政治には口を出さない、そこからは国会議員にならないという不文律みたいなもので構成されているというんですけれども、委員会のスタッフィングというのは、議員だけがおやりになっているのか。修正でも、彼らにしてみればかなり容易に修正させていく。日本では、委員会で丁々発止しながら、議員同士である条項をそれほど簡単には変えられない、そういう部分もあるんでしょうけれども、イギリスの場合は、このくらいのところで、お互いが議論しながら、箇条的に修正していけるということですね。私はそれにはスタッフィングというのがかなり必要だと思うんです。

アメリカの場合は、我々の調査局以上の人員が委員長スタッフとしてついているわけです。だから、委員長スタッフということになれば、日本とアメリカと殆ど同じ体制なわけですね。専門員というものを核にして、専門員のスタッフィングということでうちも十何人おりますから。アメリカがどのくらいか知りませんけれども、上院の場合はもっと大きい、下院の場合は委員長スタッフィングとしてはそのくらいじゃないかというふうに聞いています。あと、フランスとかドイツがどういう体制になっているか知りませんけれども、どこにおいても必ずスタッフィングという問題はあると思います。

◆調査能力の向上に向けて——他部課・他省庁との交流

赤坂　当初二つの質問をさせて頂いて、総合的な視座から調査を行うために組織的なリンケージをいかに図るのか、その一つの答えが予備的調査であったわけですけれども、もう一つは、個々の調査局員の調査能力というのを、そういった広い視座から見てもらうための能力、これを拡張するために、何か他の事務局の部局とは違うような取り組みというのはありますか。

近藤　近似の分野とは、現実的な人事交流も含めて、なるべく実際的なコンタクトみたいな人事交流を行います。

赤坂　それは各省庁とでしょうか。

近藤　うちの内部です。例えばある調査室とある調査室、これは自分と近似なものは兼務でやってもらうとか、仕事をする場合でも必ず身近なコンタクトをとってもらう。例えば法案が出た場合でも、自分のところだということじゃなくして、相手方の法案なり国政調査事項をいつもウオッチして頂くとか、そういうような実際的な日々の職務上の問題です。それから、ある共同テーマみたいなものをやってもらって、広範囲なスタッフでもってその問題を検討してもらう、というような試みをしています。

赤坂　勉強会のような。

近藤　勉強会なり、今は一応出版物として出させて頂いておりますけれども、『論究』誌とか、ああいうものをやってもらうということです。

　要するに、ある意味では風通しをよくする。それで、調査局になりましたときにも、業務対象が近いものについては同じブロックに置くように、その間では間仕切りもなるべく少なくしてくれというようなことでもって、実際にやっていなくても、お互いの仕事の雰囲気というのがじかに感知できるような体制で、職場の配置だとか人の動きというものも、なるべく物事を広範囲に見てもらうようにということでやってきているんです。

赤坂　それと関わるかもしれませんけれども、調査局の実際のスタッフをどこからリクルートするかという話です。これは数年の間にひょっとしたら変わってきたかもしれません。

　どのようにリクルートして育てていくのか、あるいは外部からどのようにとってくるのかについて、大まかな傾向を教えて頂けますでしょうか。

近藤　今、外部の方も、客員ということで、組織、半組織みたいな形でかなり多くの方に、それから嘱託としてお願いしているというのもございます。最近では、大学で研究された方とか民間のシンクタンクにおられた方も、そういう意味で、かなり採用対象にしています。ちょっと前ですが、私の在職期間中は、事務局一括採用でもって、その中で本人の能力だとか志向の問題とか、そういうものを判断してリクルートしていたというのが現実です。

局を独立すればそうなるんでしょうけれども、果たして最初から専門的知識を持って入ってくるかということも、実際的な問題、一応考えの端には置いておるんですけれども、皆様みたいな研究機関と違いますので、私どもいまだに一般職員でございますから、そこまでやって組織的に固定化できるかどうか。それは動いてもらってもいいんですけれども、そうなると、そこで少なくとも三十年、定年延長で四十年、同じポストにいて下さいよ、ということになるんです。そうなりますと、ある意味でまた組織硬直という問題が出てしまうんですよね。そこら辺のところをどうバランスをとりながらやっていくか。

調査ということになれば、必要じゃないことはありませんけれども、自分の固有の能力、皆様みたいにその分野についての自分のオリジナルな、本来的な能力に対応した職場ではない。ポイントはリサーチ能力の如何にあります。要するにリサーチ職場でございますから、全部がそうであっていいとは言いませんけれども、要するに、半分は、そういうものに対して専門的な知識、それから自分なりの考えというものを持って頂いているのと、また半分は、今はIT時代でございます、ITを通じたリサーチというものを併存した形で職務を行っていくのが私どもの任務だと思っています。

ですから、完全に領域を限った形で、終身的にそこで研究して、むしろ研究して頂くことになるんですけれども、そういう組織体制がいいのかどうなのか。だけれども、先ほど申し上げました、企画立案まで本当に政治スタッフィングとしてということになれば、完全にまた様相は変わるんですけれどもね。そこら辺のところは、はっきり言って私の頃は、頭にはございましたけれども、現実的には……。

少しずつ変えてはいるつもりでした。今の社外取締役とか監査という問題ではございませんけれども、局外的な、専門的な知識を持っていらっしゃる方を客員的に短期間任用で来て頂くとか、アドバイザーとして外部意識を注入して頂くとか、そういうことをやっていました。中もそれなりに、専門的に勉強していた方たちをそういうところに置いて、それから行政官庁で研修する方、大学にもお願いして大学院等で研究する方もいますけれども、そういうところで何年か勉強した方はその分野へ帰ってやってくれというようなことでやっています。

行政官庁へ行った方の中には、こんなところはうちへ帰ったらもうやりたくないという方もいらっしゃいます。行政の実務を見たら、多忙、何を見たか知りませんけれども、幻滅を感ずるというような方も中にはいらっしゃいます。思い描いていたような政策立案とは違うという感じでしょうか。

赤坂　事務局の本局というのですか、ここの人事交流はどうなのですか。比較的広範に行われるのでしょうか。

近藤　かなり広範にやります。

赤坂　それは本人の意向も反映されるのでしょうか。

近藤　全面的に聞くわけにもいきませんけれども、今は意向調査をやっていますから、それは参考資料にはいたします。

赤坂　全体の傾向として、調査局に行きたいという人が多いのか。それとも、本局という言葉が適正かわかりませんが、できることならそちらで議事運営等に携わりたいという方の方が国会職員の中に多いのか。その辺りはいかがですか。

近藤　採用試験をやりますと、圧倒的に調査局という答えが多いです。それは、うちの職場紹介の中でフィーチャーされるのが多分そちらだと思うんです。皆さんの生活に身近な問題について国会で議論して頂く職務に携われます、皆さんがやりたいことについてかなり現実的にというような職務紹介をするだろうと思うのです。議事手続部門では職務紹介をやったって……

赤坂　イメージがわきにくいですね。

近藤　イメージが分かりにくいし、実際、やっておりませんから。だから、そういう影響の方が大きいとは思うんです。

圧倒的なとまでは申し上げませんけれども、採用試験なんかを見ていますと、希望はどこですかと言われますと、調査局というか、そういう調査とか政策に携わった仕事がよいというのは比較的多いです。

赤坂　日がたつといかがですか。最初の希望はそうかもしれませんが、その後。これも一般的な傾向で結構ですけれども。

近藤　日がたちますと、それは、御本人の能力と言ってはいけませんけれども、要するに分野能力ですから、ざっくばらんに言うと興味、そういうものがマッチングすればいいんですけれども、皆様がマッチングするわけじゃないですよね。まずそこら辺のこともございますし、やはり現実になりますと、かなり広範囲な能力が必要なわけです。そうなりますと、しり込みというのですか、態勢が消極になる方もありますし、逆に積極になって頂ける方もありますし、全部が全部積極でそちらへ向いていくということにはなりません。やはり自分の余り得意でもない分野に配置になれば面白くないでしょうからね。

赤坂　今まで議会の方に話を伺っていますと、事務局の中で例えば委員部とか議事部でやってきて、ある段階で例えば法制局に行った場合に、法制局に出されたとか出されてしまった、そういう表現が多いんですよね。

これはつまり、本当は事務局の本局の方にいたかったけれども、というニュアンスなのかなと思っていたんですけれども、先ほどのお話ですと、今はむしろ調査局志望の方が多くて、調査局に出されてしまった、という意識は少なくなっているということなんでしょうか。

近藤　私もそういう世界に身を置きましたから、分からぬわけではございません。確かに、うちでもそれは重要、重要外、外と言っては失礼かもしれませんけれども、はっきり言って重視するところと、そうでないポジションはございます。

赤坂　調査局の中には、そういう重要ポジションというのはあるわけですか。

近藤　重要ポジションではございませんけれども、業務的に負担の大きい小さいというのは、はっきり言ってございます。

例えばの話だけれども、予算委員会はすべての事項、調査をする前に何を言われるかということになります。予算書を見ながら今の金と政治の話だとかいう話になります。そのくらいのことをと皆さんおっしゃるかもしれませんけれども、予算書を見ながら政治資金規正法を読まなきゃいかぬわけですよ。それも、順番に読めばいいんですけれども、同時並列で読まされるわけです。最初の方が予算書の中身をやっていて、次の方が金と政治でしょう。同じ日にやると、前日の何時までに持ってこいという話になるわけです。それで、予算委員会の調査室も今十人そこそこしかおりませんから、お前はこれときれいに分類してやっているわけにもいきませんから、言葉は悪いんですけれども、本当にやっつけ仕事的に、ばんと一カ月集中的にやらなきゃいかぬわけです。

予算委員会はどういうことでこうなったのか知りませんけれども、そういうことになります。それでも一カ月だからと言う人もいます。お前のところは一カ月しか働かないんじゃないかと言う人もいますけれども、この一カ月間の過重負担というのがまた非常に多いですからね。だから、現実的に職務をする人間として、一つは過重負担がどのくらいあるか。それから、いわゆる自分の志向分野がどのくらいにわたるか。実際的に言って、知らないとは言いたくないですから。だから、知っていますと言うのにはどれだけ体が持つか、という話にもなるわけです。

このことを言うと語弊があるかもしれませんけれども、法務委員会というところがあるんです。法務委員会というのは、人気が悪いわけじゃないけれども、それほど人気いいこともないんですね。衆議院事務局も、なぜか知らぬけれども、履歴書を見ると、法学部というのが多いわけです。どのくらいのパーセンテージか知りませんけれども、ほかの学部に比べて多分かなり多いと思うんです。法学部だから法律を知っているとは言いませんけれども、皆さん法学部を出てきたでしょう、なぜ一番対象が高いと思われる法務委員会が人気がないのかということを言うんですけれどもね。内実を言いますと例えばそういう話があるわけなんです。

ですから、そこら辺がきれいにマッチングすれば、単なる調査、政策というワンフレーズで聞こえがいいんですけれども、実際にやるとそのワンフレーズの中身になりますから、皆さん、それは誰だってそんな過重負担を負いたくないのが本音で、適正負担のところで働きたいというのがある。これは我々の職務ですからね。公務ですけれども、公務といえども職務ですから、自分で対象を絞り込むわけにはいきません。そこが抱えている対象というのは、いやが応でも受けなきゃいけません。自分は嫌です、嫌いです、やりたくありませんと言っても困るわけです。そこら辺になると、そんなにワンフレーズできちっとマッチングしていくものではないんですよね。

赤坂　大学での研究者の方が調査局に来られることもあるという話でしたけれども、それは嘱託とかそういうのではなくて、大学からいわば足を洗って調査局に来られるという話ですか。

近藤　多くとまでは言いませんけれども、あります。大学院である特定の研究をしていたような方で、そういう課程の中からうちへ来ていただく方です。

赤坂　教授とかが来るというイメージではなくて。

近藤　いや、そんな高い方じゃございません。

赤坂　大学院の法学研究科の方。

近藤　完全に教職のレールに入られた方が来るというのは、まだ今そこまではおられないと思います。要するに、教職に入られる前の方が一つの職業選択としてうちを選んで頂ける、まだそれでございます。

交流の話はございます。ですけれども、日本でそういう交流ができるんでしょうか。アメリカみたいに、財務長官をやったら次にハーバードの学長をぽんと。皆様方どこかの教授をやって、三年間うちでやって、三年たったら帰って、また同じポジションで同じ待遇でストンとはめられるような交流をして頂けるんでしょうかということです。

◆専門員と調査室長の関係

赤坂　ちょっと私まだ十分理解していないところがあるんですけれども、委員長の下に専門員がいて、その専門員の下に調査員がさらにスタッフとしている。あと、調査局長が予備的調査を行う場合には調査室長というラインを使っていくという話でしたけれども、専門員というのは調査室長になるわけですよね。人的には全く一緒なわけですね。

近藤　全く一緒です。

赤坂　専門員と調査室長というのは、『十年の歩み』を見ますと、衆議院常任委員会調査室規程第三条、「各常任委員会調査室に室長一人を置き、専門員をもってこれに充てる。」という規定があるので完全にイコールというのは分かるんですけれども、概念的に分けているのはどういう理由によるんでしょうか。

近藤　私も、この職にいながら理解不完全かもしれませんけれども、最初は専門員という独任機関がいて、独任機関だけでは、やはり人間でございますから、職務遂行上は困難が生じる場合もある。それで、スタッフということで数名のスタッフがついたようでございます。それでやってきて、要するにスタッフもある意味では独任ですよね、独任ではやはり動きづらかったと思うんです。それで、組織化するということになる。

その場合に、専門員は独任でいいんですけれども、その下のスタッフを組織化するわけです。それで、調査室というちの組織をつくる。そうすると、そのキャップを誰にしようかということです。その場合は、おっしゃるとおり、考えればたくさんありますよね。専門員の下に、この部屋のキャップを置くということもありえます。なぜそうしなかったか。専門員をもって室長に充てるということになれば、専門員から室長に対する指揮命令を出さないで、専門員独自が指揮命令を出す。要するに、室長として出す、専門員として出す、それは人的には同じだからということでなっていったんだろうと私は推測しております。その経過を書いたものもございませんし。

赤坂　『十年の歩み』を見てもはっきり分かりませんね。

近藤　ですから、そういう組織づくりというもの。頭ばかりたくさん置けばいいのか、頭をたくさん置けばリンケージがうまくいくのかどうか、頭を少なくしておいた方がよかったのかどうかということだと思います。

その頃もあるんでしょうけれども、今でしたら、財政問題がかなりシビアですから、必ず一人になると思います。専門員と室長ということになればかなりハイランキングの報酬になるでしょうから、これは財政問題上、一蹴されるのは当たり前です。そうなったらば、問答無用に議論の余地なくポストは一つだと思います。これで権能を発揮できるわけですから。

赤坂　調査室長という名前ができたときに、専門員という名前を消してしまってもよかったような気もするんですけれども。

近藤　ですから、先ほどから言っているように、常任委員会中心制度のもとにおいて、それを非政治か反政治か、そこら辺のところは今の言葉で、その頃あったか知りませんけれども、非政治か反政治かで行えるスタッフということ。要するに、事務総長を置く、開閉を問わずいる常設な機関。常任委員会の閉会中機能というのは、今もそうですけれども、原則的にないことになっているわけなんです。ということになれば、専門員が委員長の権能をやるわけじゃないんですけれども、ある程度、反政治でもって機能を継続する。事務総長も、解散中だけですけれども、一応、議院代表権というんですか、議長の職務継続を担っているわけですから、そういうような意味もありまして専門員を置いたのであろうと思います。

赤坂　常任委員会制度があって、その中で、委員長との信頼関係に基づいて補佐するというのが専門員の理念としてあって、他方で、スタッフを抱えている組織の長としての調査室長という名称があって、実際には同じ人物がそれを兼任している。調査局として動くときには調査室長として調査局長の指揮監督に服して予備的調査等の業務を遂行する、ということですね。

ところで、専門員の人事はどうやって行われていたんでしょうか。

近藤　ちょっと、そこら辺も定かではないんですけれども、ある程度委員長のイニシアチブが働いたか、それとも事務局が……

赤坂　委員長との信頼関係に基づいてやる。

近藤　一応、委員長のお伺いは立てますけれども、そのお伺いの立て方でございますね。委員長からの自薦があったのか、こちらから言って、他薦したものを委員長が了解されているのか。今は一応委員長の了解と議院運営委員会の承認をもらっています。

実際のところ、昔はかなり名のある方もいらっしゃったということでございますので、そういう意味では、委員長というのか政党の方か、そういう感じの自薦、他薦があった。

奈良岡　当初は、専門員などに、終戦でなくなった組織、満鉄の調査部などから入ってきた人たちが多かったという話を聞いたことがありますけれども、どうなんでしょうか。

近藤　そういうこともありましたし、ほかのところもかなりあったんじゃないかと思いますけれどもね。特に、常任委員会じゃございませんけれども、隠退蔵物資だとかいうのが問題になりますと[8]、そういう方面に精通した方というのは必要でございましたでしょうから。

奈良岡　これも『十年の歩み』なんですけれども、見ていますと、最近の方でも、室長をやられてから部長になられた方のお名前とか、首席調査員をやられてから課長になられた方のお名前がちょくちょく見受けられるんです。先ほどの質問とも重なりますけれども、やはりそれなりに相互の人事交流というのは行われているんですね。

近藤　室長から部長になるというのは、前は殆どなかったんです。部長から室長というのが大体のコースだったんです。

奈良岡　それは、変わってきた原因が何かあるのでしょうか。

近藤　ある意味では、そのときに求められる人材ということでございますので、一本のレールにした方がいいのか、相互交流か。ある意味では、室長というのはある程度の専門性を要求されますから。ほかのところへ行くのはそれでもいいんです。でも、専門性ということになれば、そこら辺のところは、人事の融通性というのはかなりリジッドになるという感じはございますね。

一般行政事務でしたら何でもないかもしれませんけれども、専門員とか室長というのは、ある程度専門性が要求されて、その専門性でそこに配置したんだろうということになれば、短期間でぽんぽんとヘッドが代わっていいかということです。

奈良岡　これも『十年の歩み』ですけれども、平成八年に、ちょうどこの調査局の設置につながっていくような議員立法の活性化という動きが盛んになってきました。その頃の衆議院の常任委員会調査室の専門員は、十八人中十四人が行政府からの出向者であったというふうに、具体的な人数が挙げられているんですけれども、最近は減る傾向にあるということでしょうか。

近藤　はい。議運なんかでも再三指摘されまして、やはりプロパーの人間を配置せよということでございますので、最近は行政からの出向者はかなり少なくなりました。天下り規制の一つの範疇となる可能性もございますし。

奈良岡　行政からの出向者が減った分というのは、事務局の方が大体埋めていらっしゃるということでしょうか。

近藤　はい、今のところは。

赤坂　将来的に、外部の人を入れるとか、さらに変わってくる可能性というのはありますか。

近藤　あります。外部登用の問題は出てくると思います。

奈良岡　先ほどの専門性との関係で、いろいろな議論はあるでしょうね。

近藤　そうですね。それは我々の能力の比較、評価の問題だと思います。我々職員がそれだけ需要にこたえていけないということになれば、それは外部登用ということになりますし、我々の職員がどれだけ政策マターに対して能力を上げてくれるかということになります。今おっしゃったように、ある程度、総合性というんですか、全体的な風がつかみ切れないというような評価を受けると、またそこら辺もございます。

それは社会一般の問題でございましょうからね。企業だってそういうことになっていますし、他の行政官庁だって公募方式になっておりますから。そういう面では、能力評価の問題も含めて、うちもそれは来るだろうとは思います。

◆調査局設置の経緯について

奈良岡　調査局設置の前の準備段階で、直接近藤さんが関わられたことはございましたか。

近藤　私は、直接的に関わり合ったことは、ないと言っては無責任かもしれませんけれども、一般的な決定過程には私も関与していますが、その決定過程に至る段階ではそんなにコミットしておりません。

奈良岡　一般的に、自然に耳に入ってくる程度ですか。

近藤　それ以上ですけれどもね。それは議運にかけるときにその内容も一応検討しますし、これが議運にかけられれば、これに伴う執行状況というのを我々としては認識するというんですか、対応するというんですか、しなきゃいけませんので。

それから、IT対策もやらなきゃいけません。要するに、国民からの直接的な意見をどういう形でキャッチしていくんだと。程度は様々かもしれませんけれども、どういうITシステムを使うのかということでございますし、これは調査局になってからの話でございますけれども、最初のうちは膨大な数でした。だんだん少なくなって、今は大分少ないようでございますけれども。最初から膨大な数のファクスが入ってきているわけです。根幹的なことじゃないんですけれども、そういうこともあります。

奈良岡　調査局設置が決まった頃に、近藤さんは海外随行に行っていらっしゃったという話を伺ったことがあります。

近藤　一番山のときじゃないかと思うんです。これが一番議論されているのは平成八年ですよね。

奈良岡　そうですね、GAOの話が出てきたのは平成八年の秋ぐらいですか。

近藤　八年の秋ですか。私が随行に出たのは九年の夏かな。九年の七月か八月頃です。大体六月から九月の間で、この間は検討されているこの期間に、私は海外随行を命ぜられまして行っております。ちょうど議会制度協議会でずっと行っているわけじゃなくて、私が行っていたのは二週間か三週間の話でございますが、準備から入れますと、そちらに忙殺されるのが一カ月以上です。前二、三週間、後ろまたそれで二、三週間、トータルするとやはり二、三カ月でございますので、六月～九月で、七月に行って八月ぐらいまでですから、ほぼ、一番中間部分が重なってしまっています。それで、直接的にこのプロジェクトを遂行する立場ではございませんでした。

奈良岡　総長とか次長とかとの関係なんですけれども、部長時代から次長まで、議運のときなどは毎日顔を突き合わせて集まる機会があるわけですけれども、調査局長になると、総長、次長、あるいはほかの部長たちと集まる機会というのは減るわけですか。

近藤　実際的には減りました。案件会議に出ませんし。事務局の一組織ですから部長会議には出ますけれども、事務局オンリーと思われるものには出ないこともございましたので、そういう意味では頻度は減っております。

案件会議はほとんど毎日やっていますから、それに出ないというのは頻度がぐっと下がるわけです。この間も言いましたけれども、部長会議は一月に一回か二回、多くても週一回の話ですから、月にすれば三、四回ぐらいの話でございますから、頻度としてはぐっと落ちます。議運にも出ていませんし、本会議にも実際出ていませんから。

奈良岡　本会議に出る機会もないわけですね。

近藤　本会議も、あそこで質問事項を受けましてもどうにも。実際出ておりません。

奈良岡　逆に、専門員の方、調査室長の方たちとはどれぐらいの頻度でお会いになるんでしょうか。

近藤　定例的には、週一回はいわゆるミーティングをやっていました。あと、個別の問題があれば個別にお話しする。総合的に会うのは、全室長と原則週一回会っております。たしか室長会議と言っていました。

◆予備的調査の実際

奈良岡　先に予備的調査制度が導入された当時の話をお伺いしました。資料として『衆議院調査局十年の歩み』の中から予備的調査の経過一覧というものをコピーしてお渡ししましたけれども、今度は、実際の予備的調査の命令が出される場合の手続から調査局内でのチーム編成、あるいは手続の実際というところまで含めて、一通り基礎的な事項をお教えください。

近藤　手続の実際で、最初の頃はやはり事前に御相談がございますから、どういう形で出して頂くかということで事前の打ち合わせをしておりまして、特に内容的なものについてどこら辺まで記載して頂くかということは事前には、すべてとは言いませんけれども、最初の御相談にあるような場合にはやっておりまして、それでそれを御判断頂く。少数会派の調査権の問題だと思いますので、これは委員会もございますけれども、ほとんどが議員からの要求です。

それで、出されまして、議運にかけられます。それで、これは記録にも残っておりますけれども(9)、出された場合にはノンストップで最後まで行かせろということを暗黙の前提にしています。要するに、手続的には、まず議院運営委員会が送付先を決定し、各委員会が調査局長に命令を出すということですから、そこにいわゆる意思活動があるということで組み立てられる。でも、この意思活動というのは、最大限一方に偏したというか、要するに一方の方に可能な決定をすべて出していくという取り扱いです。そういうことで、まず議運から該当委員会に送付されまして、該当委員会で御協議頂いて、その上で調査局長に命令を頂きます。

命令を頂いた時点で、主管委員会といいますか、命令頂いた委員会の調査室が主になって、内容を見まして関連室をプロジェクトで組織いたしまして、調査を進めていきます。でき上がったところで報告書を作成しまして、命令頂いた委員会に報告させて頂くとともに、議運の方へ連絡いたします。最初は全議員に配付していましたけれども、今は該当委員会及び必要箇所に配付しています。

奈良岡　この手続というのは、一番最初の事例からずっと変っていないのでしょうか。

近藤　少なくとも私の頃は、手続的には変わっていないと思います。いろいろありました。たとえば、一部命令が可能かとかいうのがございましたけれども、そこら辺は、私のいた間は、具体的な問題にはなっていないと思います。

奈良岡　調査局内のチームの編成というのは、どのようになされるのでしょうか。

近藤　一応、局長名でプロジェクトを任命させて頂いております。

奈良岡　何名ぐらいであるとか。

近藤　一般には言えません。内容によりますし。委員会も多岐にわたるところは、数多くなってきます。十人、十五人というのもございます。

奈良岡　該当の委員会があって、自動的に決まるような感じでしょうか。この委員会から来たのでこの調査室に話が来て……。それとも、議運の中で一つの政治的駆け引きというか、そういうものがあるのでしょうか。

近藤　この内容はどこが受けるかということでございますが、議運が送付を決めるときにもう決まっているわけですから、そこら辺は議運サイドとも接触いたしますし、提出者の意向もお聞きするわけです。それじゃないと宙ぶらりんになっちゃいますので。ですから、手続に乗った時点では、そのルートは決まっていると思います。それに乗せるように、事前にどのルートに乗せるかということは、やって頂かなきゃいけません。

やはり日本の議会というのは所管性が非常に強いということ。それは議会だけじゃございません、行政組織的にもやはり所管、今それが問題になっていると思いますけれども、まあ、昔からあったんでしょうけれども、担当大臣制の問題というのが非常な問題になっていますね。総合内閣制の問題とやはりある程度矛盾するような形になっていますね。その裏返しというのか、日本の議会がある程度、行政組織というのか、行政体制と平仄を合わせた形になっていますから、そういう意味での所管性というものを持っていますので、そういう面では余り判断が難しいということはないですし、出される方の御希望も聞きますし、出された会派の方と担当の議運理事の方との打ち合わせもして頂きますので、そんなに困難はないと思っております。

奈良岡　要請者というのは、『衆議院調査局十年の歩み』の資料編の一覧表を見ますと、ある程度有力な議員の方が代表になっていて、四、五十人ぐらい名前を連ねています。これはどういう過程で要請者は決まるんでしょうか。

近藤　特に筆頭の方たちですと、この問題を中心的に政策を進めていらっしゃる方とか、委員会で中心的な活躍をされている方、活動されている方という雰囲気だと思います。

赤坂　議連というのがありますね。そういうものが母体になっているケースというのはありますか。

近藤　議連もありますし、各党の政審ですか、政調の部会とかというのもあると思います。

赤坂　予備的調査制度は、恐らく少数派権としての意味合いが強い制度でしょうから、今のお話はいわば野党の話ですね、野党の政調部会を単位として出てくる。

近藤　そうですね。与党から出ているのもありますけれども、殆どが野党あるいは委員会です。野党側がある意味では圧倒的に多い。野党の政策審議的な機関がありますから、そこにはやはり部会だとかを作っておられますから、そこら辺の方たちの関与もあると思います。

赤坂　これは我々が検証すべき仕事かもしれませんけれども、その母体となっている割合、例えば超党派的な議連が母体となって出てくるような例は多いのでしょうか。

近藤　超党派で、与党まで入ったというのは分かりませんけれども、野党間での超党派といいますか、各会派から一緒になって出されているというのはあります。

赤坂　先ほどの議連の場合も、やはり野党側が中心になるというシステムですね。

近藤　そこは野党内の組織の問題ですから、議連を組んでいらっしゃることもあるし、組んでいらっしゃらないこともありますし、そこもちょっと今の段階でこれが必ず議連かというのは確証は得られませんけれども、各党の中心的に進めていらっしゃる方というのが、一緒に出そうかということになりますからね。

奈良岡　一覧表を見ますと、命令日から報告書の提出まで概ね一カ月から二カ月ぐらいでなされているわけですけれども、これはやはり事前にしっかり調整をしているから、これだけの短期間でできるということでしょうか。

近藤　しっかりと言ったら、できレースみたいになっちゃいますが、一応、そういう御相談はいたします。それで、これは一つは法案の事前調査という意味合いを持っていますし、それからもう一つ大きなのは、会期というのもあります。あと、それは調査事件であれば、その調査事件を委員会なり国会自体がいつごろ取り扱ってくるかということです。

予備的調査ですから事前調査とは違うかもしれませんけれども、事前調査という意味合いをかなり持っております。まず、当該調査が審議の過程でいつ行われるかというのを見定めなきゃいけません。それだからといって、一週間、二週間でやれと言われても無理ですから、そこら辺のところは調整して、お出しになるということだったら、例えば法案関係でしたら、いつ法案が委員会で審議される、それまでということだったら、どのくらいの期間が頂けるんですか、ということでやらなきゃいけません。

開会、閉会中となると、一応開会中にやっておいた方がいいんじゃないかということです。閉会になったこともございますけれども。出して頂くんだったら、なるべく今会期中で結論まで出せるような期間で、というようなこともお話しします。

奈良岡　先ほど事前にとおっしゃいましたけれども、大体どれぐらい前になるんでしょうか。事例によって大分違うとは思いますが。

近藤　それは一般的には申し上げられませんけれども、どこかでそういう制度があるのねという話なら、ああそうか、それだったらその制度を使ってみようねという話が起きてくる。一週間というとあれかな、二週間、半月ぐらいからですかね。

今、記憶に残っているのは一番[10]、三番[11]です。一番は、一番であるということ、それから、後天性免疫不全症候群という、要するに厚労省内部でも問題になっている、情報収集ができていないところを、国会でやれと言われることですよね。だからそこら辺、何しろ初めてのものですから、怖さというのはありましたし、議会からいえば、外部での進捗が進んでいない、それをこちらで進めさせ得るかというような問題もありました。

三番の方は、いわゆる事件性の問題でございますから、事件に対して、我々がどこら辺までタッチできるのか、ということですよね。まず、情報を出して頂けるかどうか。行政でしたら相手方も御存じですし、こちらも依頼しやすいですけれども、民間の方でしたらやはり難しい。だめだと言われて、「はいそうですか」というわけにもいきませんし、だけれども、食い下がるというわけにもいきませんしね。どこら辺で折り合いをつけて頂けるかということです。結果的には、我々としては、手前味噌ではございますけれども、かなり出して頂けたかなという気はしています。

奈良岡　そうすると、これは、情報収集、そのほか、かなりクリアできたわけですか。

近藤　我々のレベルとしてはね。警察権力も検察権力も持っていないようなところで、事件と言われましても、やはり……。それでも、私、これは民間の方にも何カ所かでやりましたけれども、それなりの情報を出して頂けたという自負も持っています。

奈良岡　そうですか。強制力等がない状況の中で、予備的調査という制度を生かして、独自の情報収集なり調査というのはそれなりにできたかなという御感想でしょうか。

近藤　と思います。それから、最初の方しかあれですけれども、これは公益法人かな、これは全公益法人を調べろというお話でしたかね[12]。

赤坂　五番ですか。

近藤　はい。これは公益法人そのものという政治的インパクトはあるかもしれませんけれども、別に調査自体としては、公益法人の内容なり構成なりということを総なめに調べるということでございまして、それが物理的にどのくらいでできるかですよね。公益法人は多分数万あると思うんですね。数万をどういうふうにある統一性を持った形で内容的に充実したものを収集できるかということで、不安と言っては問題かもしれませんけれども、そういうふうに予備的調査をいただいて、特に初期で、どういうふうにこれが確立していけるかというようなことで、私の印象にも残っておりますし、問題と感じたふうなものでございます。

◆総合的・所管横断的な調査に向けて

奈良岡　先ほど、主管委員会というか命令をする委員会というのが主となって、関連室というのをプロジェクトで組織するというお話でしたね。

近藤　調査局の方はね。命令を受けた場合には、命令を受けた担当の調査室が中心になりまして、内容を見まして、関連性がある……。

奈良岡　そうですか、これはちょっと誤解がありましたね。関連室というのは要するに、関連する調査室がプロジェクトを組織するということですね。

近藤　そうです。我々の内部で組織しております。予備的調査というのを一つの契機として、総合的な調査機能ということが調査局になった一つの目的になっていますから。我々の組織的にもそうですし、内容的にも。

内容的にも、私の感じで申し上げているかもしれませんけれども、委員会なんかで取り上げられる情報公開というと、ある一点だけなんですね。やはりそこだけを集中的に取り上げられるという感じがするんですね。だから、総合的な中での情報ということには余りならないし、それは審議の場所とか時間とかいう制限がありますから、やはり単刀直入にそこだけ。そうすると、相手方もそこはということで拒否する傾向が非常に強くなるんじゃないかなと私は思います。

予備的調査の場合、ずっと系統的に、関連部署まで情報提供がずっと広く求められますから、ある意味では行政の方も答えやすいと思います。ここの関係でこうなっているんだというようなことですとか、総合的にこうなんですよということが、ある程度述べられる点もあるんじゃないかなと思うんですね。

委員会の場合だと、そこだけ、そこをなぜ出せないんだ、その書類、その一枚のペーパーがなぜ出せないんだということになる。「このペーパーは出せません」という議論になりますので、その隣の書類はと言うと、隣の書類じゃないんだ、この書類なんだというふうに言われる。隣の書類と一緒にと言うと、隣の書類と一緒じゃ云々という議論になっていかざるを得ないんですね。そういうところがあると思うんです。他方で、審議の形態で幅広くやっていった場合、問題点が、焦点が定まらないということもありますし、広範囲になってしまうと、審議の形態だとか審議の時間がかかってしまうという場合もあります。

奈良岡　通常の委員会審議に比べて、今おっしゃったようなことが予備的調査の大きなメリットというか……。

近藤　はい。だから、資料の方もかなり頂ける可能性が高い。

奈良岡　他方で、先ほどちょっと公益法人のお話が出ましたけれども、そういう網羅的な問題をどこまでやれるかという、幅広くなるがゆえに難しい面もあるかもしれないというお話ですね。

近藤　これは一応、監督官庁の方で集計的に出して頂いたということになっておりますので、そういうことはなかった。監督官庁からそういう一応の提出形式というのはある程度整えて出して頂いたということもあるかもしれませんけれどもね。ある程度整合性がとれていますけれども、これが個別的に、あるところはこれしか述べていない、あるところはこれ以上述べていないということになりますと、我々としては強制権を持っていませんから、非常にアンバランスなものが出ざるを得ないんですね。我々としてはそれ以上のことは、強制力はありませんから、再度要請はしますけれども、ということになる可能性があります。

だから、ある意味で整合性のとれたものが、要するに最も焦点になっているところが比較対照的に資料として見られるかどうかということだと思います。その部分が欠落、不整合ということになりますと、我々としては非常に困るんですけれども、とりあえずはなかったです。

奈良岡　制度をつくる前、あるいはこの運用の過程で、もっと調査局に強制力を持たせようとか、出てくる情報が足りないんじゃないかとか、そういう議論はありましたか。

近藤　まず、要請はほとんど一〇〇％通そう、ただし、委員会のある意味のチェックは最小限かけるということで、ちょっと項目を挙げますと、人権にかかわる問題だとか機密にわたる問題とかいう特定の項目を除いて、あとはほとんどフリーで出せという申し合わせをして頂いています。

もしＧＡＯを作ってそこへ強制権を与えるというのでしたら、より大きな強制権限の付与という話になったかもしれませんが、それは一応、ＧＡＯにかかわる代替物だということになれば、権能も若干か大きなものになるはずだという認識は、皆さんあったと思います。それに、予備的機能でございますから、委員会が正規にやるものよりも当然ながら強制度合いがダウンしているという認識はお持ちだと思います。

奈良岡　そういうのを前提で、でもやれる中で出せるものは全部出してもらおう、そういうスタンスで。

近藤　はい。

赤坂　先ほどの申し合わせというのは、議運申し合わせですか。

近藤　議運でも申し合わせをしていると思います。我々は何回もいろいろなところで聞かされますから。ほとんどフリーパスにするということで。ここでフリーパスというのは、委員会がチェックするなということです。調査局に対して命令を発するときにチェックするなということ。

赤坂　各委員会が、調査局への予備調査依頼について、少数会派からの調査依頼をチェックするな、という話なのですか。

近藤　チェックするなということじゃないけれども、最大限フリーで通せということで、その場合にもし制限できるとしたらということで、多分人権の問題と機密の問題、その二点については考慮してもいいというのか、すべきというよりも、してもいいということがありました。ちょっと不正確かもしれませんけれども。

行政サイドに資料を出せ、出さないということになると、我々の調査機能の問題でございますから、一応我々に委ねられているというのか、命令のときに、この点は留意しろとか、そういうような点はついてくることはございます。

◆資料提出要求に対する各省の対応

奈良岡　各省の側の対応ですけれども、大体どういう部署がどのような形で資料を出してくるものなのでしょうか。また、省によって違いなどはありましたでしょうか。

近藤　いわゆる国会担当という方が、各府省、大体大臣官房におられます。政府委員室に駐在している方もおられます。その上は、各省で違いますけれども、官房の総務課長だとか文書課長。秘書課さんがやっているところもあるのかな。各省で国会担当部署がございますから、そこの方に一応要請して頂いて、あとは各局、単体の局なのか、複数の局が当たるのか、それは向こうで御判断頂けるわけです。

奈良岡　そうですか。では、基本的には、各省とも政府委員室に詰めている国会担当が窓口になるというわけですね。

近藤　彼らに要請して、御説明頂く。

奈良岡　なるほど、そういうことですか。では、そういう意味では、各省とも共通した枠組みの中で。

近藤　国会とのリレーションの関係ではね。あとは各省の中で適宜調整して頂いて、どこが作るかということです。

奈良岡　そうですか。それもイメージがなかったので、今聞いて、初めて分かりました。

近藤　特に公益法人ですとか、多分各省庁の担当局が違うと思いますから、担当局ごとに全部分けて、担当局が監督している法人に対してリレーションをとって頂けると思います。ちょっとそこらは確認というか確証していませんけれども、そうして頂いていると思っています。

◆予備的調査プロジェクト・関係室の統括

奈良岡　先ほどの話ですが、調査局側では、関連室という言葉でいいんでしょうか。

近藤　関係でしょうね、関係室。言葉としてはどちらでもよろしいんです。担当の調査室が中心となって、予備的調査に関係を持った委員会の調査室から組織します。

奈良岡　大体十人ないし十五人ぐらいということでしょうか。

近藤　それは問題によります。三、四ぐらいの各部屋はありますし内容の多寡もございますから、一律に何人とは言えませんけれども、ちょっと問題になると、二人か三人ぐらい担当して頂かないと厳しいでしょうから。

奈良岡　直接には各調査室長が現場の責任というか総括をして、最終的には調査局長が最高責任者という形でしょうか。

近藤　命令を頂いた部屋の室長さんに組織を統轄して頂きます。要するに、関係室を持ちましても、その室長さんが統括するわけではございません。いわゆるプロジェクトの統括は、命令を受けられた室長さんにやって頂きます。

ここへ関連している調査員が自己の調査室長と協議することは当然あると思いますけれども、総体的なプロジェクト、予備的調査の関連では、命令を受けた室長さんにやって頂いております。室長さんが三人も四人もということではございません。

赤坂　各委員会から直接命令を受ける調査局長としては、具体的な調査の中身についてはタッチされないのですか。

近藤　いや、タッチいたします。例えばこの点だったらこの点はやってくれとか、それは申し上げます。方法も、必要に応じて調整はしますし、命令とまで言わないですけれども、向こうがどういう方法でやるかということになればね。

赤坂　調整というのは、室と室の調整のことですか。

近藤　いえ、例えば、担当のプロジェクトが複数の方法の中でどれを選択するかということになれば、私と相談して、ではこの方法でいきましょうかとか、内容的には焦点をこちらにシフトして重きを置きましょうとか、例えばそういうようなことはやります。でき上がった後のものも、この点はもう少し調査をやってもらえないかということがあれば申し上げます。そういうような形です。

赤坂　その調査の過程で、例えばもう少しこの点を調べてほしいということを言う場合、もとの依頼者の側との調整というか打ち合わせというのは、最終的な報告書ができる前にされるのでしょうか。

近藤　する場合もございます。要請者の御意向を必要な場合に伺ってもいいということは、委員会から頂いております。

赤坂　それは包括的に、事前にあらゆる調査についてそういう方針が出されているわけですか。…申し合わせですかね。

近藤　申し合わせまではいきませんけれども、一応そういうことは、命令を受けるときにお話しいたします。

赤坂　相手側から調査の命令があった、受けるについて、ではでき上がる前にも必要があればまたいろいろ相談させて頂きます、ということを、調査局の側からおっしゃる、そういうことですね。

近藤　はい。要請者の方からこういうことを受けた記憶はございません。おかげさまで、提出時期もそんなに厳しく催促を受けたこともございませんし、最初にここまでという約束で、大体守れていましたので。そういう意味で、要請者、委員会からそんなに強い指示とか、そういうものを受けたことはございません。

赤坂　それから、調査の進め方というのは出てくる結果に大きな影響を及ぼすと思うんですけれども、先ほど、調査局長として、複数の手段の中から指示というか方針を出すということもある、というお話でしたけれども、差し支えなければ、印象的な例、こういういろいろな方法が考えられたけれどもこういう方針をとった、という具体的な事例を一つ挙げて頂ければと思います。

近藤　六番目に「公共事業の個別事業内容・実施状況等に関する予備的調査」というのがございますね[13]。この場合、要するにどこら辺まで範囲を広げていくかということが問題になります。地方公共団体にかなり聞いているわけですよね。司法でございませんけれども、政府サイドに聞く。では地方公共団体のどこら辺までいけるかということで、具体的にどう言ったか今は記憶していませんが、各県一律でいけるかどうか、一律でいけなきゃどうかということで協議した記憶がございます。

赤坂　これはやり方によっては大分時間のかかりそうなテーマですけれども、比較的短いと言ったらあれですけれども、ぴったり三カ月で報告まで来ていますね。最終期限をいつまでにしてほしいということが命令時にあるものなのでしょうか。

近藤　明示的にはないと思いますが、要望としてはあります。例えば法案審議でしたら、法案審議に入る前に法案審議のための資料的意味合いでもって要請された場合には、当然法案審議に入りますし、当たり前のことかもしれませんが、その国会である程度その問題を議論しておきたいということなんですよね。これもやはり委員会審議にかなり参考にして頂く部分もあるわけですよね。

それで、会期というのがございますし、解散になったらどうなるかということでございます。解散になったら消滅させるか、それとも、これは事務局がお預かりしているものだから、解散になっても事務局としては淡々と進め、解散後には命令頂いた当該委員会にお返しするということも可能じゃないかということでございますけれども、一応、解散になったら要請者が全部消えるんだからという面もございまして、命令の効力も解散後まであるとは考えません。

調査局、事務局はございますけれども、命令主体の意思が継続するか、それから要請者の意思をそのまま存続させていいのかということで、一応解散で消滅ということです。そうなりますと、解散前に何とかという話もございます。一つの資料として解散の一つの焦点になるような場合になると、解散前にということも。国会の会期末あるいは解散、それから当然ですけれども、議案審議、そういうものは一応要望の基準としてはございました。

国鉄長期債務の問題(14)なんかは多分そうだったと思います。これは五月二十二日ですよね。ちょっと具体的には忘れましたが、連休後ぐらいに審議に入る予定でしたかしらね。ですから、それまでにというお話があったような記憶があるんですけれども。

赤坂 先ほどの、解散になったらどうなるという話は、実際の解決方針というのはもう決まっているんでしょうか。それとも、そういう事例がまだないということでしょうか。

近藤 ここにございます。「解散により消滅」というのがございます(15)。

赤坂 では、実際に消滅した……。

近藤 消滅して、もう一度出し直して頂いております。

赤坂 第九番。では、これはもう消滅するということでケリがついたわけですね。

近藤 ええ、結論がついております。それで、もう一度出して頂くということで。

赤坂 もう一回ありますね。

奈良岡 九番と十九番(16)ですね。

近藤 これは言ってみれば先例的にこうしております。必ずそうしなきゃいかぬものかどうかというのはまた別でございましょうけれども。

事務局サイドからは、事務局という組織としては、活動状況として、解散とか国会の会期に影響を受けないという一つの見方もあります。だけれども、命令あるいは要請者側から見れば、彼らとしては意思の継続なり組織の継続性ということがありますので、やはり意思の継続あるいは組織の継続の問題で、消滅するのが妥当であるという処理をして頂いています。

赤坂 これはまだ予備的調査の段階で、議院の審議対象にはなっていないので、いわゆる会期不継続の原則とは無関係だと考えてよろしいですか。つまり、会期が切れても、それとは無関係に調査は続くと。

近藤　会期をまたいで予備的調査はは継続いたします。

赤坂　不継続の原則というのは、議院の審議対象になっていく後の話なんですね。

近藤　だと思います。実際的に継続していますし。今のは矛盾するかもしれませんけれども、そういうことだけでしたら、調査局のやっている事実的行為だと思います。意思の問題じゃございませんから、会期不継続の問題を適用することもないと思います。

赤坂　しかし、調査をせよと命じた、その意思は後会に継続するわけですよね。

近藤　ですから、解散の場合にもそれは同じことなんですけれども、解散の場合は、命令した人が構成でなくなってしまいますし、大変失礼な話ですが、筆頭者じゃございませんけれども、この方が次に議員でなかったという場合、それをどうするかということ。これは提出時だけの要請なのか。

そういうことになりますと、予備的調査というのは少数会派の問題でございますけれども、では、これはハウスのテーマなのか、それとも個別議員の問題なのかということになります。だから、これは今私が言っては語弊を生みますけれども、議員の質問権と同じ。あれはメンバーの権限なのかハウスの権限なのかということなんですね。あれほどじゃございません。これも、ハウスの権限なんですか、それともメンバーの権限ですかということになれば、今だったら、少数会派の、要するに、ある意味では事実資料権の問題でしょうから、この位置づけが、調査局がやるということ、質問の場合はやはり内閣に対して議院・議員が意思を聞くということになりますけれども、調査局ですから、どこまでいっても事実探査の問題だろうと思います。そこら辺はあります。だけれども、一つは、論じようとすれば、同じレベルで、質問権の問題と予備的調査の問題、要するに、ハウスの問題なのか個々のメンバーの問題なのかということは、議員の質問権と同じことだと思います。

今は、メンバーの個別権限という意味合いで運用される形が濃くなっています。だから、昔はハウスの質問も一々議運にかけていました。ですから、議運という一つの決定でもってハウス化したんです。今は議長のところで云々できますけれども、議長も個別にできませんから。議長を通すということでハウス化させています。論じようと思えば、同じレベルの問題はあるかと思いますけれども。

メンバーの問題ということになれば、メンバーが交代するということは大きな要素になりますから消滅ということになりますけれども、ハウスは、それ自体としていつまでも求め続けるんだということになれば、解散で消滅をさせなくてもいいということは言えると思います。だけれども、何度も言いますけれども、少数者の国政調査権限の補完的機能ということになりますと、やはり個別議員にウエートが置かれます。

◆委員会の議決に基づく予備的調査

赤坂　これは、調査を継続している間に委員会自体がなくなったり統合されたりした場合は、どういう扱いになるんでしょうか。まだそういう事例はありませんか。

近藤　事例はございません。

赤坂　これも命令主体の問題の関係ですね。

近藤　はい、命令主体の問題でございます。おかげさまで、ありませんけれども。

その問題で、従前からの国会移転の委員会命令があると思うんです。二番目の「国会移転の総合的調査」というのが委員会命令で[17]。これは、そういうことじゃございませんけれども、国会移転は、国会移転特別委員会の継続、廃止の問題と絡んで、ある程度の中間的な総括というんですか、そういう意味合いも持って、その一環として予備的調査を命ぜられているというようなこともございました。

あとは、災害がございますね。災害も、ほとんどパーマネントなスペシャルコミッティーだと思います。災害が一件あるだけですね[18]。あとは全部常任委員会に行っていますね。だから、このリストを見る限り、国会移転特と災害。

赤坂　委員会の議決に基づく予備的調査というのは、ごく最近のは分からないですが、この一覧表を見る限りは、今の国会移転の例の後は行われていないようですが。

近藤　一覧表を見る限りはですね。

赤坂　これは、余り必要性がないというか、やりにくいのか、どういう理由によるものでしょうか。

近藤　これ二つだけで帰納化して言うんじゃないんですけれども、その委員会のある程度の総合的な問題を論議する場合の一環として予備的調査を使ったけれども、前の決算、あれは評価・監視システムの全体的な導入の問題ですよね。委員会がそういうシステムに入られるということで、それの補完的というか基礎的資料収集ということでやっておりますし、国会移転の場合は、先ほど申し上げましたように、ある意味の中間総括的なもので、今までの議論の経過、あるいは現状的にどうなのかということをトータルで一応締めようという問題でございますので、すべての個別的な問題ではないわけです。ですから、ある意味では、そういうものに、ほかの常任委員会では余りにもかけにくいということもあります。

あと、常任委員会ですと、そういう総合的な問題でもやはりある程度政府サイドが主導的にやるということだろうと思いますね。

◆事務局サイドと調査局との調整

赤坂　報告書を出したり命令を受けるような際に、事務総長、事務次長等の事務局サイドと調査局との間で、何らかの打ち合わせというか、調整はあるものでしょうか。それとも調査局が独自で調査を遂行するのでしょうか。

近藤　これは一応調査局長が命を受けますから、それは原則的にはありません。報告はいたします。

赤坂　…という程度ですか。

近藤　はい。要するに、事務的職務というか事務的機能の中での話は、例えば人間配置の問題ですとか、手段、方法に対する予算の問題ですとか、そういうのはやりますけれども、内容的には調査局長が命を受けていますから、ということだろうと思います。

さらに、人事の面での調査局のある程度の職務的な独立性というんですか、組織的な独立性まで云々というお話かもしれませんけれども、現段階ではあえて答えられません。職務的な自律性、独立性をとりあえず確保していこうということ、それがやはり機能的な強化にもつながるだろうし、総合的な問題で、ある程度、人事も独立するとは言いませんけれども、事務局総体とはまた別な観点から、調査局全体を見通した人事もまた見ていけるのではないか、というふうなことだと思うんです。

いわゆる予備的調査の内容面については調査局長が命を受けていますから、そこは調査局長としての義務というか職務権限としてやはりやらざるを得ないと思う。責任の問題も、そうなれば事務総長の責任問題ではないでしょうから。

赤坂　予備的調査の報告書が出された後、その報告内容はどれだけ国政に反映されているかとか、あるいは報告書がどれぐらいの範囲で読まれて影響を与えているかとか、その点に関してはいかがでしょうか。

近藤　結構、委員会審議の中でも、今でも法案審議とかあるいは国政調査の中ででも、資料として非常に取り上げて頂いていると思います。

それから、マスコミにも、公益法人の問題もいろいろ取り上げて頂きましたし、国鉄職員の方の共済関係も取り上げて頂きました。それから公共事業の関係もかなり取り上げられたと思っていますし、天下り人事も、調査局調査ということで、最近では、ここ二、三年、かなり取り上げて頂いております。そう華々しくとまでは言えませんけれども、私ども政治スキャンダルを暴くような調査はしておりませんから、マスコミとかテレビの視聴率受けは提供できませんけれども、そういう意味では、相当程度取り上げて頂いているのかなと思います。

赤坂　報告書というのは冊子にして配っているわけですか、ある程度の方に。

近藤　はい。最初は全議員にお配りしたんですけれども、今は、委員の方、要請された方、各党、それから事務局なり図書館なりの閲覧可能な場所に配布しています。あとは、マスコミ等々、御希望があった場合には差し上げるということにはしていると思います。

赤坂　国会図書館にも置いてありますか。

近藤　はい。閲覧可能な状況に置いてあるはずです。
赤坂　なるほど。マスコミなんかにも。
近藤　はい。マスコミにもお示しいたします。
奈良岡　では、出されたということは彼らも分かっていて、それを見て、また取材をしてきたり、関連することを向こうで調べたりという。
近藤　そうですね。私のところには来ませんけれども、担当のところには行っていると思います。報告書の内容について。

◆調査資料のウェブ上での提供

赤坂　調査局として、報告書をウェブ上で公開しようとか、そういう話はありませんか。出せと言っているわけではないんですけれども、例えばどういう事例があるのかというのを……。
近藤　事例は出しておりますよね。
赤坂　それはネット上でも分かるようになっているんでしょうか。
近藤　事例はネット上で分かると思います。ですけれども、この中身そのものというのも、私の頃は――私の頃といっても、まだ五年前ですけど――この制度が発足して十年ちょっとですけれども、これだけのボリュームのものをウェブ化するというのは、はい、いいですよとはちょっと言いにくいです。今はそれほどでもない。でも、かなり重いですよね。
赤坂　一般には、大きいものは分割して、例えば第何章、第何章という形でウェブ上に掲載しますよね。ウェブ上であえて公開しないのは、むしろ今の時世でどうしてかなという気もするんですが。そういう検討がこれまで行われて、しないということになったのでしょうか。
近藤　しないとは言いませんけれども、検討はしたと思います。ですけれども、今のような技術的な問題だとか仕様の問題で、常時オンラインに流すかどうか、私が局長をやっていた中では、まだちょっとというね。ウェブ化、オンライン化というのは、会議録の問題もありましたし、ほかのところもありましたから。これだけ膨大なものをという。タイトルは全部ウェブ化していますから、それを見て要請して頂ければ、それについて拒否することはないわけですので。

ウェブ化といっても、どこまで常時オンライン化していくのが必要なのかどうか。だからまた、私は個人的には思うんですけれども、これからの電子書籍の問題、電子書籍の問題というのはアクセスした人だけの問題でしょう。一般的には本屋に並ばないわけですよね。だから、一般的に、何げなくぱっと視界に入るということはこれからはなくなるんですよね。

要するに、電子媒体でアクセスして、アクセスという意思を持たない限り、それはその人の視界には入ってこないわけですね。だから、これもそういう意味で、電子書籍ならタイトルが出るわけですから、これにアクセスしようとした意思を持った人には何の拒否もしていないわけですね。だけれども、そのアクセスする意思がないと言ってはいけませんけれども、漠然たる意思に対して視界可能なウェブ状況に置いておくかどうか、そこまでしなきゃいけないものかどうかということ、それは情報の公開の問題ということになるんでしょうけれども。

奈良岡　近藤さんがいらっしゃるときは五、六年前ですから……。

赤坂　ちょうどウェブ上での情報公開が進み出した頃ですね。

奈良岡　私の研究の関係では、外務省の密約問題を契機として、外交文書がかなりごっそりウェブ上で見れるようになって、ダウンロードで一時間ぐらいかかるような大量の文書があったり、あるいは日中共同歴史研究の報告書も全部インターネットで見れるようになったり、急速にこの数年で進んでいますから、五、六年前とは大分状況が違うと思います。調査局の方でも、今後現役の方たちが考えていく課題かなという気はいたします。

◆今後の調査局⑴——国民意思の探求

奈良岡　瀬島調査会の話の前に、調査局長時代全体を通じて、今後調査局の向かう方向とか、こういう改善点などがあるというようなことがございましたら、まとめてお話をお伺いしたいと思います。

近藤　一つには、調査局自体がどれだけ国民の意思を取り上げていけるかと。

赤坂　調査局として独自にですか。

近藤　独自にとは、そこまでは言いません。我々の与えられている職能の中でどれだけ集められていけるかなという気はいたします。

私も三十何年か事務局におりまして、国民の意思なり国民生活でのそういう問題点がどういうことで上がってきているのか、という関心がありました。五五年体制は、二極体制としてそれなりのルートとして上がってきていたんじゃないかと思いますけれども、今は対抗軸がなくなってきている。対抗軸があった場合、おのおの対抗軸がそれを基盤としているところの意思とか情報なり事実なりというのをお求めになると思うんですけれども、今対抗軸がないと言ってはいけませんけれども、私は希薄になっていると思います。

希薄になっているということになると、支持されている方の意思というのがある程度明確な形で上がってこない。ある意味では双方に上がってしまう。要するに、無党派層と言っては申しわけございませんけれども、こういう方の意思が政党政治を通じて議会へどういう形で反映していくのか。それは議員個々人が受けとめるというだけでいいのかな、という気はいたします。そうなると、こういった無党派層の意思をも含めて、調査局がある程度何らかの形で反映できるような活動をしていく必要がある、と思っています。

赤坂　例えば『論究』などを出しておられますね。ああいう形の調査活動、調査といいますか、あれをもっと拡充していくとか、そういうことなのでしょうか。

近藤　発表する方もなんですけれども、収集する方ですね。どういう形で収集していくのか。国民の意思、意向というものを我々もそれなりに集めていかなきゃいけない。『論究』の場合は発表でしょうから、発表よりも収集をどういうふうにしていくか。当然、皆様のような学界の方たちの研究だとか、そういうテーマも収集しなきゃいけませんし、民間の研究機関なり、ある程度のＮＰＯなり、そういう民間組織の御意向だとか、国勢調査じゃないけれども、国民一般に世論調査をかけられませんから、そういうふうなこともありますしね。そういうようなものはどんな形で存在しているかということを調査していくべきではないか、という気がしています。

だから、個々の議員の先生方の情報収集の補完的作用というものを、調査局で今までそれなりに果たしてきたとは思いますけれども、その後どうしていけばいいのかということですね。それと、ハードで組織云々よりもまずソフトの中で、我々一人一人がどういう情報収集をしていくかということだと思うんです。

◆今後の調査局(2)――議院内閣制と調査局

赤坂　今一点いただきましたけれども、その他何かございましたら。

近藤　もう一つは、議院内閣制がより強固な形になっているんじゃないかなという気がするんです。そうすると、議会側の対応、事務局の立場からは審議形態なんでしょうけれども、審議形態の中身の問題として、それに調査局の活動をどのように対応させていくかということ。

私はやはり別物じゃないと思っていますから、特に委員会審議の場合は、審議形態と審議の中味にそれと調査局の活動形態が。だから、ちょっと具体的に申し上げられませんけれども、要するに、所管別、個別的な立法権能というものではなくて、内閣提出法律案に象徴される内閣政策に対する弾劾になってきておりますから、そこら辺の審議形態に応じた調査機能というものはどうあるべきかということですね。

だから、対抗軸が内閣、野党という問題。私ども立法補佐機関としては、そうなると、内閣、野党ということは、野党に対する補佐がポイントになりますね。ということになれば、では、野党一辺倒の調査機能なんですか、ということにもなります。それに徹するわけにもいきませんしね。ということで、どういうふうなあり方があるのかということ。ちょっと明確に言えませんけれども、具体的にどうしていくかというのは非常に難しい面があります。

言ってしまえば、両院事務局の統合の問題もどうするか。どうなったら統合できるか。瀬島調査会にも、衆参事務局の組織の統合を推進するという御提言を頂いております。私も調査局にいる者として、組織を守るためということを言われるかもしれませんけれども、どういうふうに位置づけして頂いたら事務局統合推進ということになるのかどうか、ということにもなると思いますので。

◆瀬島調査会

赤坂　今お話のありました瀬島調査会の件ですけれども[19]、この答申が出るに当たって、そのいきさつでありますとか、この調査会の答申がどのように事務局の中で受けとめられて、また近藤さんがどのようにそれを眺めておられたのかというあたり、思い出されることがございましたら、お教えください。

近藤　これは何回も提言されている問題ですので、実現している問題もありますし、実現していない問題もあります。私もこの当時は調査局長でしたから、ほかのところの所管事項ですけれども。

調査局の組織強化というのは、組織の統合メリットを出せるかどうかということが焦点になっていると思います。どうやってスケールメリットを出していけるか。

赤坂　そもそも、なぜ瀬島調査会が設置され、また、瀬島さんが会長になるという話になったんでしょうか。

近藤　そこら辺は調べていませんけれども、綿貫民輔衆議院議長も非常に議会改革には熱心でして、何らかの調査会を作って提言を頂こうということで始まったことです。

特に、政治倫理の問題ですよね。それから、具体的に言えば、国対政治の問題。この間も言っていますけれども、趣旨説明の関係で。趣旨説明問題というのは、国会審議の中ではかなり大きな問題点なんですよね。要するに日本の議会の性格の問題だろうと思いますからね。矮小事態的な一つの問題としてとらえ切れない問題が、日本の議会制度の性格の問題やらがこれに集まってくるわけですよね。だから、そこら辺の問題をどうしていくかということ。

その当時は、党首討論も始まった頃でしたし[20]、どういうふうにこれから発展させていけるかというような問題で、将来的にどういう展望を開いていくかということをも綿貫議長は言われまして、ご提言頂きました。情報公開部分については、それなりに私どもも一生懸命やったと思います。情報センターは、まだ組織的なものまで行っていませんけれども、ソフト部分ではやっています。

赤坂　この調査会が行っている調査の過程において、事務局としてのサポートでありますとか関与というものはありましたでしょうか。

近藤　必要な資料ですとか、過去の経過等々についてはお示ししていると思いますけれども、私も、直接担当しておりませんのでよく分かりません。

赤坂　調査会の事務局というのができて、その調査会事務局を、衆議院事務局、法制局も含めてサポートすると。

近藤　はい。

赤坂　答申だけじゃなくて、その間の議事録等も事務局には残されているのでしょうか。

近藤　済みません、無責任でございますが、会議録を作成してそれを公開しているかどうか、ちょっと調べてみないと分かりません[21]。

少なくともメモはとっているはずですけれども、どの程度まで会議録化しているのか、公開できるような状態になっているのかどうか、ちょっと自信がありません。

赤坂　これについての事務局内での受けとめ方、答申が出たときの波紋なり影響なりというのは、事務局内で何か御記憶のことはございますか。

近藤　前の方については継続的に議運などでも議論されていましたし、政治倫理基本法の問題については与野党間の政治ポイントにもなるぐらいで、結果は出ていませんけれども、議論はされてきていますし、党議拘束の問題、それから党首討論のあり方の問題もありますし、予算委員会の審議のあり方というのも議論はされていますけれども、明確な形での結論といいますか、制度改革的なものにまではちょっとまだ動いていない感じです。継続して議論がずっと行われているということです。議員会館は〔二〇一〇年〕六月に完成いたしますけれども。

赤坂　では、全体として、目新しい何かが出たというよりは、これまで継続的に議論の対象になってきたことが新たにまとめ直された、そういう御印象ですね。

それでは、この調査会の結論、答申自体が何かの影響を与えて実現した項目というのは、それほどないわけですか。これまで継続的にずっと進んできて、実現したものもあれば、していないものもある、そういう位置づけなんでしょうか。

近藤　議員会館は建設しておりますよね。

赤坂　それは、答申が出たからという話なのでしょうか。

近藤　具体化したのは、この答申の後ですよね。基本設計はそれより前だったかもしれませんけれどもね。あの頃も財政当局との軋轢がございましたから、ある意味で、そういう面での弾みにはなったかもしれません。基本計画、それはそう言われれば、新議員会館の建設はずっと前から言われていることで、狭い狭いというのはずっと言われていましたし、いわゆる財政の問題で進捗していなかったわけですから、それが具体的に進捗してきたということでは影響があったかもしれません。

項目的に言えば、自動車の民間借り上げは、今多分、基本的に民間借り上げにしているはずです。それから、情報の問題については、ソフト、ハード、この答申どおりいっていないかもしれませんけれども、一応いろいろやっております。事務局統合の話も、組織統合はありませんけれども、機能的には、図書館との機能統合では我々も一生懸命やっているつもりです。やはり情報量等は多くしていかなきゃいけないと。

◆ 退職を迎えて

奈良岡　調査局長時代のお話をかなり包括的に伺えて、有り難く思っております。

最後に、平成十六年、調査局長を長きにわたってお務めの後に退職しておられますけれども、退職の経緯について簡単にお話し頂ければと思います。

近藤　私、五十九歳三カ月で、六十歳よりは少し前にやめたんです。やめた時期は、常会の前です。常会の途中でやめるというわけにもいきませんし、常会に新しい体制で臨んで頂ければと思って、定年該当年の常会の前でやめたということです。

奈良岡　一般的に、ちょっと延ばして、常会が終わるまでやるということはないのですか。

近藤　私も、そこでやめることにしておりましたから、それ以上確認することもございませんけれども、調査局長という職務は、六十歳という定年はあるんでしょうけれども、どういう運用をされるかというのは、そこの時点では、少なくとも私には明確には入っておりませんでした。私はその前にやめるということになりましたので、それを確認する必要もございませんので。

赤坂　定年というのは、六十歳になった日に定年になるのか。その六十歳の年にやめるということなのか、そのあたりの運用はどうなっているのでしょうか。

近藤　私どもの管理職は、四半期というのですか、三カ月ごとで、誕生日該当の三カ月の末日でやめて、一般職員、非管理職の方の場合は年度末で、三月でやめられる。今はちょっと分かりません。私のときは、そのような基準を一応作ってはおりましたけれどもね。

赤坂　採用は原則一年に一回なのに、やめるのだけは誕生日とか四半期というのは、何か腑に落ちないところがありますけれどもね。

近藤　何が合理性かということですよね。だから、利益、不利益をどうやって与えないかということでしょう。そういうのを全体的に考えて頂いたとは思いますけれどもね。

だけれども、入るときは、新卒制度というのはやはりあるわけです。これからあるのかどうかは知りませんけれども、今までは新卒制度ということで、私も直接人事に対応したわけではありませんけれども、新卒制度というのは当然のことだろうという考えを持ってきましたから、四月一日というのはスタートラインとしてはそういうことですし、退職時、退職年齢を民法的に計算するならば、該当日が一番いいんでしょうけれども、該当日というのもやはり、組織である以上、毎日とは言いませんけれども、日に日にというのは人事管理上も好ましいこととも思えませんので、どこら辺が一番ということだと思います。

特に、うちの場合は国会審議がございますから、国会審議というのは期限がありまして、開閉、それから便宜、不便宜というのがある程度明確になりますので、そういう時期を探るというのも人事管理としては許されると思います。うちでは、何かの法案を担当していた者が、法案の入る前の日に、定年だからやめてくださいと言われたら、これは困りますから。その前から体制を組んでいればいいんですけれどもね。

奈良岡　五十九歳三カ月でということでしたけれども、そうしますと、十一月にお生まれですので、定年いっぱいまでということですと……。

近藤　要するに四半期ということならば、十二月三十一日かなとは思います。誕生日応当日でやっていたことはないと思いますから、応当日をどこに持ってくるかというのも一つの問題です。今はどうか知りませんけれどもね。今も、国会審議の関係がありますから、開会中は現体制でやって、閉会まで、まあ定年延長ということでもないんでしょうけれどもね。

奈良岡　それでは、目いっぱいまで勤められていたら、平成十六年の末に退職されていただろうと。

近藤　多分、その頃の制度だとそうなったと思いますね。

奈良岡　そうすると、翌月の一月から始まる常会に差し支えるであろうというお考えだったということでしょうか。

近藤　いやいや、それより前にやめるので、だからどこでやめるかということならば、常会の前にやめて、新しい体制で常会に臨んで頂いた方がいいということで、十六年の一月にやめたと。

赤坂　こういう、定年きっちりじゃなくてちょっと前に、国会審議の動向を見てやめられるというのは、割と多い、一般的な例なんでしょうか。さまざまですか。

近藤　調査したことはございませんけれども、そんなに多くはないと思います。大体、一応は定年まで。

赤坂　事務総長だけ定年がなくて、事務次長は定年がちょっと長いんでしたでしょうか。

近藤　今、どういうことになっているのか。例えば事務次官相当者は、一年か二年、退職年が延長されるということもあるようでございます。何か特別な指定者についてはそういうことらしいんですけれども、調査局長もその該当者になっているのかなっていないのか、申しわけございません、そういうことも調べておりません。その前にやめてしまいましたから。

奈良岡　国会の事務局というのは少し他の省庁とは違う部分があろうかと思いますので、おっしゃるように、どこまでが事務次官該当者に入るのかというのは、少し分かりがたいところはありますね。事務次長が事務次官相当ということでしたね。

近藤　法制局では法制次長。

赤坂　その次長といわば同格の調査局長を作ったのだと伺っているんですけれども、そうなると、形式上、入りそうな気もしますね。

ちょっと前にやめられたというお話でしたけれども、それは近藤さんなりのお考えがあって、特に確認するまでもなく、もうここでやめよう、そういうお考えだったということですか。

近藤　はい。そういうふうに御理解いただきたいと思います。その方がよかろうかなと。要するに、組織の問題じゃなくて、自分に対してその方が平穏かなと思っただけでございます。

---

(1)　議院事務局法でも第四条二項で「事務次長は、事務総長を助け局務を整理し、各部課の事務を監督する」としつつ、第二〇条で「衆議院事務局に係る第一条及び第四条の規定の適用については、〔…〕第四条第二項中「局務」とあるのは「局務（衆議院調査局に係る事務を除く。）」とする」旨を確認している。

(2)　一九九六年一〇月、民主党は、総務庁の行政監察局を廃止し、アメリカの会計検査院（GAO:General Accouting Office）をモデルにした行政監視評価委員会を国会の付属機関として設置するという構想を打ち出した。

これは、国民からの行政機関の業務に対する苦情の調査、法令の制定・改廃に関する国会への意見具申などを行う権限を付与しようとしたもので、同年一一月の第一三九回国会に民主党から法案が提出されたが、審議未了に終わった（『衆議院調査局一〇年の歩み』衆議院調査局、二〇〇八年）。

(3)　今野彧男（著）、赤坂幸一・奈良岡聰智（編著）『国会運営の裏方たち――衆議院事務局の戦後史』（信山社、二〇一一年）の「間奏Ⅱ」を参照。

(4)　本文後記のように、批判・統制する、の意である。

(5)　議院事務局法第一二条、第一五条二号も参照。

(6)　予備的調査の一覧については、各年度の「衆議院の動き」のほか、本文に前掲の『衆議院調査局十年の歩み』に掲載されている。

(7)　谷福丸氏オーラル・ヒストリー（未公刊）第四回記録によれば、専門員（調査室長）は、段階はあるが、最高で事務次官クラスの給与まで出せるようになっている。そのため、各省は、局長経験者で次官に就任できない者を送り込んでいたという。

(8)　隠退蔵物資とは、太平洋戦争中に日本軍が本土決戦に備えて貯蔵していた物資のこと。終戦後、鈴木貫太郎内閣はそれらを民間に売却することを決定したが、これらのうちの相当部分が行方不明となり、一九四七年の衆議院決算委員会で問題視されるに至った。衆議院に設置された不当財産取引調査特別委員会が実態を調査したところ、一部の物資が密かに売却され、そこから得られた金の一部が政界のフィクサーと目された辻嘉六の手に渡り、政界工作などに利用されていたことが判明した。このいわゆる匿退蔵物資事件（辻嘉六事件）を契機に、検察庁に隠匿退蔵物資事件捜査部（現特別捜査部）が設置された。

(9)　衆議院事務局に確認したところ、第一四一回国会における一九九七年一二月一一日の議運申合せ（国会法改正小委員会で起案したもの）以外には見当らないとのことであった。

(10)　「後天性免疫不全症候群の予防に関する法律案策定過程に関する予備的調査」（要請者：山本孝史外六二名、提出日：一九九八年三月二四日、報告書提出日：同年四月三〇日）。

(11)　「中華人民共和国ベチェーン医科大学病院に対する政府開発援助に関する予備的調査」（要請者：中村鋭一外三九名、提出日：一九九八年六月一八日、報告書提出日：同年一〇月六日）。

(12)　「特定公益増進法人の認定及び寄附の実態に関する予備的調査」（提出者、山本孝史外四一名、提出日：一九九九年八月一一日、報告書提出日、同年一一月五日）。

(13)「公共事業の個別事業内容・実施状況等に関する予備的調査」(要請者、前原誠司外四〇名、提出日、一九九九年一二月九日、報告書提出日、二〇〇〇年三月一六日)。

(14)「国鉄長期債務関連法案に関する予備的調査」(要請者:佐藤敬夫外五四名、提出日:一九九八年四月一三日、報告書提出日:同年五月二二日)。

(15)「医原性クロイツフェルト・ヤコブ病に関する予備的調査」(要請者:中川智子外五三名、提出日:二〇〇〇年二月二八日、解散により消滅)。その後、同名の予備的調査が、中川智子外六五名から二〇〇〇年八月一日に要請され、同年九月一二日に報告書が提出されている。

(16)「知的財産権保護に関する施策と教育現場における著作権保護に関する予備的調査」(要請者:額賀福志郎外四一名、提出日:二〇〇五年八月八日、解散により消滅)。

(17)「国会等の移転の規模及び形態等の見直しに関する予備的調査」(国会等移転特別委員会の議決に基づく予備的調査、議決日:二〇〇二年七月三〇日、報告書提出日:同年一〇月一六日)。

(18)「東海地震の強震動予測に基づく主要施設の耐震安全性に関する予備的調査」(要請者:細野豪志外四四名、提出日:二〇〇二年七月二三日、報告書提出日:同年一〇月一七日)。

(19)瀬島調査会とは、二〇〇一年四月、議会政治のあるべき姿を求めて、綿貫民輔衆議院議長によって設置された私的諮問機関「衆議院改革に関する調査会」(会長:瀬島龍三NTT相談役)のことである。同調査会は、同年一一月に綿貫議長に答申を提出し、政治倫理基本法の制定、党議拘束の緩和、請願の積極的活用、国会情報センターの設置、衆参事務局組織の統合推進などを掲げた(前掲、『衆議院調査局十年の歩み』五九〜六〇頁)。この答申は、新しい日本をつくる国民会議(二一世紀臨調)のホームページで見ることができる(http://www.secj.jp/pdf/20011119-2.pdf 二〇一〇年七月一五日アクセス)。瀬島龍三の政治改革に対する考え方については、瀬島龍三『祖国再生』(PHP文庫、二〇〇九年、原著はPHP研究所、一九九七年)を参照。

(20)国会における党首討論は、一九九九年から開始された。党首討論の開始については、以下の文献を参照。大山礼子「党首討論とイギリス型議院内閣制」(『ジュリスト』一一七七号、二〇〇〇年五月)、佐々木勝実「国会審議活性化法に基づく国会審議——党首討論の実施手続を中心に」(『議会政治研究』五五号、二〇〇〇年九月)、木下和朗「党首討論制に関する考察(一)」(『熊本法学』一一三号、二〇〇八年二月)。

(21)衆議院事務局に確認したところ、同調査会は綿貫議長の私的諮問機関であり、会議は非公開、議事録も非公開とのことである。

オーラル・ヒストリーを終えて

◆オーラル・ヒストリーを終えて――事務局の後輩たちへ

赤坂　長らくお話を伺ってまいりました。最後に、今、これだけは言っておきたいという、事務局の後輩たちに語り残すことを一つ挙げるとすれば、どういうものがありますか。

近藤　今も、後輩の皆さんにお尋ねすると、先例というものに対していろいろ御批判というか、受け入れられないという空気が非常に強いそうでして、やはり極めて保守的だという感じで受け取られているようです。ですけれども、明治二十何年から営々と百数十年にわたってきた事務局の人間が考えてきたものですから、やはり考えて頂きたいなということだと思います。

やはり、制度の問題と内容の問題、これがどういうふうな形になるのか。前にも言ったかもしれませんけれども、個人的に、口幅ったいことを言うんですけれども、多分ヘーゲルだったと思いますけれども、「哲学は形式であり内容は宗教である」と彼は言ったと思うんですね。勉強していませんけれども、確かに哲学は形式で、では宗教は何だというと、宗教もやはり形式。それで、追い求められるのは形式。やはり形式を必死になって追い求めている。では、形式の対象は何かというのは、サルトルじゃございませんけれども、彼は自由だけだと言うんです。自由だけだというのは、個々人のその脳裏というか胸中にしか内容はないということに立たなきゃいけないんですね。そうなると、形式を追い求める中で、その対象か、あるいはその内容的なものがここに浮かび上がってくるのかなという気がするんですね。

だから、最初から内容だけ追求するということが議会制度として可能なのかどうかということ。となると、政治が求められるのは政治の結果であり、政治の結果は個々具体的な事象だと思うんですね。それを求められる。それさえ求められれば、それに合う制度が彼らに要求されてくるわけですね。そうすると、極めてアクチュアルな問題だと思うんですね。ということになると、ある意味、普遍的なものを持った内容を形成されているのかどうか、ということ。それは、先例だけではないですけれども、先例も含めて制度というものの中に、何とか考えていかなきゃいけないのではないか、という話です。

私も三十数年間、確かに、我々が与えられた職務というのは制度の問題ですから、それはある意味では内容をどうするかということを非常に私も希求しました。我々にやらせてもらえないかと思いました。やはり我々の職務として、制度の問題ですけれども、その制度の問題というのも、原則に齟齬するような形で求められることもある。それは、その時々の事象を最も効率的、合理的に内容化できるシステムが求められるということである。

しかし、果たしてそれでいいのかどうかということになれば、私ども事務局は、特に議事手続でいえば、事務局が、『先例集』的に言って、議事手続にある程度関与できる権能なりを持たせて頂けるならば、結果はどうなるか知りませんけれども、そこら辺のところで、不偏不党とは言いませんけれども、そういうものはやはり事務局職員として求めさせて頂けないかなという気はいたします。

＊本書の作成に当たっては，その経費の一部につき，次の助成金からの援助を受けた。

①平成二十一年度科学研究費（基盤研究（A））「衆議院事務局の未公開資料群に基づく議会法制・議会先例と議院事務局機能の研究」（研究代表者：大石眞）

②平成二十一年度サントリー文化財団「人文科学，社会科学に関する研究助成」「議会事務局の未公開資料による憲政史研究の新展開」（研究代表者：大石眞）

③平成二十一年度科学研究費補助金（若手（B））「近代日本における二大政党制の展開過程の実証的研究――新資料に基づいて」（研究代表者：奈良岡聰智）

④平成二十三年度科学研究費（若手（B））「議会法・議会先例の形成過程の解明」（研究代表者：赤坂幸一）

⑤平成二十二年度二十一世紀文化学術財団学術奨励金「国会法制の形成及び運用に関する基礎的研究」（研究代表者：赤坂幸一）

⑥JFE二一世紀財団二〇一〇年度アジア歴史研究助成（研究代表者：赤坂幸一）

⑦日本証券奨学財団平成二十二年度研究調査助成金（研究代表者：赤坂幸一）

以　上

個人年表

近藤誠治

◇昭和十九年
十一月　二十二日、愛知県丹羽郡大口村大字小口字西屋敷にて、農家の三男として生まれる。

◇昭和三十二年
三月　大口村立大口北小学校卒業。

◇昭和三十五年
三月　大口中学校卒業。

◇昭和三十八年
三月　愛知県立一宮高校卒業。

◇昭和三十九年
四月　静岡大学文理学部法経学科入学

◇昭和四十四年
三月　静岡大学文理学部法経学科卒業。
・（在学中）国家公務員試験に合格。
三月　二十日、衆議院事務局に採用される。
四月　一日、衆議院参事。
〔昭和四十四～六十一年〕
・委員部で商工委員会を担当（昭和四十四-四十六年）。
・地方行政委員会を担当（昭和四十六-四十七年）。

・議事部議事課で、議院運営委員会の関係事務、議事進行係りの原稿作成、議長の議事順序（いわゆる次第書）の作成事務を担当（昭和四十七–五十八年）。
・委員部で科学技術委員会を担当（昭和五十八–六十年）。
・法務委員会を担当（昭和六十–六十一年）。

昭和六十一年
七月　一日、委員部第九課長

昭和六十二年
十二月　十六日、議事部議事課長

平成四年
一月　一日、議事部副部長
・議事課長事務取扱（～平成六年一月一日）

平成六年
一月　一日、議事部長

平成九年
十一月　十九日、事務次長
・議事部長事務取扱（～平成十年一月十二日）
・兼調査局長（平成十年一月十二日～平成十年七月一日）

平成十年
七月　一日、調査局長

平成十六年
一月　十六日、退職（在職三十四年十カ月）

四月　国立大学法人東京学芸大学監事

平成十八年

三月　国立大学法人東京学芸大学監事退任。

四月　独立行政法人国立高等専門学校機構監事

平成十九年

三月　同退任（〜現在に至る）

〈資　料〉

1　衆議院事務局幹部一覧（昭22〜）／2　衆議院事務局幹部一覧（昭64〜平23）／

3　衆議院内全体図（現在）

〈資料1〉衆議院事務局幹部一覧

一 衆議院事務総長

〈歴代〉	〈氏名〉	〈国会回次〉	〈当選年月日〉	〈辞任年月日〉
1	大池眞	自一回 至一五回	昭和22・5・22	昭和27・11・7
2	大池眞	自一五回 至二三回	27・11・7	30・11・22
3	鈴木隆夫	自二三回 至三五回	30・11・22	35・7・22
4	山﨑高	自三五回 至四六回(閉)	35・7・22	39・8・22
職務代行	久保田義麿	自四六回(閉) 至四六回(閉)	39・8・22	39・11・8
5	久保田義麿	自四七回 至五五回	39・11・9	42・7・21
6	知野虎雄	自五五回 至七一回	42・7・21	48・9・27
7	藤野重信	自七一回 至七七回(閉)	48・9・27	51・7・4
職務代行	大久保孟	自七七回(閉) 至七八回	51・7・4	51・9・16
8	大久保孟	自七八回 至九二回	51・9・16	55・7・25
9	荒尾正浩	自九二回 至九六回	55・7・25	57・8・5
10	弥富啓之助	自九六回 至一一四回	57・8・5	平成元・6・8
11	緒方信一郎	自一一四回 至一二九回	平成元・6・8	6・6・16
	谷福丸	自一二九回 至一五八回	6・6・16	15・11・27
	駒崎義弘	自一五八回 至一七一回	15・11・27	21・7・9
	鬼塚誠	自一七一回 現職	21・7・9	現職

二 衆議院事務次長、部長

〈肩書〉	〈氏名〉	〈就任年月日〉	〈退任年月日〉
事務次長	西澤哲四郎	昭和22・5・24	昭和28・3・5
	鈴木隆夫	28・3・5	30・11・22
	山﨑高	30・11・28	35・7・22
	久保田義麿	35・7・23	39・11・9
	知野虎雄	39・11・9	42・7・21
	藤野重信	42・7・22	48・9・27
	大久保孟	48・9・27	51・9・16
	荒尾正浩	51・9・16	55・7・25
	弥富啓之助	55・7・25	57・8・5
	泉清	57・8・5	58・8・5
	星野秀夫	58・8・5	60・8・12
	中島隆	60・8・12	62・3・20
	緒方信一郎	62・3・20	平成元・6・8
	池田稔	平成元・6・8	3・1・10

	谷　福丸	3・1・10–6・6・16
	川上　均	6・6・16–9・11・19*
	近藤誠治	9・11・19–10・7・1
	駒崎義弘	10・7・1–15・11・27
	鬼塚　誠	15・11・27–21・7・9
	清土恒雄	21・7・9–22・6・30*
	井上茂男	22・7・1–23・6・30*
部長（注＝カッコ内の部課は廃止となったものである。）		
（調査部長）		
兼	西澤哲四郎	昭和22・5・24–昭和22・7・5
	三浦義男	22・7・5–22・8・23
事務取扱	西澤哲四郎	22・8・23–23・9・8
調査局長	近藤誠治	平成10・1・12–平成6・1・16* （平成10年7月1日までは、事務次長との兼職。）
（法制部長）	大西　勉	16・1・19–19・7・12*
	清土恒雄	19・7・13–21・7・9
	井上茂男	21・7・9–22・7・1
	山本直和	22・7・1–現職
議事部長	諸橋　襄	昭和22・6・19–昭和22・8・20
	三浦義男	22・8・23–23・7・9
兼	西澤哲四郎	22・5・24–24・10・1
事務取扱	西澤哲四郎	24・10・1–28・3・5
事務取扱	鈴木隆夫	28・3・5–30・11・22
事務取扱	山崎　高	30・11・28–33・5・10

	内藤秀男	33・5・10–40・7・1
事務取扱	知野虎雄	40・7・1–42・7・21
	泉　清	42・7・22–57・8・5
事務取扱	泉　清	57・8・5–58・1・7
	中島　隆	58・1・7–58・8・5
	古田和也	58・8・5–60・7・1
	桂　俊夫	60・7・1–62・12・16
	木村俊之	62・12・16–平成元・2・6
	峰崎高次	平成元・2・6–4・6・30*
	谷　福丸	4・7・1–6・1・1
		（事務取扱（但し、一時的に事務取扱がほかの人に移った期間は換算しない。））
	近藤誠治	6・1・1–10・1・12
	杉谷正秀	10・1・12–10・7・1
	鬼塚　誠	10・7・1–11・8・20
	清土恒雄	11・8・20–15・8・1
	山本直和	15・8・1–16・7・1
	井上茂男	16・7・1–17・1・1
	山下　登	17・1・1–20・6・30*
	白井　誠	20・7・1–22・7・1
	向大野新治	22・7・1–現職
委員部長	鈴木隆夫	昭和22・5・24–昭和28・3・5
	山崎　高	28・3・5–30・11・28
	茨木純一	30・11・28–33・5・10
	久保田義麿	3・5・10–35・7・23
	知野虎雄	35・7・23–39・11・9

〈肩書〉	〈氏名〉	〈就任年月日〉	〈退任年月日〉
	藤野重信	39・11・9	42・7・22
	大久保孟	42・7・22	48・9・27
	三樹秀夫	48・9・27	51・1・6
事務代理	荒尾正浩	51・1・6	51・1・22
	荒尾正浩	51・1・22	51・9・16
	弥富啓之助	51・9・16	55・7・25
	進藤秀雄	55・7・25	56・12・15
事務取扱	弥富啓之助	56・12・15	57・1・4
	星野秀夫	57・1・4	58・8・5
	中島隆	58・8・5	60・8・12
事務取扱	中島隆	60・8・12	60・9・1
	右田健次郎	60・9・1	61・8・11
	池田稔	61・8・11	平成元・9・25
		（平成元年6月8日-同年9月25日は、事務取扱。）	
	平野貞夫	平成元・9・25	4・2・28*
	川上均	4・3・1	6・10・7
		（平成6年6月16日-同年10月7日は、事務取扱。）	
	松下英彦	6・10・7	7・7・1
	大坪道信	7・7・1	8・7・1
	大西勉	8・7・1	9・7・1
	駒崎義弘	9・7・1	11・8・20
		（平成10年7月1日-11年8月20日は、事務取扱。）	
	鬼塚誠	11・8・20	16・1・1

		（平成15年11月27日-16年1月1日は、事務取扱。）	
	緒方輝男	16・1・1	20・6・30*
	山本直和	20・7・1	22・7・1
	清野宗広	22・7・1	現職
記録部長			
心得	小泉弘	昭和22・6・19	昭和23・9・24
心得	小池元男	23・9・24	24・11・11
	小池元男	24・11・11	30・11・28
	久保田義麿	30・11・28	33・5・10
	茨木純一	33・5・10	38・4・1
事務取扱	久保田義麿	38・4・1	38・6・12
	藤野重信	38・6・12	39・11・9
	弥富啓之助	39・11・9	42・7・22
	福水達郎	42・7・22	48・9・27
	進藤秀雄	48・9・27	51・1・22
	中嶋米夫	51・1・22	53・9・8
	中島隆	53・9・8	55・7・25
	古田和也	55・7・25	57・1・4
	馬渕善七	57・1・4	57・12・27
事務代理	池田稔	57・12・27	58・1・7
	多田俊幸	58・1・7	61・8・11
	内野林郎	61・8・11	62・12・16
	堀口一郎	62・12・16	平成2・1・23
	岩永英一	平成2・1・23	
庶務部長			
	山崎高	昭和22・5・24	昭和28・3・5
兼	山崎高	28・3・5	28・4・1

	久保田義麿	28・4・1	30・11・28
	知野虎雄	30・11・28	35・7・23
兼	知野虎雄	35・7・23	35・10・14
	山野雄吉	35・10・14	36・3・10
	藤野重信	36・3・10	38・6・12
	大久保孟	38・6・12	42・7・22
	三樹秀夫	42・7・22	48・9・27
	荒尾正浩	48・9・27	51・1・22
	弥富啓之助	51・1・22	51・9・16
	福水達郎	51・9・16	55・7・25
	星野秀夫	55・7・25	57・1・4
	中島隆	57・1・4	58・1・7
	右田健次郎	58・1・7	60・9・1
	緒方信一郎	60・9・1	62・3・20
事務取扱	緒方信一郎	62・3・20	62・7・1
	中里煥	62・7・1	平成元・6・30
	谷福丸	平成元・7・1	
管理部長			
	内藤秀男	昭和30・12・26	昭和33・5・10
兼	内藤秀男	33・5・10	33・6・16
	藤野重信	33・6・16	36・3・10
	大久保孟	36・3・10	38・6・12
	三樹秀夫	38・6・12	42・7・22
	荒尾正浩	42・7・22	48・9・27
	弥富啓之助	48・9・27	51・1・22
	福水達郎	51・1・22	51・9・16
	進藤秀雄	51・9・16	55・7・25
	中島隆	55・7・25	57・1・4
	古田和也	57・1・4	58・8・5

	池田稔	58・8・5	61・8・11
	中里煥	61・8・11	62・7・1
	多田俊幸	62・7・1	平成元・11・6
	山田理平	平成元・11・6	
警務部長			
	小泉弘	昭和22・5・3	昭和22・6・19
	茨木純一	22・6・19	30・11・28
	山野雄吉	30・11・28	35・10・14
兼	山野雄吉	35・10・14	36・3・10
	山野雄吉	36・3・10	39・3・23
	荒尾正浩	39・3・23	42・7・22
	弥富啓之助	42・7・22	48・9・27
	福水達郎	48・9・27	51・1・22
	進藤秀雄	51・1・22	51・9・16
	星野秀夫	51・9・16	55・7・25
	中川一郎	55・7・25	57・6・1
事務取扱	弥富啓之助	57・6・1	57・7・1
	池田稔	57・7・1	58・8・5
	中里煥	58・8・5	61・8・11
	多田俊幸	61・8・11	62・7・1
	有山茂夫	62・7・1	
（渉外課長）			
	島静一	昭和23・9・8	昭和27・4・16
（人事課長）			
	山野雄吉	昭和24・10・4	昭和28・4・1
事務取扱	久保田義麿	28・4・1	29・7・24
事務取扱	茨木純一	29・7・24	29・9・21
事務取扱	久保田義麿	29・9・21	30・11・28
事務取扱	知野虎雄	30・11・28	30・12・26

〈肩書〉	〈氏名〉	〈就任年月日〉	〈退任年月日〉
秘書課長	長倉司郎	33・5・15	35・1・21
	久保田義麿	昭和22・5・3	昭和28・4・1
	山野雄吉	28・4・1	30・11・28
	長倉司郎	30・11・28	33・5・15
事務取扱	山野雄吉	33・5・15	33・7・10
事務取扱	知野虎雄	33・7・10	33・9・9
	吉瀬宏	33・10・1	36・7・16
	荒尾正浩	36・7・18	39・3・23
	福水達郎	39・3・23	42・7・22
事務取扱	福水達郎	42・7・22	42・11・1
	進藤秀雄	42・11・1	48・9・27
事務取扱	進藤秀雄	48・9・27	48・11・1
	中島隆	48・11・1	53・9・8
	多田俊幸	53・9・8	56・7・1
事務取扱	多田俊幸	56・7・1	58・1・7
	谷福丸	58・1・7	62・12・16
事務取扱	谷福丸	62・12・16	平成元・7・1
	川上均	平成元・7・1	
〈渉外室長〉			
兼	長倉司郎	昭和32・6・1	昭和33・5・15
兼 事務取扱	山野雄吉	33・5・15	33・7・10
	正岡寿	33・7・10	33・9・15
事務取扱	山野雄吉	33・9・15	33・10・1
兼	吉瀬宏	33・10・1	34・1・24
	松尾隆男	34・1・24	36・2・1
事務代理	吉瀬宏	36・2・17	36・3・20
	奥田直一	36・3・20	36・4・1

渉外部長 事務取扱	久保田義麿	昭和36・4・1	昭和36・9・1
	光藤俊雄	36・9・1	39・11・20
	西村勘一	39・11・20	43・1・6
	中根正己	43・1・6	46・9・14
	奈良賀男	46・10・6	49・12・12
	前田正裕	49・12・12	53・10・27
	淺羽滿夫	53・10・27	56・5・19
	西宮一	56・5・19	59・1・20
	内田園生	59・1・20	60・7・20
	桑形昭正	60・7・20	
憲政記念館長 事務取扱	大久保孟	昭和49・7・1	昭和50・1・14
	武井次男	50・1・14	51・9・29
	横倉市蔵	51・9・29	52・9・1
	後藤英三郎	52・9・1	55・7・23
事務取扱	荒尾正浩	55・7・23	55・7・25
	堀籠一矢	55・7・25	59・9・11
	桂俊夫	59・9・11	60・7・1
	内野林郎	60・7・1	61・8・11
	國廣貴代治	61・8・11	62・12・16
	大友武	62・12・16	

〈参考資料〉
『職員録』（昭和64年-平成13年版は、大蔵省印刷局発刊、平成14年-15年版は、財務省印刷局発刊、平成16年版以降は、国立印刷局発刊）
データベース「官報情報検索サービス」（平成23年7月4日閲覧）

〈資料２〉：**衆議院事務局幹部一覧**（昭和64年──平成23年度）──職員録より

	事務総長	事務次長	調査局長	委員部長	議事部長
昭和64年	弥富啓之助	緒方信一郎		池田　稔	木村俊之
（平成元年）３月追録					峰崎高次
平成２年	緒方信一郎	池田　稔		池田　稔	峰崎高次
３月追録				平野貞夫	
平成３年	緒方信一郎	池田　稔		平野貞夫	峰崎高次
３月追録		→谷　福丸			
平成４年	緒方信一郎	谷　福丸		平野貞夫	峰崎高次
平成５年	緒方信一郎	谷　福丸		川上　均	谷　福丸
平成６年	緒方信一郎	谷　福丸		川上　均	谷　福丸
３月追録					近藤誠治
平成７年	谷　福丸	川上　均		川上　均	近藤誠治
３月追録				松下英彦	
平成８年	谷　福丸	川上　均		大坪道信	近藤誠治
平成９年	谷　福丸	川上　均		大西勉	近藤誠治
平成10年	谷　福丸	川上　均		駒崎義弘	近藤誠治
３月追録		近藤誠治	（兼）近藤誠治		杉谷正秀
平成11年	谷　福丸	駒崎義弘	近藤誠治	駒崎義弘	鬼塚　誠
平成12年	谷　福丸	駒崎義弘	近藤誠治	鬼塚　誠	清土恒雄
平成13年	谷　福丸	駒崎義弘	近藤誠治	鬼塚　誠	清土恒雄
平成14年	谷　福丸	駒崎義弘	近藤誠治	鬼塚　誠	清土恒雄
平成15年	谷　福丸	駒崎義弘	近藤誠治	鬼塚　誠	清土恒雄
平成16年	谷　福丸	駒崎義弘	近藤誠治	鬼塚　誠	山本直和
３月追録	駒崎義弘	鬼塚　誠	大西　勉	緒方輝男	山本直和
平成17年	駒崎義弘	鬼塚　誠	大西　勉	緒方輝男	井上茂男
３月追録					山下　登
平成18年	駒崎義弘	鬼塚　誠	大西　勉	緒方輝男	山下　登
平成19年	駒崎義弘	鬼塚　誠	大西　勉	緒方輝男	山下　登
平成20年	駒崎義弘	鬼塚　誠	清土恒雄	緒方輝男	山下　登
平成21年	駒崎義弘	鬼塚　誠	清土恒雄	山本直和	白井　誠
平成22年	鬼塚　誠	清土恒雄	井上茂男	山本直和	白井　誠
平成23年	鬼塚　誠	井上茂男	山本直和	清野宗広	向大野新治

＊追録は、京都大学付属図書館・京都府立図書館所蔵のうち、該当する役職に変更があったもののみを記した。

〈資料３－１〉　衆議院内全体図〔１階〕

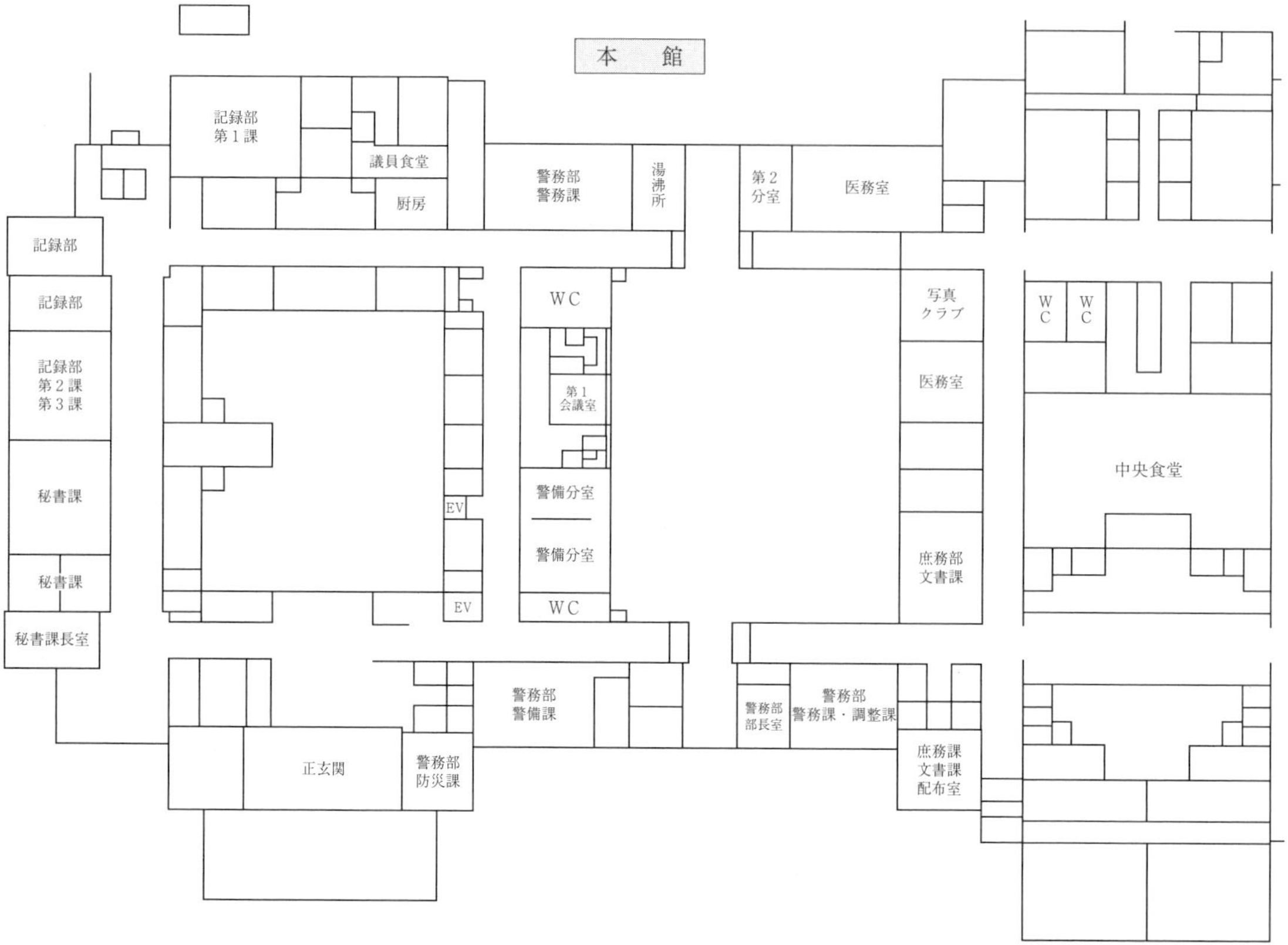

〈資料３－２〉　衆議院内全体図〔２階〕

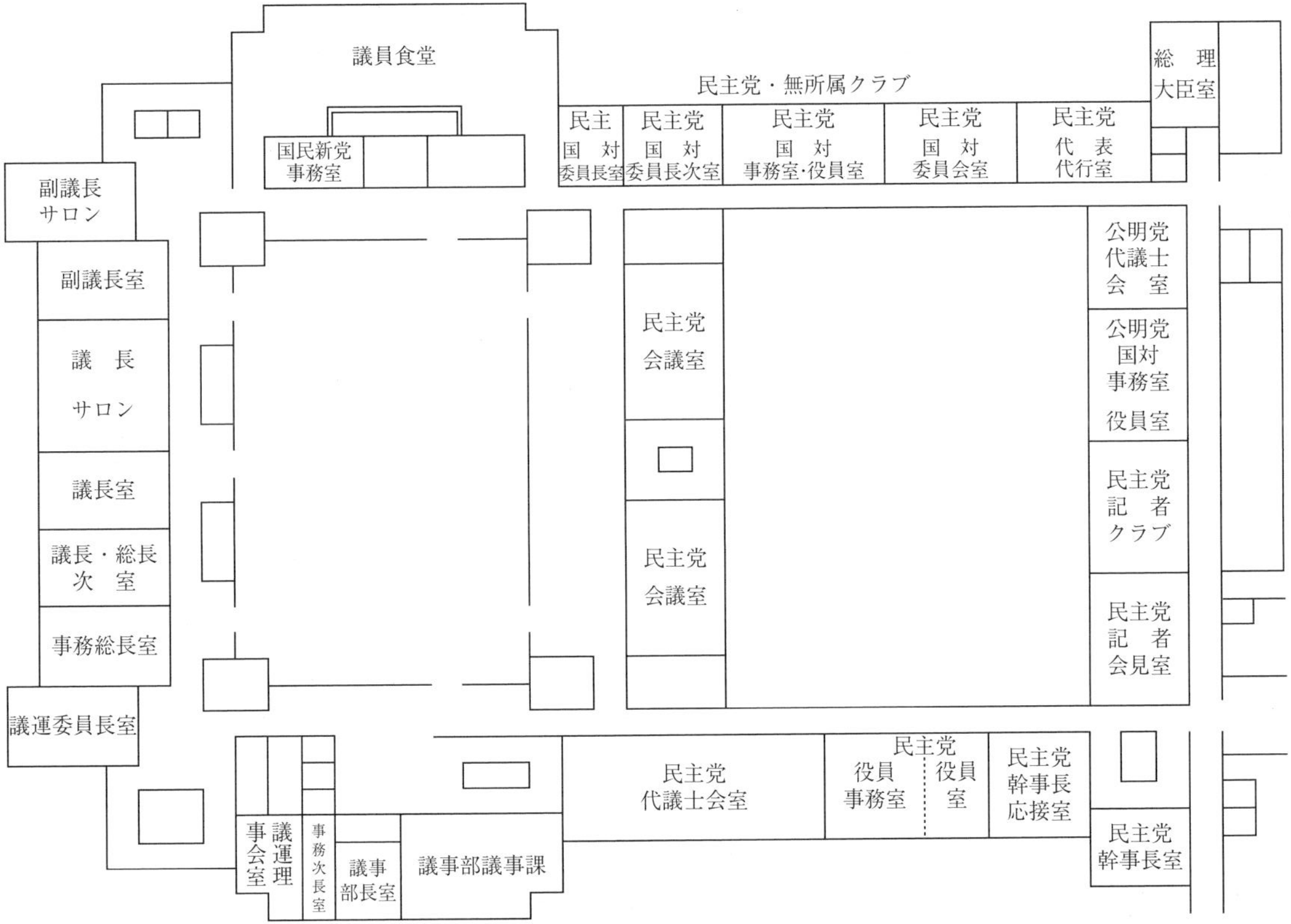

〈資料3－3〉 衆議院内全体図〔3階〕

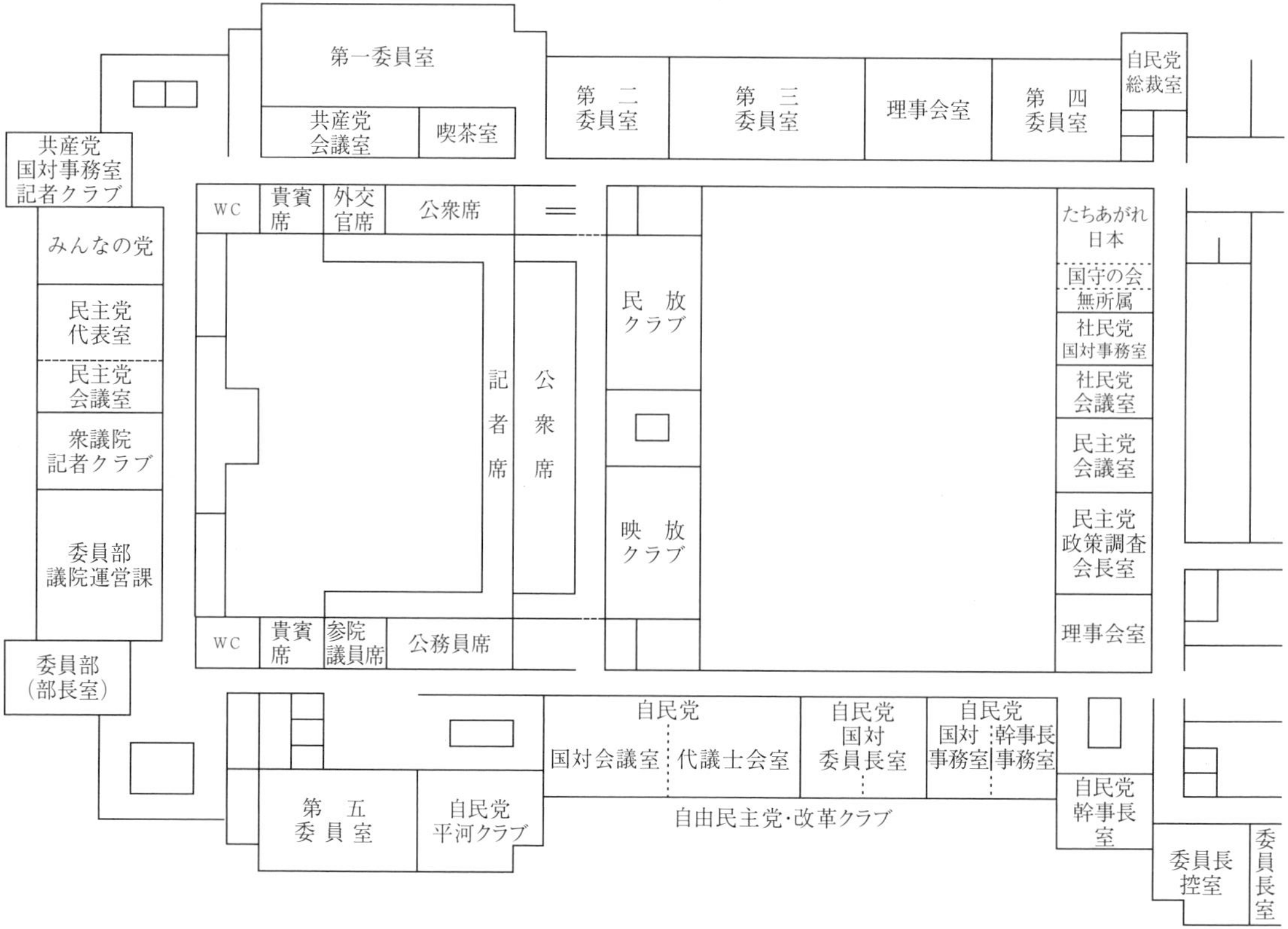

人名索引

ア　行

相沢英之 …… 64
青木伊平 …… 190
芦田均 …… 242, 353
我妻栄 …… 15
麻生太郎 …… 126, 127, 242
新井将敬 …… 350, 356
荒尾正浩 …… 25, 339, 356
池田勇人 …… 19
石原信雄 …… 276, 277
泉　清 …… 127, 164
伊藤宗一郎 …… 349
伊藤博文 …… 317
井上毅 …… 318, 355
上田哲 …… 305
宇野宗祐 …… 167, 190, 196
エンゲルス，フリードリヒ …… 15
大久保孟 …… 25, 50, 51, 339
大西勉 …… 24, 30, 46
大平正芳 …… 76, 144, 152, 267
岡田克也 …… 290
緒方信一郎 …… 25, 299
緒方林太郎 …… 353
奥田敬和 …… 269
小佐野賢治 …… 128, 242
小沢一郎 …… 236, 238, 353
小沢佐重喜 …… 214
鬼塚誠 …… 263

カ　行

海部俊樹 …… 137, 196, 198, 199, 240, 353
勝澤芳雄 …… 137
桂俊夫 …… 308, 312–315, 317
金子堅太郎 …… 355
川上均 …… 333
川崎二郎 …… 236
河村建夫 …… 242
カント，イマヌエル …… 17
菅直人 …… 156, 204, 241
木内重四郎 …… 355
清宮四郎 …… 17, 188
久保田義麿 …… 25
桑形昭正 …… 45
小泉純一郎 …… 137
皇太子（今上天皇）…… 176, 178
皇太子（浩仁親王）…… 242
鴻池祥肇 …… 126
小坂憲次 …… 138
駒崎義弘 …… 24, 25

サ　行

櫻内義雄 …… 167, 168, 215, 241
佐藤栄作 …… 19, 37
サルトル，ジャン=ポール …… 416
重宗雄三 …… 37
渋沢利久 …… 243
清水勇 …… 137
昭和天皇 …… 176–178
白井誠 …… 221, 241
鈴木貫太郎 …… 414
鈴木隆夫 …… 25, 164, 253, 299, 302
鈴木安蔵 …… 17
スタンダール …… 15
瀬島龍三 …… 408, 415
曾禰荒助 …… 317, 318, 330, 355

◈ タ　行 ◈

大正天皇 …… 179
高橋和巳 …… 15
竹下登 …… 137, 167, 168, 183, 184, 189, 190, 196, 276, 277, 353
田澤吉郎 …… 137, 240
伊達秋雄 …… 14
田中角栄 …… 64, 76
田中彰治 …… 187, 242
谷福丸 …… 24, 25, 30, 45, 147, 176, 263, 299, 306, 334, 335, 361, 362
田村元 …… 167, 168, 241
知野虎雄 …… 25, 50, 51, 164, 214
司葉子 …… 64
辻嘉六 …… 414
土井たか子 …… 286, 289–291, 295
ドストエフスキー，フョードル …… 15

◈ ナ　行 ◈

内藤秀男 …… 164
中曽根康弘 …… 14, 32, 77, 185, 190
灘尾弘吉 …… 147, 241
西沢哲四郎 …… 164

◈ ハ　行 ◈

橋本龍太郎 …… 294, 295, 333, 350, 356
羽田孜 …… 267, 276, 279, 282, 295, 353
鳩山一郎 …… 355, 353
鳩山由紀夫 …… 353
浜田幸一 …… 102, 128
原健三郎 …… 167, 168, 241
日野原節三 …… 242
ヒューム，デイヴィド …… 18
平野克明 …… 16
平野義太郎 …… 16
平野貞夫 …… 135, 136, 144, 236, 237
広津和郎 …… 11
福田赳夫 …… 76
福田一 …… 147, 241
福永健司 …… 147
藤野重信 …… 25, 50, 51
ヘーゲル，ゲオルク・ヴィルヘルム・フリードリヒ …… 18, 416
細川護熙 …… 145, 190, 197, 216, 223, 228, 232, 266, 269, 276, 278, 295, 353
保利茂 …… 161, 162

◈ マ　行 ◈

前尾繁三郎 …… 160–162
マルクス，カール …… 14
三木武夫 …… 144
水上浩躬 …… 355, 356
水野遵 …… 330
美智子皇后 …… 242
三宅正一 …… 161
宮沢俊義 …… 17, 188
宮澤喜一 …… 202, 205, 206, 211, 215, 216, 355
宮本顕治 …… 128
村松岐夫 …… 265
村山富市 …… 281–286, 295, 353
メイ，アースキン …… 328
明治天皇 …… 179
森喜朗 …… 137
守屋武昌 …… 353
モンテスキュー，シャルル・ド …… 17

◈ ヤ 行 ◈

弥富啓之助 ……………………………………25
柳家金語楼 ……………………………………64
山口鶴男 ………………………………………137
山﨑高 …………………………………………25
ユーゴー，ビクトル …………………………15
吉田茂 ……………………………242, 267, 353
吉行淳之介 ……………………………………14

◈ ラ 行 ◈

ルソー，ジャン=ジャック …………………17
ロック，ジョン ………………………………18

◈ ワ 行 ◈

綿貫民輔 ……………………………408, 409, 415
渡部恒三 ……………………………………349
和辻哲郎 ………………………………………4

〈編著者紹介〉

赤 坂 幸 一（あかさか・こうい ち）

1975 年　京都府長岡京市に生まれる
1998 年　京都大学法学部卒業
2003 年　金沢大学法学部助教授。広島大学大学院法務研究科准教授を経て、
2010 年　九州大学大学院法学研究院准教授

〈主要著作〉

「解散の原理とその運用」『各国憲法の差異と接点　初宿正典先生還暦記念論文集』（成文堂、2010年）141頁以下
「事務局の衡量過程のÉpiphanie」（『逐条国会法〔第1巻〕』（信山社、2010年）所収）
コンラート・ヘッセ『ドイツ憲法の基本的特質』（成文堂、2006年（初宿正典と共訳））ほか
「統治システムの運用の記憶――議会先例の形成」『レヴァイアサン』48号（2011年）

奈良岡聰智（ならおか・そうち）

1975 年　青森県青森市に生まれる
1999 年　京都大学法学部卒業
2004 年　京都大学大学院法学研究科博士後期課程修了
同　 年　京都大学法学研究科助教授
2006 年　同准教授

〈主要著作〉

『加藤高明と政党政治――二大政党制への道』（山川出版社、2006年）
「消費税導入をめぐる立法過程の検討――「平野貞夫日記」を手がかりに――」（『レヴァイアサン』48号、2011年）
「近代日本政治と「別荘」――「政界の奥座敷」大磯を中心として」筒井清忠編著『政治的リーダーと文化』（千倉書房、2011年）

〈著者紹介〉

近 藤 誠 治（こんどう・せいじ）

1944年　愛知県に生まれる。
1969年　静岡大学文理学部法経学科卒業。
1969年　衆議院参事
1986年　衆議院委員部第9課長
1987年　衆議院議事課長
1992年　衆議院議事部副部長
1994年　衆議院議事部長
1997年　衆議院事務次長
1998年　衆議院調査局長（～2004年退職）
2004年　国立大学法人東京学芸大学監事（～2006年）
2006年　独立行政法人国立高等専門学校機構監事（～2007年）

◈ 近藤誠治 オーラル・ヒストリー ◈

立法過程と議事運営
——衆議院事務局の三十五年——

2011（平成23）年7月30日　第1版第1刷発行

著　者　近　藤　誠　治
編著者　赤坂幸一・奈良岡聰智
発行者　今井　貴・今井　守
発行所　信山社出版株式会社
〒113-0033 東京都文京区本郷6-2-9-102
電　話 03（3818）1019
FAX　03（3818）0344
info@shinzansha.co.jp
出版契約 No.6046-0101　printed in Japan

印刷 亜細亜印刷／製本 渋谷文泉閣
ISBN978-4-7972-6046-5　C3332
6046-012-080-020：P4800E. 012-010-020, P454
NDC 分類323.400　憲法・政治学